"十三五"职业教育国家规划教材

传统文化阅读与鉴赏

主编

陈引驰 陶 磊

华东师范大学出版社
·上海·

图书在版编目(CIP)数据

传统文化阅读与鉴赏/陈引驰,陶磊主编. —上海:华东师范大学出版社,2019

"中华优秀传统文化"一体化教材
ISBN 978-7-5675-9012-0

Ⅰ.①传… Ⅱ.①陈…②陶… Ⅲ.①中华文化-高等职业教育-教材 Ⅳ.①K203

中国版本图书馆 CIP 数据核字(2019)第 048407 号

传统文化阅读与鉴赏

主　　编　陈引驰　陶　磊
项目编辑　张　婧
特约审读　陈成江
责任校对　时东明
装帧设计　庄玉侠
封面设计　卢晓红

出版发行　华东师范大学出版社
社　　址　上海市中山北路 3663 号　邮编 200062
网　　址　www.ecnupress.com.cn
电　　话　021-60821666　行政传真 021-62572105
客服电话　021-62865537　门市(邮购)电话 021-62869887
地　　址　上海市中山北路 3663 号华东师范大学校内先锋路口
网　　店　http://hdsdcbs.tmall.com

印　刷　者　浙江临安曙光印务有限公司
开　　本　787 毫米×1092 毫米　1/16
印　　张　16.75
字　　数　373 千字
版　　次　2019 年 8 月第 1 版
印　　次　2023 年 9 月第 10 次
书　　号　ISBN 978-7-5675-9012-0
定　　价　39.00 元

出版人　王　焰

(如发现本版图书有印订质量问题,请寄回本社客服中心调换或电话 021-62865537 联系)

导 言

人生的路可以说很漫长,但关键的也就几步。

在你一生最美好的青少年时代,一切都刚刚展开,一切都有可能,一切都饱含着希望;你将选择走什么样的道路,你将成为什么样的人,你将如何勾画你的未来?

这些,每一个人都会面对,每一个人的回应不尽相同,但每一个人绝不可能一无依傍地做出自己的回应。

我们当然得站在现代的文化立场,汲取当代的精神资源,塑造当下自己的人格,来直面眼前和将来纷繁复杂的生活。但现代也不是悬空的,现代是从传统中变迁、生发出来的。曾经人们固执地截然对立"传统"与"现代",这早已被证明是谬见:当今世界的多姿多彩,在很大程度上,是过去多元多样的文化传统所引致的。

在这个意义上,传统文化不是我们今天的负担,而是我们今天的资源,我们每一个人的资源。我们的生活理想、伦理观念、审美情趣,在很大程度上还与传统相关联,影响着我们如何界定幸福美满,影响着我们如何待人接物,影响着我们如何愉悦身心。

可以这么说,认识传统文化也是认识我们自身的一部分。因而,我们是不是应该更好、更充分地认识传统文化?

认识传统文化,当然可以有许多的方式。可以通过高头讲章,把握大概;可以追索精微细节,沉迷趣味。我们的设想,是由经典的文本,拼接组构,形成图景——远观,块面格局宛在;近窥,各色姿容纷纭。

当然,我们最后并不是要仅仅认识传统文化而已,我们要以之为依傍,以之为资源,在人生刚刚展开的时候,在一切都有可能和希望的时候,努力构想和描绘出我们自己生动而精彩的未来画卷。

陈引驰

2019 年 2 月 20 日

目 录

第一部分　哲学与科技

1. 儒家 ——— 2
 阅读导语 / 2
 选文 / 3
  《论语》八章 / 3
  《孟子》五章 / 6
 阅读探究 / 9
 阅读训练 / 9
 拓展阅读 / 9
  性恶(节录) / 9
  童心说 / 10

2. 墨家 ——— 12
 阅读导语 / 12
 选文 / 13
  兼爱上 / 13
  非攻上 / 14
  公输 / 15
 阅读探究 / 16
 阅读训练 / 17
 拓展阅读 / 17
  非儒下 / 17

3. 道家 ——— 20
 阅读导语 / 20
 选文 / 21
  《老子》十九则 / 21
  《庄子》六则 / 23
 阅读探究 / 25
 阅读训练 / 25
 拓展阅读 / 26
  盗跖 / 26

4. 法家 ——— 28
 阅读导语 / 28
 选文 / 29
  说难 / 29
  商鞅变法 / 32
 阅读探究 / 34
 阅读训练 / 35
 拓展阅读 / 35
  孤愤 / 35

5. 医药 ——— 37
 阅读导语 / 37
 选文 / 38

　　　　大医精诚 / 38
　　　　《本草纲目》序 / 40
　　阅读探究 / 42
　　阅读训练 / 43
　　拓展阅读 / 43
　　　　孙思邈传 / 43

6. 技术 ——————— 45
　　阅读导语 / 45
　　选文 / 46
　　　　上山采蘼芜 / 46
　　　　九张机 / 46
　　　　楚子问鼎 / 48
　　　　薛烛相剑 / 49
　　　　乞彩笺歌 / 50
　　阅读探究 / 51
　　阅读训练 / 51
　　拓展阅读 / 52
　　　　《天工开物》三则 / 52

第二部分　文学与艺术

7. 诗 ——————— 56
　　阅读导语 / 56
　　选文 / 57
　　　　《诗经》四首 / 57
　　　　越人歌 / 58

　　　　山鬼 / 59
　　　　上邪 / 60
　　　　杂诗(其一) / 60
　　　　赠范晔 / 60
　　　　山中与幽人对酌 / 61
　　　　客中作 / 61
　　　　客至 / 61
　　　　简卢陟 / 62
　　　　左迁至蓝关示侄孙湘 / 62
　　　　写情 / 62
　　　　问刘十九 / 63
　　　　梦微之 / 63
　　　　谢亭送客 / 63
　　　　无题(其二) / 64
　　　　新添声杨柳枝辞(其二) / 64
　　　　海棠 / 64
　　　　惠崇《春江晚景》(其一) / 65
　　　　寄黄几复 / 65
　　　　十一月四日风雨大作(二首) / 65
　　　　过洞庭 / 66
　　　　绮怀 / 66
　　阅读探究 / 66
　　阅读训练 / 67
　　拓展阅读 / 67
　　　　诗辨 / 67

8. 词 ——————— 70
　　阅读导语 / 70

选文 / 71
  忆秦娥 / 71
  菩萨蛮 / 71
  天仙子 / 72
  临江仙 / 72
  望海潮 / 73
  望江南 / 73
  定风波 / 74
  点绛唇(醉漾轻舟) / 74
  六州歌头 / 74
  半死桐 / 75
  少年游 / 76
  苏幕遮 / 76
  点绛唇(蹴罢秋千) / 77
  贺新郎 / 77
  西江月 / 78
  虞美人 / 78
  摸鱼儿 / 78
  金缕曲(二首) / 79
  木兰花令 / 80
  蝶恋花 / 81
  采桑子 / 81
阅读探究 / 81
阅读训练 / 82
拓展阅读 / 82
  《人间词话》十三则 / 82

9. 散文 —— 84
阅读导语 / 84

选文 / 85
  谏逐客书 / 85
  醉翁亭记 / 87
  《陶庵梦忆》三则 / 88
阅读探究 / 91
阅读训练 / 91
拓展阅读 / 92
  《老残游记》自叙 / 92

10. 小说 —— 93
阅读导语 / 93
选文 / 94
  聂小倩 / 94
阅读探究 / 98
阅读训练 / 99
拓展阅读 / 99
  谋董贼孟德献刀 / 99

11. 戏曲 —— 102
阅读导语 / 102
选文 / 103
  〔越调〕天净沙 / 103
  〔黄钟〕人月圆 / 103
  〔双调〕蟾宫曲 / 103
  游园 / 104
阅读探究 / 106
阅读训练 / 106

拓展阅读 / 106
　　长亭送别 / 106

12. 音乐 ——————— 109
　　阅读导语 / 109
　　选文 / 110
　　　　《列子·汤问》三则 / 110
　　　　听颖师弹琴 / 112
　　　　李凭箜篌引 / 112
　　　　琵琶引(节录) / 113
　　　　〔双调〕驻马听(四首) / 113
　　阅读探究 / 114
　　阅读训练 / 115
　　拓展阅读 / 115
　　　　尽美 / 115

13. 书画 ——————— 117
　　阅读导语 / 117
　　选文 / 118
　　　　送高闲上人序 / 118
　　　　文与可画《筼筜谷偃竹》记 / 119
　　　　八大山人传 / 121
　　阅读探究 / 122
　　阅读训练 / 122
　　拓展阅读 / 122
　　　　吴道玄 / 122

第三部分　生活与民俗

14. 家园 ——————— 126
　　阅读导语 / 126
　　选文 / 127
　　　　桃花源记(并诗) / 127
　　　　终南别业 / 128
　　　　山中与裴秀才迪书 / 129
　　　　春夜宴从弟桃花园序 / 130
　　　　项脊轩志 / 130
　　阅读探究 / 132
　　阅读训练 / 132
　　拓展阅读 / 132
　　　　《东京梦华录》序 / 132

15. 饮食 ——————— 134
　　阅读导语 / 134
　　选文 / 135
　　　　伊尹说汤 / 135
　　　　走笔谢孟谏议寄新茶 / 136
　　　　饮中八仙歌 / 137
　　　　豆粥 / 138
　　　　厨者王小余传 / 138
　　阅读探究 / 141

阅读训练 / 141
拓展阅读 / 141
　　《闲情偶寄》二则 / 141

16. 交游 —————— 144
阅读导语 / 144
选文 / 145
　　与山巨源绝交书 / 145
　　思旧赋(并序) / 149
　　《世说新语》三则 / 150
阅读探究 / 151
阅读训练 / 152
拓展阅读 / 152
　　与孟东野书 / 152
　　与微之书 / 152

17. 节庆 —————— 154
阅读导语 / 154
选文 / 155
　　兰亭集序 / 155
　　秋日登洪府滕王阁饯别序(并
　　诗) / 156
阅读探究 / 160
阅读训练 / 160
拓展阅读 / 161
　　荣国府归省庆元宵 / 161

18. 婚姻 —————— 167
阅读导语 / 167
选文 / 168
　　结发为夫妻 / 168
　　《金石录》后序 / 168
　　浣溪沙 / 173
阅读探究 / 174
阅读训练 / 174
拓展阅读 / 174
　　闺房记乐 / 174

19. 丧葬 —————— 181
阅读导语 / 181
选文 / 182
　　祭十二郎文 / 182
　　亡妻王氏墓志铭 / 184
　　江城子 / 185
　　自为墓志铭 / 186
　　五人墓碑记 / 189
阅读探究 / 190
阅读训练 / 191
拓展阅读 / 191
　　祭妹文 / 191

第四部分　政治与经济

20. 国家 —————————— 194
　　阅读导语 / 194
　　选文 / 195
　　　　封建论 / 195
　　　　李煜词二首 / 199
　　阅读探究 / 200
　　阅读训练 / 200
　　拓展阅读 / 200
　　　　少年中国说 / 200

21. 选举 —————————— 204
　　阅读导语 / 204
　　选文 / 205
　　　　归去来兮辞(并序) / 205
　　　　送李愿归盘谷序 / 207
　　　　鹤冲天 / 209
　　阅读探究 / 209
　　阅读训练 / 210
　　拓展阅读 / 210
　　　　枕中记 / 210

22. 刑法 —————————— 212
　　阅读导语 / 212
　　选文 / 213
　　　　报任安书 / 213
　　　　狱中血书 / 220
　　　　狱中上母书 / 221
　　阅读探究 / 223
　　阅读训练 / 223
　　拓展阅读 / 223
　　　　狱中杂记 / 223

23. 战争 —————————— 226
　　阅读导语 / 226
　　选文 / 227
　　　　《诗经》三首 / 227
　　　　别歌 / 228
　　　　答苏武书 / 228
　　　　凉州词(其一) / 232
　　　　己亥岁(其一) / 232
　　　　陇西行(其二) / 232
　　　　吊古战场文 / 233
　　　　扬州慢 / 235
　　阅读探究 / 236
　　阅读训练 / 236
　　拓展阅读 / 236
　　　　长平之战 / 236

24. 生产 —————————— 238
  阅读导语 / 238
  选文 / 239
    七月 / 239
    论贵粟疏 / 241
    夏日田园杂兴(十二绝) / 243
  阅读探究 / 244
  阅读训练 / 244
  拓展阅读 / 245
    农本 / 245

25. 商业 —————————— 248
  阅读导语 / 248
  选文 / 249
    陶朱公 / 249
    洛阳大市 / 250
  阅读探究 / 252
  阅读训练 / 253
  拓展阅读 / 254
    钱神论(节录) / 254
    长安古意 / 255

第一部分

哲学与科技

ZHE XUE YU KE JI

1. 儒家

子曰:"赐也!尔爱其羊,我爱其礼。"
——《论语·八佾》

【阅读导语】

孔子创立的儒家学说,以及在此基础上发展起来的儒家思想,对中华文明产生了深刻影响,是中国传统文化的重要组成部分。儒家原是先秦诸子百家之一,以"仁"为核心理念,重视伦常关系,崇尚等级制度,提倡仁政、德治和礼乐教化。儒家思想自汉代起得到朝廷独尊,成为官方意识形态,垄断了文化教育与入仕之途,并逐渐渗透到中国社会的方方面面。儒家学说还流传到了朝鲜、日本和越南等地,广受尊崇,成为整个东亚地区最重要的思想体系。

孔子(前551—前479),名丘,字仲尼,儒家学说创始人。他出生于春秋末年的鲁国陬邑(今山东曲阜),做过大司寇,后为实践政治理想而周游列国十余年。孔子曾整理《诗》《书》《礼》《乐》《易》等文化典籍,修订鲁史《春秋》。他还长期从事私人讲学,主张"有教无类",打破了"学在王官"的局面,据传先后有弟子三千人。《论语》是一部记录孔子及其弟子言行的儒家经典,系孔子弟子及再传弟子所作,以语录为主,叙事为辅,集中体现了孔子的政治主张、伦理思想、道德观念和教育原则。《论语》一书从多个方面生动展现了孔子的形象,它既不是刻板的说教,也不是琐碎的言行辑录,而是一个光辉人格的多层次展露——这是其他任何先秦子书所不能及的。

孟子(约前390—前305,一说约前372—前289),名轲,字子舆,生于战国时期的邹国(今山东邹城)(一说鲁国)。据说受业于孔子之孙子思的门人,曾任齐宣王客卿,后周游列国,宣传儒家政治主张。孟子继承和发展了孔子的学说,认为人性本善,强调个人人格完善的作用,主张施"仁政"而成"王道"。他和弟子著有《孟子》七篇,全书气势充沛,文笔犀利,而且感情激昂,语意极为真切,还善于运用比喻、夸张等手法,富有鼓动性。南宋时,朱熹将《孟子》与《论语》《大学》《中庸》合为"四书",《论语》和《孟子》还被列入"十三经"。

本单元选取《论语》中富有戏剧性的八个片段,以期展现一个"有性格"的孔子。《孟子》五章讨论的则是心性修养问题,其中尤以孟子关于"性善"的论述最为著名,可与荀子《性恶》篇对读。

【选文】

《论语》八章①

子路宿于石门（《宪问》）

子路宿于石门②。晨门曰③："奚自④？"子路曰："自孔氏。"曰："是知其不可而为之者与⑤？"

在陈绝粮（《卫灵公》）

在陈绝粮⑥，从者病，莫能兴⑦。子路愠见曰⑧："君子亦有穷乎⑨？"子曰："君子固穷，小人穷斯滥矣⑩！"

阳货欲见孔子（《阳货》）

阳货欲见孔子⑪，孔子不见，归孔子豚⑫。

孔子时其亡也，而往拜之⑬。

遇诸涂⑭。

---

① 据《论语译注（第3版）》，杨伯峻译注，北京：中华书局，2009年。
② 子路：春秋时鲁国人，孔子最亲近的弟子之一，曾随孔子周游列国。为人爽直，勇敢莽撞。本名仲由，子路是他的字。石门：春秋时鲁城外门。
③ 晨门：早上看守城门的人。
④ 奚自：从哪里来？
⑤ 与：同"欤"，语气词。
⑥ 陈：西周封国，都城位于今河南淮阳。
⑦ 兴：站起来。
⑧ 愠：生气。
⑨ 穷：困窘。
⑩ 小人穷斯滥矣：小人一旦陷入窘迫的境地，就什么事都干得出来。斯，就。滥，放纵，不加节制。
⑪ 阳货：亦称"阳虎"，春秋时鲁国季氏的家臣。季氏家族架空国君，掌握鲁国朝政，阳货后来又控制了季氏，所以孔子不愿与之交往。
⑫ 归：同"馈"。豚：小猪。这里指烹熟的乳猪。
⑬ 孔子时其亡也，而往拜之：按照当时的礼制，孔子收到阳货的礼物后必须回拜致谢——阳货正是利用了这一点。但孔子不想见到阳货，所以趁他不在家时去拜谢。时，趁。亡，外出。
⑭ 涂：同"途"。

谓孔子曰："来！予与尔言。"曰："怀其宝而迷其邦①，可谓仁乎？"曰："不可。——好从事而亟失时②，可谓知乎③？"曰："不可。——日月逝矣，岁不我与。"

孔子曰："诺！吾将仕矣④。"

孺悲欲见孔子《阳货》

孺悲欲见孔子⑤，孔子辞以疾。将命者出户⑥，取瑟而歌⑦，使之闻之。

三年之丧《阳货》

宰我问⑧："三年之丧，期已久矣。君子三年不为礼，礼必坏；三年不为乐，乐必崩。旧谷既没⑨，新谷既升⑩，钻燧改火⑪，期可已矣⑫。"

子曰："食夫稻，衣夫锦，于女安乎⑬？"

曰："安！"

"女安，则为之。夫君子之居丧，食旨不甘⑭，闻乐不乐，居处不安⑮，故不为也。今女安，则为之。"

宰我出。子曰："予之不仁也！子生三年，然后免于父母之怀。夫三年之丧，天下之通丧也，予也有三年之爱于其父母乎！"

楚狂接舆《微子》

楚狂接舆歌而过孔子，曰⑯："凤兮，凤兮！何德之衰？⑰ 往者不可谏⑱，来者犹可

---

① 宝：珍贵的东西。这里比喻治国的本领。迷其邦：任凭自己的国家陷入混乱。
② 好从事：喜欢做官。亟(qì)失时：屡屡失去机会。亟，屡次。
③ 知：同"智"。
④ 吾将仕矣：仕，做官。孔子虽然口头答应，但根据《左传》的记载，他并没有在阳货当权期间出来做官。
⑤ 孺(rú)悲：春秋时鲁国人。按《礼记·杂记》的说法，鲁哀公派他向孔子学习士丧礼。
⑥ 将命者：奉命传话的人。
⑦ 瑟：一种拨弦乐器，外形类似古琴。
⑧ 宰我：亦称"宰予"，春秋时鲁国人，孔子的弟子，利口善辩。
⑨ 没(mò)：吃完。
⑩ 升：登场，即谷物收割后运到打谷场上。这里借指谷物成熟。
⑪ 钻燧(suì)改火：燧，取火的器具。古时钻木取火，随季节更替而改用不同的木料，称为"改火"。
⑫ 期(jī)：一整年。
⑬ 女：同"汝"。
⑭ 旨：美味。这里指美味的食物。
⑮ 居处：指住在日常生活的房子里。古代守丧期间，孝子应在父母坟边搭草棚居住。
⑯ 接舆(yú)：春秋时楚国人，佯狂避世。
⑰ 何德之衰：(你的)德行怎会如此衰微？
⑱ 谏：匡正，挽回。

追。已而①,已而!今之从政者殆而②!"

孔子下,欲与之言。趋而辟之③,不得与之言。

长沮桀溺耦而耕(《微子》)

长沮、桀溺耦而耕④,孔子过之,使子路问津焉⑤。

长沮曰:"夫执舆者为谁⑥?"

子路曰:"为孔丘。"

曰:"是鲁孔丘与?"

曰:"是也。"

曰:"是知津矣⑦。"

问于桀溺。

桀溺曰:"子为谁?"

曰:"为仲由。"

曰:"是鲁孔丘之徒与?"

对曰:"然。"

曰:"滔滔者天下皆是也⑧,而谁以易之⑨?且而与其从辟人之士也⑩,岂若从辟世之士哉⑪?"耰而不辍⑫。

子路行以告。

夫子怃然曰⑬:"鸟兽不可与同群,吾非斯人之徒与而谁与⑭?天下有道,丘不与易也⑮。"

---

① 已而:罢了。
② 殆:危险。
③ 辟:同"避"。
④ 耦(ǒu)而耕:一起耕地。
⑤ 津:渡口。
⑥ 执舆:指驾车。
⑦ 是知津矣:那(他)一定知道渡口在哪里了。
⑧ 滔滔:形容洪水奔流的样子。这里指世事纷乱。
⑨ 谁以易之:和谁一起去改变这种局面呢?
⑩ 而:同"尔"。辟人之士:辟,同"避"。对于意见不合的人,孔子往往避而不见(比如上文中的阳货和孺悲),所以桀溺称其为"辟人之士"。
⑪ 辟世之士:即隐士。也就是长沮、桀溺这样的人。
⑫ 耰(yōu):一种农具,用来弄碎土块,平整土地。这里作动词用。辍:停止。
⑬ 怃(wǔ)然:怅然若失的样子。
⑭ 鸟兽不可与同群,吾非斯人之徒与而谁与:既然不能和鸟兽为伍,那么我不和世人待在一起,又能和谁待在一起呢?
⑮ 天下有道,丘不与易也:(要是)天下太平,我孔丘就不用和别人一道去改变它了。

子路从而后（《微子》）

子路从而后，遇丈人①，以杖荷蓧②。
子路问曰："子见夫子乎？"
丈人曰："四体不勤，五谷不分，孰为夫子③！"植其杖而芸④。
子路拱而立⑤。
止子路宿⑥，杀鸡为黍而食之⑦，见其二子焉⑧。
明日，子路行以告。
子曰："隐者也！"使子路反见之⑨。至，则行矣⑩。
子路曰："不仕无义⑪。长幼之节，不可废也；君臣之义，如之何其废之⑫？欲洁其身，而乱大伦。君子之仕也，行其义也；道之不行，已知之矣⑬。"

《孟子》五章⑭

大人者不失其赤子之心者也（《离娄下》）

孟子曰："大人者⑮，不失其赤子之心者也⑯。"

---

① 丈人：老人。
② 荷(hè)：扛。蓧(diào)：古代除草用的农具。
③ 四体不勤，五谷不分，孰为夫子：(你)四肢不劳动，五谷分不清，(谁知道)哪个是你的老师！
④ 植：同"置"，放下，放在一边。芸：同"耘"，除草。
⑤ 拱：拱手，表示尊敬。
⑥ 止子路宿：(老人)留子路在家里住宿。
⑦ 为黍：用黍米做饭。食(sì)：拿食物给人吃。
⑧ 见其二子焉：让两个儿子出来(和子路)相见。见，同"现"。
⑨ 反：同"返"。
⑩ 至，则行矣：(子路)回到老人家里时，(老人)已经走了。
⑪ 不仕无义：不出来做官是不符合道义的。
⑫ 长幼之节，不可废也；君臣之义，如之何其废之：既然长幼之间的礼节不能废弃，那么君臣之间的道义又怎能废弃呢！(老人向子路引见自己的儿子，说明他遵守"长幼之节"。)
⑬ 君子之仕也，行其义也；道之不行，已知之矣：君子出来做官，不过是履行道义罢了；至于自己的政见无法推行，(我们)早就知道了。
⑭ 据《孟子译注(第3版)》，杨伯峻译注，北京：中华书局，2010年。
⑮ 大人：指德行高尚的人。
⑯ 赤子之心：如婴儿般纯真的内心。赤子，初生的婴儿。

人之所以异于禽兽者《离娄下》

孟子曰:"人之所以异于禽兽者几希①,庶民去之②,君子存之。舜明于庶物③,察于人伦,由仁义行,非行仁义也④。"

性无善无不善也《告子上》

公都子曰:"告子曰:'性无善无不善也。'或曰:'性可以为善,可以为不善。是故文武兴⑤,则民好善;幽厉兴⑥,则民好暴。'或曰:'有性善,有性不善。是故以尧为君而有象⑦;以瞽瞍为父而有舜⑧;以纣为兄之子⑨,且以为君,而有微子启、王子比干⑩。'今曰'性善',然则彼皆非与?"

孟子曰:"乃若其情,则可以为善矣,乃所谓善也⑪。若夫为不善,非才之罪也⑫。恻隐之心⑬,人皆有之;羞恶之心⑭,人皆有之;恭敬之心,人皆有之;是非之心,人皆有之。恻隐之心,仁也;羞恶之心,义也;恭敬之心,礼也;是非之心,智也。仁、义、礼、智,非由外铄我也⑮,我固有之也,弗思耳矣⑯。故曰:'求则得之,舍则失之⑰。'或相倍蓰而无算者,不能尽其才者也⑱。《诗》曰⑲:'天生蒸民,有物有则⑳。民之秉彝,好是懿德㉑。'孔子曰:'为此诗者,其知道乎㉒!故有物必有则。民之秉彝也,故好是懿德。'"

---

① 几希:一点点。
② 庶民:老百姓。去:丢弃。
③ 舜:又称"有虞氏",传说中的上古贤君。明于庶物:懂得万事万物的道理。
④ 由仁义行,非行仁义也:以仁义为出发点来做事,而不是做表面上符合仁义的事。
⑤ 文武:指周文王和周武王,分别是周朝的奠基者和建立者。
⑥ 幽厉:指周幽王和周厉王,前者是西周的亡国之君,后者也是昏暴无能的君主。
⑦ 尧:又称"陶唐氏",传说中的贤明君主,后来把帝位传给了舜。象:舜的异母弟,为人凶暴狠辣,多次寻机杀害舜。
⑧ 瞽(gǔ)瞍:亦作"瞽叟",舜和象的父亲,因双目失明故称"瞽瞍",曾参与象谋害舜的计划。瞽,瞎。瞍,老年男子。
⑨ 纣:即帝辛,商朝的末代国君,历史上有名的暴君。
⑩ 微子启:帝辛的长兄,多次向帝辛进谏而未被采纳,商亡后归附周朝。比干:帝辛的叔父,屡谏不听,最终被杀。
⑪ 乃若其情,则可以为善矣,乃所谓善也:就人的本质而言,都是可以使其向善的,这就是所谓的性善。乃若,发语词。情,指人的本质。
⑫ 若夫为不善,非才之罪也:有些人之所以没有向善,并不是他们的天性有问题。才,指人的天性。
⑬ 恻隐:见别人遭遇不幸而心有不忍。
⑭ 羞恶:因自己不好而觉得耻辱,因别人不好而觉得憎恶。
⑮ 铄(shuò):渗透。
⑯ 弗思耳矣:没有去仔细琢磨罢了。
⑰ 求则得之,舍则失之:只要去找就能得到,一旦舍弃便会失去。
⑱ 或相倍蓰(xǐ)而无算者,不能尽其才者也:有的人和别人相差一倍、五倍,甚至无数倍,就是因为没有充分发挥自己的天性。倍,即一倍。蓰,五倍。无算,无法计算,形容数目多。
⑲ 《诗》:即《诗经》。先秦时称作《诗》,西汉开始才被儒家奉为"经"。
⑳ 天生蒸民,有物有则:上天造就了黎民百姓,万事万物都有自己的规律。蒸民,亦作"烝民",即百姓。则,法则,规律。
㉑ 民之秉彝,好是懿德:人们(只要)掌握了那些恒常不变的道理,就会去追求美好的品德。秉,掌握。彝,恒常不变的道理。懿德,美德。
㉒ 知道:懂得大道。

仁人心也（《告子上》）

孟子曰："仁，人心也；义，人路也①。舍其路而弗由②，放其心而不知求③，哀哉！人有鸡犬放，则知求之；有放心，而不知求。学问之道无他，求其放心而已矣④。"

人皆可以为尧舜（《告子下》）

曹交问曰："人皆可以为尧舜，有诸⑤？"

孟子曰："然。"

"交闻文王十尺，汤九尺。今交九尺四寸以长⑥，食粟而已⑦，如何则可？"

曰："奚有于是⑧？亦为之而已矣⑨。有人于此⑩，力不能胜一匹雏⑪，则为无力人矣；今日举百钧，则为有力人矣。然则举乌获之任⑫，是亦为乌获而已矣。夫人岂以不胜为患哉？弗为耳⑬。徐行后长者谓之弟，疾行先长者谓之不弟⑭。夫徐行者，岂人所不能哉？所不为也。尧舜之道，孝弟而已矣。子服尧之服，诵尧之言⑮，行尧之行，是尧而已矣；子服桀之服，诵桀之言，行桀之行，是桀而已矣。"

曰："交得见于邹君⑯，可以假馆⑰，愿留而受业于门⑱。"

曰："夫道若大路然，岂难知哉？人病不求耳⑲。子归而求之，有余师⑳。"

---

① 仁，人心也；义，人路也：仁，是人应有的本心；义，是人该走的道路。
② 弗：不。由：走。
③ 放：放弃，丢失。
④ 求其放心：寻找那颗丢失的本心。
⑤ 有诸：即"有之"，有这样的说法吗？
⑥ 以：助词，表示数量界限。
⑦ 食粟而已：只会吃饭罢了。
⑧ 奚有于是：这有什么关系？
⑨ 亦为之而已矣：只要去做就行了。
⑩ 有人于此：（假如）有这样一个人。于此，如此。
⑪ 匹雏：小鸡。
⑫ 举乌获之任：举起大力士乌获所能承担的重量。乌获，秦国大力士。任，负荷，承担。
⑬ 夫人岂以不胜为患哉？弗为耳：人难道是因为无法胜任而烦恼吗？是因为不去做罢了。
⑭ 徐行后长者谓之弟，疾行先长者谓之不弟：慢慢走，走在年长的人后面，这叫"悌"；走得快，抢在年长的人前面，这叫"不悌"。弟，同"悌"，敬爱兄长，泛指尊重长辈。
⑮ 诵：说。
⑯ 得：必须，应该。见：谒见。邹君：邹国国君。
⑰ 假馆：借用馆舍，即借住。因孟子是邹国人，所以曹交要拜见邹君，借宿求学。
⑱ 受业于门：在（您的）门下学习。受业，跟老师学知识。
⑲ 人病不求耳：只怕人们不去寻找罢了。病，担心，忧虑。
⑳ 有余师：老师多得是。

【阅读探究】

孔子明知天下"礼崩乐坏",难以一人之力改变,却仍坚持不与鸟兽同群(不归隐),"知其不可为而为之"。他周游列国,游说诸侯,一次次陷入穷途末路而不改其志,甚至自嘲为"丧家之狗"(《史记·孔子世家》)。而孟子却说"穷则独善其身,达则兼善天下"(《孟子·尽心下》),与孔子的选择迥然不同。你更赞同谁的看法和做法?说说你的理由。

【阅读训练】

孟子认为,人本来就有"恻隐""羞恶""恭敬""是非"之心,因此人性本善;而同为儒家代表人物的荀子却主张人性本恶("人之生也固小人"),一切道德都是后天习得的。

以"性善还是性恶?"为题,组织一场小型辩论会,记录正反双方的主要论点和论据。

【拓展阅读】

性恶(节录)①

[战国]荀况

人之性恶;其善者,伪也。

今人之性:生而有好利焉,顺是,故争夺生而辞让亡焉;生而有疾恶焉,顺是,故残贼生而忠信亡焉;生而有耳目之欲,有好声色焉,顺是,故淫乱生而礼义文理亡焉。然则从人之性,顺人之情,必出于争夺,合于犯分乱理而归于暴。故必将有师法之化、礼义之道,然后出于辞让,合于文理而归于治。用此观之,然则人之性恶明矣;其善者,伪也。

故枸木必将待檃栝、烝矫,然后直;钝金必将待砻厉,然后利。今人之性恶,必将待师法,然后正;得礼义,然后治。今人无师法,则偏险而不正;无礼义,则悖乱而不治。古者,圣王以人之性恶,以为偏险而不正,悖乱而不治。是以为之起礼义、制法度,以矫饰人之情性而正之,以扰化人之情性而导之也,使皆出于治、合于道者也。今之人,化师法、积文学、道礼义者为君子,纵性情、安恣睢而违礼义者为小人。用此观之,然则人之性恶明矣;其善者,伪也。

---

① 选自《荀子》。据《荀子校释》(修订本),[战国]荀况著,王天海校释,上海:上海古籍出版社,2016年。

孟子曰："人之学者,其性善。"曰:是不然!是不及知人之性,而不察乎人之性、伪之分者也。凡性者,天之就也,不可学,不可事;礼义者,圣人之所生也,人之所学而能、所事而成者也。不可学、不可事而在人者,谓之性;可学而能、可事而成之在人者,谓之伪:是性、伪之分也。今人之性,目可以见,耳可以听。夫可以见之明,不离目;可以听之聪,不离耳。目明而耳聪,不可学明矣。

　　孟子曰："今人之性善,将皆失丧其性故也。"曰:若是,则过矣!今人之性,生而离其朴、离其资,必失而丧之。用此观之,然则人之性恶明矣。所谓性善者,不离其朴而美之,不离其资而利之也。使夫资朴之于美、心意之于善,若夫可以见之明不离目、可以听之聪不离耳。故曰:目明而耳聪也。今人之性,饥而欲饱,寒而欲暖,劳而欲休,此人之情性也。今人饥,见长而不敢先食者,将有所让也;劳而不敢求息者,将有所代也。夫子之让乎父、弟之让乎兄,子之代乎父、弟之代乎兄,此二行者皆反于性而悖于情也。然而孝子之道,礼义之文理也。故顺情性则不辞让矣,辞让则悖于情性矣。用此观之,然则人之性恶明矣;其善者,伪也。

　　问者曰："人之性恶,则礼义恶生?"应之曰:凡礼义者,是生于圣人之伪,非故生于人之性也。故陶人埏埴而为器,然则器生于工人之伪,非故生于人之性也;故工人斫木而成器,然则器生于工人之伪,非故生于人之性也。圣人积思虑、习伪故,以生礼义而起法度。然则礼义法度者,是生于圣人之伪,非故生于人之性也。若夫目好色,耳好声,口好味,心好利,骨体肤理好愉佚,是皆生于人之情性者也;感而自然,不待事而后生之者也。夫感而不能然,必且待事而后然者,谓之生于伪。是性、伪之所生,其不同之征也。

　　故圣人化性而起伪。伪起于性而生礼义,礼义生而制法度。然则礼义法度者,是圣人之所生也。故圣人之所以同于众,其不异于众者,性也;所以异而过众者,伪也。夫好利而欲得者,此人之情性也。假之人有弟兄资财而分者,且顺情性,好利而欲得,若是则兄弟相拂夺矣;且化礼义之文理,若是则让乎国人矣。故顺情性则弟兄争矣,化礼义则让乎国人矣。

　　凡人之欲为善者,为性恶也。夫薄愿厚,恶愿美,狭愿广,贫愿富,贱愿贵,苟无之中者,必求于外。故富而不愿财,贵而不愿势,苟有之中者,必不及于外。用此观之,人之欲为善者,为性恶也。今人之性,固无礼义,故强学而求有之也;性不知礼义,故思虑而求知之也。然则生而已,则人无礼义,不知礼义;人无礼义则乱,不知礼义则悖。然则生而已,则悖乱在己。用此观之,人性恶明矣;其善者,伪也。

童心说[①]

[明]李贽

　　龙洞山农叙《西厢》,末语云:"知者勿谓我尚有童心可也。"夫童心者,真心也。若以童心为不可,是以真心为不可也。夫童心者,绝假纯真,最初一念之本心也。若失却童心,便失却真心;失却真心,便失却真人。人而非真,全不复有初矣。

[①] 选自《焚书》。据《焚书·续焚书校释》,[明]李贽著,陈仁仁校释,长沙:岳麓书社,2011年。

童子者，人之初也；童心者，心之初也。夫心之初曷可失也！然童心胡然而遽失也？盖方其始也，有闻见从耳目而入，而以为主于其内而童心失。其长也，有道理从闻见而入，而以为主于其内而童心失。其久也，道理闻见日以益多，则所知所觉日以益广，于是焉又知美名之可好也，而务欲以扬之而童心失；知不美之名之可丑也，而务欲以掩之而童心失。夫道理闻见，皆自多读书识义理而来也。古之圣人，曷尝不读书哉！然纵不读书，童心固自在也，纵多读书，亦以护此童心而使之勿失焉耳，非若学者反以多读书识义理而反障之也。夫学者既以多读书识义理障其童心矣，圣人又何用多著书立言以障学人为耶？童心既障，于是发而为言语，则言语不由衷；见而为政事，则政事无根柢；著而为文辞，则文辞不能达。非内含于章美也，非笃实生辉光也，欲求一句有德之言，卒不可得。所以者何？以童心既障，而以从外入者闻见道理为之心也。

夫既以闻见道理为心矣，则所言者皆闻见道理之言，非童心自出之言也。言虽工，于我何与，岂非以假人言假言，而事假事文假文乎？盖其人既假，则无所不假矣。由是而以假言与假人言，则假人喜；以假事与假人道，则假人喜；以假文与假人谈，则假人喜。无所不假，则无所不喜。满场是假，矮人何辩也？然则虽有天下之至文，其湮灭于假人而不尽见于后世者，又岂少哉！何也？天下之至文，未有不出于童心焉者也。苟童心常存，则道理不行，闻见不立，无时不文，无人不文，无一样创制体格文字而非文者。诗何必古选，文何必先秦。降而为六朝，变而为近体；又变而为传奇，变而为院本，为杂剧，为《西厢曲》，为《水浒传》，为今之举子业，皆古今至文，不可得而时势先后论也。故吾因是而有感于童心者之自文也，更说什么"六经"，更说什么《语》《孟》乎？

夫"六经"《语》《孟》，非其史官过为褒崇之词，则其臣子极为赞美之语。又不然，则其迂阔门徒、懵懂弟子，记忆师说，有头无尾，得后遗前，随其所见，笔之于书。后学不察，便谓出自圣人之口也，决定目之为经矣，孰知其大半非圣人之言乎？纵出自圣人，要亦有为而发，不过因病发药，随时处方，以救此一等懵懂弟子，迂阔门徒云耳。医药假病，方难定执，是岂可遽以为万世之至论乎？然则"六经"《语》《孟》，乃道学之口实，假人之渊薮也，断断乎其不可以语于童心之言明矣。呜呼！吾又安得真正大圣人童心未曾失者而与之一言文哉！

2. 墨家

> 凡天下祸篡怨恨,可使毋起者,以相爱生也。
> ——《墨子·兼爱中》

【阅读导语】

墨家是墨子开创的学术流派,战国时期和儒家同为显学。墨家思想以"兼爱"为核心,主张人和人之间应该无差别地相爱,不同于儒家强调等级秩序、区分远近亲疏的爱。由"兼爱"出发,墨家推行"非攻"的主张,即反对一切侵略战争。墨家对诸侯之间的征战十分反感,认为这种行为最为不义,是造成天下混乱的根源。此外,墨家还推崇节约,反对一切铺张浪费("节用");在治理国家方面,强调不分贵贱,唯才是举("尚贤");宣扬上天的意志能对人间进行赏罚("天命")等。后期的墨家还涉猎几何学、光学、力学等科学领域,尤其在逻辑学方面卓有贡献。与其他诸子百家不同的是,墨家不仅是个思想流派,同时也是一个组织严密、宗旨鲜明的社会团体。墨家的成员称为"墨者",其首领为"巨子"。墨者必须绝对服从巨子的领导和指挥,为实现墨家理想奉献一切。由于这种独特的政治属性,加上汉武帝"罢黜百家,独尊儒术"的政策,墨家逐渐失去了存身的现实基础,其思想逐渐淡出了历史舞台。

墨子(约前468—前376),名翟,春秋末战国初宋国人(一说鲁国人),是墨家学派的创始人。墨子自称"贱人",生活简朴,与底层劳动者为伍,故而能站在庶民立场提出"兼爱"的主张。和孔子类似,墨子为宣传和实现自己的社会理想聚徒讲学,奔走于诸侯之间。《墨子》一书记录了墨翟及其门人的言行,由墨家弟子整理而成。《汉书·艺文志》著录《墨子》71篇,现存53篇。

本单元从《墨子》中选出最能代表墨家核心理念的《兼爱》《非攻》两篇,其论证过程抽丝剥茧,环环相扣,具有很强的逻辑性;《公输》则记录了墨子亲赴楚国,说服公输般和楚王放弃侵略宋国的故事,是墨子"非攻"主张的生动展现和具体实践。

【选文】

兼爱上①（《墨子》）

　　圣人以治天下为事者也②，必知乱之所自起③，焉能治之④；不知乱之所自起，则不能治。譬之如医之攻人之疾者然⑤，必知疾之所自起，焉能攻之；不知疾之所自起，则弗能攻。治乱者何独不然？必知乱之所自起，焉能治之；不知乱之所自起，则弗能治。

　　圣人以治天下为事者也，不可不察乱之所自起。当察乱何自起⑥：起不相爱。臣子之不孝君父，所谓乱也。子自爱不爱父，故亏父而自利⑦；弟自爱不爱兄，故亏兄而自利；臣自爱不爱君，故亏君而自利：此所谓乱也。虽父之不慈子⑧，兄之不慈弟，君之不慈臣，此亦天下之所谓乱也。父自爱也，不爱子，故亏子而自利；兄自爱也，不爱弟，故亏弟而自利；君自爱也，不爱臣，故亏臣而自利。是何也？皆起不相爱。虽至天下之为盗贼者亦然⑨：盗爱其室，不爱异室⑩，故窃异室以利其室；贼爱其身，不爱人，故贼人以利其身。此何也？皆起不相爱。虽至大夫之相乱家、诸侯之相攻国者亦然⑪：大夫各爱其家，不爱异家，故乱异家以利其家；诸侯各爱其国，不爱异国，故攻异国以利其国。天下之乱物，具此而已矣⑫。

　　察此何自起：皆起不相爱。若使天下兼相爱⑬，爱人若爱其身，犹有不孝者乎？视父兄与君若其身，恶施不孝⑭？犹有不慈者乎？视弟子与臣若其身⑮，恶施不慈？故不孝不慈亡⑯。犹有盗贼乎？视人之室若其室，谁窃？视人身若其身，谁贼？故盗贼有

---

① 据《墨子校注》，吴毓江撰，孙启治点校，北京：中华书局，1993年。下同。
② 事：事业。
③ 所自起：从哪里产生。
④ 焉：相当于"乃"，才。
⑤ 攻：治疗。
⑥ 当：同"尝"，尝试。
⑦ 亏：损害。
⑧ 虽：即使。慈：关爱。晚辈或下级对长辈或上级的关爱称"爱"，反之则称"慈"。
⑨ 盗贼：窃贼和强盗。先秦两汉时，"盗"多指偷窃者，"贼"则指抢夺财物者。
⑩ 不爱异室：不爱惜别人的家。
⑪ 家：这里指大夫的封邑。
⑫ 天下之乱物，具此而已矣：普天下所有混乱的事情就是这些罢了。
⑬ 兼：都，全部。
⑭ 恶(wū)施不孝：怎么还会不孝顺呢？恶，表示疑问，相当于"怎么"。施，施行。
⑮ 弟子：即弟和子，弟弟和儿女。
⑯ 亡：同"无"。

亡①。犹有大夫之相乱家、诸侯之相攻国者乎？视人家若其家，谁乱？视人国若其国，谁攻？故大夫之相乱家、诸侯之相攻国有亡。若使天下兼相爱，国与国不相攻，家与家不相乱，盗贼无有，君臣父子皆能孝慈，若此则天下治。

故圣人以治天下为事者，恶得不禁恶而劝爱②？故天下兼相爱则治，交相恶则乱。故子墨子曰"不可以不劝爱人"者，此也③。

非攻上（《墨子》）

子墨子言曰："古者王公大人情欲得而恶失④，欲安而恶危，故当攻战而不可不非。今有一人，入人园圃⑤，窃其桃李。众闻则非之，上为政者得则罚之⑥。此何也？以亏人自利也。至攘人犬豕鸡豚者⑦，其不义又甚入人园圃窃桃李。是何故也？以亏人愈多，其不仁兹甚⑧，罪益厚⑨。至入人栏厩⑩，取人马牛者，其不仁义又甚攘人犬豕鸡豚。此何故也？以其亏人愈多。苟亏人愈多⑪，其不仁兹甚，罪益厚。至杀不辜人也⑫，扡其衣裘⑬、取戈剑者，其不义又甚入人栏厩、取人马牛。此何故也？以其亏人愈多。苟亏人愈多，其不仁兹甚矣，罪益厚。当此，天下之君子皆知而非之⑭，谓之不义。今至大为攻国，则弗知非，从而誉之⑮，谓之义：此可谓知义与不义之别乎？

"杀一人，谓之不义，必有一死罪矣。若以此说往⑯：杀十人，十重不义，必有十死罪矣；杀百人，百重不义，必有百死罪矣。当此，天下之君子皆知而非之，谓之不义。今至大为不义攻国，则弗知非，从而誉之，谓之义。情不知其不义也，故书其言以遗后世；若知其不义也，夫奚说书其不义以遗后世哉⑰？

---

① 有：同"又"。
② 恶(wū)得不禁恶(wù)而劝爱：怎么会不制止(人们)互相嫌恶，而鼓励(人们)相亲相爱呢？劝，劝勉，鼓励。
③ 子墨子：(我的)老师墨子。子，古人对自己老师的称呼。
④ 情：同"诚"。
⑤ 园圃(pǔ)：种植花木果蔬的地方。园，花园。圃，菜圃。
⑥ 为政者：当官的人。得：抓获。
⑦ 攘(rǎng)：盗窃。豕(shǐ)：猪。豚(tún)：小猪。
⑧ 兹：同"滋"，更加。
⑨ 厚：多，重。
⑩ 栏厩(jiù)：牲口棚。
⑪ 苟：如果。
⑫ 不辜人：无罪的人。辜，罪。
⑬ 扡：抢夺。衣裘：衣服。裘，皮衣。
⑭ 非：责怪，反对。
⑮ 誉：称赞。
⑯ 以此说往：由此及彼。
⑰ 奚说：为什么。

"今有人于此,少见黑曰黑,多见黑曰白,则以此人不知白黑之辩矣①;少尝苦曰苦,多尝苦曰甘,则必以此人为不知甘苦之辩矣。今小为非,则知而非之;大为非攻国,则不知而非,从而誉之,谓之义:此可谓知义与不义之辩乎? 是以知天下之君子也,辩义与不义之乱也。"

公输 (《墨子》)

公输般为楚造云梯之械②,成,将以攻宋。子墨子闻之,起于齐③,行十日十夜而至于郢④,见公输般。公输般曰:"夫子何命焉为⑤?"子墨子曰:"北方有侮臣者⑥,愿藉子杀之⑦。"公输般不说⑧。子墨子曰:"请献十金⑨。"公输般曰:"吾义固不杀人⑩。"子墨子起,再拜曰⑪:"请说之⑫。吾从北方闻子为梯,将以攻宋。宋何罪之有? 荆国有余于地而不足于民,杀所不足而争所有余,不可谓智;宋无罪而攻之,不可谓仁;知而不争,不可谓忠⑬;争而不得,不可谓强⑭;义不杀少而杀众,不可谓知类⑮。"公输般服。子墨子曰:"然,乎不已乎⑯?"公输般曰:"不可,吾既已言之王矣。"子墨子曰:"胡不见我于王⑰?"公输般曰:"诺⑱!"

子墨子见王,曰:"今有人于此,舍其文轩⑲,邻有敝舆而欲窃之⑳;舍其锦绣㉑,邻有

---

① 辩:同"辨",区别。
② 公输般(pán):一作"公输盘",即鲁班,姬姓,公输氏,名班。春秋时期鲁国人,擅长制造各种工具器械。
③ 起:动身,出发。
④ 郢(yǐng):楚国国都,位于今湖北荆州。
⑤ 夫子何命焉为:先生有什么指示吗? 命,命令,指示。焉、为:句末语助词,表示疑问。
⑥ 侮:欺负。臣:对自己的谦称。
⑦ 藉:同"借",依靠。
⑧ 说:同"悦"。
⑨ 请:愿意。金:古代货币单位。
⑩ 吾义固不杀人:我按道义绝不杀人。固,一定。
⑪ 再拜:拜了又拜。一种古代礼节,表示尊敬。
⑫ 请说之:请听我解释。
⑬ 知而不争(zhèng),不可谓忠:知道(其中的道理)却不规劝(君主),这不能说是忠诚。争,同"诤",直言规劝。
⑭ 争而不得,不可谓强:做了规劝却没有成功,这不能说是坚决。强,刚强,坚决。
⑮ 义不杀少而杀众,不可谓知类:按照道义不杀数量少的人,却杀数量多的人,这不能说是明白事理。知类,懂得类推。
⑯ 乎:同"胡",为什么。已:停止。
⑰ 见:引见。
⑱ 诺:表示同意,相当于"好的"。
⑲ 文轩:装饰华美的车。文,花纹,装饰。轩,一种有篷的车,供大夫以上的人乘坐。
⑳ 敝舆(yú):破旧的马车。
㉑ 锦绣:指色彩鲜艳、质地精美的丝织品。

短褐而欲窃之①;舍其梁肉②,邻有糠糟而欲窃之③。此为何若人?"王曰:"必为窃疾矣。"子墨子曰:"荆之地方五千里④,宋方五百里,此犹文轩之与敝舆也;荆有云梦⑤,犀兕、麋鹿满之⑥,江汉之鱼鳖、鼋鼍为天下富⑦,宋所为无雉兔、狐狸者也⑧,此犹梁肉之与糠糟也;荆有长松、文梓、梗楠、豫章⑨,宋无长木,此犹锦绣之与短褐也。臣以王吏之攻宋也,为与此同类。"王曰:"善哉!虽然,公输般为我为云梯,必取宋。"

于是见公输般。子墨子解带为城⑩,以牒为械⑪。公输般九设攻城之机变⑫,子墨子九距之⑬;公输般之攻械尽,子墨子之守圉有余⑭。公输般诎⑮,而曰:"吾知所以距子矣,吾不言。"子墨子亦曰:"吾知子之所以距我,吾不言。"楚王问其故,子墨子曰:"公输子之意,不过欲杀臣;杀臣,宋莫能守,可攻也。然臣之弟子禽滑厘等三百人⑯,已持臣守圉之器,在宋城上而待楚寇矣⑰。虽杀臣,不能绝也。"楚王曰:"善哉!吾请无攻宋矣。"

子墨子归。过宋,天雨,庇其闾中⑱,守闾者不内也⑲。故曰:治于神者,众人不知其功⑳;争于明者,众人知之。

【阅读探究】

战国思想界曾有一个与墨家针锋相对的学者——杨朱。杨朱不赞同墨子的"兼爱",主张"贵生""重己",重视个人生命的保存;反对他人对自己的侵夺,也反对自己对他人的侵夺。正如孟子所总结的那样:"杨子取为我,拔一毛而利天下,不为也;墨子兼爱,摩顶放踵,利天下,为之。"(杨子主张的是"为我",哪怕只要拔他身上一根汗毛就能使天下人得

---

① 短褐:古代平民穿的粗布短衣。
② 梁肉:精美的饭食。
③ 糠糟:谷皮酒渣。比喻粗劣的食物。
④ 方:方圆,占地。
⑤ 云梦:古地名,位于今湖北省境内。地域辽阔,跨长江南北,有一名为"云梦泽"的湖泊群。
⑥ 兕(sì):形似犀牛的动物。麋:外形似鹿的动物,俗称"四不像"。
⑦ 鼋(yuán):大鳖。鼍(tuó):扬子鳄。
⑧ 所为:即"所谓"。
⑨ 长松、文梓(zǐ)、梗(pián)楠、豫章:树名。都是珍贵的树木。
⑩ 解带为城:解下腰带,摆成城池的形状。
⑪ 以牒为械:以木片作为(守城的)器械。牒,小木片。
⑫ 九设攻城之机变:多次设置攻城的机关。九,形容次数多。
⑬ 距:同"拒",抵挡。
⑭ 圉:同"御"。
⑮ 诎:同"屈",穷尽。这里指没有办法。
⑯ 禽滑(gǔ)厘(lí):墨子弟子。早年学儒术,后转投墨门。
⑰ 寇:盗匪、侵略者,亦指敌人。
⑱ 庇:遮蔽。闾:里巷的大门。
⑲ 内:同"纳",接纳,允许进入。
⑳ 治于神者,众人不知其功:不知不觉间解决问题的人,大家都不知道他的功劳。

利,他也是不干的;而墨子主张"兼爱",只要对天下人有利,即使自己磕破了头、磨破了脚,也心甘情愿。)

你如何看待墨子和杨子的分歧?你更赞同谁的主张?

【阅读训练】

2016年8月16日发射的世界上第一颗量子科学实验卫星被命名为"墨子号",以纪念墨子在光学研究领域的成就。英国学者李约瑟曾在《中国科学技术史》中指出,墨子关于光学的研究"比我们所知的希腊的为早","印度亦不能比拟"。

以下是《墨子》中记载的一则光学实验,理解文义,并画出示意图,思考其中包含了怎样的物理学原理:

景(影)到(倒):在午(光线交叉)有端,与景长(影帐,即幕布)。说(原理)在端。《经下》

说景:光之人(入),煦(照)若射,下者之人也高,高者之人也下。足蔽下光,故成景于上;首蔽上光,故成景于下。在远近,有端与于光,故景库(暗房)内也。《经说下》

【拓展阅读】

非儒下《墨子》[①]

儒者曰:"亲亲有术,尊贤有等。"言亲疏尊卑之异也。其礼曰:"丧父母三年,妻、后子三年,伯父、叔父、弟兄、庶子其,戚族人五月。"若以亲疏为岁月之数,则亲者多而疏者少矣,是妻、后子与父同也。若以尊卑为岁月数,则是尊其妻子与父母同,而亲伯父、宗兄而卑子也。逆孰大焉?其亲死,列尸弗敛,登堂窥井,挑鼠穴,探涤器,而求其人焉。以为实在,则赣愚甚矣。如其亡也,必求焉,伪亦大矣。

取妻身迎,祗裯为仆,秉辔授绥,如仰严亲。昏礼威仪,如承祭祀。颠覆上下,悖逆父母,下则妻子,妻子上侵。事亲若此,可谓孝乎?儒者迎妻:"妻之奉祭祀,子将守宗庙,故重之。"应之曰:此诬言也。其宗兄守其先宗庙数十年,死,丧之其,兄弟之妻奉其先之祭祀,弗服。则丧妻子三年,必非以守奉祭祀也。夫忧妻子,以大负累,有曰:"所以重亲也。"为欲厚所至私,轻所至重,岂非大奸也哉?

有强执有命以说议曰:"寿夭贫富,安危治乱,固有天命,不可损益。穷达赏罚,幸否有

[①] 本文中涉及孔子的言行多为杜撰,反映了儒墨两家思想的对立。

极,人之知力,不能为焉。"群吏信之,则怠于分职;庶人信之,则怠于从事。吏不治则乱,农事缓则贫,贫且乱政之本。而儒者以为道教,是贼天下之人者也。

且夫繁饰礼乐以淫人,久丧伪哀以谩亲,立命缓贫而高浩居,倍本弃事而安怠傲。贪于饮食,惰于作务,陷于饥寒,危于冻馁,无以违之。是苦人气,鼹鼠藏,而羝羊视,贲彘起。君子笑之,怒曰:"散人,焉知良儒!"夫夏乞麦禾,五谷既收,大丧是随,子姓皆从,得厌饮食,毕治数丧,足以至矣。因人之家以为翠,恃人之野以为尊,富人有丧,乃大说喜,曰:"此衣食之端也。"

儒者曰:"君子必古服言,然后仁。"应之曰:所谓古之服言者,皆尝新矣,而古人服之、言之,则非君子也。然则必法非君子之服,言非君子之言,而后仁乎?

又曰:"君子循而不作。"应之曰:古者羿作弓,伃作甲,奚仲作车,巧垂作舟。然则今之鲍、函、车、匠,皆君子也,而羿、伃、奚仲、巧垂,皆小人邪?且其所循,人必或作之,然则其所循皆小人道也。

又曰:"君子胜不逐奔,掩函弗射,施则助之胥车。"应之曰:若皆仁人也,则无说而相与。仁人以其取舍是非之理相告,无故从有故也,弗知从有知也,无辞必服,见善必迁,何故相与?若两暴交争,其胜者欲不逐奔,掩函弗射,施则助之胥车,虽尽能犹且不得为君子也。意暴残之国也,圣将为世除害,兴师诛罚,胜将因用儒术令士卒曰:"毋逐奔,掩函勿射,施则助之胥车。"暴乱之人也得活,天下害不除,是为群残父母而深贱世也,不义莫大焉。

又曰:"君子若钟,击之则鸣,弗击不鸣。"应之曰:夫仁人事上竭忠,事亲得孝,务善则美,有过则谏,此为人臣之道也。今击之则鸣,弗击不鸣,隐知豫力,恬漠待问而后对,虽有君亲之大利,弗问不言。若将有大寇乱,盗贼将作,若机辟将发也,他人不知,己独知之,虽其君亲皆在,不问不言,是夫大乱之贼也。以是为人臣不忠,为子不孝,事兄不弟,交遇人不贞良。夫执后不言之朝,物见利使,己虽恐后言。君若言而未有利焉,则高拱下视,会噎为深,曰:"惟其未之学也。"用谁急,遗行远矣。

夫一道术学业,仁义者。皆大以治人,小以任官,远施周偏,近以修身,不义不处,非理不行,务兴天下之利,曲直周旋,利则止,此君子之道也。以所闻孔某之行,则本与此相反谬也。

齐景公问晏子曰:"孔子为人何如?"晏子不对。公又复问,不对。景公曰:"以孔丘语寡人者众矣,俱以为贤人也。今寡人问之,而子不对,何也?"晏子对曰:"婴不肖,不足以知贤人。虽然,婴闻所谓贤者,入人之国,必务合其君臣之亲,而弭其上下之怨。孔丘之荆,知白公之谋,而奉之以石乞,君身几灭,而白公僇。婴闻贤人得上不虚,得下不危,言听于君必利人,教行下必于上,是以言明而易知也,行明而易从也,行义可明乎民,谋虑可通乎君臣。今孔丘深虑同谋以奉贼,劳思尽知以行邪,劝下乱上,教臣杀君,非贤人之行也。入人之国,而与人之贼,非义之类也。知人不忠,趣之为乱,非仁义之也。逃人而后谋,避人而后言,行义不可明于民,谋虑不可通于君,臣婴不知孔丘之有异于白公也,是以不对。"景公曰:"呜乎!贶寡人者众矣,非夫子,则吾终身不知孔某之与白公同也。"

孔丘之齐,见景公。景公说,欲封之以尼溪,以告晏子。晏子曰:"不可!夫儒,浩居而自顺者也,不可以教下。好乐而淫人,不可使亲治。立命而怠事,不可使守职。宗丧循哀,不可使慈民。机服勉容,不可使导众。孔丘盛容修饰以蛊世,弦歌鼓舞以聚徒,繁登降之礼以示仪,务趋翔之节以观众,博学不可使议世,劳思不可以补民,累寿不能尽其学,当年不能行其礼,积财不能赡其乐,繁饰邪术以营世君,盛为声乐以淫遇民,其道不可以期世,其学不可以导众。今君封之,以利齐俗,非所以导国先众。"公曰:"善。"于是厚其礼,留其封,敬见而不问其道。孔丘乃志怒于景公与晏子,乃树鸱夷子皮于田常之门,告南郭惠子以所欲为,归于鲁。有顷,闻齐将伐鲁,告子贡曰:"赐乎!举大事于今之时矣。"乃遣子贡之齐,因南郭惠子以见田常,劝之伐吴,以教高、国、鲍、晏,使毋得害田常之乱。劝越伐吴。三年之内,齐吴破国之难,伏尸以言术数,孔丘之诛也。

孔某为鲁司寇,舍公家而于季孙,季孙相鲁君而走,季孙与邑人争门关,决植。

孔某穷于蔡陈之间,藜羹不糁,十日,子路为享豚,孔丘不问肉之所由来而食。褫人衣以酤酒,孔某不问酒之所由来而饮。哀公迎孔子,席不端弗坐,割不正弗食。子路进曰:"何其与陈蔡反也?"孔某曰:"来,吾语女。曩与女为苟生,今与女为苟义。"夫饥约则不辞妄取以活身,赢饱则伪行以自饰,污邪诈伪,孰大于此?

孔丘与其门弟子闲坐,曰:"夫舜见瞽叟就然,此时天下圾乎!周公旦非其人也邪?何为舍其家室而托寓也?"孔丘所行,心术所至也。其徒属弟子皆效孔丘,子贡、季路辅孔悝乱乎卫,阳虎乱乎齐,佛肸以中牟叛,柒雕刑残,莫大焉。夫为弟子,后生其师,必修其言,法其行,力不足、知弗及而后已。今孔丘之行如此,儒士则可以疑矣。

3. 道家

泉涸，鱼相与处于陆，相呴以湿，相濡以沫，不如相忘于江湖。
——《庄子·大宗师》

【阅读导语】

　　道家是中国古代最重要的哲学派别之一，以"道"作为世界产生的本原和运行的规律。不过先秦并没有"道家"这一称谓，将老子、庄子等人视作"道家"或"道德家"始于司马迁。

　　老子（生卒不详），一说即老聃，姓李，名耳，字伯阳，春秋时期生于楚国苦县（今河南鹿邑），担任过周朝"守藏室之史"（掌管藏书的史官），后退隐，著有《老子》（一名《道德经》）。老子认为宇宙起源于永恒不变的"道"，又用"道"来解释万物演变的规律。在观察社会和自然的变化时，老子强调一切事物都存在于正反两方面的对立之中，它们互相依存又彼此转化。政治上，老子强调"无为"，反对标榜智慧、推举贤能，主张让百姓保持在"无知无欲"的原始状态，推崇"民至老死不相往来"的"小国寡民"模式。

　　庄子（约前369—前286，一说约前368—前268），名周，战国时宋国蒙邑（今河南商丘）人，做过漆园吏，是老子之后最重要的道家代表人物。庄子继承和发展了老子"道法自然"的观点，强调"道"是"先天地生"的，主张顺应"自然"，摒弃一切人为的成分，达到"天地与我并生，而万物与我为一"的"逍遥"境界。庄子认为生和死构成同一的关系，应当泯除一切差异，将生死等而视之。在庄子看来，万事万物都处在"无动而不变，无时而不移"的状态里，事物之间的关系也是永恒相对的。《庄子》现存33篇，一般认为《内篇》是庄子本人所作。该书文字汪洋恣肆，想象奇诡，有浓厚的浪漫主义色彩，并且善于运用寓言，富有幽默讽刺的意味。

　　本单元从《老子》中选取能反映道家哲学观点和政治思想，且至今为人所传诵的重要片段；录自《庄子》的文字，则是生动晓畅、言浅意深的寓言故事。

【选文】

《老子》十九则①

道可道,非常道②;名可名,非常名③。无,名天地之始;有,名万物之母。(第一章)

天下皆知美之为美,斯恶已④;皆知善之为善,斯不善已。(第二章)

不尚贤⑤,使民不争;不贵难得之货,使民不为盗;不见可欲⑥,使民心不乱。是以圣人之治⑦:虚其心,实其腹;弱其志,强其骨。常使民无知无欲,使夫智者不敢为也。为无为⑧,则无不治。(第三章)

天地不仁,以万物为刍狗⑨;圣人不仁,以百姓为刍狗。(第五章)

上善若水。水善利万物而不争,处众人之所恶⑩,故几于道⑪。(第八章)

五色令人目盲⑫,五音令人耳聋⑬,五味令人口爽⑭,驰骋畋猎令人心发狂⑮,难得之货令人行妨⑯。(第十二章)

大道废,有仁义;慧智出,有大伪;六亲不和⑰,有孝慈;国家昏乱,有忠臣。(第十八章)

---

① 据《老子道德经注校释》,[魏]王弼注,楼宇烈校释,北京:中华书局,2008年。
② 道可道,非常道:(如果)一种道理可以用语言来表述,那就不是永恒的"道"。此句中,第一个"道"指世俗意义上的道理;第二个"道"作动词,意为言说;第三个"道"是老子哲学中的专有名词,其含义在不同语境中各有侧重,可以粗略地理解成世界的本源和规律。
③ 名可名,非常名:(如果)一个名称可以用语词来描述,那就不是永恒的"名"。类似地,此句中第一个"名"和第三个"名"作名词,第二个"名"作动词。
④ 斯:就。恶,丑陋。已:同"矣"。
⑤ 尚:尊崇。
⑥ 见:同"现",显现。可欲:引起欲望。这里指引起欲望的东西。
⑦ 圣人:道家和儒家都标举"圣人",但两者的内涵全然不同:"儒家的圣人是典范化的道德人,道家的'圣人'则体任自然,拓展内在的生命世界,扬弃一切影响身心自由活动的束缚。"(陈鼓应《老子注释及评介》)
⑧ 为无为:以"无为"的方式加以施为。即顺其自然,不加干预。
⑨ 刍(chú)狗:古代祭祀时用草扎成的狗。用完即丢弃或烧火。比喻轻贱无用之物。
⑩ 处众人之所恶(wù):待在大家都嫌弃的地方。指地位卑下。
⑪ 几:接近。
⑫ 五色:指青、黄、赤、白、黑。泛指各种颜色。
⑬ 五音:指宫、商、角、徵、羽。泛指各种音调。
⑭ 五味:指酸、甘、苦、辛、咸。泛指各种味道。口爽:味觉受损。爽,损坏。
⑮ 畋(tián)猎:打猎。
⑯ 行妨:操行受损。妨,损害。
⑰ 六亲:指父子、兄弟、夫妇。泛指各种近亲关系。

绝圣弃智①，民利百倍；绝仁弃义，民复孝慈；绝巧弃利②，盗贼无有。(第十九章)

有物混成③，先天地生，寂兮寥兮，独立不改，周行而不殆，可以为天下母。吾不知其名，字之曰"道"。(第二十五章)

柔弱胜刚强。(第三十六章)

大音希声④，大象无形⑤。(第四十一章)

道生一，一生二，二生三，三生万物。(第四十二章)

知者不言⑥，言者不知。(第五十六章)

祸兮福之所倚，福兮祸之所伏⑦。(第五十八章)

治大国若烹小鲜⑧。(第六十章)

人之生也柔弱，其死也坚强⑨；万物草木之生也柔脆⑩，其死也枯槁⑪。故坚强者，死之徒⑫；柔弱者，生之徒。(第七十六章)

天之道，损有余而补不足⑬；人之道则不然，损不足以奉有余⑭。(第七十七章)

小国寡民，使有什伯之器而不用⑮，使民重死而不远徙⑯。虽有舟舆⑰，无所乘之；虽有甲兵⑱，无所陈之⑲；使人复结绳而用之⑳。甘其食，美其服，安其居，乐其俗㉑。邻国相望，鸡犬之声相闻，民至老死不相往来。(第八十章)

信言不美，美言不信㉒。(第八十一章)

---

① 绝圣弃智：即"绝弃圣智"，抛弃聪明才智。绝、弃，杜绝，抛弃。圣、智，聪明，睿智。
② 绝巧弃利：即"绝弃巧利"。巧、利，指投机取巧。
③ 混成：浑然天成。
④ 大音希声：最大的声音是听不到声响的。希，指听不到。
⑤ 大象无形：最大的形象是看不见形迹的。
⑥ 知：同"智"。
⑦ 伏：隐藏。
⑧ 治大国若烹小鲜：治理大的国家就像烹制小鱼一样(不要随意扰动)。烹鱼时随意翻动容易把鱼肉弄碎，以此比喻治国务须清静无为，不能扰民。小鲜，小鱼。
⑨ 人之生也柔弱，其死也坚强：指人活着的时候身体柔软，死了以后变得僵硬。
⑩ 万物：各种各样。物，品种。
⑪ 枯槁(gǎo)：干枯。
⑫ 徒：类。
⑬ 天之道，损有余而补不足：自然的规律，是对多余的加以减损，为不够的提供补充。
⑭ 奉：给予。
⑮ 什(shí)伯(bǎi)之器：指兵器。什伯，指军队。古代兵制，十人为什，百人为伯。什，同"十"。伯，同"百"。
⑯ 重死：重视死亡。远徙(xǐ)：迁移到远处。
⑰ 舆(yú)：车。
⑱ 甲兵：铠甲和兵器。
⑲ 陈：陈列。
⑳ 结绳：即结绳记事。在文字产生以前，古人用绳子结扣的方法来记事。
㉑ 甘其食，美其服，安其居，乐其俗：(老百姓)爱吃自己的食物，欣赏自己的衣服，享受自己的居所，喜欢自己的风俗。
㉒ 信：真实。

《庄子》六则①

庄周梦蝶（《齐物论》）

昔者庄周梦为胡蝶②，栩栩然胡蝶也③，自喻适志与④，不知周也⑤。俄然觉⑥，则蘧蘧然周也⑦。不知周之梦为胡蝶与，胡蝶之梦为周与？

浑沌凿窍（《应帝王》）

南海之帝为儵⑧，北海之帝为忽，中央之帝为浑沌。儵与忽时相与遇于浑沌之地，浑沌待之甚善。儵与忽谋报浑沌之德，曰："人皆有七窍以视听食息⑨，此独无有。尝试凿之。"日凿一窍，七日而浑沌死。

惠子相梁（《秋水》）

惠子相梁⑩，庄子往见之。或谓惠子曰："庄子来，欲代子相。"于是惠子恐，搜于国中三日三夜。

庄子往见之，曰："南方有鸟，其名为鹓雏⑪，子知之乎？夫鹓雏，发于南海而飞于北海，非梧桐不止，非练实不食⑫，非醴泉不饮⑬。于是鸱得腐鼠⑭，鹓雏过之，仰而视之曰：'吓⑮！'今子欲以子之梁国而吓我邪⑯？"

---

① 据《庄子集释（第2版）》，[清]郭庆藩撰，王孝鱼点校，北京：中华书局，2004年。
② 胡蝶：即"蝴蝶"。
③ 栩(xǔ)栩然：生动活泼的样子。
④ 喻：明白，感到。适志：得意。
⑤ 不知周也：不知道（自己）是庄周。
⑥ 俄然：忽然。觉：醒。
⑦ 蘧(jù)蘧然：身体僵直的样子。与上文"栩栩然"相照应。蘧，同"遽"。
⑧ 儵(shū)：和下文中的"忽""浑沌"都是寓言里假设的名字。儵，迅速。
⑨ 息：呼吸。
⑩ 惠子：即惠施，战国时宋国人，名家学派代表人物，庄子好友。相(xiàng)梁：做梁国的宰相。
⑪ 鹓(yuān)雏：凤凰一类的鸟。
⑫ 练实：即竹实，竹子结的果实。
⑬ 醴(lǐ)泉：甘甜的泉水。
⑭ 鸱(chī)：鹞鹰。
⑮ 吓(hè)：象声词，表示不满。
⑯ 邪(yé)：同"耶"。

鼓盆而歌（《至乐》）

庄子妻死，惠子吊之①，庄子则方箕踞鼓盆而歌②。

惠子曰："与人居，长子老身③，死不哭亦足矣④；又鼓盆而歌，不亦甚乎！"

庄子曰："不然。是其始死也，我独何能无概然⑤？察其始而本无生；非徒无生也⑥，而本无形；非徒无形也，而本无气。杂乎芒芴之间⑦，变而有气，气变而有形，形变而有生，今又变而之死。是相与为春秋冬夏四时行也⑧。人且偃然寝于巨室⑨，而我噭噭然随而哭之⑩，自以为不通乎命，故止也。"

生不如死（《至乐》）

庄子之楚，见空髑髅⑪，髐然有形⑫。撽以马捶⑬，因而问之曰："夫子贪生失理而为此乎⑭？将子有亡国之事、斧钺之诛而为此乎⑮？将子有不善之行，愧遗父母妻子之丑而为此乎⑯？将子有冻馁之患而为此乎⑰？将子之春秋故及此乎⑱？"于是语卒⑲，援髑髅⑳，枕而卧。

夜半，髑髅见梦曰㉑："子之谈者似辩士。视子所言，皆生人之累也㉒，死则无此矣。子欲闻死之说乎㉓？"

庄子曰："然。"

---

① 吊：吊唁。
② 方：正在。箕(jī)踞(jù)：指两腿如八字形分开，两膝微曲地坐在地上，形状像簸箕。是一种很随意的坐姿。箕，簸箕，这里作状语。踞，坐。鼓：敲击。
③ 长子：养育子女。长，抚育。
④ 足：这里指足够过分。
⑤ 概：同"慨"。
⑥ 徒：只。
⑦ 杂乎芒芴之间：夹杂在若有若无的恍惚之间。芒芴，同"恍惚"，即"道"的存在状态。
⑧ 是相与为春秋冬夏四时行也：这就和春夏秋冬四季变换是一样的。
⑨ 偃(yǎn)然：安息的样子。巨室：这里比喻天地。
⑩ 噭(jiào)噭然：形容哭声响。
⑪ 髑(dú)髅：死人的头骨。
⑫ 髐(xiāo)然：骨头枯空的样子。有形：指保持着生人头颅的形状。
⑬ 撽(qiào)：敲击。马捶(chuí)：即马鞭。捶，同"棰"。
⑭ 贪生失理：贪恋生命而违背了天理。
⑮ 将：抑或。钺(yuè)：一种形似板斧而较大的兵器。
⑯ 愧遗父母妻子之丑：惭愧地给父母妻儿丢了脸。
⑰ 馁(něi)：饥饿。
⑱ 春秋：指年纪。
⑲ 语卒：说完。卒，终止，完毕。
⑳ 援：拉。
㉑ 见：同"现"，显现。
㉒ 累：负担。
㉓ 死之说：关于死亡的看法。

髑髅曰:"死,无君于上,无臣于下;亦无四时之事,从然以天地为春秋①。虽南面王乐,不能过也②。"

　　庄子不信,曰:"吾使司命复生子形③,为子骨肉肌肤,反子父母妻子、闾里知识④,子欲之乎?"

　　髑髅深矉蹙頞⑤,曰:"吾安能弃南面王乐而复为人间之劳乎!"

材与不材《山木》

　　庄子行于山中,见大木⑥,枝叶盛茂,伐木者止其旁而不取也。问其故。曰:"无所可用。"庄子曰:"此木以不材得终其天年⑦。"

　　夫子出于山⑧,舍于故人之家⑨。故人喜,命竖子杀雁而烹之⑩。竖子请曰:"其一能鸣,其一不能鸣,请奚杀⑪?"主人曰:"杀不能鸣者。"

　　明日,弟子问于庄子曰:"昨日山中之木,以不材得终其天年;今主人之雁,以不材死。先生将何处⑫?"庄子笑曰:"周将处乎材与不材之间。"

【阅读探究】

　　有人认为道家思想过于消极避世,不适合高速发展的现代社会;也有人认为道家思想是终日为利益奔逐的现代人的思想慰藉。请结合自己的经历谈谈你的看法。

【阅读训练】

　　在先秦诸子散文中,《庄子》具有较强的文学性,其中的许多故事情节生动、人物鲜明,

---

① 从然:随心所欲的样子。从,同"纵"。以天地为春秋:岁数和天地一样长。
② 南面王乐:帝王般的快乐。古代以坐北朝南为尊,所以国君的座位朝南,后来就以"南面"代指帝位。
③ 司命:掌管生命的神明。
④ 反:同"返",归还。妻子:妻子和儿女。闾(lǘ)里:邻居。知识:熟人。
⑤ 深矉(pín)蹙(cù)頞(è):紧锁眉头,形容忧愁的样子。矉,同"颦",皱眉。蹙頞:因心中忧愁而皱缩鼻翼,愁苦的样子。
⑥ 木:树。
⑦ 不材:不成材。天年:自然寿命。
⑧ 夫子:这里指庄子。
⑨ 舍:住。故人:老朋友。
⑩ 竖子:童仆。烹:同"享",即"飨",奉食招待。
⑪ 请奚杀:请问杀哪只?
⑫ 何处(chǔ):怎么办。

很接近今天的"小说"。请从本单元学习的六则《庄子》寓言中选取一则,对情节加以改编或扩充,用现代汉语写成1 000字以上的完整故事。

【拓展阅读】

盗跖① 《庄子》(节录)

孔子与柳下季为友,柳下季之弟名曰"盗跖"。盗跖从卒九千人,横行天下,侵暴诸侯;穴室枢户,驱人牛马,取人妇女;贪得忘亲,不顾父母兄弟,不祭先祖。所过之邑,大国守城,小国入保,万民苦之。

孔子谓柳下季曰:"夫为人父者,必能诏其子;为人兄者,必能教其弟。若父不能诏其子,兄不能教其弟,则无贵父子兄弟之亲矣。今先生,世之才士也;弟为盗跖,为天下害,而弗能教也。丘窃为先生羞之!丘请为先生往说之。"柳下季曰:"先生言,为人父者必能诏其子,为人兄者必能教其弟;若子不听父之诏,弟不受兄之教,虽今先生之辩,将奈之何哉?且跖之为人也,心如涌泉,意如飘风,强足以距敌,辩足以饰非;顺其心则喜,逆其心则怒,易辱人以言。先生必无往!"

孔子不听,颜回为驭,子贡为右,往见盗跖。盗跖乃方休卒徒大山之阳,脍人肝而餔之。孔子下车而前,见谒者曰:"鲁人孔丘,闻将军高义,敬再拜谒者。"谒者入通。盗跖闻之大怒,目如明星,发上指冠,曰:"此夫鲁国之巧伪人孔丘非邪?为我告之:尔作言造语,妄称文武,冠枝木之冠,带死牛之胁;多辞缪说,不耕而食,不织而衣,摇唇鼓舌,擅生是非,以迷天下之主;使天下学士不反其本,妄作孝弟,而侥幸于封侯富贵者也。子之罪大极重,疾走归!不然,我将以子肝益昼餔之膳!"孔子复通曰:"丘得幸于季,愿望履幕下。"谒者复通。盗跖曰:"使来前!"孔子趋而进,避席反走,再拜盗跖。盗跖大怒,两展其足,案剑瞋目,声如乳虎,曰:"丘来前!若所言顺吾意则生,逆吾心则死!"

孔子曰:"丘闻之,凡天下有三德:生而长大,美好无双,少长贵贱见而皆说之,此上德也;知维天地,能辩诸物,此中德也;勇悍果敢,聚众率兵,此下德也。凡人有此一德者,足以南面称孤矣。今将军兼此三者,身长八尺二寸,面目有光,唇如激丹,齿如齐贝,音中黄钟,而名曰'盗跖',丘窃为将军耻不取焉。将军有意听臣,臣请南使吴越,北使齐鲁,东使宋卫,西使晋楚,使为将军造大城数百里,立数十万户之邑,尊将军为诸侯,与天下更始,罢兵休卒,收养昆弟,共祭先祖。此圣人才士之行,而天下之愿也。"

盗跖大怒,曰:"丘来前!夫可规以利而可谏以言者,皆愚陋恒民之谓耳。今长大美好、人见而悦之者,此吾父母之遗德也。丘虽不吾誉,吾独不自知邪?且吾闻之:好面誉人者亦好背而毁之。今丘告我以大城众民,是欲规我以利而恒民畜我也,安可久长也!城

---

① 本文出自《庄子》外篇,一般认为非庄子所作,其内容系杜撰,反映了当时儒道思想的尖锐对立。

之大者，莫大乎天下矣。尧舜有天下，子孙无置锥之地；汤武立为天子，而后世绝灭：非以其利大故邪？

"且吾闻之：古者禽兽多而人少，于是民皆巢居以避之，昼拾橡栗，暮栖木上，故命之曰'有巢氏之民'；古者民不知衣服，夏多积薪，冬则炀之，故命之曰'知生之民'；神农之世，卧则居居，起则于于，民知其母，不知其父，与麋鹿共处，耕而食，织而衣，无有相害之心：此至德之隆也。然而黄帝不能致德，与蚩尤战于涿鹿之野，流血百里；尧舜作，立群臣，汤放其主，武王杀纣。自是之后，以强陵弱，以众暴寡。汤武以来，皆乱人之徒也。

"今子修文武之道，掌天下之辩，以教后世；缝衣浅带，矫言伪行，以迷惑天下之主，而欲求富贵焉。盗莫大于子！天下何故不谓子为'盗丘'，而乃谓我为'盗跖'？子以甘辞说子路而使从之，使子路去其危冠，解其长剑，而受教于子。天下皆曰：'孔丘能止暴禁非。'其卒之也，子路欲杀卫君而事不成，身菹于卫东门之上，是子教之不至也。子自谓才士圣人邪？则再逐于鲁，削迹于卫，穷于齐，围于陈蔡，不容身于天下。子教子路菹此患，上无以为身，下无以为人。子之道岂足贵邪？

"世之所高，莫若黄帝。黄帝尚不能全德，而战涿鹿之野，流血百里。尧不慈，舜不孝，禹偏枯，汤放其主，武王伐纣，文王拘羑里：此六子者，世之所高也；孰论之，皆以利惑其真而强反其情性，其行乃甚可羞也。

"世之所谓贤士：伯夷、叔齐。伯夷、叔齐辞孤竹之君而饿死于首阳之山，骨肉不葬；鲍焦饰行非世，抱木而死；申徒狄谏而不听，负石自投于河，为鱼鳖所食；介子推至忠也，自割其股以食文公，文公后背之，子推怒而去，抱木而燔死；尾生与女子期于梁下，女子不来，水至不去，抱梁柱而死：此六子者，无异于磔犬流豕、操瓢而乞者，皆离名轻死、不念本养寿命者也。

"世之所谓忠臣，莫若王子比干、伍子胥。子胥沉江，比干剖心：此二子者，世谓忠臣也，然卒为天下笑。

"自上观之，至于子胥、比干，皆不足贵也。丘之所以说我者，若告我以鬼事，则我不能知也；若告我以人事者，不过此矣，皆吾所闻知也。今吾告子以人之情：目欲视色，耳欲听声，口欲察味，志气欲盈。人上寿百岁，中寿八十，下寿六十，除病瘦、死丧、忧患，其中开口而笑者，一月之中不过四五日而已矣。天与地无穷，人死者有时，操有时之具而托于无穷之间，忽然无异骐骥之驰过隙也。不能说其志意、养其寿命者，皆非通道者也。丘之所言，皆吾之所弃也。亟去走归，无复言之！子之道，狂狂汲汲，诈巧虚伪事也，非可以全真也，奚足论哉！"

孔子再拜趋走，出门上车，执辔三失，目芒然无见，色若死灰，据轼低头，不能出气。归到鲁东门外，适遇柳下季。柳下季曰："今者阙然数日不见，车马有行色，得微往见跖邪？"孔子仰天而叹曰："然！"柳下季曰："跖得无逆汝意若前乎？"孔子曰："然。丘所谓无病而自灸也。疾走料虎头，编虎须，几不免虎口哉！"

4. 法家

> 爱多者则法不立,威寡者则下侵上。
> ——《韩非子·内储说上·七术》

【阅读导语】

　　法家,是中国古代以法治为思想核心、以富国强兵为实践目标的重要学派。法家思想成熟于战国,以魏国的商鞅、韩国的申不害和赵国的慎到为代表人物,分别侧重"法""术"和"势"三个方面:商鞅主张以法律和典章制度作为治国的根本;申不害强调政治权术的重要性;慎到则认为君主的权势是政治运作中最关键的因素。战国末年,韩非对他们的学说加以整合,建立了一套比较完整的法治体系,为秦朝的中央集权提供了重要的理论依据。西汉以后,法家的统治地位虽然被儒家取代,但实际上形成了外儒内法、儒法并用的帝王统治术。

　　商鞅(约前390—前338),公孙氏,卫国国君后裔,故又名卫鞅、公孙鞅。后封于商地,号商君,后人称之为商鞅。商鞅在公元前361年来到秦国,被秦孝公任命为左庶长,主持变法。他改革秦国户籍、军功爵位、土地制度、行政区划、税收和度量衡,并制定严苛的法律,还率领秦军收复河西。秦孝公死后,商鞅受迫害而死,尸身遭车裂示众。但新法并未废止,使秦国日益强大,为后来的大一统事业奠定了基础。

　　韩非(约前280—前233),战国末年韩国贵族公子,喜好刑名法术之学,和李斯一同受业于荀子。他曾多次上书韩王请求修明法治,富国强兵,但未被采纳。后来出使秦国,遭李斯谗害,被迫服毒自杀。所作《韩非子》一书,集先秦法家思想之大成,主张"法""术""势"并用,强化中央集权。秦王嬴政看到韩非所写的《孤愤》和《五蠹》后感慨道:"寡人得见此人与之游,死不得恨矣!"韩非子的文章构思精巧,文笔犀利,议论透彻。

　　韩非对于严刑峻法的主张根植于其对人性的理解,即认为人根本上是好逸恶劳、趋利避害的。《说难》是《韩非子》中的名篇,讲述了怎样迎合君主的心理进行游说,以获取恩宠,施展才华。《商鞅变法》则记录了商鞅出走秦国,说服秦孝公实施变法的全过程,情节曲折,饶有趣味。

【选文】

说难①

[战国]韩非

凡说之难②,非吾知之有以说之之难也,又非吾辩之能明吾意之难也,又非吾敢横失而能尽之难也③。凡说之难,在知所说之心,可以吾说当之④。所说出于为名高者也⑤,而说之以厚利,则见下节而遇卑贱⑥,必弃远矣。所说出于厚利者也,而说之以名高,则见无心而远事情⑦,必不收矣。所说阴为厚利而显为名高者也,而说之以名高,则阳收其身而实疏之⑧;说之以厚利,则阴用其言,显弃其身矣。此不可不察也。

夫事以密成,语以泄败。未必其身泄之也,而语及所匿之事,如此者身危;彼显有所出事,而乃以成他故,说者不徒知所出而已矣,又知其所以为,如此者身危;规异事而当⑨,知者揣之外而得之⑩,事泄于外,必以为己也,如此者身危;周泽未渥也⑪,而语极知⑫,说行而有功则德忘⑬,说不行而有败则见疑,如此者身危;贵人有过端⑭,而说者明言礼义以挑其恶⑮,如此者身危;贵人或得计而欲自以为功,说者与知焉⑯,如此者身危。强以其所不能为,止以其所不能已,如此者身危。故与之论大人⑰,则以为间己

---

① 选自《韩非子》。据《韩非子集解》,[清]王先慎撰,钟哲点校,北京:中华书局,1998年。
② 说(shuì)之难:游说(权贵者)的难处。
③ 横失:一作"横佚"。指辩说驰骋,无所顾忌。
④ 当:适应,迎合。
⑤ 所说:这里指游说的对象。
⑥ 见:同"现",显得。下节:节操低下。遇:对待。
⑦ 无心:指没有心计。远事情:指脱离实际。
⑧ 其身:这里指游说者。
⑨ 规:谋划。
⑩ 知:同"智"。揣:猜测。
⑪ 周泽:恩宠。渥:深厚。
⑫ 语极知:把知道的全说出来。
⑬ 说行:主张得以施行。
⑭ 过端:过失。
⑮ 挑:显露。
⑯ 与知:预先知晓。
⑰ 大人:指位高权重的大臣。

矣①；与之论细人②，则以为卖重③；论其所爱，则以为借资④；论其所憎，则以为尝己也⑤；径省其说⑥，则以为不智而拙之⑦；米盐博辩⑧，则以为多而交之⑨；略事陈意⑩，则曰怯懦而不尽；虑事广肆⑪，则曰草野而倨侮⑫。此说之难，不可不知也。

凡说之务⑬，在知饰所说之所矜而灭其所耻⑭。彼有私急也，必以公义示而强之⑮。其意有下也⑯，然而不能已，说者因为之饰其美，而少其不为也⑰。其心有高也，而实不能及，说者为之举其过，而见其恶，而多其不行也⑱。有欲矜以智能，则为之举异事之同类者，多为之地⑲，使之资说于我，而佯不知也，以资其智。欲内相存之言⑳，则必以美名明之，而微见其合于私利也㉑；欲陈危害之事，则显其毁诽，而微见其合于私患也。誉异人与同行者㉒，规异事与同计者㉓：有与同污者㉔，则必以大饰其无伤也；有与同败者，则必以明饰其无失也。彼自多其力，则毋以其难概之也㉕；自勇其断㉖，则无以其谪怒之㉗；自智其计，则毋以其败穷之。大意无所拂悟㉘，辞言无所系縻㉙，然后极骋智辩焉。此道所得亲近不疑，而得尽辞也。伊尹为宰㉚，百里奚为虏㉛，皆所以干其上

---

① 间（jiàn）：挑拨。
② 细人：地位卑微的人。
③ 卖重：指卖弄身价。
④ 借资：凭借。这里指拉拢关系，作为自己进身的资本。
⑤ 尝：试探。
⑥ 径省：简略。
⑦ 拙：粗暴对待。
⑧ 米盐：比喻繁杂琐碎。
⑨ 多：这里指啰嗦。交：一作"久"，冗长。
⑩ 略事：稍微。
⑪ 广肆：张扬放纵，不加约束。
⑫ 草野：粗鄙。倨侮：傲慢。
⑬ 务：关键。
⑭ 饰：粉饰，褒扬。矜：自夸。
⑮ 强（qiǎng）：劝勉。
⑯ 意有下：即下意，委屈己意。顺接上文"有私急"。
⑰ 少：抱怨。
⑱ 多：称赞。
⑲ 地：依据。
⑳ 内：同"纳"，进献。相存：相容。这里指符合对方心理。
㉑ 微：隐约，含蓄。
㉒ 异人：别的人。同行：同样行事。
㉓ 异事：别的事。同计：同样计划。
㉔ 污：腐败堕落。
㉕ 概：阻挠。
㉖ 断：判断，裁决。
㉗ 谪：谴责。
㉘ 拂悟：违逆。悟，同"牾"，抵牾。
㉙ 系縻：约束。
㉚ 伊尹：商初大臣，是汤妻陪嫁的奴隶，后助汤伐夏桀。宰：厨工。
㉛ 百里奚：春秋时虞国人，后被楚人所虏，秦缪公用五张羊皮将他赎出并委以重任。

也①。此二人者，皆圣人也，然犹不能无役身以进②，如此其污也③。今以吾言为宰虏，而可以听用而振世④，此非能仕之所耻也⑤。夫旷日弥久，而周泽既渥，深计而不疑⑥，引争而不罪⑦，则明割利害以致其功⑧，直指是非以饰其身⑨。以此相持⑩，此说之成也。

昔者郑武公欲伐胡⑪，故先以其女妻胡君以娱其意，因问于群臣："吾欲用兵，谁可伐者？"大夫关其思对曰："胡可伐。"武公怒而戮之，曰："胡，兄弟之国也，子言伐之何也！"胡君闻之，以郑为亲己，遂不备郑。郑人袭胡，取之。宋有富人，天雨墙坏，其子曰："不筑，必将有盗。"其邻人之父亦云。暮而果大亡其财。其家甚智其子，而疑邻人之父。此二人说者皆当矣⑫，厚者为戮⑬，薄者见疑⑭，则非知之难也，处之则难也⑮。故绕朝之言当矣⑯，其为圣人于晋而为戮于秦也，此不可不察。

昔者弥子瑕有宠于卫君。卫国之法，窃驾君车者罪刖⑰。弥子瑕母病，人间，有夜告弥子，弥子矫驾君车以出。君闻而贤之，曰："孝哉！为母之故，忘其犯刖罪。"异日，与君游于果园，食桃而甘，不尽，以其半啖君。君曰："爱我哉！忘其口味，以啖寡人。"及弥子色衰爱弛，得罪于君，君曰："是固尝矫驾吾车，又尝啖我以余桃。"故弥子之行未变于初也，而以前之所以见贤而后获罪者，爱憎之变也。故有爱于主，则智当而加亲；有憎于主，则智不当，见罪而加疏。故谏说谈论之士，不可不察爱憎之主而后说焉。

夫龙之为虫也，柔可狎而骑也；然其喉下有逆鳞径尺，若人有婴之者⑱，则必杀人。人主亦有逆鳞，说者能无婴人主之逆鳞，则几矣⑲！

---

① 干其上：这里指获得君主重用。干，求取。
② 役身：做苦工出身。
③ 污：卑微。
④ 振：救治。
⑤ 能仕：有才能的人。仕，同"士"。
⑥ 深计：深入周密地谋划。
⑦ 引争：直言劝谏。
⑧ 割：剖析。
⑨ 饰：同"饬"，整治。
⑩ 持：遵循。
⑪ 郑武公：姬姓，郑氏，名掘突，周厉王姬胡之孙，郑桓公姬友之子。
⑫ 此二人：这里指关其思和邻人之父。
⑬ 厚者：亲密的人。这里指关其思。
⑭ 薄者：疏远的人。这里指邻人之父。
⑮ 处之：这里指对待自己所知道的事，即关其思和邻人之父要不要把自己知道的事实说出来。
⑯ 绕朝之言：春秋时晋国大夫士会叛逃入秦，晋人担心秦国重用士会，便派人入秦，诱使士会返晋。士会临走时，秦大夫绕朝对他说："子无谓秦无人，吾谋适不用也。"意思是绕朝识破了晋国的计谋，只是没有得到秦国国君的采信。
⑰ 刖(yuè)：断足，古代酷刑。
⑱ 婴：触碰。
⑲ 几：差不多。

商鞅变法①

[汉]司马迁

商君者②,卫之诸庶孽公子也③,名鞅,姓公孙氏,其祖本姬姓也。鞅少好刑名之学④,事魏相公叔座,为中庶子。公叔座知其贤,未及进⑤。会座病,魏惠王亲往问病,曰:"公叔病有如不可讳⑥,将奈社稷何?"公叔曰:"座之中庶子公孙鞅,年虽少,有奇才,愿王举国而听之。"王嘿然⑦。王且去⑧,座屏人言曰⑨:"王即不听用鞅,必杀之,无令出境。"王许诺而去。公叔座召鞅,谢曰⑩:"今者王问可以为相者,我言若,王色不许我。我方先君后臣,因谓王:即弗用鞅,当杀之。王许我。汝可疾去矣,且见禽⑪。"鞅曰:"彼王不能用君之言任臣,又安能用君之言杀臣乎?"卒不去。惠王既去,而谓左右曰:"公叔病甚,悲乎!欲令寡人以国听公孙鞅也,岂不悖哉⑫!"

公叔既死,公孙鞅闻秦孝公下令国中求贤者,将修缪公之业⑬,东复侵地。乃遂西入秦,因孝公宠臣景监以求见孝公。孝公既见卫鞅,语事良久,孝公时时睡,弗听。罢而孝公怒景监曰:"子之客,妄人耳,安足用邪!"景监以让卫鞅⑭。卫鞅曰:"吾说公以帝道⑮,其志不开悟矣。"后五日,复求见鞅。鞅复见孝公,益愈⑯,然而未中旨⑰。罢而孝公复让景监,景监亦让鞅。鞅曰:"吾说公以王道,而未入也⑱。请复见鞅。"鞅复见

---

① 选自《史记·商君列传》。据《史记(修订本)》,[汉]司马迁撰,[宋]裴骃集解,[唐]司马贞索隐,[唐]张守节正义,北京:中华书局,2013年。标题系编者所拟。司马迁,字子长,西汉史学家,汉武帝时任太史令。后因替投降匈奴的李陵辩护,获罪下狱,受宫刑。出狱后发愤著史,人称其书为《太史公书》,后称《史记》。
② 商君:即商鞅,战国时期法家代表人物,卫国国君后裔,姬姓,公孙氏,故又名"卫鞅""公孙鞅"。后获封于商,号"商君",人称"商鞅"。
③ 庶孽:妾生的儿子。
④ 刑名之学:战国时以申不害为代表的法家一派。主张循名责实,以推行法治,强化上下关系。刑,同"形",指形体或事实。名,指言论或主张。
⑤ 进:推荐。
⑥ 有如:假如。不可讳:死的委婉说法。
⑦ 嘿:同"默"。
⑧ 且:将要。
⑨ 屏:同"摒",退避。
⑩ 谢:道歉。
⑪ 禽:同"擒"。
⑫ 悖:糊涂,荒唐。
⑬ 缪公:即秦穆公,春秋时秦国国君。在位期间开辟国土千余里,称霸西戎,为日后秦统一中国奠定了基石。缪,同"穆"。
⑭ 让:责备。
⑮ 帝道:指尧、舜等传说中的古代帝王治理国家的方法,被认为是最理想的治国之道。
⑯ 益愈:这里指说得更久。
⑰ 中旨:符合心意。
⑱ 王道:指以仁义治天下的政治主张。

孝公，孝公善之而未用也。罢而去，孝公谓景监曰："汝客善，可与语矣。"鞅曰："吾说公以霸道①，其意欲用之矣。诚复见我②，我知之矣。"卫鞅复见孝公。公与语，不自知膝之前于席也③，语数日不厌④。景监曰："子何以中吾君？吾君之欢甚也。"鞅曰："吾说君以帝王之道比三代⑤，而君曰：'久远，吾不能待。且贤君者，各及其身显名天下⑥，安能邑邑待数十百年以成帝王乎⑦！'故吾以强国之术说君，君大说之耳⑧。然亦难以比德于殷周矣。"

孝公既用卫鞅，鞅欲变法，恐天下议己⑨。卫鞅曰："疑行无名，疑事无功⑩。且夫有高人之行者，固见非于世；有独知之虑者，必见敖于民⑪。愚者暗于成事，知者见于未萌⑫。民不可与虑始，而可与乐成⑬。论至德者不和于俗，成大功者不谋于众。是以圣人苟可以强国，不法其故；苟可以利民，不循其礼。"孝公曰："善。"甘龙曰："不然。圣人不易民而教⑭，知者不变法而治。因民而教⑮，不劳而成功；缘法而治者⑯，吏习而民安之⑰。"卫鞅曰："龙之所言，世俗之言也。常人安于故俗，学者溺于所闻⑱。以此两者居官守法可也，非所与论于法之外也。三代不同礼而王，五伯不同法而霸⑲。智者作法，愚者制焉⑳，贤者更礼，不肖者拘焉㉑。"杜挚曰："利不百，不变法；功不十，不易器。法古无过，循礼无邪㉒。"卫鞅曰："治世不一道，便国不法古㉓。故汤武不循古而王，夏殷不易礼而亡。反古者不可非，而循礼者不足多㉔。"孝公曰："善。"以卫鞅为左庶长㉕，卒定变法之令。

---

① 霸道：指凭借武力、刑法、权势等进行统治。
② 诚：如果，果真。
③ 膝之前于席：指跪坐在席子上向前膝行（古人屈膝席地而坐，膝盖贴着席子）。
④ 厌：满足。
⑤ 三代：夏、商、周三个朝代的合称。
⑥ 及其身：指在位期间。
⑦ 邑邑：同"悒悒"，郁闷不乐。
⑧ 说：同"悦"。
⑨ 恐天下议己：这句话的主语是秦孝公。孝公打算启用商鞅进行变法，又担心受人非议。
⑩ 疑行无名，疑事无功：行动犹豫不决就不会搞出名堂，办事犹豫不决就不能获得成功。
⑪ 敖：同"謷"。嘲笑。
⑫ 愚者暗于成事，知者见于未萌：愚蠢的人等到事情完成了都弄不明白，聪明的人在事情发生之前就能预料到。
⑬ 虑始：指谋划新事物。乐成：享受成果。
⑭ 易民：指改变百姓的风俗习惯。
⑮ 因：顺应。
⑯ 缘：依照，沿袭。
⑰ 习：熟悉。
⑱ 溺：沉迷，拘泥。
⑲ 五伯：指齐桓公等春秋时先后称霸的五个诸侯。伯，同"霸"。
⑳ 制：这里指被制约。
㉑ 不肖：品行不好，不成材，没出息。
㉒ 无邪：没有偏差。
㉓ 便国：对国家有利。
㉔ 多：推崇，赞扬。
㉕ 左庶长：官名，秦国最重要的军政大臣。

令民为什伍①,而相牧司连坐②。不告奸者腰斩,告奸者与斩敌首同赏,匿奸者与降敌同罚。民有二男以上不分异者③,倍其赋。有军功者,各以率受上爵④;为私斗者,各以轻重被刑大小⑤。僇力本业⑥,耕织致粟帛多者复其身⑦;事末利及怠而贫者⑧,举以为收孥⑨。宗室非有军功论⑩,不得为属籍⑪。明尊卑,爵秩等级各以差次⑫,名田宅、臣妾、衣服以家次。有功者显荣,无功者虽富无所芬华⑬。

令既具,未布,恐民之不信己,乃立三丈之木于国都市南门,募民有能徙置北门者予十金。民怪之,莫敢徙。复曰:"能徙者予五十金。"有一人徙之,辄予五十金,以明不欺。卒下令。

令行于民期年⑭,秦民之国都言初令之不便者以千数。于是太子犯法,卫鞅曰:"法之不行,自上犯之。"将法太子⑮。太子,君嗣也,不可施刑;刑其傅公子虔⑯,黥其师公孙贾⑰。明日,秦人皆趋令。行之十年,秦民大说,道不拾遗,山无盗贼,家给人足。民勇于公战,怯于私斗,乡邑大治。秦民初言令不便者有来言令便者,卫鞅曰:"此皆乱化之民也⑱。"尽迁之于边城。其后民莫敢议令。

【阅读探究】

《韩非子·五蠹》中说:

今儒、墨皆称先王兼爱天下,则视民如父母。何以明其然也?曰:"司寇行刑,君为之不举乐;闻死刑之报,君为流涕。"此所举先王也。夫以君臣为如父子则必治,推是言之,是无乱父子也。人之情性莫先于父母,皆见爱而未必治也。虽厚爱矣,奚遽不乱?今先王之爱民,不过父母之爱子;子未必不乱也,则民奚遽治哉?且夫以法行

---

① 什伍:户籍编制,十家为什,五家为伍。
② 牧司:检举,监督。连坐:一人犯法,其他人连带治罪。
③ 分异:分家。
④ 率:标准。
⑤ 被:施加。
⑥ 僇力:同"勠力",合力,努力。
⑦ 复其身:指免除其自身的劳役或赋税。
⑧ 末利:指工商业。古代以农业为本,以工商业为末。
⑨ 收孥:指将犯人的妻子充作官奴。孥,同"奴"。
⑩ 论:衡量,评定。
⑪ 属籍:宗室谱籍。
⑫ 爵秩:即爵禄。
⑬ 芬华:有香气的花。引申为荣耀显达。
⑭ 期年:一整年。
⑮ 法:处罚。
⑯ 傅:教师。
⑰ 黥(qíng):即墨刑。用刀在脸上刻字,然后涂上墨水。
⑱ 乱化:扰乱教化。

刑而君为之流涕,此以效仁,非以为治也。夫垂泣不欲刑者,仁也;然而不可不刑者,法也。先王胜其法,不听其泣,则仁之不可以为治亦明矣。

你是否同意韩非子的这段话?说说你的理由。

【阅读训练】

用你自己的话简要概括儒家、墨家、道家和法家在各个方面的主张,制成一张表格,比较其异同:

	儒家	墨家	道家	法家
人性				
家庭伦理				
国家治理				
……				

【拓展阅读】

孤愤[①]

[战国]韩非

智术之士,必远见而明察,不明察不能烛私;能法之士,必强毅而劲直,不劲直不能矫奸。人臣循令而从事,案法而治官,非谓重人也。重人也者,无令而擅为,亏法以利私,耗国以便家,力能得其君,此所为重人也。智术之士,明察听用,且烛重人之阴情;能法之士,劲直听用,且矫重人之奸行。故智术能法之士用,则贵重之臣必在绳之外矣。是智法之士与当涂之人不可两存之仇也。

当涂之人擅事要,则外内为之用矣。是以诸候不因则事不应,故敌国为之讼;百官不因则业不进,故群臣为之用;郎中不因则不得近主,故左右为之匿;学士不因则养禄薄礼卑,故学士为之谈也。此四助者,邪臣之所以自饰也。重人不能忠主而进其仇,人主不能

---

① 选自《韩非子》。据《韩非子集解》,[清]王先慎撰,钟哲点校,北京:中华书局,1998年。

越四助而烛察其臣,故人主愈弊而大臣愈重。

凡当涂者之于人主也,希不信爱也,又且习故。若夫即主心同乎好恶,固其所自进也。官爵贵重,朋党又众,而一国为之讼。则法术之士欲干上者,非有所信爱之亲、习故之泽也;又将以法术之言矫人主阿辟之心,是与人主相反也。处势卑贱,无党孤特。夫以疏远与近爱信争,其数不胜也;以新旅与习故争,其数不胜也;以反主意与同好恶争,其数不胜也;以轻贱与贵重争,其数不胜也;以一口与一国争,其数不胜也。法术之士操五不胜之势,以岁数而又不得见;当涂之人乘五胜之资,而旦暮独说于前:故法术之士奚道得进,而人主奚时得悟乎?故资必不胜而势不两存,法术之士焉得不危!其可以罪过诬者,以公法而诛之;其不可被以罪过者,以私剑而穷之。是明法术而逆主上者,不僇于吏诛,必死于私剑矣。朋党比周以弊主,言曲以使私者,必信于重人矣。故其可以攻伐借者,以官爵贵之;其可借以美名者,以外权重之。是以弊主上而趋于私门者,不显于官爵,必重于外权矣。今人主不合参验而行诛,不待见功而爵禄,故法术之士安能蒙死亡而进其说,奸邪之臣安肯乘利而退其身!故主上愈卑,私门益尊。

夫越虽国富兵强,中国之主皆知无益于己也,曰:"非吾所得制也。"今有国者虽地广人众,然而人主壅蔽,大臣专权,是国为越也。智不类越,而不智不类其国,不察其类者也。人主所以谓齐亡者,非地与城亡也,吕氏弗制而田氏用之;所以谓晋亡者,亦非地与城亡也,姬氏不制而六卿专之也。今大臣执柄独断而上弗知收,是人主不明也。与死人同病者,不可生也;与亡国同事者,不可存也。今袭迹于齐、晋,欲国安存,不可得也。

凡法术之难行也,不独万乘,千乘亦然。人主之左右不必智也,人主于人有所智而听之,因与左右论其言,是与愚人论智也。人主之左右不必贤也,人主于人有所贤而礼之,因与左右论其行,是与不肖论贤也。智者决策于愚人,贤士程行于不肖,则贤智之士羞而人主之论悖矣。人臣之欲得官者,其修士且以精洁固身,其智士且以治辩进业。其修士不能以货赂事人,恃其精洁,而更不能以枉法为治,则修智之士不事左右,不听请谒矣。人主之左右,行非伯夷也,求索不得,货赂不至,则精辩之功息,而毁诬之言起矣。治乱之功制于近习,精洁之行决于毁誉,则修智之吏废而人主之明塞矣。不以功伐决智行,不以参伍审罪过,而听左右近习之言,则无能之士在廷而愚污之吏处官矣。

万乘之患大臣太重,千乘之患左右太信,此人主之所公患也。且人臣有大罪,人主有大失,臣主之利与相异者也。何以明之哉?曰:主利在有能而任官,臣利在无能而得事;主利在有劳而爵禄,臣利在无功而富贵;主利在豪杰使能,臣利在朋党用私。是以国地削而私家富,主上卑而大臣重。故主失势而臣得国,主更称蕃臣,而相室剖符。此人臣之所以谲主便私也。故当世之重臣,主变势而得固宠者,十无二三。是其故何也?人臣之罪大也。臣有大罪者,其行欺主也,其罪当死亡也。智士者远见而畏于死亡,必不从重人矣;贤士者修廉而羞与奸臣欺其主,必不从重臣矣。是当涂者之徒属,非愚而不知患者,必污而不避奸者也。大臣挟愚污之人,上与之欺主,下与之收利,侵渔朋党,比周相与,一口惑主败法,以乱士民,使国家危削,主上劳辱,此大罪也。臣有大罪而主弗禁,此大失也。使其主有大失于上,臣有大罪于下,索国之不亡者,不可得也。

5. 医药

> 人命至重，有贵千金。一方济之，德逾于此。
> ——［唐］孙思邈《〈备急千金要方〉序》

【阅读导语】

　　西方近代医学传入以前，中华民族在长期的医疗实践中，经过不断积累总结，形成了一套具有独特理论的医学体系，我们现在称之为"中医"。中医药学凝聚着深刻的哲学智慧和中华民族数千年的健康养生理念及实践经验，是中国传统文化的瑰宝，也对世界文明的发展产生了积极影响。

　　中医学以"阴阳五行"学说作为基础，将人体和天地自然看成统一的整体，通过"望、闻、问、切"四诊法，分析人体内脏腑、经络和气血津液的变化，判断正邪消长，进而得出病名，归纳证型；以"辨证施治"为原则，制定"汗、吐、下、和、温、清、补、消"等方法，使用中药、针灸、推拿等治疗手段，使人体回到阴阳调和的状态。

　　根据现有文献看，春秋战国时的医者已开始采用"四诊法"，基本的治疗方法也已大备，尤其是针灸和汤剂两门达到了较高水平。先秦至两汉间，诞生了我国第一部医学典籍——《黄帝内经》，确立了中医的理论基础。大约成书于汉代的《神农本草经》则是最早的中药学典籍，记录了 365 种中药，并根据其效能和使用目的分为上、中、下三品。东汉医学家张仲景广泛收集医方，写下《伤寒杂病论》，其中确立的"辨证施治"原则成为中医临床的基本原则。生活于汉末的华佗则以精通外科手术和麻醉名闻天下，他还创立了健身体操——"五禽戏"。

　　唐高宗时，名医孙思邈总结前人理论和诊疗经验，收集了 5 300 多首医方，著成百科全书式的中医临床著作——《备急千金要方》。随着活字印刷术的发明，宋代印行了大量医学著作，促进了医药知识的传播和普及。明万历年间，出现了一部具有世界学术地位的本草学专著——李时珍的《本草纲目》。全书载药 1 892 种，附药图 1 160 幅，收集医方 11 096 个，共计 192 万字。到清朝末年，西方医学的传入对中医中药形成了巨大冲击。一些受西学影响较深的知识分子对传统医学一概加以否定，另一些有识之士则认识到中西医各有所长，试图将两者加以汇通。中医学理论和著作还曾传到韩国、日本以及中亚、西亚等地，对这些地区的医疗活动产生了重要影响。

　　本单元选取的《大医精诚》作为中医典籍中论述医德的重要文献，至今仍为习医者所必读。明代著名文学家王世贞撰写的《〈本草纲目〉序》则是医籍序文中不可多得的佳作。

大医精诚①

[唐]孙思邈

张湛曰②:"夫经方之难精③,由来尚矣④。"今病有内同而外异,亦有内异而外同。故五脏六腑之盈虚、血脉荣卫之通塞⑤,固非耳目之所察,必先诊候以审之⑥。而寸口关尺⑦,有浮、沉、弦、紧之乱⑧;腧穴流注⑨,有高、下、浅、深之差;肌肤筋骨,有厚、薄、刚、柔之异。唯用心精微者,始可与言于兹矣。今以至精至微之事,求之于至粗至浅之思,其不殆哉!若盈而益之、虚而损之、通而彻之、塞而壅之⑩、寒而冷之、热而温之,是重加其疾;而望其生,吾见其死矣。故医方卜筮⑪,艺能之难精者也,既非神授,何以得其幽微?世有愚者,读方三年,便谓天下无病可治;及治病三年,乃知天下无方可用。故学者必须博极医源,精勤不倦,不得道听途说而言医道已了⑫,深自误哉!

凡大医治病,必当安神定志,无欲无求,先发大慈恻隐之心,誓愿普救含灵之苦⑬。若有疾厄来求救者,不得问其贵贱贫富、长幼妍蚩、怨亲善友、华夷愚智⑭,普同一等,皆如至亲之想;亦不得瞻前顾后,自虑吉凶,护惜身命。见彼苦恼,若己有之,深心凄怆,勿避险巇、昼夜、寒暑、饥渴、疲劳⑮,一心赴救,无作功夫形迹之心⑯。如此,可为苍

---

① 据《备急千金要方校释》,[唐]孙思邈著,李景荣等校释,北京:人民卫生出版社,1998年。有删节。孙思邈(581—682),唐代医学家,京兆华原(今陕西耀县)人,著有《备急千金要方》和《千金翼方》。医德高尚,对病人不分贫富贵贱,一心救治。后人尊为"药王"。
② 张湛:东晋学者,字处度,撰有《养生要集》《延生秘录》,均佚。今有《列子注》八卷传世。
③ 经方:指《黄帝内经》《伤寒杂病论》等书中的药方。这里泛指医道。
④ 尚:久远。
⑤ 荣卫:同"营卫",中医术语,指营气和卫气。这里泛指身体气血。营,指血的循环。卫,指气的周流。
⑥ 诊候:检查病情。
⑦ 寸口关尺:中医术语。寸口,指两手掌后一寸桡动脉处的诊脉部位,分寸、关、尺三部分。
⑧ 浮、沉、弦、紧:中医脉象名。这里泛指各种脉象。
⑨ 腧(shù)穴:即穴位。
⑩ 壅:阻塞。
⑪ 卜筮(shì):占卜。
⑫ 了:穷尽。
⑬ 含灵:即人类。古人认为人是万物之灵,内蕴灵性。
⑭ 妍蚩(chī):美丑。妍,姣美。蚩,同"媸",丑陋。怨亲善友:指关系亲疏。善,交往一般。友,过从密切。华夷:指不同民族。华,汉族。夷,古代称东部的民族,此指汉以外的民族。
⑮ 险巇(xī):艰险崎岖。
⑯ 功夫:同"工夫",即时间。这里指耽搁时间。形迹:客套。这里指婉言推辞。

生大医;反此,则是含灵巨贼。自古名贤治病,多用生命以济危急①。虽曰贱畜贵人,至于爱命,人畜一也。损彼益己,物情同患②,况于人乎! 夫杀生求生,去生更远。吾今此方所以不用生命为药者③,良由此也④。其虻虫、水蛭之属,市有先死者则市而用之⑤,不在此例。只如鸡卵一物,以其混沌未分,必有大段要急之处⑥,不得已隐忍而用之;能不用者,斯为大哲⑦,亦所不及也。其有患疮痍下痢⑧,臭秽不可瞻视,人所恶见者,但发惭愧、凄怜、忧恤之意,不得起一念蒂芥之心⑨,是吾之志也。

夫大医之体⑩,欲得澄神内视⑪,望之俨然⑫,宽裕汪汪⑬,不皎不昧⑭。省病诊疾⑮,至意深心;详察形候⑯,纤毫勿失;处判针药,无得参差⑰。虽曰病宜速救,要须临事不惑,唯当审谛覃思⑱。不得于性命之上,率尔自逞俊快⑲,邀射名誉⑳,甚不仁矣! 又到病家,纵绮罗满目㉑,勿左右顾眄㉒;丝竹凑耳㉓,无得似有所娱;珍羞迭荐㉔,食如无味,醽醁兼陈㉕,看有若无。所以尔者,夫一人向隅,满堂不乐㉖;而况病患苦楚,不离斯须㉗,而医者安然欢娱,傲然自得,兹乃人神之所共耻,至人之所不为㉘。斯盖医之本意也。

夫为医之法,不得多语调笑,谈谑喧哗,道说是非,议论人物,炫耀声名,訾毁诸

---

① 生命:这里指活物。
② 物情同患:这是所有生命都厌恶的。患,厌恶。
③ 此方:指《千金要方》所载的药方。
④ 良:的确。
⑤ 市:买。
⑥ 大段:很,十分。
⑦ 大哲:才识卓越的人。
⑧ 疮痍:指皮肤肿烂溃疡。下痢:指痢疾和腹泻。
⑨ 蒂芥:即"芥蒂",微小的梗塞物。比喻心中不适。
⑩ 体:表现,风度。
⑪ 澄神内视:摒弃杂念,反躬自省。
⑫ 俨然:庄重严肃的样子。
⑬ 宽裕汪汪:指心胸宽广。汪汪,本来形容水面开阔。
⑭ 不皎不昧:即不亢不卑。皎,明亮,引申为傲慢。昧,昏暗,引申为卑微。
⑮ 省(xǐng)病:看病。省,看,检查。
⑯ 形候:形势,情况。
⑰ 参(cēn)差(cī):出差错。
⑱ 审谛:仔细观察。审,仔细,周密。覃(tán)思:深入思考。覃,深入。
⑲ 自逞俊快:炫耀自己潇洒迅捷。逞,展示,炫耀。
⑳ 邀射:追求,贪图。
㉑ 绮(qǐ)罗:指华丽的衣服。
㉒ 顾眄(miǎn):转头看。
㉓ 丝竹:琴瑟和笙管等,泛指音乐。凑:接近,靠拢。
㉔ 珍羞:珍奇名贵的菜肴。羞,同"馐",烹熟的食物。迭:交替。荐:进献。
㉕ 醽(líng)醁(lù):指美酒。
㉖ 夫一人向隅(yú),满堂不乐:向隅,面朝屋子的角落。比喻孤独失意。隅,角落。刘向《说苑·贵德》:"今有满堂饮酒者,有一人独索然向隅而泣,则一堂之人皆不乐矣。"
㉗ 斯须:片刻,一会儿。
㉘ 至人:指思想道德达到极高境界的人。

医①，自矜已德②；偶然治瘥一病③，则昂头戴面④，而有自许之貌，谓天下无双：此医人之膏肓也⑤。不得恃己所长，专心经略财物⑥，但作救苦之心。又不得以彼富贵，处以珍贵之药，令彼难求，自炫功能⑦，谅非忠恕之道⑧。

志存救济，故亦曲碎论之⑨，学人不可耻言之鄙俚也⑩。

《本草纲目》序⑪

[明]王世贞

纪称⑫：望龙光，知古剑⑬；觇宝气，辨明珠⑭。故萍实、商羊，非天明莫洞⑮。厥后博物称华，辨字称康，析宝玉称倚顿，亦仅仅晨星耳⑯。

---

① 訾(zǐ)毁：非议，诋毁。
② 矜：夸耀。
③ 治瘥(chài)：治好(病)。
④ 戴面：仰面。
⑤ 膏肓(huāng)：人体心脏与横膈膜之间的部分。中医认为这是药效无法到达的地方。比喻无可救药的缺点。
⑥ 经略：谋取。
⑦ 功能：才能。
⑧ 谅：料想，认为。
⑨ 曲碎：琐碎。
⑩ 学人不可耻言之鄙俚也：学习医术的人不要因为(我)说得粗俗而不好意思啊！鄙俚，粗俗。
⑪ 据《新校注本《本草纲目》(第5版)》，[明]李时珍编纂，刘恒如、刘山永校注，北京：华夏出版社，2013年。《本草纲目》：中药学著作，五十二卷，明代李时珍撰，参见本章"阅读导语"。王世贞(1526—1590)，明代文学家，字元美，号凤洲，别署"弇州山人"，太仓(今属江苏)人。嘉靖年间进士，官至南京刑部尚书。"后七子"之一。
⑫ 纪：指古书记载。
⑬ 望龙光，知古剑：《晋书·张华传》："华闻豫章人雷焕妙达纬象，乃要焕宿，屏人曰：'可共寻天文，知将来吉凶。'因登楼仰观。焕曰：'仆察之久矣，惟斗牛之间颇有异气。'华曰：'是何祥也？'焕曰：'宝剑之精，上彻于天耳。'……焕到县，掘狱屋基，入地四丈余，得一石函，光气非常。中有双剑并刻题，一曰'龙泉'，一曰'太阿'。其夕，斗牛间气不复见焉。……焕卒，子华为州从事，持剑行经延平津，剑忽于腰间跃出堕水。使人没水取之，不见剑，但见两龙各长数丈，蟠萦有文章。没者惧而反。须臾光彩照水，波浪惊沸，于是失剑。"
⑭ 觇(chān)宝气，辨明珠：觇，看，观察。段成式《酉阳杂俎·物异》："(唐肃宗)及即位，宝库中往往有神光。异日，掌库者具以事告。帝曰：'岂非上清珠耶？'遂令取出之，绛纱犹在。因流泣遍示近臣，曰：'此我为儿时，明皇所赐也。'"
⑮ 萍实、商羊，非天明莫洞：萍实和商羊，只有绝顶聪明的人才认得出来。萍实，一种象征王图霸业的果实。商羊，传说中会在大雨前起舞的神兽。天明，天才。洞，通晓，知悉。刘向《说苑·辨物》："楚昭王渡江，有物大如斗，直触王舟，止于舟中。昭王大怪之，使聘问孔子。孔子曰：'此名萍实，令剖而食之。惟霸者能获之，此吉祥也。'其后，齐有飞鸟一足来下，止于殿前，舒翅而跳。齐侯大怪之，又使聘问孔子。孔子曰：'此名商羊。急告民趣治沟渠，天将大雨。'于是如之。天果大雨，诸国皆水，齐独以安。"
⑯ 厥后博物称华，辨字称康，析宝玉称倚顿，亦仅仅晨星耳：后来，论博物首推张华，论认字首推嵇康，论辨识宝玉首推倚顿，但(这样的人)也只是像早上的星星一样稀少了。博物，知道许多事物。华，即张华，字茂先，西晋名臣，编有中国第一部博物学著作《博物志》。《晋书·张华传》称其"博物洽闻，世无于比"。康，即嵇康，字叔夜，三国时期曹魏思想家、文学家。《艺文类聚》引《神仙传》："王烈，字长休，邯郸人也。烈入河东抱犊山中，得一石室，室中有两卷素书。烈读不知其字，不敢取，颇谙十数字形体。归书之以示嵇叔夜，叔夜尽知其字。"倚顿，即猗顿，春秋末战国初商人，据说善于鉴别玉石。《尸子·治天下》："相马而借伯乐也，相玉而借猗顿也。"

楚蕲阳李君东璧①,一日过予弇山园谒予②,留饮数日。予窥其人,晬然貌也③,癯然身也④,津津然谭议也⑤,真北斗以南一人⑥。解其装,无长物⑦,有《本草纲目》数十卷。谓予曰:"时珍,荆楚鄙人也⑧。幼多羸疾⑨,质成钝椎⑩,长耽典籍⑪,若啖蔗饴⑫。遂渔猎群书⑬,搜罗百氏。凡子史经传、声韵农圃、医卜星相、乐府诸家,稍有得处,辄著数言。古有《本草》一书,自炎皇及汉、梁、唐、宋⑭,下迨国朝⑮,注解群氏旧矣⑯。第其中舛谬、差讹、遗漏不可枚数⑰,乃敢奋编摩之志⑱,僭纂述之权⑲。岁历三十稔⑳,书考八百余家,稿凡三易。复者芟之㉑,阙者缉之㉒,讹者绳之㉓。旧本一千五百一十八种,今增药三百七十四种,分为一十六部,著成五十二卷。虽非集成,亦粗大备㉔,僭名曰《本草纲目》,愿乞一言以托不朽㉕。"
　　予开卷细玩㉖,每药标正名为纲,附释名为目,正始也㉗;次以集解、辨疑、正误,详其土产、形状也㉘;次以气味、主治、附方,著其体用也㉙。上自坟典㉚,下及传奇㉛,凡有

---

① 楚:指湖北。蕲(qí)阳:今湖北蕲春。李君东璧:即李时珍,字东璧。
② 弇(yǎn)山园:作者自己设计建造的园林,位于今江苏太仓。谒(yè):拜见。
③ 晬(suì)然:温润的样子。
④ 癯(qú)然:清瘦的样子。
⑤ 津津然:兴趣浓厚的样子。谭:同"谈"。
⑥ 真北斗以南一人:真正是天下第一等的人物。北斗以南,指普天下。一,第一。
⑦ 长(zhàng)物:多余的东西。
⑧ 鄙人:鄙陋卑贱之人。自称的谦词。
⑨ 羸(léi):衰弱。
⑩ 钝椎(chuí):愚钝。
⑪ 耽:沉迷。
⑫ 啖(dàn):吃。饴(yí):糖。
⑬ 渔猎:比喻广泛涉猎。
⑭ 炎皇:指炎帝神农氏。
⑮ 国朝:本朝。
⑯ 注解群氏旧矣:给这部书作注解的人历来多有。旧,久远。
⑰ 第:但。舛(chuǎn)谬:错误。枚数:一一计数。
⑱ 奋:鼓起。编摩:编集。
⑲ 乃敢奋编摩之志,僭(jiàn)纂(zuǎn)述之权:(我)才斗胆动起了编书的心思,不自力地揽下编纂著述的权力。敢,谦辞,自言冒昧。僭,超越本分。
⑳ 稔(rěn):年。
㉑ 复:重复。芟(shān):删。
㉒ 阙:缺漏。缉:同"辑",收集。
㉓ 绳:纠正。
㉔ 集成:即集大成,在各方面都达到完美的程度。粗:粗略。大备:完备。
㉕ 愿乞一言以托不朽:想请您写几句话,好(让我的书)不被埋没。托,依靠,凭借。
㉖ 玩:欣赏,研读。
㉗ 正始:从端正名义开始。
㉘ 土产:产地。形状:外形特征。
㉙ 体用:性质和功效。
㉚ 坟典:即"三坟"(三皇之书)和"五典"(五帝之书)。泛指上古文献。
㉛ 传奇:流行于明清的戏曲剧种,由宋元"南戏"发展而来,内容常取材于唐代传奇小说。

相关,靡不备采。如入金谷之园①,种色夺目②;如登龙君之宫,宝藏悉陈;如对冰壶玉鉴③,毛发可指数也。博而不繁,详而有要,综核究竟④,直窥渊海⑤,兹岂禁以医书觏哉⑥?实性理之精微⑦,格物之通典⑧,帝王之秘策,臣民之重宝也。李君用心加惠何勤哉⑨!

噫!碔玉莫剖⑩,朱紫相倾⑪,弊也久矣。故辨专车之骨,必俟鲁儒⑫;博支机之石,必访卖卜⑬。予方著《弇州卮言》⑭,恚博古如《丹铅卮言》后乏人也⑮,何幸睹兹集哉!兹集也,藏之深山石室无当⑯,盍锲之以共天下后世味《太玄》如子云者⑰?

时万历岁庚寅春上元日⑱,弇州山人凤洲王世贞拜撰⑲。

【阅读探究】

鲁迅在《〈呐喊〉自序》中曾回忆中医大夫给父亲开的药方:"冬天的芦根,经霜三年的甘蔗,蟋蟀要原对的,结子的平地木,……多不是容易办到的东西。"而父亲的病最终没有治好。后来读到西方的医书,"便渐渐的悟得中医不过是一种有意的或无意的骗子"。新文化运动时期,中医被当作旧传统、旧文化一并否定,当时最有影响的思想家如梁启超、陈

---

① 金谷之园:即金谷园,西晋富豪石崇修建的园林别墅。其中多有珍奇之物,繁荣华丽,极一时之盛。
② 种色:种类。
③ 冰壶:盛冰的玉壶。玉鉴:镜子的美称。
④ 综核究竟:全面考察,深入研究。
⑤ 渊海:深渊和大海。比喻内容深广。
⑥ 禁:仅。觏(gòu):遇见。这里指看待。
⑦ 性理之精微:性理之学的微言大义。性理,指宋儒的性理之学。
⑧ 格物之通典:考究事物道理的通行法则。
⑨ 加惠:施加恩惠。这里指造福百姓。勤:辛苦。
⑩ 碔(wǔ)玉莫剖:碔石和玉石分不清楚。碔,同"珷",似玉的美石。剖,区别。
⑪ 朱紫相倾:红色排挤紫色。古人以红(朱)为正色,以紫为杂色。这里比喻伪劣的冒充优质的。倾,倾轧,排挤。
⑫ 辨专车之骨,必俟鲁儒:要辨识像车子一样长的骨头,只有靠孔子。专车,装满一车。俟,等。鲁儒,这里指孔子。《国语·鲁语》:"吴伐越,堕会稽,获骨焉,节专车。吴子使来好聘,且问之仲尼,……客执骨而问曰:'敢问骨何为大?'仲尼曰:'丘闻之:昔禹致群神于会稽之山,防风氏后至,禹杀而戮之,其骨节专车。此为大矣。'"
⑬ 博支机之石,必访卖卜:要认出织女支撑织布机的石头,一定要找严君平。博,通晓。卖卜,靠卜谋生的人。这里指西汉末年隐士严君平。《太平御览》引刘义庆《集林》:"昔有一人寻河源,见妇人浣纱,以问之。曰:'此天河也。'乃与一石。而归,问严君平。云:'此织女支机石也。'"宋之问《明河篇》:"明河可望不可亲,愿得乘槎一问津。更将织女支机石,还访成都卖卜人。"
⑭ 方:正在。弇州:王世贞的别号"弇州山人"的简称。卮(zhī)言:支离破碎的话。对自己著作的谦辞。
⑮ 恚(huì)博古如《丹铅卮言》后乏人也:可惜《丹铅卮言》这样广博的作品后继无人。恚,愤恨。这里表示遗憾、不甘。《丹铅卮言》,指明代杨慎撰写的《丹铅余录》《丹铅续录》《丹铅闰录》等一系列冠以"丹铅"之名的考据学著作。
⑯ 无当:不恰当,不合适。
⑰ 盍(hé):何不。锲(qiè):刻印。共:同"供"。味:体会。《太玄》:西汉扬雄模仿《周易》创作的哲学著作。子云:即扬雄,字子云,西汉辞赋家。
⑱ 上元日:指农历正月十五日。
⑲ 凤洲:王世贞的号。

独秀、胡适、鲁迅等都有这方面的言论。其后一百年间,中西医之争始终不曾平息。近年来,个别中药材被发现含有马兜铃酸等有害物质,让不少人对中医药心生警惕。不过,2015年10月,中国医药学家屠呦呦因发现治疗疟疾的青蒿素荣获诺贝尔生理学或医学奖,而青蒿素正是屠呦呦在遍阅中国古代医典、收集名老中医方剂和民间方药的基础上,从中国已有两千多年沿用历史的中药——青蒿中提取出来的。为此,她在诺贝尔奖颁奖典礼上发表了题为《青蒿素——中医药给世界的一份礼物》的演讲。中医药蕴藏的巨大价值再次摆在人们眼前。

你认为西医和中医相比,其优势和劣势分别在哪里?中医药如何适应现代人的需要?

【阅读训练】

"诸药以草为本",中药材绝大部分属于植物,所以古代中药类的书籍多称"××本草"。利用手机软件识别校园里的植物,看看哪些可以入药,了解其药性。

植物名	入药部位	性(寒、热、温、凉、平)	味(辛、甘、酸、苦、咸)	功效	主治

【拓展阅读】

孙思邈传[①]

[后晋]刘昫 等

孙思邈,京兆华原人也。七岁就学,日诵千余言。弱冠,善谈庄、老及百家之说,兼好释典。洛州总管独孤信见而叹曰:"此圣童也。但恨其器大,适小难为用也。"周宣帝时,思邈以王室多故,乃隐居太白山。隋文帝辅政,征为国子博士,称疾不起。尝谓所亲曰:"过

---

① 选自《旧唐书》。据《旧唐书》,[后晋]刘昫等撰,北京:中华书局,1975年。

五十年,当有圣人出,吾方助之以济人。"及太宗即位,召诣京师,嗟其容色甚少,谓曰:"故知有道者诚可尊重,羡门、广成,岂虚言哉!"将授以爵位,固辞不受。显庆四年,高宗召见,拜谏议大夫,又固辞不受。

上元元年,辞疾请归,特赐良马,及鄱阳公主邑司以居焉。当时知名之士宋令文、孟诜、卢照邻等,执师资之礼以事焉。思邈尝从幸九成宫,照邻留在其宅。时庭前有病梨树,照邻为之赋,其序曰:"癸酉之岁,余卧疾长安光德坊之官舍。父老云:'是鄱阳公主邑司。昔公主未嫁而卒,故其邑废。'时有孙思邈处士居之。邈道合古今,学殚数术。高谈正一,则古之蒙庄子;深入不二,则今之维摩诘耳。其推步甲乙,度量乾坤,则洛下闳、安期先生之俦也。"照邻有恶疾,医所不能愈,乃问思邈:"名医愈疾,其道何如?"

思邈曰:"吾闻善言天者,必质之于人;善言人者,亦本之于天。天有四时五行,寒暑迭代,其转运也,和而为雨,怒而为风,凝而为霜雪,张而为虹霓,此天地之常数也。人有四支五藏,一觉一寐,呼吸吐纳,精气往来,流而为荣卫,彰而为气色,发而为音声,此人之常数也。阳用其形,阴用其精,天人之所同也。及其失也,蒸则生热,否则生寒,结而为瘤赘,陷而为痈疽,奔而为喘乏,竭而为焦枯,诊发乎面,变动乎形。推此以及天地亦如之。故五纬盈缩,星辰错行,日月薄蚀,孛彗飞流,此天地之危诊也。寒暑不时,天地之蒸否也;石立土踊,天地之瘤赘也;山崩土陷,天地之痈疽也;奔风暴雨,天地之喘乏也;川渎竭涸,天地之焦枯也。良医导之以药石,救之以针剂;圣人和之以至德,辅之以人事。故形体有可愈之疾,天地有可消之灾。"

又曰:"胆欲大而心欲小,智欲圆而行欲方。《诗》曰'如临深渊,如履薄冰',谓小心也;'纠纠武夫,公侯干城',谓大胆也;'不为利回,不为义疚',行之方也;'见机而作,不俟终日',智之圆也。"

思邈自云开皇辛酉岁生,至今年九十三矣。询之乡里,咸云数百岁人。话周、齐间事,历历如眼见。以此参之,不啻百岁人矣。然犹视听不衰,神采甚茂,可谓古之聪明博达不死者也。

初,魏徵等受诏,修齐、梁、陈、周、隋五代史,恐有遗漏,屡访之,思邈口以传授,有如目睹。东台侍郎孙处约将其五子——侹、儆、俊、佑、佺以谒思邈。思邈曰:"俊当先贵;佑当晚达;佺最名重,祸在执兵。"后皆如其言。太子詹事卢齐卿童幼时,请问人伦之事。思邈曰:"汝后五十年位登方伯,吾孙当为属吏,可自保也。"后齐卿为徐州刺史,思邈孙溥果为徐州萧县丞。思邈初谓齐卿之时,溥犹未生,而预知其事。凡诸异迹,多此类也。

永淳元年卒。遗令薄葬,不藏冥器,祭祀无牲牢。经月余,颜貌不改。举尸就木,犹若空衣。时人异之。自注《老子》《庄子》,撰《千金方》三十卷,行于代。又撰《福禄论》三卷、《摄生真录》及《枕中素书》《会三教论》各一卷。

子行,天授中为凤阁侍郎。

6. 技术

> 知者创物，巧者述之，守之世，谓之"工"。百工之事，皆圣人之作也。
> ——《周礼·考工记》

【阅读导语】

中国古代的科技发展往往来源于生活实用的需要：纺织、冶铸、造纸、陶瓷、印刷、建筑……中国人引以为豪的发明创造大都带有鲜明的实用色彩。

服饰是人类进入文明社会后的必需品之一，它不仅满足了人们御寒和审美的需要，也是区分社会阶层的重要标志。中国是世界上最早饲养家蚕和织造丝绸的国家。在大汶口文化、仰韶文化的遗址中发现了纺轮，河姆渡还出土过一件有蚕纹的牙雕小盅，说明7 000年前我国已经开始养蚕和纺线。春秋战国时期诞生了原始的缲车、纺车、织机等手工纺织机器，并在秦汉以后不断改进完善。正是由于纺织和生活日用的重要关系，纺织技术成为了古代妇女必备的技能。本单元中的乐府诗《上山采蘼芜》和联章体宋词《九张机》就是借纺织感叹爱情的名篇。

商周时期，鼎、簋、尊、盘、爵等食器以及祭祀用的礼器大都用青铜铸造，青铜冶炼技术的发明是中国历史上——也是人类文明史上的重大事件。我国使用青铜器的最早记载是"泰帝兴神鼎一"（《史记·封禅书》）、"黄帝作宝鼎三"（《汉书·郊祀志》），"泰帝"（太昊氏）和"黄帝"都是传说中的上古帝王。《左传》《战国策》《墨子》等古籍中还有"禹铸九鼎"的事迹。《周礼·考工记》甚至详细记录了锻造不同青铜器具时的铜、锡比例。考古发现，我国在公元前3 000年前后已能冶炼青铜，并用以铸造生产工具。选文《楚子问鼎》便是关于"禹铸九鼎"的早期记载。《薛烛相剑》则借相剑者薛烛之口对春秋战国时的青铜宝剑加以品评，并讲述了天才铸剑师欧冶子打造神兵纯钧的传奇故事，显示出当时人对冶铸工艺的重视。

文字是社会文明的重要标志，而文字的记录离不开纸。最初的纸是制丝过程的副产品：漂丝时会有少量丝絮落入水中，累积起来用竹帘捞取，得到附在竹帘上的薄层，晾干后就成了丝制纸。从出土文物看，植物纤维纸在汉武帝时已开始使用，但质地比较粗糙，不便于书写。东汉宦官蔡伦改进了造纸原料和造纸工艺，在提高书写性的同时还降低了成本，纸的使用由此变得普遍起来。后世还诞生了不少独具特色的名纸，比如以唐代艺伎薛涛命名的"薛涛纸"，诗人韦庄还以"薛涛纸"为主题创作了一首咏纸诗——《乞彩笺歌》。

【选文】

纺织

上山采蘼芜^①

[汉]佚名

上山采蘼芜②,下山逢故夫③。长跪问故夫④,新人复何如?新人虽言好,未若故人姝⑤。颜色类相似⑥,手爪不相如⑦。新人从门入,故人从阁去⑧。新人工织缣⑨,故人工织素⑩。织缣日一匹,织素五丈余。将缣来比素,新人不如故。

九张机^⑪

[宋]无名氏

《醉留客》者,乐府之旧名;《九张机》者,才子之新调。凭戛玉之清歌⑫,写掷梭之春怨⑬。章章寄恨,句句言情。恭对华筵⑭,敢陈口号⑮:

一掷梭心一缕丝,连连织就九张机。从来巧思知多少?苦恨春风久不归。

---

① 据《先秦汉魏晋南北朝诗》,逯钦立辑校,北京:中华书局,1983年。
② 蘼芜:一种香草,叶子风干可做香料,古人认为它能使妇人多子。
③ 故夫:前夫。
④ 长跪:直身屈膝成直角的跪礼。古人席地而坐时,两膝着地,臀部压在脚后跟上。长跪时,则将腰股伸直,以示庄重。
⑤ 姝:好。这里泛指各个方面,不专指容貌美丽。
⑥ 颜色:容貌,姿色。
⑦ 手爪:指纺织等女红技巧。
⑧ 阁:旁门,小门。
⑨ 工:擅长。缣(jiān):黄色的绢。价贱。
⑩ 素:白色的绢。价贵。
⑪ 据《全宋词》,唐圭璋编纂,王仲闻参订,孔凡礼补辑,北京:中华书局,1999年。
⑫ 戛(jiá)玉:敲击玉片。形容声音清脆悦耳。
⑬ 掷梭:织布。
⑭ 华筵:丰盛的筵席。
⑮ 口号:指打油诗、顺口溜之类的俗语。

一张机,织梭光景去如飞。兰房夜永愁无寐①。呕呕轧轧②,织成春恨,留着待郎归。

　　两张机,月明人静漏声稀③。千丝万缕相萦系。织成一段,回纹锦字④,将去寄呈伊。

　　三张机,中心有朵耍花儿⑤。娇红嫩绿春明媚。君须早折,一枝浓艳,莫待过芳菲⑥。

　　四张机,鸳鸯织就欲双飞。可怜未老头先白。春波碧草,晓寒深处,相对浴红衣。

　　五张机,芳心密与巧心期。合欢树上枝连理⑦。双头花下⑧,两同心处,一对化生儿⑨。

　　六张机,雕花铺锦半离披⑩。兰房别有留春计。炉添小篆⑪,日长一线⑫,相对绣工迟。

　　七张机,春蚕吐尽一生丝。莫教容易裁罗绮⑬。无端剪破,仙鸾彩凤,分作两般衣。

　　八张机,纤纤玉手住无时。蜀江濯尽春波媚⑭。香遗囊麝⑮,花房绣被,归去意迟迟。

　　九张机,一心长在百花枝。百花共作红堆被。都将春色,藏头里面,不怕睡多时。

　　轻丝,象床玉手出新奇⑯。千花万草光凝碧⑰。裁缝衣着,春天歌舞,飞蝶语黄鹂。

　　春衣,素丝染就已堪悲⑱。尘世昏污无颜色。应同秋扇⑲,从兹永弃,无复奉君时!

---

① 兰房:香闺。永:漫长。
② 呕呕、轧轧:象声词,形容织布机发出的声音。
③ 漏声稀:夜深时漏壶中水少,漏得越来越慢。漏,指更漏,滴水计时的工具。
④ 回纹锦字:在锦缎上织成的回文诗(一种可以从不同方向读的诗体)。《晋书·列女传》:"窦滔妻苏氏,始平人也,名蕙,字若兰,善属文。滔苻坚时为秦州刺史,被徙流沙。苏氏思之,织锦为回文旋图诗以赠滔,宛转循环以读之。"
⑤ 耍花儿:指栩栩如生的花朵。
⑥ 芳菲:花草盛美。
⑦ 合欢:一种落叶乔木,叶子夜间成对相合。枝连理:枝干合生在一起。
⑧ 双头花:同一根枝条上并开的两朵花。
⑨ 化生儿:这里指蜜蜂。古人认为某些昆虫是由另一种昆虫变化生成的,这种情况叫"化生",也代指化生的昆虫。
⑩ 离披:交错参差的样子。
⑪ 小篆:秦代推行的一种字体。这里指制成篆字形状的盘香。
⑫ 日长一线:指冬至以后白昼渐长。宗懔《荆楚岁时记》:"魏晋间,宫中以红线量日影。冬至后,日影添长一线。"
⑬ 罗绮:指丝绸衣裳。
⑭ 蜀江:围绕蜀郡(今四川成都)的河流。蜀中产锦,据说染色后的锦在蜀江中洗濯后颜色更加艳丽。濯(zhuó):洗。
⑮ 囊麝:装在纱囊里的麝脑。
⑯ 象床:象牙装饰的床。这里借指机床。
⑰ 凝碧:浓绿。
⑱ 素丝染就已堪悲:素丝,白色的丝。《淮南子·说林训》:"墨子见练丝而泣之,为其可以黄,可以黑。"
⑲ 秋扇:比喻弃妇。因扇子到秋天就无需再用。班婕妤《怨歌行》:"新裂齐纨素,皎洁如霜雪。裁为合欢扇,团团似月明。出入君怀袖,动摇微风发。常恐秋节至,凉风夺炎热。弃捐箧笥中,恩情中道绝。"

歌声飞落画梁尘①，舞罢香风卷绣茵②。更欲缕成机上恨，尊前忽有断肠人③。敛袂而归，相将好去④。

铸造

楚子问鼎⑤ 《左传》

楚子伐陆浑之戎⑥，遂至于雒⑦，观兵于周疆⑧。定王使王孙满劳楚子⑨。楚子问鼎之大小、轻重焉⑩。对曰："在德不在鼎。昔夏之方有德也，远方图物⑪，贡金九牧⑫，铸鼎象物⑬，百物而为之备，使民知神奸⑭。故民入川泽、山林，不逢不若⑮。螭魅罔两⑯，莫能逢之。用能协于上下⑰，以承天休⑱。桀有昏德⑲，鼎迁于商，载祀六百⑳。商纣暴虐，鼎迁于周。德之休明㉑，虽小，重也；其奸回昏乱㉒，虽大，轻也。天祚明德㉓，有所厎止㉔。成王定鼎于郏鄏㉕，卜世三十㉖，卜年七百，天所命也。周德虽衰，天命未改。鼎之轻重，未可问也！"

---

① 歌声飞落画梁尘：歌声动听到能使屋梁上的尘土飞落下来。画梁，有彩绘装饰的屋梁。《艺文类聚》引刘向《别录》："汉兴以来善雅歌者鲁人虞公，发声清哀，盖动梁尘。"
② 绣茵：绣花垫褥。
③ 尊前：在酒杯前。指酒筵上。尊，同"樽"。
④ 敛袂而归，相将好去：理一理衣袖，准备告辞，一起离开。宋时曲艺表演结束时的套话。
⑤ 选自《左传·宣公三年》。据《春秋左传注（修订本）》，杨伯峻编著，北京：中华书局，1990年。标题为编者所拟。
⑥ 楚子：即楚庄王，"春秋五霸"之一，凭借武力吞并了周围小国，觊觎周朝王权。陆浑之戎：古代西北少数民族中的一支。戎，古代中原人对西北各族的泛称。
⑦ 雒（luò）：指雒水，今河南洛河。
⑧ 观兵：检阅军队（以显示军威）。
⑨ 定王：即周定王，东周第九位君主。劳：慰劳。
⑩ 鼎：指九鼎。相传夏禹曾铸成九个大鼎，象征九州，三代时奉为传国之宝。
⑪ 图物：把（远方的）事物画下来。
⑫ 贡金九牧：即"九牧贡金"。金，指青铜。九牧，即九州，借指全天下。古代把天下分为九州，州的长官称为"牧"。
⑬ 铸鼎象物：铸成九鼎并（在鼎上）描绘事物。
⑭ 神奸：能害人的鬼神怪异之物。
⑮ 不若：不祥。这里指不祥的东西。
⑯ 螭（chī）魅（mèi）：即"魑魅"，指山林里的精怪。罔（wǎng）两：即"魍魉"，指河川里的精怪。
⑰ 用：因此。
⑱ 天休：上天的庇佑。
⑲ 昏德：恶劣的品行。
⑳ 载祀：年。"载"和"祀"同义。
㉑ 休明：美好光明。
㉒ 奸回：奸恶邪僻。
㉓ 祚（zuò）：保佑。明德：美德。借指有美德的人。
㉔ 厎（zhǐ）止：终止。
㉕ 成王：即周成王，西周第二位君主。郏（jiá）鄏（rǔ）：周朝东都，位于今河南洛阳。
㉖ 卜世三十：占卜显示（周朝）能传三十代。卜，用龟甲等预测吉凶。

薛烛相剑[1]（《越绝书》）

昔者，越王句践有宝剑五[2]，闻于天下。客有能相剑者[3]，名薛烛。王召而问之，曰："吾有宝剑五，请以示之。"

薛烛对曰："愚理不足以言[4]，大王请，不得已。"

乃召掌者[5]，王使取毫曹。

薛烛对曰："毫曹，非宝剑也。夫宝剑，五色并见，莫能相胜[6]。毫曹已擅名矣[7]，非宝剑也。"

王曰："取巨阙。"

薛烛曰："非宝剑也。宝剑者，金锡和铜而不离[8]。今巨阙已离矣，非宝剑也。"

王曰："然巨阙初成之时，吾坐于露坛之上[9]，宫人有四驾白鹿而过者，车奔鹿惊，吾引剑而指之，四驾上飞扬，不知其绝也[10]。穿铜釜，绝铁鬲[11]，胥中决如粢米[12]，故曰'巨阙'。"

王取纯钧，薛烛闻之，忽如败[13]。有顷[14]，惧如悟[15]。下阶而深惟[16]，简衣而坐望之[17]。手振拂扬[18]，其华捽如芙蓉始出[19]。观其釽[20]，烂烂如列星之行[21]；观其光，浑浑如水之溢于塘[22]；观其断[23]，岩岩如琐石[24]；观其才[25]，焕焕如冰释[26]。

---

① 选自《越绝书·越绝外传记·宝剑》。据《越绝书校释》，李步嘉著，武汉：武汉大学出版社，1992年。标题为编者所拟。

② 句(gōu)践：春秋末年越国国君。

③ 相(xiàng)剑：鉴别宝剑。相，观察，鉴别。

④ 愚理不足以言：我所知道的(关于剑的)知识，说不出来多少。愚，谦辞，自称。

⑤ 掌者：即掌剑者，管剑的人。

⑥ 五色并见，莫能相胜：五种颜色同时出现，不会互相排斥。见，同"现"。相胜，互相排斥。

⑦ 擅名：僭越名分。指名不副实。擅，独占。

⑧ 和(huò)：融合。离：分离。这里指铸剑的金属无法完全融合。

⑨ 露坛：在平地上用土石筑起的高台，供检阅军队和祭祀之用。

⑩ 绝：停止。

⑪ 穿铜釜(fǔ)，绝铁鬲(lì)：(巨阙)能刺穿铜釜，切开铁鬲。釜、鬲，古代炊具。绝，切开。

⑫ 胥(xū)中(zhòng)决如粢(zī)米：仔细观察剑刃初，有一个米粒大小的缺口。胥，看、观察。中，剑刃着物处。决，同"缺"。粢米，小米。

⑬ 忽如败：突然像受了刺激一般。

⑭ 有顷：过了一会儿。

⑮ 惧如悟：惊醒过来，仿佛有所觉悟。

⑯ 深惟：即深思。

⑰ 简衣：整理好自己的衣服。简，检查。

⑱ 手振拂扬：用手指弹击(剑身)，用力挥动，然后高高举起。振，振动。这里指用手指弹击，使剑身振动。拂，甩动，抖动。扬，举。

⑲ 华：光华。这里指宝剑挥动时产生的光影。捽：同"灼"，光彩鲜明的样子。

⑳ 釽(pī)：剑身的文采。

㉑ 烂烂：形容光芒闪耀。

㉒ 浑浑：水流盛大的样子。

㉓ 断：剑锋。

㉔ 岩岩：峻险陡峭的样子。琐石：碎裂的石块。琐，碎。

㉕ 才：同"材"，材质。

㉖ 焕焕：光亮的样子。

"此所谓纯钧耶?"

王曰:"是也。客有直之者①,有市之乡二、骏马千匹、千户之都二,可乎?"

薛烛对曰:"不可!当造此剑之时,赤堇之山破而出锡②,若耶之溪涸而出铜③;雨师扫洒,雷公击橐④;蛟龙捧炉,天帝装炭;太一下观⑤,天精下之⑥。欧冶乃因天之精神⑦,悉其伎巧⑧,造为大刑三⑨、小刑二:一曰'湛卢',二曰'纯钧',三曰'胜邪',四曰'鱼肠',五曰'巨阙'。吴王阖庐之时⑩,得其胜邪、鱼肠、湛卢。阖庐无道,子女死,杀生以送之⑪。湛卢之剑,去之如水,行秦过楚。楚王卧而寤⑫,得吴王湛卢之剑,将首魁漂而存焉⑬。秦王闻而求之,不得,兴师击楚,曰:'与我湛卢之剑,还师去汝⑭。'楚王不与。时阖庐又以鱼肠之剑刺吴王僚,使披肠夷之甲三事⑮。阖庐使专诸为奏炙鱼者⑯,引剑而刺之,遂弑王僚⑰。此其小试于敌邦,未见其大用于天下也。今赤堇之山已合,若耶溪深而不测,群神不下,欧冶子既死。虽复倾城量金⑱,珠玉竭河⑲,犹不能得此一物;有市之乡二、骏马千匹、千户之都二,何足言哉!"

造纸

乞彩笺歌⑳

[五代]韦庄

浣花溪上如花客㉑,绿暗红藏人不识。留得溪头瑟瑟波㉒,泼成纸上猩猩色㉓。手

---

① 直:同"值",出价。
② 赤堇之山:即赤堇山,位于今浙江绍兴平水镇。相传是欧冶子为越王铸剑之处。
③ 若耶之溪:即今浙江绍兴平水江。涸(hé):干。
④ 击橐(tuó):鼓风。橐,古代冶铁时用来鼓风吹火的装置,相当于今天的风箱。
⑤ 太一:地位最高的主神。
⑥ 天精:即下文"天之精神",天上的灵气。
⑦ 欧冶:即欧冶子,传说中的铸剑大师。因:凭借。
⑧ 悉:用尽。伎巧:同"技巧"。
⑨ 大刑:这里指大型的宝剑。刑,同"形"。
⑩ 阖(hé)庐:一作"阖闾"。吴王僚的堂兄弟。
⑪ 杀生以送之:杀活人给女儿陪葬。
⑫ 寤:睡醒。
⑬ 首魁:这里指剑柄。魁,本义为长柄大头的汤勺。漂(piǎo):冲洗。
⑭ 还师去汝:撤回军队,离开你的国家。
⑮ 肠夷之甲:一种用坚兽皮制成的铠甲。三事:三副。
⑯ 奏:进献。炙(zhì)鱼:烧鱼。
⑰ 弑:杀。古代称子杀父、臣杀君为"弑"。
⑱ 虽复:即使。倾城量金:用整个城市来装黄金。量,计量。
⑲ 珠玉竭河:珍珠和玉石填满河流。竭,枯竭,干涸。这里指使河水干涸。
⑳ 据《韦庄集笺注》,[五代]韦庄著,聂安福笺注,上海:上海古籍出版社,2002年。韦庄(约836—910),字端己,五代前蜀诗人、词人,"花间派"代表作家,有《浣花集》。彩笺(jiān):这里指蜀中名纸——浣花笺。据说是唐代女诗人薛涛寓居浣花溪时以溪水制成,故又名"薛涛笺"。笺,用来写信或作诗的纸张。
㉑ 浣花溪:位于今四川成都西郊,出产浣花笺。
㉒ 瑟瑟:碧绿的样子。和下文"猩猩"都是形容彩笺的颜色。
㉓ 猩猩:鲜红。

把金刀擘彩云①,有时剪破秋天碧。不使红霓段段飞,一时驱上丹霞壁②。蜀客才多染不供③,卓文醉后开无力④。孔雀衔来向日飞,翩翩压折黄金翼。我有歌诗一千首,磨砻山岳罗星斗⑤。开卷长疑雷电惊,挥毫只怕龙蛇走⑥。班班布在时人口⑦,满轴松花都未有⑧。人间无处买烟霞,须知得自神仙手。也知价重连城璧⑨,一纸万金犹不惜。薛涛昨夜梦中来⑩,殷勤劝向君边觅。

【阅读探究】

科学技术创造了高度发达的物质文明,给我们的生活提供了极大便利。但科技的不当使用,也会给人类社会带来诸多问题。老子以为,"民多利器,国家滋昏","人多技巧,奇物滋起"。庄子也说:"有机械者,必有机事;有机事者,必有机心;机心存于胸中,则纯白不备。"(《庄子·天地》)你认为老子和庄子的说法有没有道理?我们应该如何看待科技的发展?

【阅读训练】

纸在古代有很多别称。以下诗文都提到了纸,借助词典把它们找出来,并理解其命名用意:

(1) 因知碧联棋上,重翻《懊恼》之辞;红方絮中,更拟相思之曲。固应桑根作本,藤角为封;古拙不重蔡侯,新样偏饶桓氏。([唐]段成式《与温庭筠云蓝纸绝句(并序)》)

(2) 磨润色先生之腹,濡藏锋都尉之头。引书媒而黯黯,入文亩以休休。([唐]薛涛《四友赞》)

(3) 俊儿乃是翰墨侣,侠竹不使舆卫将。象管钿轴映瑞锦,玉鳞棐几铺云肪。([宋]米芾《自涟漪寄薛绍彭》)

(4) 江村岁晚掩柴荆,地僻久无车马声。孤寂惟寻曲道士,一寒仍赖楮先生。

---

① 金刀:即剪刀。擘(bò):剖开。
② 丹霞壁:颜色像红霞一样的崖壁。壁,陡峭的山崖。
③ 蜀客:指司马相如,西汉辞赋家,生于蜀地。染不供:指彩笺供不应求,来不及染色。
④ 卓文:即卓文君,西汉蜀中才女。曾随司马相如私奔,当垆卖酒。开:舒畅。
⑤ 磨砻(lóng):打磨。罗:排列,广布。
⑥ 龙蛇:形容飘逸的书法笔势。
⑦ 班班:明显的样子。
⑧ 满轴松花都未有:卷轴大小的松花纸都买不到了。形容诗句受人欢迎,广为传抄。松花,指松花纸,也是古代名纸。
⑨ 连城璧:即和氏璧,古代著名的美玉。《史记·廉颇蔺相如列传》:"赵惠文王时,得楚和氏璧。秦昭王闻之,使人遗赵王书,愿以十五城请易璧。"
⑩ 薛涛:唐代女诗人,成都乐伎。曾与元稹、白居易、刘禹锡等人唱和。

([宋]陆游《村居日饮酒对梅花醉则拥纸衾熟睡甚自适也》)

(5) 平生中散七不堪,风尘时时伴燕谈。道士有神传火枣,故人无字入云蓝。
([宋]姜夔《次韵千岩杂谣》)

(6) 我有剡溪藤一副,无人重写妙莲花。叹息瓜畴去何处,西风吹渡夕阳斜。
([清]金人瑞《题邵僧弥画》)

【拓展阅读】

《天工开物》三则[①]

[明]宋应星

裘(《乃服》)

凡取兽皮制服,统名曰"裘"。贵至貂、狐,贱至羊、麂,值分百等。

貂,产辽东外徼建州地及朝鲜国。其鼠好食松子,夷人夜伺树下,屏息悄声而射取之。一貂之皮方不盈尺,积六十余貂仅成一裘。服貂裘者立风雪中,更暖于宇下。眯入目中,拭之即出,所以贵也。色有三种:一白者曰银貂,一纯黑,一黯黄(黑而毛长者,近值一帽套已五十金)。

凡狐、貉,亦产燕、齐、辽、汴诸道。纯白狐腋裘价与貂相仿,黄褐狐裘值貂五分之一,御寒温体功用次于貂。凡关外狐,取毛见底青黑;中国者,吹开见白色。以此分优劣。

羊皮裘,母贱子贵。在腹者名曰"胞羔"(毛文略具),初生者名曰"乳羔"(皮上毛似耳环脚),三月者曰"跑羔",七月者曰"走羔"(毛文渐直)。胞羔、乳羔为裘不膻。古者羔裘为大夫之服,今西北缙绅亦贵重之。其老大羊皮硝熟为裘,裘质痴重,则贱者之服耳。然此皆绵羊所为。若南方短毛革,硝其鞟如纸薄,止供画灯之用而已。服羊裘者,腥膻之气习久而俱化,南方不习者不堪也。然寒凉渐杀,亦无所用之。

麂皮去毛,硝熟为袄、裤,御风便体,袜、靴更佳。此物广南繁生外,中土则积集楚中,望华山为市皮之所。麂皮且御蝎患,北人制衣而外,割条以缘衾边,则蝎自远去。

虎豹至文,将军用以彰身;犬豕至贱,役夫用以适足。西戎尚獭皮,以为毳衣领饰。襄黄之人穷山越国射取而远货,得重价焉。殊方异物如金丝猿,上用为帽套。扯里狲,御服以为袍。皆非中华物也。

兽皮衣人,此其大略,方物则不可殚述。飞禽之中,有取鹰腹、雁胁毳毛,杀生盈万乃得一裘,名"天鹅绒"者,将焉用之!

[①] 据《天工开物译注》,[明]宋应星著,潘吉星译注,上海:上海古籍出版社,1993年。

鼎（《冶铸》）

凡铸鼎，唐虞以前不可考。唯禹铸九鼎，则因九州贡赋壤则已成，入贡方物岁例已定，疏浚河道已通，《禹贡》业已成书。恐后世人君增赋重敛，后代侯国冒贡奇淫，后日治水之人不由其道，故铸之于鼎。不如书籍之易去，使有所遵守，不可移易。此九鼎所为铸也。

年代久远，末学寡闻。如蠙珠、鳖鱼、狐狸、织皮之类，皆其刻画于鼎上者，或漫灭改形亦未可知，陋者遂以为怪物。故《春秋传》有使知神奸、不逢魑魅之说也。此鼎入秦始亡，而春秋时郜大鼎、莒二方鼎，皆其列国自造，即有刻画，必失《禹贡》初旨。此但存名为古物，后世图籍繁多，百倍上古，亦不复铸鼎。特并志之。

造皮纸（《杀青》）

凡楮树取皮，于春末夏初剥取。树已老者，就根伐去，以土盖之。来年再长新条，其皮更美。凡皮纸，楮皮六十斤，仍入绝嫩竹麻四十斤，同塘漂浸，同用石灰浆涂，入釜煮糜。近法省啬者，皮、竹十七而外，或入宿田稻稿十三，用药得方，仍成洁白。凡皮料坚固纸，其纵文扯断如绵丝，故曰"绵纸"，衡断且费力。其最上一等，供用大内糊窗格者，曰"棂纱纸"。此纸自广信郡造，长过七尺，阔过四尺。五色颜料先滴色汁槽内和成，不由后染。其次曰"连四纸"，连四中最白者曰"红上纸"。皮名而竹与稻稿掺和而成料者，曰"揭贴呈文纸"。芙蓉等皮造者，统曰"小皮纸"，在江西则曰"中夹纸"。河南所造，未详何草木为质，北供帝京，产亦甚广。又，桑皮造者曰"桑穰纸"，极其敦厚，东浙所产，三吴收蚕种者必用之。凡糊雨伞与油扇，皆用小皮纸。

凡造皮纸长阔者，其盛水槽甚宽。巨帘非一人手力所胜，两人对举荡成。若棂纱，则数人方胜其任。凡皮纸供用画幅，先用矾水荡过，则毛茨不起。纸以逼帘者为正面，盖料即成泥浮其上者，粗意犹存也。

朝鲜白硾纸不知用何质料。倭国有造纸不用帘抄者，煮料成糜时以巨阔青石覆于炕面，其下爇火，使石发烧。然后用糊刷蘸糜，薄刷石面，居然顷刻成纸一张，一揭而起。其朝鲜用此法与否，不可得知。中国有用此法者亦不可得知也。永嘉蠲糨纸亦桑穰造。四川薛涛笺亦芙蓉皮为料煮糜，入芙蓉花末汁。或当时薛涛所指，遂留名至今。其美在色，不在质料也。

第二部分

文学与艺术

WEN XUE YU YI SHU

7. 诗

昔年有狂客，号尔谪仙人。笔落惊风雨，诗成泣鬼神！
——［唐］杜甫《寄李十二白二十韵》

【阅读导语】

　　诗歌，是中国古典文学中成形最早、发展最充分、成就也最高的体裁。早在3 000多年前，中华大地上的先民们就已开始用优美的词章吟咏生活，抒发情感。中国最早的诗歌总集《诗经》收录了西周初期到春秋中叶的300多首歌谣，以四言为主，重章叠句，一唱三叹。战国后期，南方的楚国又诞生出一种具有地域色彩的诗体——楚辞，其句式长短参差，多用"兮"字。屈原创作的楚辞《离骚》成为我国古代文学史上伟大的长篇抒情诗。

　　汉乐府民歌继承了《诗经》的现实主义传统，语言通俗，富有生活气息，句式以杂言和五言为主。在汉乐府的影响下，文人五言诗逐渐发展成熟，其标志是东汉末年出现的《古诗十九首》。曹操、曹丕、曹植和"建安七子"的诗歌以风骨遒劲著称，也取得了非凡的成就。东晋产生了大量文辞绚丽的作品，而陶渊明和谢灵运以清新的诗风独树一帜。南朝文风绚烂，诗歌靡丽，以齐梁为最；北朝民歌刚健素朴，语言直率，《木兰辞》堪为表率。

　　诗歌的格律定型于唐代。格律诗结构严谨，在句数、字数、平仄、押韵、对仗等方面都有一定限制，包括律诗和绝句两种。①律诗以八句四韵为定格，每两句为一联，共四联，中间两联须对仗。一首律诗在八句以上者，称为"排律"。律诗按每句的字数可分为五言和七言，分别称为"五律"和"七律"。②绝句即截句，定格仅四句，形式上相当于半首律诗。绝句也有五、七言两种。随着格律的完备，中国诗歌在唐代迎来了高度成熟的黄金时代。王维、孟浩然寄情山水，状写田园；岑参、高适托身大漠，遥望孤烟；李白和杜甫，一个在浪漫的想象和激情中张扬才思，一个把感时伤国的忧虑镌刻在盛唐的土地上。中唐以后，白居易以其平易晓畅的风格形成了中国诗歌的又一高峰；孟郊、贾岛苦思锤炼，追求奇险；李贺则开辟了浓丽凄清、幽峭诡谲的浪漫主义新天地。晚唐诗歌感伤气氛浓厚，代表诗人是杜牧和李商隐。

　　宋诗较之唐诗更重理趣。北宋诗歌以苏轼为佳，风格豪纵超迈，善于翻新出奇；黄庭坚等注重形式技巧的"江西诗派"也有较大影响。南宋的陆游、杨万里和范成大留下的诗作极多，也都能别开生面。明朝中期，前、后七子掀起了长达百年的诗歌复古运动。清代的龚自珍也留下了一些佳作。

　　本单元共选取先秦至清代的诗作27首，俱为名篇佳制。

【选文】

《诗经》四首①

君子于役（《王风》）

君子于役②,不知其期。曷至哉③?鸡栖于埘④。日之夕矣,羊牛下来。君子于役,如之何勿思⑤!

君子于役,不日不月⑥。曷其有佸⑦?鸡栖于桀⑧。日之夕矣,羊牛下括⑨。君子于役,苟无饥渴⑩!

采葛（《王风》）

彼采葛兮⑪,一日不见,如三月兮。
彼采萧兮⑫,一日不见,如三秋兮⑬。
彼采艾兮⑭,一日不见,如三岁兮。

---

① 据《诗经选》,余冠英选注,北京:中华书局,2012年。
② 君子:女子对丈夫或心上人的称呼。于:往,去。役:指服兵役,戍守边疆。
③ 曷(hé)至哉:什么时候才能回来啊? 曷,什么。
④ 栖:歇息,停留。埘(shí):指在墙上挖洞做成的鸡窝。
⑤ 如之何勿思:怎能不想念他呢! 如之何,怎么。
⑥ 不日不月:即不计日月。不知道要多长时间。
⑦ 有佸(huó):再相会。有,同"又"。佸,汇合。
⑧ 桀:同"橛",小木桩。
⑨ 羊牛下括:牛羊下山后聚集到一起。括,同"佸"。
⑩ 苟无饥渴:要是他不用忍饥挨饿就好了! 苟,且,表示希望又不敢相信的语气。
⑪ 葛:一种草本植物。纤维可以织布。
⑫ 萧:即艾蒿。有香气,古代用于祭祀。
⑬ 三秋:这里指三季。长于"三月"而短于"三岁"(三年)。
⑭ 艾:菊科草本植物。艾叶可用于针灸。

风雨（《郑风》）

风雨凄凄①，鸡鸣喈喈②。既见君子，云胡不夷③？
风雨潇潇④，鸡鸣胶胶。既见君子，云胡不瘳⑤？
风雨如晦⑥，鸡鸣不已。既见君子，云胡不喜？

野有蔓草（《郑风》）

野有蔓草⑦，零露漙兮⑧。有美一人，清扬婉兮⑨。邂逅相遇，适我愿兮⑩。
野有蔓草，零露瀼瀼⑪。有美一人，婉如清扬⑫。邂逅相遇，与子偕臧⑬。

越人歌⑭

[春秋]佚名

今夕何夕兮，搴舟中流⑮？今日何日兮，得与王子同舟？蒙羞被好兮，不訾诟耻⑯。心几烦而不绝兮，得知王子⑰。山有木兮木有枝，心说君兮君不知⑱。

---

① 凄凄：凄凉寒冷的样子。
② 喈（jiē）喈：和下文"胶胶"都是形容鸡鸣的象声词。
③ 云胡不夷：还有什么不满意的呢？云，发语词。胡，什么。夷，平，这里指起伏的心绪得以平复。
④ 潇潇：风急雨骤的样子。
⑤ 瘳（chōu）：痊愈。这里形容苦闷的情绪一扫而空。
⑥ 如晦（huì）：像黑夜一样（昏暗）。
⑦ 蔓草：蔓延滋生的草。
⑧ 零露：落下的露水。零，落。漙（tuán）：聚成水珠。
⑨ 清扬：形容目光清澈明亮。婉：形容眼睛大。
⑩ 适：符合。
⑪ 瀼（ráng）瀼：露珠丰满的样子。
⑫ 如：而。
⑬ 臧：同"藏"。这里指找一个隐蔽的地方。
⑭ 据《先秦汉魏晋南北朝诗》，逯钦立辑校，北京：中华书局，1983年。据《说苑·善说》记载，这是春秋时楚王母弟鄂君子皙（即诗中的"王子"）在渡河时，越国舟子为了向他表达倾慕之意而唱的歌，故称《越人歌》。
⑮ 搴（qiān）舟：即荡舟，划船。搴：拔取。中流：河流中央。
⑯ 蒙羞被好兮，不訾诟耻：真让人难为情啊，能得到您的青睐，不嫌我辱没了您的身份。被好，受喜爱。訾（zī），计量。诟耻，耻辱。
⑰ 心几烦而不绝兮，得知王子：心中烦闷，无法平息，因为认识了王子您。
⑱ 说：同"悦"，爱慕。

山鬼①

[战国]屈原

若有人兮山之阿②,被薜荔兮带女萝③。既含睇兮又宜笑④,子慕予兮善窈窕⑤。乘赤豹兮从文狸⑥,辛夷车兮结桂旗⑦。被石兰兮带杜衡⑧,折芬馨兮遗所思⑨。余处幽篁兮终不见天⑩,路险难兮独后来。表独立兮山之上⑪,云容容兮而在下⑫。杳冥冥兮羌昼晦⑬,东风飘兮神灵雨⑭。留灵修兮憺忘归⑮,岁既晏兮孰华予⑯!采三秀兮于山间⑰,石磊磊兮葛蔓蔓⑱。怨公子兮怅忘归,君思我兮不得闲。山中人兮芳杜若⑲,饮石泉兮荫松柏,君思我兮然疑作⑳。雷填填兮雨冥冥㉑,猨啾啾兮狖夜鸣㉒。风飒飒兮木萧萧㉓,思公子兮徒离忧㉔。

---

① 选自《楚辞·九歌》。据《楚辞选》,马茂元选注,北京:人民文学出版社,1998年。山鬼:指山中之神。因不是正神,故称"鬼"。
② 若:句首语气词。山之阿(ē):山的深处。阿,蜿蜒曲折的角落。
③ 被:同"披"。薜(bì)荔:一种蔓生的香草。带女萝:把女萝当作衣带。女萝,地衣类植物。
④ 含睇(dì):含情而视。睇,偷偷地看。宜笑:笑得好看。
⑤ 慕:爱慕。窈窕:文静美好的样子。
⑥ 赤豹:皮毛赤褐色,有黑色斑点的豹。从:跟随。文狸:有花纹的狸。
⑦ 辛夷车:用辛夷木做的车。辛夷,一种香木。桂旗:用桂花枝做的旗。
⑧ 石兰、杜衡:两种香草。
⑨ 芬馨:芳香。这里借指香花香草。遗(wèi)所思:送给思念的人。
⑩ 幽篁:指竹林深处。篁,竹林。
⑪ 表:形容离群索居。
⑫ 容容:即"溶溶",水流淌的样子。这里形容浮动的云气。
⑬ 杳冥冥:幽深昏暗。羌:发语词,楚地方言。昼晦:白天光线昏暗。
⑭ 雨:降雨。
⑮ 留灵修:为等待心上人而停留。灵修,指思慕的恋人。憺(dàn):安乐。
⑯ 岁既晏:年纪已经不小。晏,迟。华:荣华。这里指获得荣宠。
⑰ 三秀:即芝草。植物开花称为"秀",芝草一年开三次花,所以叫"三秀"。
⑱ 磊磊:石块聚在一起的样子。蔓蔓:连结纠缠的样子。
⑲ 芳杜若:像杜若一样芬芳。
⑳ 然疑作:半信半疑。然,肯定。疑,怀疑。
㉑ 填填:形容声音大。冥冥:形容光线昏暗。
㉒ 猨:同"猿"。啾(jiū)啾:形容声音凄切。狖(yòu):一种黑色长尾猿。
㉓ 飒(sà)飒:形容风声。萧萧:形容落叶的声音。
㉔ 徒:徒然,白白地。离:同"罹",遭受。

上邪①

[汉]佚名

上邪②！我欲与君相知，长命无绝衰③！山无陵④，江水为竭，冬雷震震夏雨雪⑤，天地合，乃敢与君绝！

杂诗（其一）⑥

[晋]陶渊明

人生无根蒂，飘如陌上尘⑦。分散逐风转，此已非常身⑧。落地为兄弟⑨，何必骨肉亲！得欢当作乐，斗酒聚比邻⑩。盛年不重来，一日难再晨。及时当勉励，岁月不待人。

赠范晔⑪

[南朝宋]陆凯

折花逢驿使⑫，寄与陇头人⑬。江南无所有，聊赠一枝春⑭。

---

① 据《先秦汉魏晋南北朝诗》，逯钦立辑校，北京：中华书局，1983年。
② 上邪(yé)：上苍啊！上，指天。邪，语气助词，表示感叹。
③ 命：同"令"。
④ 陵：山峰。
⑤ 雨(yù)雪：下雪。
⑥ 据《陶渊明集》，逯钦立校注，北京：中华书局，1979年。
⑦ 陌：东西向的田间小路。泛指道路。
⑧ 非常身：不是永恒不变的身体。
⑨ 落地：指出生。
⑩ 斗(dǒu)：盛酒器。比邻：近邻。
⑪ 据《先秦汉魏晋南北朝诗》，逯钦立辑校，北京：中华书局，1983年。范晔：南朝宋史学家，著有《后汉书》。
⑫ 驿使：古代传递公文和书信的人。
⑬ 陇头人：这里指范晔。陇头，即陇山（位于今陕西陇县西北），借指边塞。
⑭ 聊：姑且。

山中与幽人对酌[1]

[唐]李白

两人对酌山花开,一杯一杯复一杯。我醉欲眠卿且去,明朝有意抱琴来。

客中作

[唐]李白

兰陵美酒郁金香[2],玉碗盛来琥珀光。但使主人能醉客[3],不知何处是他乡!

客至[4]

喜崔明府相遇[5]

[唐]杜甫

舍南舍北皆春水,但见群鸥日日来。花径不曾缘客扫,蓬门今始为君开。盘飧市远无兼味[6],樽酒家贫只旧醅[7]。肯与邻翁相对饮?隔篱呼取尽余杯。

---

[1] 据《李太白全集》,[唐]李白著,[清]王琦注,北京:中华书局,1977年。
[2] 兰陵:今山东省临沂市兰陵县。郁金香:散发郁金的香气。郁金,一种香草,可用来泡酒。
[3] 但使:假如。
[4] 据《杜甫集校注》,[唐]杜甫著,谢思炜校注,上海:上海古籍出版社,2015年。
[5] 明府:唐代人对县令的称呼。
[6] 盘飧(sūn):用盘子盛的饭食。市:市集。兼味:多种菜肴。
[7] 樽:古代盛酒的器具。旧醅(pēi):陈酒。

简卢陟①

[唐]韦应物

可怜《白雪》曲②,未遇知音人。恓惶戎旅下③,蹉跎淮海滨④。涧树含朝雨,山鸟哢余春⑤。我有一瓢酒,可以慰风尘。

左迁至蓝关示侄孙湘⑥

[唐]韩愈

一封朝奏九重天,夕贬潮州路八千⑦。欲为圣明除弊事⑧,肯将衰朽惜残年⑨!云横秦岭家何在⑩?雪拥蓝关马不前。知汝远来应有意,好收吾骨瘴江边⑪。

写情⑫

[唐]李益

水纹珍簟思悠悠⑬,千里佳期一夕休。从此无心爱良夜,任他明月下西楼。

---

① 据《韦应物集校注(增订本)》,[唐]韦应物著,陶敏、王友胜校注,上海:上海古籍出版社,2011年。卢陟(zhì):作者的外甥。简:写给。
② 《白雪》:战国时楚国的高雅歌曲。
③ 恓惶戎旅下:恓惶,烦恼不安的样子。戎旅,军队。卢陟当时在军中效命。
④ 淮海:指淮河下游以徐州为中心的地区。
⑤ 哢(lòng):鸟鸣声。
⑥ 据《韩昌黎诗系年集释》,[唐]韩愈著,钱仲联集释,上海:上海古籍出版社,1984年。左迁:降职,贬官。蓝关:即蓝田关,位于今陕西蓝田。湘:即韩湘,韩愈之侄韩老成的长子。
⑦ 一封朝(zhāo)奏九重天,夕贬潮州路八千:九重天,借指皇帝。潮州,一作"潮阳"。唐宪宗元和十四年(819),韩愈上书谏迎佛骨,触怒皇帝,由刑部侍郎贬为潮州刺史。
⑧ 圣明:借指皇帝。
⑨ 肯:表示反问,相当于"岂"。
⑩ 秦岭:位于今陕西蓝田,古代进入商洛、汉中地区的必经之地。
⑪ 瘴(zhàng)江:指岭南瘴气弥漫的江流。
⑫ 据《李益诗集》,[唐]李益著,郝润华整理,北京:中华书局,2014年。
⑬ 珍簟(diàn):精美的竹席。

问刘十九①

[唐]白居易

绿蚁新醅酒②,红泥小火炉。晚来天欲雪,能饮一杯无?

梦微之③

[唐]白居易

夜来携手梦同游,晨起盈巾泪莫收。漳浦老身三度病④,咸阳宿草八回秋⑤。君埋泉下泥销骨,我寄人间雪满头。阿卫韩郎相次去,夜台茫昧得知不⑥?

阿卫,微之小儿;韩郎,微之爱婿⑦。

谢亭送客⑧

[唐]许浑

劳歌一曲解行舟⑨,红树青山水急流。日暮酒醒人已远,满天风雨下西楼。

---

① 据《白居易诗集校注》,[唐]白居易著,谢思炜校注,北京:中华书局,2006 年。刘十九:一说是刘禹锡的堂兄刘禹铜。
② 绿蚁:酒面上浮起的淡绿色泡沫。借指酒。醅(pēi)酒:未经过滤的酒。
③ 据《白居易诗集校注》,[唐]白居易著,谢思炜校注,北京:中华书局,2006 年。微之:即元稹,字微之,白居易的终身诗友。白居易作此诗时距元稹辞世已有九年。
④ 漳浦老身:指年老多病。漳,即漳水。发源于今山西长治,流经河南、河北边界。浦,水边。刘桢《赠五官中郎将诗四首》其二:"余婴沉痼疾,窜身清漳滨。"
⑤ 咸阳:今陕西咸阳,元稹葬处。宿草:墓地上隔年的草。
⑥ 夜台:指坟墓。茫昧:模糊不清。
⑦ 阿卫,微之小儿;韩郎,微之爱婿:原诗自注。
⑧ 据《丁卯集笺证》,[唐]许浑撰,罗时进笺证,北京:中华书局,2012 年。谢亭:即谢公亭,位于今安徽宣城。南齐诗人谢朓任宣城太守时所建,他曾在这里送别友人范云。
⑨ 劳歌:在劳劳亭(位于今江苏南京)送别时唱的歌。借指惜别之歌。

无题(其二)①

[唐]李商隐

重帏深下莫愁堂②,卧后清宵细细长。神女生涯元是梦③,小姑居处本无郎④。风波不信菱枝弱,月露谁教桂叶香⑤?直道相思了无益,未妨惆怅是清狂⑥。

新添声杨柳枝辞(其二)⑦

[唐]温庭筠

井底点灯深烛伊⑧,共郎长行莫围棋⑨。玲珑骰子安红豆⑩,入骨相思知不知⑪?

海棠⑫

[宋]苏轼

东风袅袅泛崇光⑬,香雾空濛月转廊⑭。只恐夜深花睡去,故烧高烛照红妆。

---

① 据《李商隐诗歌集解(增订重排本)》,刘学锴、余恕诚著,北京:中华书局,2004年。
② 重帏:一层又一层的帷幔。莫愁:传说中擅长唱歌的女子。
③ 神女:指巫山神女。宋玉《高唐赋》:"昔者先王尝游高唐,怠而昼寝,梦见一妇人,曰:'妾,巫山之女也,为高唐之客。闻君游高唐,愿荐枕席。'王因幸之。去而辞曰:'妾在巫山之阳,高丘之阻,旦为朝云,暮为行雨。朝朝暮暮,阳台之下。'"
④ 小姑:少女。这里指未嫁而死的青溪小姑。古乐府《青溪小姑曲》:"开门白水,侧近桥梁。小姑所居,独处无郎。"
⑤ 月露:月光下的露滴。
⑥ 清狂:痴颠。
⑦ 据《温庭筠全集校注》,[唐]温庭筠著,刘学锴校注,北京:中华书局,2007年。
⑧ 烛:照。谐音"嘱"。伊:你。
⑨ 长行:唐代盛行的一种博戏。又指远行。围棋:谐音"违期"。
⑩ 红豆:植物相思子的俗称。比喻骰子上的红点。
⑪ 入骨相思:古代骰子多以兽骨制成。
⑫ 据《苏轼诗集》,[宋]苏轼著,[清]王文诰辑注,孔凡礼点校,北京:中华书局,1982年。
⑬ 袅袅:微风轻拂的样子。崇光:增长着的春光。
⑭ 空濛:缥缈迷茫的样子。

惠崇《春江晚景》(其一)①

[宋]苏轼

竹外桃花三两枝,春江水暖鸭先知。蒌蒿满地芦芽短②,正是河豚欲上时③。

寄黄几复④

[宋]黄庭坚

我居北海君南海⑤,寄雁传书谢不能⑥。桃李春风一杯酒,江湖夜雨十年灯⑦。持家但有四立壁,治病不蕲三折肱⑧。想得读书头已白,隔溪猿哭瘴溪藤⑨。

十一月四日风雨大作(二首)⑩

[宋]陆游

其一

风卷江湖雨暗村,四山声作海涛翻。溪柴火软蛮毡暖⑪,我与狸奴不出门⑫。

---

① 据《苏轼诗集》,[宋]苏轼著,[清]王文诰辑注,孔凡礼点校,北京:中华书局,1982年。惠崇:一作"慧崇",宋初僧人,能诗善画。《春江晚景》:惠崇画作,分《鸭戏图》《飞雁图》两幅。此诗即为《鸭戏图》所题。
② 蒌蒿:多年生草本植物,生水中,嫩芽叶可食。芦芽:芦苇的嫩芽,可食用。
③ 河豚:一种鱼,肉味鲜美,但肝脏、生殖腺和血液有剧毒,我国沿海和某些内河有出产。每年春天逆江而上,在淡水中产卵。
④ 据《黄庭坚诗集注》,[宋]黄庭坚撰,[宋]任渊、史容、史季温笺注,刘尚荣校点,北京:中华书局,2003年。黄几复:即黄介,字几复,黄庭坚少时好友。
⑤ 我居北海君南海:形容相隔很远。《左传·僖公四年》:"楚子使与师言曰:'君处北海,寡人处南海,惟是风马牛不相及也。'"当时黄庭坚在德州德平做监镇,黄几复在广州四会做知县。
⑥ 寄雁传书:指传递书信。
⑦ 十年:此诗作于北宋元丰八年(1085),黄庭坚和黄几复于熙宁九年(1076)同科出身,将近十年。
⑧ 蕲(qí):同"祈"。三折肱(gōng):三次折断手臂。肱,上臂。《左传·定公十三年》:"三折肱,知为良医。"
⑨ 瘴(zhàng)溪:瘴气弥漫的溪流。古人认为岭南边远之地多瘴气。
⑩ 据《陆游全集校注》,[宋]陆游著,钱仲联、马亚中主编,杭州:浙江古籍出版社,2016年。
⑪ 溪柴:若耶溪出产的柴火。蛮毡:南方少数民族地区出产的毛毡。
⑫ 狸奴:家猫的昵称。

其二

僵卧孤村不自哀,尚思为国戍轮台①。夜阑卧听风吹雨②,铁马冰河入梦来。

过洞庭③

[元]唐珙

西风吹老洞庭波,一夜湘君白发多④。醉后不知天在水,满船清梦压星河。

绮怀(其十五)⑤

[清]黄景仁

几回花下坐吹箫,银汉红墙入望遥⑥。似此星辰非昨夜⑦,为谁风露立中宵？缠绵思尽抽残茧⑧,宛转心伤剥后蕉。三五年时三五月⑨,可怜杯酒不曾消。

【阅读探究】

2016年以来,人工智能"阿尔法狗"(AlphaGo)陆续战胜柯洁、李世石等世界顶尖围棋选手,在挑战人类智力的征程上迈进了一大步。2022年1月,ChatGPT发布,它能够通过理解和学习人类的语言来进行对话,还能根据聊天的上下文进行互动。很多人说,人工智能终有一天会创作出文学作品。

以下四首诗你能判断出哪几首是人工智能写的吗？你认为艺术能成为人类最后的阵

---

① 戍：守卫。轮台：古代边防重地,位于今新疆境内。这里代指边关。
② 夜阑：夜深。
③ 据《全元诗》,杨镰主编,北京：中华书局,2013年。洞庭：指洞庭湖。
④ 湘君：屈原《九歌》中的湘水之神。
⑤ 据《两当轩集》,[清]黄景仁著,李国章标点,上海：上海古籍出版社,1983年。绮怀：指风月情怀。绮,美丽。
⑥ 银汉红墙入望遥：银汉,银河。红墙,指女子闺房的围墙。李商隐《代应》："本来银汉是红墙,隔得卢家白玉堂。"
⑦ 似此星辰非昨夜：李商隐《无题》："昨夜星辰昨夜风,画楼西畔桂堂东。"
⑧ 缠绵思尽抽残茧：李商隐《无题》："春蚕到死丝方尽,蜡炬成灰泪始干。"
⑨ 三五年：即十五岁。三五月：指农历十五月圆之夜。

地吗？

1. 初随林霭动，稍共夜凉分。窗迥侵灯冷，庭虚近水闻。(《微雨》)
2. 孤耐凌节护，根枝木落无。寒花影里月，独照一灯枯。(《画松》)
3. 飞花轻洒雪欺红，雨后春风细柳工。一夜东君无限恨，不知何处觅青松。(《春雪》)
4. 红湿胭艳逐零蓬，一片春风细雨濛。燕子不知无处去，东流犹有杜鹃声。(《落花》)

【阅读训练】

五四新文化运动后，新诗崛起，白话成为诗歌创作的主要语言。请从本单元学过的古体诗或格律诗中任选一首，改编成新诗。

【拓展阅读】

诗辨①

[宋] 严羽

一

夫学诗者以识为主，入门须正，立志须高。以汉、魏、晋、盛唐为师，不作开元、天宝以下人物。若自退屈，即有下劣诗魔入其肺腑之间，由立志之不高也。行有未至，可加工力；路头一差，愈骛愈远：由入门之不正也。故曰：学其上，仅得其中；学其中，斯为下矣。又曰：见过于师，仅堪传授；见与师齐，减师半德也。

工夫须从上做下，不可从下做上。先须熟读《楚词》，朝夕讽咏，以为之本；及读《古诗十九首》、《乐府四篇》、李陵、苏武，汉魏五言皆须熟读；即以李、杜二集枕藉观之，如今人之治经；然后博取盛唐名家，酝酿胸中，久之自然悟入。虽学之不至，亦不失正路。此乃是从顶颥上做来，谓之向上一路，谓之直截根源，谓之顿门，谓之单刀直入也。

---

① 选自《沧浪诗话》。据《沧浪诗话校释》，[宋]严羽著，郭绍虞校释，北京：人民文学出版社，1983年。

二

诗之法有五,曰体制,曰格力,曰气象,曰兴趣,曰音节。

三

诗之品有九,曰高,曰古,曰深,曰远,曰长,曰雄浑,曰飘逸,曰悲壮,曰凄婉。

其用工有三,曰起结,曰句法,曰字眼。

其大概有二,曰优游不迫,曰沉着痛快。

诗之极致有一,曰入神。诗而入神,至矣,尽矣,蔑以加矣!惟李、杜得之。他人得之盖寡也。

四

禅家者流,乘有小大,宗有南北,道有邪正。学者须从最上乘,具正法眼,悟第一义。若小乘禅,声闻、辟支果皆非正也。论诗如论禅,汉、魏、晋与盛唐之诗,则第一义也;大历以还之诗,则小乘禅也,已落第二义矣;晚唐之诗,则声闻、辟支果也。学汉、魏、晋与盛唐诗者,临济下也;学大历以还之诗者,曹洞下也。

大抵禅道惟在妙悟,诗道亦在妙悟。且孟襄阳学力下韩退之远甚,而其诗独出退之之上者,一味妙悟而已。惟悟乃为当行,乃为本色。然悟有浅深,有分限之悟,有透彻之悟,有但得一知半解之悟。汉魏尚矣,不假悟也;谢灵运至盛唐诸公,透彻之悟也;他虽有悟者,皆非第一义也。

吾评之非僭也,辩之非妄也。天下有可废之人,无可废之言,诗道如是也。若以为不然,则是见诗之不广,参诗之不熟耳。试取汉魏之诗而熟参之,次取晋宋之诗而熟参之,次取南北朝之诗而熟参之,次取沈、宋、王、杨、卢、骆、陈拾遗之诗而熟参之,次取开元、天宝诸家之诗而熟参之,次独取李、杜二公之诗而熟参之,又取"大历十才子"之诗而熟参之,又取元和之诗而熟参之,又尽取晚唐诸家之诗而熟参之,又取本朝苏、黄以下诸家之诗而熟参之,其真是非自有不能隐者。傥犹于此而无见焉,则是野狐外道蒙蔽其真识,不可救药,终不悟也。

五

夫诗有别材,非关书也;诗有别趣,非关理也。然非多读书,多穷理,则不能极其至。所谓不涉理路、不落言筌者,上也。诗者,吟咏情性也。盛唐诸人惟在兴趣,羚羊挂角,无迹可求。故其妙处透彻玲珑,不可凑泊,如空中之音、相中之色、水中之月、镜中之象,言有尽而意无穷。

近代诸公乃作奇特解会,遂以文字为诗,以才学为诗,以议论为诗。夫岂不工?终非古人之诗也。盖于一唱三叹之音有所歉焉。且其作多务使事,不问兴致;用字必有来历,押韵必有出处;读之反复终篇,不知着到何在。其末流甚者,叫噪怒张,殊乖忠厚之风,殆以骂詈为诗。诗而至此,可谓一厄也,可谓不幸也。

然则近代之诗无取乎？曰：有之。吾取其合于古人者而已。国初之诗尚沿袭唐人：王黄州学白乐天，杨文公、刘中山学李商隐，盛文肃学韦苏州，欧阳公学韩退之古诗，梅圣俞学唐人平澹处。至东坡、山谷，始自出己意以为诗，唐人之风变矣。山谷用工尤为深刻，其后法席盛行，海内称为"江西宗派"。

　　近世赵紫芝、翁灵舒辈，独喜贾岛、姚合之诗，稍稍复就清苦之风。江湖诗人多效其体，一时自谓之唐宗，不知止入声闻、辟支之果，岂盛唐诸公大乘正法眼者哉！嗟乎！正法眼之无传久矣。唐诗之说未唱，唐诗之道或有时而明也。今既唱其体曰唐诗矣，则学者谓唐诗诚止于是耳，得非诗道之重不幸耶！故予不自量度，辄定诗之宗旨，且借禅以为喻，推原汉魏以来，而截然谓当以盛唐为法（后舍汉魏而独言盛唐者，谓古律之体备也）。虽获罪于世之君子，不辞也。

8. 词

云中谁寄锦书来？雁字回时，月满西楼。
——［宋］李清照《一剪梅》

【阅读导语】

词，是形成于唐代、盛行于宋代的一种音乐文学，又称"曲子词""长短句""诗余"等。它在诗之外别树一帜，成为中国古代最为突出的文学体裁之一。填词用的曲调名称为"词牌"，不同的词牌在句数、字数、平仄上都有规定。所谓"诗言志""词言情"，宋词的题材主要集中在离思别愁、闺情绮怨方面，其结构细密，语言精致，具有一种柔婉之美。

中唐时期已有一些诗人开始写词，晚唐诞生了以温庭筠、韦庄为代表的"花间派"以及冯延巳、李煜等南唐词人。他们为词体的成熟作出了重要贡献——尤其是李煜亡国后的词作，用情真挚，含意深沉，对后世词坛影响深远。北宋词成就极大，代表人物有晏殊、欧阳修、柳永、苏轼、秦观、周邦彦、李清照（两宋之交）等。其中，苏轼的一些作品视野开阔、气象恢弘，在清丽婉约的词坛上另辟蹊径，形成了豪放词派，极大地开阔了宋词的格局和意境。南渡以后，时代巨变，悲壮慷慨的高亢声调继续发展，辛弃疾更成为创作豪放词的一代巨擘。陆游的词作数量虽然不及诗，但同样贯穿了气吞残虏的爱国情怀。不过大多数南宋词人的作品仍以婉约为主。词在宋代达到顶峰后，经历了元明三百多年的衰落期，到清代重新进入发展状态，其中尤以满族词人纳兰性德最为著名。

本单元选取唐代至民国初的 22 首词作，兼顾不同风格，以期全面展现词这一文学形式的样貌。

【选文】

忆秦娥①

[唐]李白

箫声咽,秦娥梦断秦楼月②。秦楼月,年年柳色,灞陵伤别③。
乐游原上清秋节④,咸阳古道音尘绝⑤。音尘绝,西风残照,汉家陵阙⑥。

菩萨蛮⑦

[唐]李白

平林漠漠烟如织⑧,寒山一带伤心碧⑨。暝色入高楼⑩,有人楼上愁。
玉阶空伫立,宿鸟归飞急⑪。何处是归程?长亭连短亭⑫。

---

① 据《李太白全集校注》,[唐]李白著,郁贤皓校注,南京:凤凰出版社,2015年。作者有争议。
② 梦断:梦被打断,即梦醒。秦娥:秦地的美女。
③ 灞陵:古地名,位于今陕西西安。汉文帝葬于此处。也写作"霸陵"。
④ 乐游原:亦名"乐游园""乐游苑",故址位于今陕西西安南郊。唐时在长安城内,地势较高,可俯瞰长安城,为士女游赏胜地。清秋节:这里指重阳节,有登高的习俗。
⑤ 咸阳古道:即长安道,是汉唐时的行军、经商要道。唐人常以"咸阳"指长安。咸阳,秦朝都城,位于今陕西咸阳以东。音尘:消息,踪迹。
⑥ 汉家陵阙:即汉代皇帝的陵墓。西汉文帝霸陵和宣帝杜陵在长安东南,其余九个皇帝的陵墓都在咸阳周围。
⑦ 据《李太白全集校注》,[唐]李白著,郁贤皓校注,南京:凤凰出版社,2015年。作者有争议。
⑧ 平林:平原上的树林。漠漠:密布。
⑨ 伤心:这里表示非常、极度。
⑩ 暝色:暮色。
⑪ 宿鸟:归巢栖息的鸟。
⑫ 亭:即驿亭。古代设在路旁的公房,供旅客停宿。

天仙子[①]

[宋] 张先

时为嘉禾小倅[②]，以病眠不赴府会。

《水调》数声持酒听[③]，午醉醒来愁未醒。送春春去几时回？临晚镜，伤流景[④]，往事后期空记省[⑤]。

沙上并禽池上暝[⑥]，云破月来花弄影。重重帘幕密遮灯，风不定，人初静，明日落红应满径。

临江仙[⑦]

[宋] 晏几道

梦后楼台高锁，酒醒帘幕低垂。去年春恨却来时[⑧]。落花人独立，微雨燕双飞。记得小蘋初见[⑨]，两重心字罗衣[⑩]。琵琶弦上说相思。当时明月在，曾照彩云归。

---

① 据《张先集编年校注》，[宋]张先著，吴熊和、沈松勤校注，上海：上海古籍出版社，2012年。
② 嘉禾：秀州的别称，今浙江嘉兴。倅(cuì)：副职。张先时任秀州通判。
③ 《水调》：唐代流行的一种曲调。
④ 流景：如流水般逝去的时光。
⑤ 记省(xǐng)：回忆。
⑥ 并禽：指鸳鸯。暝：同"眠"。
⑦ 据《二晏词笺注》，[宋]晏殊、[宋]晏几道著，张草纫笺注，上海：上海古籍出版社，2008年。
⑧ 却来：又来。
⑨ 小蘋：作者思念的歌女。
⑩ 心字罗衣：领口曲折如"心"字(一说绣有"心"字图案)的丝衣。

望海潮①

[宋]柳永

东南形胜②,江吴都会③,钱塘自古繁华④。烟柳画桥⑤,风帘翠幕,参差十万人家⑥。云树绕堤沙,怒涛卷霜雪,天堑无涯⑦。市列珠玑⑧,户盈罗绮竞豪奢。

重湖叠巘清嘉⑨,有三秋桂子⑩,十里荷花。羌管弄晴⑪,菱歌泛夜⑫,嬉嬉钓叟莲娃。千骑拥高牙⑬,乘醉听箫鼓,吟赏烟霞。异日图将好景⑭,归去凤池夸⑮。

望江南⑯

超然台作⑰

[宋]苏轼

春未老,风细柳斜斜。试上超然台上看,半壕春水一城花⑱。烟雨暗千家。

寒食后⑲,酒醒却咨嗟⑳。休对故人思故国,且将新火试新茶㉑。诗酒趁年华。

---

① 据《乐章集校笺》,[宋]柳永著,陶然、姚逸超校笺,上海:上海古籍出版社,2016年。这首词是柳永为拜谒当时的钱塘守帅孙何而作。
② 形胜:指地理位置优越。
③ 江吴:指江浙地区。一作"三吴"。
④ 钱塘:今浙江杭州。
⑤ 画桥:雕饰华丽的桥梁。
⑥ 参(cēn)差(cī):高低不齐的样子。
⑦ 天堑(qiàn):天然的壕沟。这里指钱塘江。
⑧ 珠玑:珠宝。
⑨ 重湖:这里指西湖。因西湖水域由外湖、里湖等多个部分组成。叠巘(yǎn):重叠的山峰。清嘉:美好,秀丽。
⑩ 三秋:指秋季的第三个月,即农历九月。
⑪ 羌管:即羌笛,一种羌族簧管乐器。这里泛指乐声。
⑫ 菱歌:采菱角时哼唱的歌谣。这里泛指歌声。
⑬ 高牙:高矗的牙旗。这里借指孙何。牙,指牙旗,将军用的旗帜,旗竿上饰有象牙。
⑭ 图:画。
⑮ 凤池:即凤凰池,皇宫禁苑中的池沼。借指朝廷。
⑯ 据《苏轼词编年校注》,邹同庆、王宗堂著,北京:中华书局,2002年。
⑰ 超然台:苏轼任密州(今山东诸城)太守时所建。登台可眺望全城。
⑱ 壕:护城河。
⑲ 寒食:即寒食节,清明前一天(或两天),禁止生火,只吃冷食。
⑳ 咨嗟:叹息。
㉑ 新火:寒食节过后重新钻取的火种。新茶:清明节前采摘的茶。

定风波[1]

[宋]苏轼

王定国歌儿曰"柔奴"[2],姓宇文氏。眉目娟丽,善应对,家世住京师。定国南迁归,余问柔:"广南风土应是不好?"柔对曰:"此心安处便是吾乡。"因为缀词云。

谁羡人间琢玉郎[3],天应乞与点酥娘[4]。尽道清歌传皓齿,风起,雪飞炎海变清凉。
万里归来颜愈少,微笑,笑时犹带岭梅香。试问岭南应不好?却道:此心安处是吾乡。

点绛唇[5]

[宋]秦观

醉漾轻舟,信流引到花深处[6]。尘缘相误,无计花间住。
烟水茫茫,千里斜阳暮。山无数,乱红如雨,不记来时路。

六州歌头[7]

[宋]贺铸

少年侠气,交结五都雄[8]。肝胆洞[9],毛发耸。立谈中[10],死生同,一诺千金重。推

---

① 据《苏轼词编年校注》,邹同庆、王宗堂著,北京:中华书局,2002年。
② 王定国:即王巩,字定国,苏轼好友。受"乌台诗案"牵连,被贬到岭南宾州。
③ 谁:一作"常"。琢玉郎:仿佛美玉雕成的男子。这里指王定国。
④ 点酥娘:好似酥油点成的女子。这里指歌女柔奴。
⑤ 据《淮海居士长短句笺注》,[宋]秦观著,许培均笺注,上海:上海古籍出版社,2008年。
⑥ 信流:随意漂流。
⑦ 据《东山词》,[宋]贺铸著,钟振振校注,上海:上海古籍出版社,1989年。
⑧ 五都:泛指北宋各大城市。
⑨ 肝胆洞:内心敞开。形容彼此坦诚相待。
⑩ 立谈:比喻时间短暂。

翘勇①，矜豪纵。轻盖拥②，联飞鞚③，斗城东④。轰饮酒垆⑤，春色浮寒瓮⑥，吸海垂虹⑦。间呼鹰嗾犬⑧，白羽摘雕弓⑨，狡穴俄空⑩。乐匆匆。

似黄粱梦⑪。辞丹凤⑫，明月共，漾孤篷⑬。官冗从⑭，怀倥偬⑮。落尘笼⑯，簿书丛⑰。鹖弁如云众⑱，供粗用，忽奇功。笳鼓动，《渔阳》弄⑲，思悲翁⑳。不请长缨㉑，系取天骄种㉒，剑吼西风。恨登山临水，手寄七弦桐㉓，目送归鸿㉔！

半死桐㉕

[宋] 贺铸

重过阊门万事非㉖，同来何事不同归㉗？梧桐半死清霜后，头白鸳鸯失伴飞。

---

① 翘(qiáo)勇：勇猛过人。
② 轻盖：即轻车，轻快的车子。盖，古代车上遮雨蔽日的篷，借指车。
③ 飞鞚(kòng)：策马飞驰。鞚，带嚼子的马笼头，借指马。
④ 斗(dǒu)城：汉长安故城。这里借指汴京。
⑤ 轰饮：狂饮，闹酒。
⑥ 春色：指脸上的红晕。
⑦ 吸海垂虹：像鲸鱼一样猛吸，像垂虹一样深饮。刘敬叔《异苑》："晋义熙初，晋陵薛愿有虹饮其釜澳，须臾嗡响便竭。愿辇酒灌之，随投随涸。"
⑧ 间(jiàn)：间或。嗾(sǒu)：发出让狗咬人的声音。
⑨ 白羽：指羽箭。雕弓：有雕饰的弓。
⑩ 狡穴：狡兔的洞穴。《战国策·齐策》："狡兔有三窟，仅得免其死耳。"
⑪ 黄粱梦：比喻虚幻的人生。参见"21. 选举"拓展阅读《枕中记》。
⑫ 丹凤：即长安丹凤门。借指京城。
⑬ 漾：漂荡。孤篷：即孤舟。
⑭ 冗从：散职侍从官。地位低卑。
⑮ 倥(kǒng)偬(zǒng)：苦闷。
⑯ 尘笼：指世俗的束缚。
⑰ 簿书：官署中的文书簿册。丛：繁杂。
⑱ 鹖(hé)弁(biàn)：武将的官帽。借指武官。
⑲ 笳鼓动，《渔阳》弄：指战争爆发。笳、鼓，军乐器。《渔阳》，一种声调悲壮的军乐曲。渔阳，即渔阳郡(今天津蓟州)，彭宠起兵反汉、安禄山起兵叛唐的地方。弄，演奏。白居易《长恨歌》："渔阳鼙鼓动地来，惊破《霓裳羽衣曲》。"
⑳ 思悲翁：悲翁，悲伤的老人，作者自况。《思悲翁》又是表现战事的汉代乐府歌曲。
㉑ 请长缨：请求给予一根长绳。指自告奋勇求上阵杀敌。《汉书·终军传》："南越与汉和亲，乃遣军使南越，说其王，欲令入朝，比内诸侯。军自请：'愿受长缨，必羁南越王而致之阙下。'"
㉒ 天骄种：汉时匈奴自称"天之骄子"，后泛指边地少数民族。
㉓ 七弦桐：指琴。制琴多用桐木，或五弦，或七弦。
㉔ 鸿：大雁。
㉕ 据《东山词》，[宋]贺铸著，钟振振校注，上海：上海古籍出版社，1989 年。
㉖ 阊(chāng)门：苏州西城门。这里借指苏州。
㉗ 何事：为什么。

原上草,露初晞①,旧栖新垅两依依②。空床卧听南窗雨,谁复挑灯夜补衣!

少年游③

[宋]周邦彦

并刀如水④,吴盐胜雪⑤,纤手破新橙。锦幄初温⑥,兽烟不断⑦,相对坐调笙⑧。低声问向谁行宿⑨,城上已三更。马滑霜浓,不如休去,直是少人行⑩。

苏幕遮⑪

[宋]周邦彦

燎沉香⑫,消溽暑⑬。鸟雀呼晴,侵晓窥檐语⑭。叶上初阳干宿雨,水面清圆,一一风荷举。

故乡遥,何日去?家住吴门⑮,久作长安旅⑯。五月渔郎相忆否?小楫轻舟⑰,梦入芙蓉浦⑱。

---

① 晞:干。
② 旧栖:旧居。指生者居处。新垅:新坟。指死者葬所。
③ 据《清真集笺注(修订本)》,[宋]周邦彦著,罗忼烈笺注,上海:上海古籍出版社,2008年。
④ 并刀:并州出产的刀。
⑤ 吴盐:吴地出产的盐。
⑥ 锦幄:锦制的帷幄。泛指华美的帐幕。
⑦ 兽烟:兽形香炉中冒出的香烟。
⑧ 调笙:吹笙。笙,一种管乐器,一般用十三根长短不同的竹管制成。
⑨ 谁行(háng):哪里。
⑩ 直是:真是。
⑪ 据《清真集笺注(修订本)》,[宋]周邦彦著,罗忼烈笺注,上海:上海古籍出版社,2008年。
⑫ 燎(liáo):烧。沉香:一种香料。
⑬ 溽(rù)暑:闷热潮湿的夏天。
⑭ 侵晓:拂晓。侵,将近。
⑮ 吴门:即吴郡治所苏州。这里泛指吴越一带。周邦彦是钱塘人,钱塘原属吴郡。
⑯ 长安:今陕西西安,汉唐故都。这里借指北宋都城汴京。
⑰ 楫(jí):桨。
⑱ 芙蓉浦:荷花塘。这里指西湖。

点绛唇①

[宋]李清照

蹴罢秋千②,起来慵整纤纤手。露浓花瘦,薄汗沾衣透。
见客入来,袜刬金钗溜③,和羞走。倚门回首,却把青梅嗅。

贺新郎④

[宋]辛弃疾

邑中园亭,仆皆为赋此词。一日独坐停云⑤,水声山色竞来相娱。意溪山欲援例者,遂作数语,庶几仿佛渊明思亲友之意云。

甚矣吾衰矣⑥!怅平生、交游零落,只今余几?白发空垂三千丈⑦,一笑人间万事。问何物、能令公喜⑧?我见青山多妩媚⑨,料青山见我应如是。情与貌,略相似。
一尊搔首东窗里⑩,想渊明、《停云》诗就,此时风味。江左沉酣求名者⑪,岂识浊醪妙理⑫!回首叫、云飞风起⑬。不恨古人吾不见,恨古人、不见吾狂耳。知我者,二三子。

---

① 据《李清照集笺注(修订本)》,[宋]李清照著,徐培均笺注,上海:上海古籍出版社,2013年。
② 蹴:踏。
③ 袜刬(chǎn):袜子松脱。
④ 据《稼轩词编年笺注(增订本)》,[宋]辛弃疾撰,邓广铭笺注,上海:上海古籍出版社,1993年。
⑤ 停云:指停云堂,位于江西上饶辛弃疾晚年所居瓢泉别墅内。陶渊明《停云》诗自序:"停云,思亲友也。"故下文称"庶几仿佛渊明思亲友之意云"。
⑥ 甚矣吾衰矣:《论语·述而》:"子曰:'甚矣,吾衰也!久矣,吾不复梦见周公。'"作者借此感叹自己壮志难酬。
⑦ 白发空垂三千丈:李白《秋浦歌》:"白发三千丈,缘愁似个长。"
⑧ 问何物能令公喜:刘义庆《世说新语·宠礼》:"王珣、郗超并有奇才,为大司马所眷拔,珣为主簿,超为记室参军。超为人多须,珣状短小。于时荆州为之语曰:'髯参军,短主簿,能令公喜,能令公怒。'"
⑨ 妩媚:姿容美好。
⑩ 一尊搔首东窗里:尊,同"樽",酒杯。陶渊明《停云》:"良朋悠邈,搔首延伫。"又:"有酒有酒,闲饮东窗。"
⑪ 江左:即江东,指长江下游以东地区。借指在此地区建立政权的东晋和南朝。
⑫ 浊醪(láo):浊酒。
⑬ 云飞风起:刘邦《大风歌》:"大风起兮云飞扬。"

西江月

夜行黄沙道中①

[宋]辛弃疾

明月别枝惊鹊②,清风半夜鸣蝉。稻花香里说丰年,听取蛙声一片。七八个星天外,两三点雨山前。旧时茅店社林边③,路转溪桥忽见。

虞美人④

听雨

[宋]蒋捷

少年听雨歌楼上,红烛昏罗帐⑤。壮年听雨客舟中,江阔云低、断雁叫西风⑥。而今听雨僧庐下,鬓已星星也。悲欢离合总无情,一任阶前、点滴到天明。

摸鱼儿⑦

[金]元好问

　　乙丑岁赴试并州⑧,道逢捕雁者云:"今旦获一雁,杀之矣。其脱网者悲鸣不能去,竟自投于地而死。"予因买得之,葬之汾水之上⑨,累石为识⑩,号曰"雁丘"。时同行者多为赋诗,予亦有《雁丘辞》。旧所作无宫商⑪,今改定之。

---

① 黄沙道:位于今江西上饶黄沙岭乡的一条乡村道路,南宋时是直通上饶古城的官道。
② 别枝:斜枝。
③ 茅店:茅草盖的乡村南客店。社林:土地庙附近的树林。
④ 据《蒋捷词校注》,[宋]蒋捷撰,杨景龙校注,北京:中华书局,2010年。
⑤ 罗帐:床上的纱幔。
⑥ 断雁:失群的孤雁。
⑦ 据《遗山乐府校注》,[金]元好问撰,赵永源校注,南京:凤凰出版社,2006年。
⑧ 乙丑岁:即金章宗泰和五年(1205)。当时元好问年仅十六岁。并州:今山西太原。
⑨ 汾(fén)水:即汾河。位于今山西省中部。
⑩ 识(zhì):标志。
⑪ 宫商:五音中的宫音和商音。借指韵律。

恨人间情是何物①,直教生死相许②?天南地北双飞客,老翅几回寒暑。欢乐趣,离别苦,是中更有痴儿女③。君应有语,渺万里层云,千山暮景,只影为谁去④?

横汾路,寂寞当年箫鼓⑤,荒烟依旧平楚⑥。招魂楚些何嗟及⑦?山鬼自啼风雨⑧。天也妒,未信与,莺儿燕子俱黄土。千秋万古,为留待骚人⑨,狂歌痛饮,来访雁丘处!

金缕曲(二首)⑩

[清]顾贞观

寄吴汉槎宁古塔⑪,以词代书。时丙辰冬⑫,寓京师千佛寺,冰雪中作。

季子平安否⑬?便归来,平生万事,那堪回首!行路悠悠谁慰藉⑭?母老家贫子幼。记不起、从前杯酒。魑魅搏人应见惯⑮,总输他、覆雨翻云手。冰与雪,周旋久。

泪痕莫滴牛衣透⑯。数天涯、依然骨肉⑰,几家能够?比似红颜多命薄⑱,更不如今

---

① 恨人间:一作"问世间"。
② 直教:直致。
③ 是中:其中。
④ 为:一作"向"。
⑤ 横汾路,寂寞当年箫鼓:横汾,横陈于汾水。汉武帝刘彻《秋风辞》:"泛楼船兮济汾河,横中流兮扬素波。箫鼓鸣兮发棹歌,欢乐极兮哀情多。"
⑥ 平楚:指远处丛林树梢齐平。楚,树丛。
⑦ 楚些(suò):指招魂歌。因《楚辞·招魂》句尾皆有"些"字。何嗟及:同"嗟何及"。有什么用呢?嗟,表示感叹。
⑧ 山鬼:《楚辞》中等待心上人归来的山中女神。参见"7. 诗"选文《山鬼》。
⑨ 骚人:文人。
⑩ 据《弹指词笺注》,[清]顾贞观撰,张秉戍笺注,北京:文津出版社,2017年。词后附作者补记:"二词容若见之,为泣下数行,曰:'河梁生别之诗,山阳死友之传,得此而三。此事三千六百日中,弟当以身任之,不俟兄再嘱也。'余曰:'人寿几何?请以五载为期。'恳之太傅,亦蒙见许,而汉槎果以辛酉入关矣。附书志感,兼志痛云。"
⑪ 吴汉槎(chá):即吴兆骞,字汉槎,江苏吴江(今属苏州)人,顾贞观的好友。受科场案牵连,于顺治十六年(1659)连同家人一起被发配到宁古塔戍边。宁古塔:今黑龙江宁安,清代统治东北边疆的重镇。
⑫ 丙辰:指清康熙十五年(1676)。
⑬ 季子:季,排行最末。吴兆骞在兄弟中排行最末。
⑭ 行路:路人。
⑮ 魑(chī)魅:传说中的山林妖怪。这里指诬陷吴汉槎的小人。搏:打,捉。
⑯ 泪痕莫滴牛衣透:牛衣,蓑衣之类供牛御寒用的披盖物。《汉书·王章传》:"章疾病,无被,卧牛衣中。与妻决,涕泣。"
⑰ 数天涯、依然骨肉:吴汉槎随遭流放,但仍和家人在一起。
⑱ 红颜:这里借指因文字狱被杀的文人。

还有。只绝塞、苦寒难受。廿载包胥承一诺①,盼乌头、马角终相救②。置此札,兄怀袖。

又

我亦飘零久③。十年来④、深恩负尽,死生师友。宿昔齐名非忝窃⑤,只看杜陵穷瘦,曾不减、夜郎僝僽⑥。薄命长辞知己别⑦,问人生、到此凄凉否?千万恨,为君剖。

兄生辛未吾丁丑⑧,共些事、冰霜摧折,早衰蒲柳⑨。词赋从今须少作,留取心魂相守。但愿得、河清人寿⑩,归日急翻行戍稿⑪,把空名、料理传身后。言不尽,观顿首。

木兰花令⑫

拟古决绝词

[清]纳兰性德

人生若只如初见,何事秋风悲画扇⑬?等闲变却故人心,却道故心人易变⑭。

---

① 廿(niàn)载:二十年。从吴兆骞被遣戍宁古塔到作者写这首词,将近二十年。包胥承一诺:《左传·定公四年》:"初,伍员与申包胥友。其亡也,谓申包胥曰:'我必复楚国!'申包胥曰:'勉之!子能复之,我必能兴之。'及昭王在随,申包胥如秦乞师,……立,依于庭墙而哭,日夜不绝声,勺饮不入口,七日。秦哀公为之赋《无衣》,九顿首而坐。秦师乃出。"这里作者是说自己一定会像申包胥救楚国一样尽办法救出吴兆骞。
② 乌头、马角:乌鸦白头,马生角。比喻难以实现的事。《燕丹子》:"燕太子丹质于秦,秦王遇之无礼,不得意,欲求归。秦王不听,谬言曰:'令乌白头、马生角,乃可许耳。'丹仰天叹,乌即白头,马生角。"
③ 我亦飘零久:作者生于无锡,顺治末年辞亲远游,到达京师。康熙五年(1666)中举,掌国史馆典籍,官至内阁中书。后受同僚排挤,落职返归故里,自称"第一飘零词客"。康熙十五年(1676)再次入京,在内阁大学士纳兰明珠府中教书。
④ 十年:从作者中举到写这首词,正好十年。
⑤ 宿昔齐名非忝(tiǎn)窃:宿昔,过去。忝窃,徒有虚名。杜甫《长沙送李十一衔》:"李杜齐名真忝窃,朔云寒菊倍离忧。"作者少时即有诗才,与吴兆骞齐名。
⑥ 只看杜陵穷瘦,曾不减、夜郎僝(chán)僽(zhòu):杜陵,即杜甫。杜甫自称"杜陵野老""杜陵布衣"。李白《戏赠杜甫》:"借问别来太瘦生,总为从前作诗苦。"夜郎,古国名,位于今贵州西部。李白曾被流放到那里。僝僽,烦恼,忧愁。这里作者以杜甫和李白比喻穷困的自己和流放戍边的吴兆骞。
⑦ 薄命长辞知己别:薄命,这里指作者的夫人。知己,这里指吴兆骞。
⑧ 辛未:指明崇祯四年(1631)。丁丑:指明崇祯十年(1637)。
⑨ 蒲柳:即水杨。一种入秋即凋零的树木。
⑩ 但愿得、河清人寿:河,指黄河。古人认为黄河水千年一清,而人寿有限。这里是希望彼此安康长寿,能有相见的那一天。
⑪ 行戍稿:戍边时所写的文稿。
⑫ 据《饮水词笺校(修订本)》,[清]纳兰性德撰,赵秀亭、冯统一笺校,北京:中华书局,2005年。
⑬ 何事:为什么。秋风悲画扇:见"6. 技巧"选文《九张机》注释"秋扇"。
⑭ 等闲变却故人心,却道故心人易变:等闲,轻易。故人,指旧情人。谢朓《同王主簿怨情》:"故心人尚永,故心人不见。"故心人易变,一作"故人心易变"。

骊山语罢清宵半①，泪雨零铃终不怨②。何如薄幸锦衣郎③，比翼连枝当日愿！

蝶恋花④

[清]王国维

阅尽天涯离别苦，不道归来⑤，零落花如许。花底相看无一语，绿窗春与天俱暮⑥。待把相思灯下诉，一缕新欢，旧恨千千缕。最是人间留不住，朱颜辞镜花辞树⑦。

采桑子⑧

[民国]黄侃

今生未必重相见，遥计他生，谁信他生？缥渺缠绵一种情。当时留恋诚何济⑨？知有飘零，毕竟飘零，便是飘零也感卿。

【阅读探究】

"色白花青的锦鲤跃然于碗底/临摹宋体落款时却惦记着你/你隐藏在窑烧里千年的秘密/极细腻犹如绣花针落地……"这些充满"中国风"的流行音乐歌词受到很多年轻人的喜爱。有人称赞这些作品"有宋词的意境"，但也有很多学者不以为然。请谈谈你的看法。

---

① 骊山语罢清宵半：骊山，位于今陕西西安。据说唐玄宗与杨玉环曾于七月七日夜晚在骊山华清宫长生殿内盟誓，愿世世结为夫妻。白居易《长恨歌》："七月七日长生殿，夜半无人私语时。在天愿作比翼鸟，在地愿为连理枝。"
② 泪雨零铃终不怨：郑处诲《明皇杂录》："明皇既幸蜀，西南行，初入斜谷，属霖雨涉旬，于栈道雨中闻铃音，与山相应。上既悼念贵妃，采其声为《雨霖铃》曲，以寄恨焉。"
③ 何如：怎么比得上。薄幸：薄情。锦衣郎：指唐明皇。锦衣，华贵的衣服。
④ 据《王国维诗词笺注》，王国维著，陈永正笺注，上海：上海古籍出版社，2011年。
⑤ 不道：不料。
⑥ 绿窗：绿色的纱窗。借指女子居所。
⑦ 朱颜：青春美好的容颜。
⑧ 据《黄季刚诗文集》，黄侃著，黄延祖重辑，北京：中华书局，2016年。
⑨ 何济：有什么用。

【阅读训练】

中国古代的语音和我们现在使用的普通话很不一样。据语言学家研究,许多南方方言和个别北方方言中保留了古音的痕迹,例如入声字(指"白""竹""月"等读音短促、一发即收的字)。

用你的家乡话朗诵李清照的《声声慢》,注意加点字的发音与普通话是否有差别。

声声慢
[宋]李清照

寻寻觅觅,冷冷清清,凄凄惨惨戚戚。乍暖还寒时候,最难将息。三杯两盏淡酒,怎敌他,晚来风急!雁过也,正伤心、却是旧时相识。

满地黄花堆积,憔悴损、如今有谁堪摘?守着窗儿,独自怎生得黑!梧桐更兼细雨,到黄昏、点点滴滴。这次第,怎一个愁字了得!

【拓展阅读】

《人间词话》十三则[①]

[清]王国维

1. 词以境界为最上。有境界则自成高格,自有名句。五代、北宋之词所以独绝者在此。

2. 有造境,有写境。此理想与写实二派之所由分。然二者颇难分别,因大诗人所造之境必合乎自然,所写之境亦必邻于理想故也。

3. 有有我之境,有无我之境。"泪眼问花花不语,乱红飞过秋千去""可堪孤馆闭春寒,杜鹃声里斜阳暮",有我之境也;"采菊东篱下,悠然见南山""寒波澹澹起,白鸟悠悠下",无我之境也。有我之境,以我观物,故物皆着我之色彩;无我之境,以物观物,故不知何者为我、何者为物。古人为词,写有我之境者为多,然未始不能写无我之境,此在豪杰之士能自树立耳。

4. 无我之境,人惟于静中得之;有我之境,于由动之静时得之。故一优美,一宏壮也。

[①] 据《人间词话》,王国维撰,黄霖等导读,上海:上海古籍出版社,1998年。

5. 自然中之物,互相关系,互相限制。然其写之于文学及美术中也,必遗其关系、限制之处。故虽写实家,亦理想家也。又虽如何虚构之境,其材料必求之于自然,而其构造亦必从自然之法律。故理想家,亦写实家也。

6. 境,非独谓景物也。喜怒哀乐亦人心中之一境界。故能写真景物、真感情者,谓之有境界,否则谓之无境界。

7. "红杏枝头春意闹",着一"闹"字而境界全出;"云破月来花弄影",着一"弄"字而境界全出矣。

8. 境界有大小,不以是而分优劣。"细雨鱼儿出,微风燕子斜"何遽不若"落日照大旗,马鸣风萧萧"?"宝帘闲挂小银钩"何遽不若"雾失楼台,月迷津渡"也?

9. 严沧浪《诗话》谓:"盛唐诸公唯在兴趣,羚羊挂角,无迹可求。故其妙处透彻玲珑,不可凑拍。如空中之音、相中之色、水中之影、镜中之象,言有尽而意无穷。"余谓北宋以前之词亦复如是。然沧浪所谓"兴趣"、阮亭所谓"神韵",犹不过道其面目;不若鄙人拈出"境界"二字,为探其本也。

26. 古今之成大事业、大学问者,必经过三种之境界:"昨夜西风凋碧树,独上高楼,望尽天涯路",此第一境也;"衣带渐宽终不悔,为伊消得人憔悴",此第二境也;"众里寻他千百度,回头蓦见,那人正在灯火阑珊处",此第三境也。此等语皆非大词人不能道。然遽以此意解释诸词,恐晏、欧诸公所不许也。

39. 白石写景之作,如"二十四桥仍在,波心荡,冷月无声""数峰清苦,商略黄昏雨"、"高树晚蝉,说西风消息",虽格韵高绝,然如雾里看花,终隔一层。梅溪、梦窗诸家写景之病,皆在一"隔"字。北宋风流,渡江遂绝,抑真有运会存乎其间耶?

40. 问"隔"与"不隔"之别,曰:陶、谢之诗不隔,延年则稍隔矣;东坡之诗不隔,山谷则稍隔矣。"池塘生春草""空梁落燕泥"等二句,妙处唯在不隔。词亦如是。即以一人一词论,如欧阳公《少年游·咏春草》上半阕云:"阑干十二独凭春,晴碧远连云。千里万里,二月三月,行色苦愁人。"语语都在目前,便是不隔。至云"谢家池上,江淹浦畔",则隔矣。白石《翠楼吟》:"此地,宜有词仙,拥素云黄鹤,与君游戏。玉梯凝望久,叹芳草、萋萋千里。"便是不隔。至"酒祓清愁,花消英气",则隔矣。然南宋词虽不隔处,比之前人,自有浅深厚薄之别。

41. "生年不满百,常怀千岁忧。昼短苦夜长,何不秉烛游?""服食求神仙,多为药所误。不如饮美酒,被服纨与素。"写情如此,方为不隔。"采菊东篱下,悠然见南山。山气日夕佳,飞鸟相与还。""天似穹庐,笼盖四野。天苍苍,野茫茫,风吹草低见牛羊。"写景如此,方为不隔。

9. 散文

> 盖文章,经国之大业,不朽之盛事。
> ——[三国魏]曹丕《典论·论文》

【阅读导语】

除诗词外,中国古代的散文创作也取得了卓然的成就。先秦时期的散文主要包括诸子散文和历史散文。诸子散文记录春秋战国诸子百家的言论,反映不同学派的政治主张和哲学观点,以说理为主,较重要的有本教材第一部分介绍的儒、法、道、墨诸家;凡记述历史事件和人物的属于历史散文,其中国别体的有《国语》《战国策》,编年体的有《春秋》《左传》等。西汉司马迁的《史记》则开创了纪传体历史散文的书写传统,其细腻传神的人物刻画把传记散文推到了前所未有的高峰。

到了唐代,在古文运动的推动下,散文的写法日益繁复,出现了文学散文,产生出不少优秀的山水游记和杂文作品。韩愈、柳宗元和宋代的苏轼、苏洵、苏辙、王安石、曾巩、欧阳修八位散文家合称"唐宋八大家"。其中韩愈、柳宗元是唐代古文运动的领袖,他们掀起了古文革新的浪潮,使散文发展的面貌焕然一新;欧阳修和"三苏"是宋代古文运动的核心,王安石、曾巩则是临川文学的代表。

明代先有前后"七子"独倡秦汉古文;后有继承"八大家"传统的"唐宋派",主张作品"皆自胸中流出",代表人物如归有光等。万历年间的"公安""竟陵"两派散文强调抒写"性灵"。文风清新冷峻、以小品文见长的张岱则是晚明的散文大家。以"桐城派"为主的清代散文,布局严谨,语言雅洁,注重"义理",较著名的作家有方苞和姚鼐。

谏逐客书[1]

[战国]李斯

臣闻吏议逐客,窃以为过矣。昔缪公求士[2],西取由余于戎[3],东得百里奚于宛[4],迎蹇叔于宋[5],来邳豹、公孙支于晋[6]。此五子者,不产于秦,而缪公用之,并国二十,遂霸西戎。孝公用商鞅之法[7],移风易俗,民以殷盛,国以富强,百姓乐用,诸侯亲服,获楚、魏之师[8],举地千里[9],至今治强;惠王用张仪之计[10],拔三川之地[11],西并巴、蜀[12],北收上郡[13],南取汉中[14],包九夷[15],制鄢、郢[16],东据成皋之险[17],割膏腴之壤[18],遂散六国之

---

[1] 选自《史记·李斯列传》。据《史记(修订本)》,[汉]司马迁撰,[宋]裴骃集解,[唐]司马贞索隐,[唐]张守节正义,北京:中华书局,2013年。
[2] 缪公:即秦穆公,春秋五霸之一。缪,同"穆"。
[3] 由余:晋人后裔,曾流亡到戎地,后被秦穆公招揽,帮助秦国称霸西戎。戎:古代中原人对西北各族的泛称。
[4] 百里奚:辅佐秦穆公称霸的重臣。原为虞国大夫,虞灭后被俘,作为晋献公女儿的陪嫁奴仆送往秦国,后来又逃到楚国,被楚人抓住。秦穆公用五张黑公羊皮把他赎出来,聘为大夫。宛(yuān):楚国邑名,今河南南阳。
[5] 蹇(jiǎn)叔:百里奚的好友,当时在宋国,经百里奚推荐,被秦穆公迎来秦国任上大夫。宋:即宋国。都城位于今河南商丘。
[6] 来:招徕。邳(pī)豹:晋国大夫邳郑之子,邳郑被杀后投奔秦国,秦穆公任为大夫。公孙支:秦国人,先去了晋国,后返回秦国任大夫。晋:即晋国。都城位于今山西翼城。
[7] 孝公用商鞅之法:见"4.法家"选文《商鞅变法》。
[8] 获楚魏之师:指战胜楚国和魏国的军队。
[9] 举:攻占。
[10] 惠王:即秦惠王,秦孝公之子。张仪:魏国人,秦惠王时任秦相,鼓吹"连横",游说各国诸侯侍奉秦国。
[11] 三川之地:相当于今河南境内黄河以南、灵宝以东地区。三川,郡名,因境内有黄河、雒水、伊水而得名。
[12] 巴、蜀:古国名,位于今四川省。
[13] 上郡:今陕西榆林。
[14] 汉中:今陕西汉中。
[15] 包:吞并。九夷:指楚国西北部少数部族。位于今陕西、湖北、四川三省交界地区。
[16] 鄢(yān):位于今湖北宜城。春秋时楚惠王曾建都于此。郢(yǐng):楚国都城,位于今湖北江陵。
[17] 成皋(gāo):一名"虎牢",位于今河南荥阳。地势险要,是著名的军事要塞。
[18] 膏腴(yú):肥沃。

从①,使之西面事秦,功施到今②;昭王得范雎③,废穰侯④,逐华阳⑤,强公室⑥,杜私门⑦,蚕食诸侯,使秦成帝业:此四君者,皆以客之功。由此观之,客何负于秦哉!向使四君却客而不内⑧,疏士而不用⑨,是使国无富利之实,而秦无强大之名也。

今陛下致昆山之玉⑩,有随和之宝⑪,垂明月之珠⑫,服太阿之剑⑬,乘纤离之马⑭,建翠凤之旗⑮,树灵鼍之鼓⑯;此数宝者,秦不生一焉,而陛下说之⑰,何也?必秦国之所生然后可,则是夜光之璧不饰朝廷,犀象之器不为玩好⑱,郑卫之女不充后宫,而骏良、駃騠不实外厩⑲,江南金锡不为用,西蜀丹青不为采⑳。所以饰后宫、充下陈、娱心意、说耳目者㉑,必出于秦然后可,则是宛珠之簪、傅玑之珥、阿缟之衣、锦绣之饰不进于前㉒,而随俗雅化、佳冶窈窕赵女不立于侧也㉓。夫击瓮叩缶、弹筝搏髀而歌呼呜呜快耳者㉔,真秦之声也;郑卫、桑间㉕,《昭》《虞》《武》《象》者㉖,异国之乐也;今弃击瓮叩缶而就郑卫,退弹筝而取《昭》《虞》,若是者何也?快意当前,适观而已矣。今取人则不然,不问可否,不论曲直,非秦者去,为客者逐。然则是所重者在乎色乐珠玉,而所轻者在乎人民也。此非所以跨海内、制诸侯之术也。

臣闻:地广者粟多,国大者人众,兵强则士勇。是以太山不让土壤㉗,故能成其大;

---

① 六国之从:即合纵。韩、魏、燕、赵、齐、楚六国结成联盟,共同抵抗秦国的一种策略。从,同"纵"。
② 施(yì):延续。
③ 昭王:即秦昭襄王,秦惠王之子。范雎(jū):魏国人,入秦为相,对内力主废除外戚专权,对外采取远交近攻策略。
④ 穰(ráng)侯:即魏冉,秦昭襄王之母宣太后的异父弟,多次出任秦相。受封于穰(位于今河南邓县),故称"穰侯"。
⑤ 华阳:即华阳君芈戎,秦昭襄王之母宣太后的异母弟,曾任秦国将军等职,与魏冉同掌国政。受封于华阳(位于今河南新郑),故称"华阳君"。
⑥ 公室:王室。
⑦ 私门:权贵豪门。
⑧ 向使:假如。却:拒绝。内:同"纳"。
⑨ 疏:疏远。
⑩ 致:得到。昆山:即昆仑山,据说产美玉。
⑪ 随和之宝:指随侯珠与和氏璧,战国时的宝物。
⑫ 明月之珠:即夜明珠。
⑬ 太阿(ē):一作"泰阿",古代宝剑。相传为春秋著名工匠欧冶子、干将所铸。
⑭ 纤离:一种骏马。
⑮ 翠凤之旗:用翠羽制成的凤形旗饰。
⑯ 鼍(tuó):即扬子鳄。皮可蒙鼓。
⑰ 说:同"悦"。
⑱ 犀象之器:犀牛角和象牙制成的器具。
⑲ 駃(jué)騠(tí):一种骏马。
⑳ 丹青:颜料。
㉑ 下陈:古代殿堂下陈放礼品、站列婢妾的地方。
㉒ 宛珠:宛地出产的宝珠。傅:同"附"。玑:不圆的珠子。珥(ěr):耳饰。阿(ē)缟(gǎo):东阿出产的细缯。
㉓ 随俗雅化:根据流行的式样打扮自己。佳冶:美丽娇艳。窈窕:美好的样子。
㉔ 瓮(wèng):古人用来盛水的陶器。缶(fǒu):一种口小腹大的陶器。搏:击打。髀(bì):大腿。
㉕ 郑、卫:即郑国和卫国。这里借指春秋末年流行于郑国和卫国的民间音乐。桑间:位于濮水(今河南濮阳境内)之滨,有男女欢聚唱歌的风俗。这里借指桑间的音乐。
㉖ 《昭》《虞》《武》《象》:歌颂尧舜等古代贤君的舞乐。
㉗ 太山:即泰山。让:推辞,拒绝。

河海不择细流①,故能就其深;王者不却众庶②,故能明其德。是以地无四方,民无异国,四时充美③,鬼神降福。此五帝三王之所以无敌也④。今乃弃黔首以资敌国⑤,却宾客以业诸侯⑥,使天下之士退而不敢西向,裹足不入秦。此所谓"藉寇兵而赍盗粮"者也⑦。

夫物不产于秦,可宝者多;士不产于秦,而愿忠者众。今逐客以资敌国,损民以益雠⑧,内自虚而外树怨于诸侯,求国无危,不可得也。

醉翁亭记⑨

[宋]欧阳修

环滁皆山也⑩。其西南诸峰,林壑尤美⑪,望之蔚然而深秀者⑫,琅琊也。山行六七里,渐闻水声潺潺,而泻出于两峰之间者,酿泉也。峰回路转,有亭翼然临于泉上者⑬,醉翁亭也。作亭者谁?山之僧曰"智仙"也。名之者谁?太守自谓也⑭。太守与客来饮于此,饮少辄醉,而年又最高,故自号曰"醉翁"也。醉翁之意不在酒,在乎山水之间也。山水之乐,得之心而寓之酒也。

若夫日出而林霏开⑮,云归而岩穴暝⑯,晦明变化者,山间之朝暮也。野芳发而幽香,佳木秀而繁阴,风霜高洁,水落而石出者,山间之四时也。朝而往,暮而归,四时之景不同,而乐亦无穷也。

至于负者歌于途,行者休于树,前者呼,后者应,伛偻提携⑰,往来而不绝者,滁人游也。临溪而渔,溪深而鱼肥;酿泉为酒,泉香而酒洌;山肴野蔌⑱,杂然而前陈者,太

---

① 择:择除,挑剔。
② 却:拒绝。
③ 充美:丰足美满。
④ 五帝:上古传说中的五位帝王。三王:指夏、商、周三代的开国君主,即夏禹、商汤和周武王。
⑤ 黔(qián)首:百姓。黔,黑色。无爵平民不能服冠,只能以黑巾裹头,故称"黔首"。资:供给。
⑥ 业:成就事业。
⑦ 藉:出借。赍(jī):送给。
⑧ 雠:同"仇"。
⑨ 据《欧阳修诗文集校笺》,[宋]欧阳修著,洪本健校笺,上海:上海古籍出版社,2009年。
⑩ 滁:指滁州。今安徽东部。
⑪ 林壑(hè):树林和山谷。
⑫ 蔚然:草木茂盛的样子。
⑬ 翼然:像鸟张开翅膀的样子。
⑭ 太守:州郡最高行政长官。作者时任滁州知州。
⑮ 林霏:树林中的雾气。开:消散。
⑯ 暝:昏暗。
⑰ 伛(yǔ)偻(lǚ):弯腰曲背的样子。借指老年人。提携:这里指被大人牵着走的小孩。
⑱ 野蔌(sù):野菜。

守宴也。宴酣之乐，非丝非竹，射者中①，弈者胜，觥筹交错②，起坐而喧哗者，众宾欢也。苍颜白发，颓然乎其间者，太守醉也。

已而夕阳在山，人影散乱，太守归而宾客从也。树林阴翳③，鸣声上下，游人去而禽鸟乐也。然而禽鸟知山林之乐，而不知人之乐；人知从太守游而乐，不知太守之乐其乐也。醉能同其乐，醒能述以文者，太守也。太守谓谁？庐陵欧阳修也④。

《陶庵梦忆》三则⑤

[明]张岱

自序

陶庵国破家亡⑥，无所归止，披发入山，骇骇为野人⑦。故旧见之，如毒药猛兽，愕窒不敢与接⑧。作自挽诗，每欲引决⑨，因《石匮书》未成⑩，尚视息人世⑪。然瓶粟屡罄⑫，不能举火。始知首阳二老直头饿死，不食周粟⑬，还是后人妆点语也。饥饿之余，好弄笔墨，因思昔人生长王谢⑭，颇事豪华，今日罹此果报⑮：以笠报颅⑯，以蒉报踵⑰，仇簪履也⑱；以衲报裘⑲，以苎报絺⑳，仇轻暖也㉑；以藿报肉㉒，以粝报粻㉓，仇甘旨也㉔；

---

① 射：这里指投壶，古代宴饮时的一种游戏。把箭往壶里投，投中多的胜，输的罚酒。
② 觥(gōng)：酒杯。筹：指用来计数的筹码。
③ 阴翳(yì)：形容枝叶茂密成阴。翳，遮盖。
④ 庐陵：今江西吉安。欧阳修祖籍。
⑤ 据《陶庵梦忆　西湖梦寻》，[明]张岱著，夏咸淳、程维荣校注，上海：上海古籍出版社，2001年。
⑥ 国破：指明思宗崇祯十七年(1644)明朝覆灭。
⑦ 骇骇：同"骇骇"。令人惊讶的样子。
⑧ 愕窒：惊惶得不敢出气。接：接近，接触。
⑨ 引决：自杀。
⑩ 《石匮书》：张岱所著纪传体明史。
⑪ 视息：只剩下视觉和呼吸。形容苟活。
⑫ 罄(qìng)：空，尽。
⑬ 首阳二老直头饿死，不食周粟：首阳二老，指伯夷、叔齐，商末孤竹君的两个儿子。直头，活生生。周武王伐纣时，二人叩马谏阻。后耻食周粟，采薇而食，饿死于首阳山。
⑭ 王谢：即王导、谢安，东晋两大望族。借指世家大族。
⑮ 罹(lí)：遭受。
⑯ 笠：草帽。
⑰ 蒉(kuì)：草编的筐子。这里指草鞋。踵：脚后跟。
⑱ 仇：报应。
⑲ 衲：用碎布补缀而成的衣服。裘：皮衣。
⑳ 苎(zhù)：麻织品。絺(chī)：细葛布。
㉑ 轻暖：指轻软暖和的衣服。
㉒ 藿：豆叶。
㉓ 粝：糙米。粻(zhāng)：粮食。这里指精细的粮米。
㉔ 甘旨：美味。这里指美味的食物。

以荐报床①,以石报枕,仇温柔也;以绳报枢②,以瓮报牖③,仇爽垲也④;以烟报目,以粪报鼻,仇香艳也;以途报足,以囊报肩,仇舆从也⑤。种种罪案,从种种果报中见之。

鸡鸣枕上⑥,夜气方回⑦。因想余生平,繁华靡丽,过眼皆空。五十年来,总成一梦。今当黍熟黄粱⑧,车旅蚁穴⑨,当作如何消受?遥思往事,忆即书之,持向佛前,一一忏悔。不次岁月⑩,异年谱也;不分门类,别《志林》也⑪。偶拈一则,如游旧径,如见故人。城郭人民⑫,翻用自喜⑬。真所谓痴人前不得说梦矣!

昔有西陵脚夫为人担酒⑭,失足破其瓮,念无所偿,痴坐伫想曰:"得是梦便好!"一寒士乡试中式⑮,方赴鹿鸣宴⑯,恍然犹意非真,自啮其臂曰⑰:"莫是梦否?"一梦耳,惟恐其非梦,又惟恐其是梦,其为痴人则一也。余今大梦将寤⑱,犹事雕虫⑲,又是一番梦呓。因叹慧业文人⑳,名心难化㉑。政如邯郸梦断㉒,漏尽钟鸣㉓,卢生遗表,犹思摹拓二王,以流传后世㉔。则其名根一点㉕,坚固如佛家舍利㉖,劫火猛烈㉗,犹烧之不失也。

---

① 荐:草褥。
② 枢:门轴。
③ 牖:窗户。
④ 爽垲(kǎi):地势高而明亮干燥。这里指明亮干燥的房子。
⑤ 舆从:车轿和随从。
⑥ 鸡鸣枕上:在枕上听见鸡叫。
⑦ 夜气:儒家指人经过一夜静思而产生的清明之气。方:正。回:包围,环绕。
⑧ 黍熟黄粱:和下文"车旅蚁穴"都比喻大梦初醒。见"21.选举"拓展阅读《枕中记》。
⑨ 车旅蚁穴:李公佐《南柯太守传》记载,侠士淳于梦酒醉后于梦中随使者到槐安国,娶公主为妻,任南柯太守,显赫一时。后战败,被遣返回家。醒来见院内槐树下有蚁穴,即梦中槐安国。
⑩ 次:排列。
⑪《志林》:即《东坡志林》,署名苏轼的一部笔记,按内容分类编辑而成。这里泛指分类编排的笔记体著作。
⑫ 城郭人民:即"城郭如故人民非",比喻物是人非。《搜神后记》:"丁令威,本辽东人,学道于灵虚山。后化鹤归辽,集城门华表柱。时有少年,举弓欲射之。鹤乃飞,徘徊空中而言曰:'有鸟有鸟丁令威,去家千年今始归。城郭如故人民非,何不学仙冢垒垒!'遂高上冲天。"
⑬ 翻:反而。用:因此。
⑭ 西陵:位于今浙江萧山。
⑮ 中(zhòng)式:科举考试合格。
⑯ 鹿鸣宴:乡试后州县长官招待考中的举子和考官的宴会,席间唱《诗经·小雅·鹿鸣》之章。
⑰ 啮(niè):咬。
⑱ 寤:醒。
⑲ 雕虫:比喻微不足道的小技艺。这里指写作诗文。
⑳ 慧业文人:指具有文学天赋、与文字结缘的人。慧业,佛教语,指智慧的业缘。
㉑ 名心:求功名之心。
㉒ 政:同"正"。邯郸梦断:《枕中记》故事发生在邯郸(见前注"黍熟黄粱")。明代剧作家汤显祖根据《枕中记》改编的传奇剧本就叫《邯郸记》。
㉓ 漏尽:滴漏里的水流光了。指夜尽。钟鸣:指天明。天明时打钟报晓。
㉔ 卢生遗表,犹思摹拓二王,以流传后世:二王,即王羲之、王献之,东晋书法家。这里借指书法大家。汤显祖《邯郸记》中,卢生临死前留下遗嘱,要把自己模仿钟繇的书法作品留作大唐的"镇世之宝"。
㉕ 名根:好名的根性。
㉖ 舍利:梵语音译,意为"身骨"。指佛陀或高僧大德遗体火化后留下的骸骨颗粒。
㉗ 劫火:佛教指毁天灭地的大火。

湖心亭看雪

崇祯五年十二月①,余住西湖。大雪三日,湖中人鸟声俱绝。是日更定矣②,余挐一小舟③,拥毳衣炉火④,独往湖心亭看雪。雾凇沆砀⑤,天与云与山与水,上下一白。湖上影子,惟长堤一痕、湖心亭一点、与余舟一芥⑥、舟中人两三粒而已。

到亭上,有两人铺毡对坐,一童子烧酒炉正沸。见余,大喜,曰:"湖中焉得更有此人!"拉余同饮。余强饮三大白而别⑦。问其姓氏,是金陵人⑧,客此。及下船,舟子喃喃曰:"莫说相公痴,更有痴似相公者!"

西湖七月半⑨

西湖七月半,一无可看,止可看看七月半之人。看七月半之人,以五类看之:其一,楼船箫鼓,峨冠盛筵⑩,灯火优傒⑪,声光相乱,名为看月而实不见月者,看之;其一,亦船亦楼,名娃闺秀⑫,携及童娈⑬,笑啼杂之,环坐露台,左右盼望,身在月下而实不看月者,看之;其一,亦船亦声歌,名妓闲僧,浅斟低唱⑭,弱管轻丝⑮,竹肉相发⑯,亦在月下,亦看月,而欲人看其看月者,看之;其一,不舟不车,不衫不帻⑰,酒醉饭饱,呼群三五,跻入人丛,昭庆、断桥⑱,嚣呼嘈杂,装假醉,唱无腔曲⑲,月亦看,看月者亦看,不看月者亦看,而实无一看者,看之;其一,小船轻幌⑳,净几暖炉,茶铛旋煮㉑,素瓷静递㉒,好友佳人,邀月同坐,或匿影树下,或逃嚣里湖㉓,看月而人不见其看月之态,亦不作意

---

① 崇祯五年:即公元 1632 年。崇祯,明思宗朱由检的年号。
② 更定:指初更以后。晚上八点左右。定,开始。
③ 挐:同"桡",船桨。这里指划船。
④ 毳(cuì)衣:细毛皮衣。毳,鸟兽的细毛。
⑤ 雾凇:低温时冻结在物体表面的白色冰晶。沆(hàng)砀(dàng):白茫茫的样子。
⑥ 一芥:一粒芥籽。形容微小。
⑦ 大白:大酒杯。
⑧ 金陵:今江苏南京。
⑨ 七月半:即农历七月十五,中元节。
⑩ 峨冠:高冠。借指士大夫。
⑪ 优傒(xī):优伶和仆役。
⑫ 娃:美女。
⑬ 童娈(luán):即"娈童"。被当作女性玩弄的美貌男孩。娈,美好。
⑭ 浅斟:慢慢地喝酒。
⑮ 弱管轻丝:指轻柔的管弦乐。
⑯ 竹肉:指乐器的声音和人的歌声。
⑰ 帻(zé):头巾。
⑱ 昭庆:即昭庆寺,西湖边的一座寺院。和下文中的断桥同为西湖名胜。
⑲ 无腔曲:不成腔调的歌曲。
⑳ 轻幌(huǎng):轻薄的帷幔。
㉑ 茶铛(chēng):煎茶的小炉子。旋:随时,即刻。
㉒ 素瓷:白色瓷器。这里指白瓷茶杯。
㉓ 里湖:西湖的一部分,包括西里湖和北里湖,分别指苏堤以西和孤山、白堤以北的西湖水域。

看月者①,看之。

杭人游湖,已出酉归②,避月如仇。是夕好名,逐队争出,多犒门军酒钱③。轿夫擎燎④,列俟岸上⑤。一入舟,速舟子急放断桥⑥,赶入胜会。以故,二鼓以前⑦,人声鼓吹,如沸如撼,如魇如呓⑧,如聋如哑。大船小船一齐凑岸,一无所见,止见篙击篙、舟触舟、肩摩肩、面看面而已。少刻兴尽,官府席散,皂隶喝道去⑨。轿夫叫船上人,怖以关门。灯笼火把如列星,一一簇拥而去。岸上人亦逐队赶门,渐稀渐薄,顷刻散尽矣。

吾辈始舣舟近岸⑩。断桥石磴始凉⑪,席其上,呼客纵饮。此时,月如镜新磨,山复整妆,湖复颒面⑫。向之浅斟低唱者出,匿影树下者亦出。吾辈往通声气,拉与同坐。韵友来⑬,名妓至,杯箸安⑭,竹肉发。月色苍凉,东方将白,客方散去。吾辈纵舟,酣睡于十里荷花之中,香气拍人,清梦甚惬。

【阅读探究】

中唐时期,韩愈等古文运动家为纠正六朝以来讲求声律、辞藻和排偶的浮华文风,提出"以文明道""文以载道"的观点,认为文章应当说明道理、表达思想(尤其是儒家思想)。换言之,不"载道"的文章就不是好文章。

你认为偏重文辞而不追求内涵的文章能不能算好文章?对文学来说,审美性和思想性哪一个更重要?

【阅读训练】

古文一般没有句读,阅读时要将句子和句中的各成分分隔开,使之便于理解——这个

---

① 作意:故意。
② 巳:即巳时,上午九时至十一时。酉:即酉时,下午五时至七时。
③ 犒(kào):用酒食或财物慰劳。门军:守城门的军士。
④ 擎(qíng):举。燎(liáo):火把。
⑤ 列俟:排队等候。
⑥ 速:催促。放:开船。
⑦ 二鼓:即二更,夜里九点至十一点。古代夜晚用鼓打更。
⑧ 魇(yǎn):梦中惊叫。呓:说梦话。
⑨ 皂隶:官府的差役。
⑩ 舣(yǐ):靠岸。
⑪ 石磴(dèng):石头台阶。
⑫ 颒(huì)面:洗脸。
⑬ 韵友:诗友。
⑭ 箸(zhù):筷子。

过程被称为"断句"。断句是阅读和理解古文的前提。请用现代标点给以下文字断句:

王子猷居山阴夜大雪眠觉开室命酌酒四望皎然因起仿偟咏左思招隐诗忽忆戴安道时戴在剡即便夜乘小船就之经宿方至造门不前而返人问其故王曰吾本乘兴而行兴尽而返何必见戴

【拓展阅读】

《老残游记》自叙①

[清]刘鹗

婴儿堕地,其泣也呱呱;及其老死,家人环绕,其哭也号啕。然则哭泣也者,固人之所以成始成终也。其间人品之高下,以其哭泣之多寡为衡。盖哭泣者,灵性之现象也,有一分灵性即有一分哭泣,而际遇之顺逆不与焉。

马与牛,终岁勤苦,食不过刍秣,与鞭策相终始,可谓辛苦矣;然不知哭泣,灵性缺也。猿猴之为物,跳掷于深林,厌饱乎梨栗,至逸乐也,而善啼;啼者,猿猴之哭泣也。故博物家云:猿猴,动物中性最近人者。以其有灵性也。古诗云:"巴东三峡巫峡长,猿啼三声断人肠。"其感情为何如矣!

灵性生感情,感情生哭泣。哭泣计有两类:一为有力类,一为无力类。痴儿呆女,失果即啼,遗簪亦泣,此为无力类之哭泣;城崩杞妇之哭,竹染湘妃之泪,此有力类之哭泣也。有力类之哭泣又分两种:以哭泣为哭泣者,其力尚弱;不以哭泣为哭泣者,其力甚劲,其行乃弥远也。

《离骚》为屈大夫之哭泣,《庄子》为蒙叟之哭泣,《史记》为太史公之哭泣,《草堂诗集》为杜工部之哭泣;李后主以词哭,八大山人以画哭;王实甫寄哭泣于《西厢》,曹雪芹寄哭泣于《红楼梦》。王之言曰:"别恨离愁,满肺腑难陶泄。除纸笔代喉舌,我千种想思向谁说?"曹之言曰:"满纸荒唐言,一把辛酸泪。都云作者痴,谁解其中意?"名其茶曰"千芳一窟",名其酒曰"万艳同杯"者,千芳一哭,万艳同悲也。

吾人生今之时,有身世之感情,有家国之感情,有社会之感情,有种教之感情。其感情愈深者,其哭泣愈痛,此鸿都百炼生所以有《老残游记》之作也。

棋局已残,吾人将老,欲不哭泣也得乎?吾知海内千芳,人间万艳,必有与吾同哭同悲者焉!

---

① 据《老残游记(第2版)》,[清]刘鹗著,陈翔鹤校,戴鸿森注,北京:人民文学出版社,2006年。

10. 小说

满纸荒唐言，一把辛酸泪。都云作者痴，谁解其中味？
——［清］曹雪芹《红楼梦》

【阅读导语】

　　小说是中国传统文学中萌芽较早而成熟较晚的文学体裁。上古神话传说和先秦诸子寓言促成了小说的孕育，历史散文——尤其是以《史记》为代表的纪传体史书中也包含了许多夸张生动、带有虚构色彩的故事情节。魏晋南北朝时期，出现了以干宝《搜神记》为代表的"志怪"笔记和以刘义庆《世说新语》为代表的"志人"笔记，但其情节、结构简单粗略，距离现代意义上的小说仍有一定距离。

　　唐传奇的出现，标志着中国古代小说真正意义上的成熟。从此以后，文人开始有意识地进行虚构性的故事创作。中唐时期的唐传奇，以爱情为主题的有《任氏传》《莺莺传》《霍小玉传》《李娃传》等；写人生的以《枕中记》和《南柯太守传》最为著名；政治题材的以《长恨歌传》为代表。晚唐则流行叙写豪侠的传奇作品，如《红线传》《虬髯客传》《昆仑奴》《聂隐娘》等。

　　流传于民间、用白话讲述的宋元话本进一步推动了古代小说的发展，题材上以爱情和公案居多。到了明代，文人也加入到话本小说的创作行列中，其题材更加广泛，情节更加曲折，描写更加细腻。代表作品如冯梦龙"三言"中的一部分和凌濛初的"二拍"。

　　明清章回体小说是中国古代小说发展的顶峰。有明代"四大奇书"之称的《三国演义》《水浒传》《西游记》和《金瓶梅》，分别代表了章回小说的四种类型：历史演义小说、英雄传奇小说、神魔小说和世情小说。其中，《金瓶梅》还是我国第一部由文人独立完成的长篇小说。清初蒲松龄创作的文言短篇小说集《聊斋志异》发展了传奇志怪题材的传统写法，尤以花妖狐魅与人的恋爱故事最为精彩。成书于乾隆年间的《儒林外史》则是一部写实主义长篇讽刺小说，深刻揭露了功名富贵对人性的腐蚀。代表了中国古典小说最高成就的《红楼梦》，以宝、黛爱情为线索，讲述了贾氏一族由盛转衰的全过程。艺术上熔现实主义和浪漫主义为一炉，亦真亦幻，令人叹为观止。

聂小倩①

[清]蒲松龄

宁采臣,浙人,性慷爽,廉隅自重②,每对人言:"生平无二色③。"适赴金华④,至北郭,解装兰若⑤。寺中殿塔壮丽,然蓬蒿没人,似绝行踪。东西僧舍,双扉虚掩。惟南一小舍,扃键如新⑥。又顾殿东隅,修竹拱把⑦,阶下有巨池,野藕已花,意甚乐其幽杳。会学使按临⑧,城舍价昂,思便留止,遂散步以待僧归。

日暮,有士人来,启南扉。宁趋为礼,且告以意。士人曰:"此间无房主,仆亦侨居。能甘荒落,旦晚惠教⑨,幸甚!"宁喜,藉藁代床⑩,支板作几,为久客计。是夜,月明高洁,清光似水。二人促膝殿廊,各展姓字。士人自言燕姓,字赤霞。宁疑为赴试诸生,而听其音声,殊不类浙。诘之,自言秦人⑪,语甚朴诚。既而相对词竭,遂拱别归寝⑫。

宁以新居,久不成寐。闻舍北喁喁⑬,如有家口。起,伏北壁石窗下微窥之,见短墙外一小院落,有妇可四十余;又一媪⑭,衣𪗊绯⑮,插蓬沓⑯,鲐背龙钟⑰,偶语月下⑱。

---

① 选自《聊斋志异》。据《全校会注集评聊斋志异(修订本)》,[清]蒲松龄著,任笃行辑校,北京:人民文学出版社,2016年。
② 廉隅:棱角。比喻品行端正。
③ 无二色:指男子不娶妾,无外遇。色,女色。
④ 金华:今浙江金华。
⑤ 兰若:即"阿兰若",梵语音译,意为寺庙。
⑥ 扃(jiōng)键:门栓。
⑦ 拱把:一手满握。
⑧ 学使:即学政,清代掌管教育行政及各省学校生员考课升降等事务的官员。按临:考察巡视。
⑨ 惠教:赐教。
⑩ 藁(gǎo):稻秸。
⑪ 秦:指今陕西中部平原地区,春秋战国时为秦国地界。
⑫ 拱别:拱手作别。
⑬ 喁(yú)喁:形容低语声。
⑭ 媪(ǎo):老妇人。
⑮ 衣𪗊(yuè)绯:穿着褪了色的红衣服。
⑯ 蓬沓:银栉。一种头饰。
⑰ 鲐(tái)背:同"骀背",驼背。一说指老人的背皮上生斑如鲐鱼背,因用以称长寿老人。龙钟:年老体衰,行动不便的样子。
⑱ 偶语:低声交谈。

妇曰："小倩何久不来？"媪云："殆好至矣①。"妇曰："将无向姥姥有怨言否②？"曰："不闻。但意似蹙蹙③。"妇曰："婢子不宜好相识④！"言未已，有一十七八女子来，仿佛艳绝。媪笑曰："背地不言人。我两个正谈道，小妖婢悄来无迹响。幸不訾着短处⑤。"又曰："小娘子端好是画中人⑥！遮莫老身是男子⑦，也被摄魂去。"女曰："姥姥不相誉，更阿谁道好？"妇人、女子又不知何言。宁意其邻人眷口，寝不复听。又许时，始寂无声。

方将睡去，觉有人至寝所，急起审顾，则北院女子也。惊问之，女笑曰："月夜不寐，愿修燕好⑧。"宁正容曰："卿防物议⑨，我畏人言。略一失足，廉耻道丧！"女云："夜无知者。"宁又咄之⑩，女逡巡若复有词⑪。宁叱："速去！不然，当呼南舍生知。"女惧，乃退。至户外复返，以黄金一铤置褥上⑫。宁掇掷庭墀⑬，曰："非义之物，污我囊橐⑭！"女惭，出拾金，自言曰："此汉当是铁石。"

诘旦⑮，有兰溪生携一仆来候试⑯，寓于东厢，至夜暴亡。足心有小孔，如锥刺者，细细有血出。俱莫知故。经宿，一仆死，症亦如之。向晚，燕生归，宁质之⑰，燕以为魅。宁素抗直⑱，颇不在意。宵分，女子复至，谓宁曰："妾阅人多矣，未有刚肠如君者。君诚圣贤，妾不敢欺。倩，姓聂氏，十八夭殂，葬寺侧，辄被妖物威胁，历役贱务。靦颜向人⑲，实非所乐。今寺中无可杀者，恐当以夜叉来⑳。"宁骇，求计。女曰："与燕生同室可免。"问："何不惑燕生？"曰："彼奇人也，不敢近。"问："迷人若何？"曰："狎昵我者㉑，隐以锥刺其足，彼即茫若迷，因摄血以供妖饮。又或以金㉒，非金也，乃罗刹鬼骨㉓，留之能截取人心肝。二者凡以投时好耳。"宁感谢，问戒备之期，答以明宵。临别

---

① 殆：表示推测，相当于"大概"。
② 将无：表示怀疑、推测，相当于"莫非""难道不是"。
③ 蹙(cù)蹙：忧愁不安的样子。
④ 不宜好相识：不能对她太好！
⑤ 訾(zǐ)：说坏话。
⑥ 端好：确实，果真。
⑦ 遮莫：假如。
⑧ 燕好：指男女欢合。
⑨ 物议：舆论非议。
⑩ 咄：呵斥。
⑪ 逡(qūn)巡：徘徊不前。
⑫ 铤：同"锭"。
⑬ 掇(duō)：拾取。庭墀(chí)：屋前台阶。
⑭ 囊橐(tuó)：行囊。
⑮ 诘(jié)旦：第二天早上。
⑯ 兰溪：今浙江兰溪。
⑰ 质：询问。
⑱ 抗直：刚直。抗，同"亢"。
⑲ 靦(tiǎn)颜：厚着脸皮。
⑳ 夜叉：梵语音译，一种行动迅速的恶鬼。
㉑ 狎昵：亲热。
㉒ 或：同"惑"。
㉓ 罗刹：梵语音译，一种食人血肉的恶鬼。

泣曰："妾堕玄海①，求岸不得。郎君义气干云，必能拔生救苦。倘肯囊妾朽骨，归葬安宅，不啻再造②！"宁毅然诺之，因问葬处。曰："但记取白杨之上，有乌巢者是也。"言已出门，纷然而灭。

　　明日，恐燕他出，早诣邀致。辰后具酒馔，留意察燕。既约同宿，辞以性癖耽寂③。宁不听，强携卧具来。燕不得已，移榻从之，嘱曰："仆知足下丈夫，倾风良切④。要有微衷⑤，难以遽白。幸勿翻窥箧袱⑥，违之两俱不利！"宁谨受教，既而各寝。燕以箱箧置窗上，就枕移时，齁如雷吼⑦。宁不能寐。近一更许，窗外隐隐有人影。俄而近窗来窥，目光睒闪⑧。宁惧，方欲呼燕，忽有物裂箧而出，耀若匹练⑨，触折窗上石棂⑩，飙然一射⑪，即遽敛入，宛如电灭。燕觉而起，宁伪睡以觇之⑫。燕捧箧检征，取一物，对月嗅视，白光晶莹，长可二寸，径韭叶许。已而数重包固，仍置破箧中，自语曰："何物老魅，直尔大胆，致坏箧子！"遂复卧。宁大奇之，因起问之，且以所见告。燕曰："既相知爱，何敢深隐？我，剑客也。若非石棂，妖当立毙。虽然，亦伤。"问："所缄何物⑬？"曰："剑也。适嗅之，有妖气。"宁欲观之，慨出相示，荧荧然一小剑也。于是益厚重燕。

　　明日，视窗外，有血迹。遂出寺北，见荒坟累累，果有白杨，乌巢其颠⑭。迨营谋既就⑮，趣装欲归⑯。燕生设祖帐⑰，情义殷渥⑱。以破革囊赠宁，曰："此剑袋也，宝藏可远魑魅。"宁欲从授其术⑲。曰："如君信义刚直，可以为此。然君犹富贵中人，非此道中人也。"宁乃托有妹葬此，发掘女骨，敛以衣衾，赁舟而归。

　　宁斋临野，因营坟葬诸斋外，祭而祝曰："怜卿孤魂，葬近蜗居，歌哭相闻，庶不见凌于雄鬼⑳。一瓯浆水饮㉑，殊不清旨㉒，幸不为嫌！"祝毕而返，后有人呼曰："缓待同

---

① 玄海：即苦海。
② 不啻(chì)：不亚于。
③ 耽寂：爱清静。
④ 倾风：倾慕别人的风采。
⑤ 微衷：不方便说的苦衷。
⑥ 箧(qiè)：小箱子。
⑦ 齁(hōu)：鼻息声。
⑧ 睒(shǎn)闪：形容目光闪烁。
⑨ 匹练：成匹的长幅白绢。
⑩ 棂：窗格。
⑪ 飙(biāo)然：骤然。
⑫ 觇(chān)：偷偷观察。
⑬ 缄(jiān)：封藏。
⑭ 颠：顶部。
⑮ 营谋：谋划，打算。
⑯ 趣(cù)装：迅速收拾行李。趣，同"促"。
⑰ 设祖帐：指饯别。
⑱ 殷渥：悬挚深厚。
⑲ 授：同"受"。
⑳ 雄鬼：强横的鬼。
㉑ 瓯(ōu)：杯。浆水饮：用发酵过的米浆制成的饮品。
㉒ 清旨：清香美味。

行!"回顾,则小倩也,欢喜谢曰:"君信义,十死不足以报!请从归,拜识姑嫜①,媵御无悔②。"审谛之③,肌映流霞,足翘细笋,白昼端相④,娇丽尤绝。遂与俱至斋中,嘱坐少待,先入白母。母愕然。时宁妻久病,母戒勿言,恐所骇惊。言次,女已翩然入,拜伏地下。宁曰:"此小倩也。"母惊顾不遑。女谓母曰:"儿飘然一身,远父母兄弟。蒙公子露覆⑤,泽被发肤。愿执箕帚,以报高义!"母见其绰约可爱⑥,始敢与言,曰:"小娘子惠顾吾儿,老身喜不可已。但生平止此儿,用承祧绪⑦,不敢令有鬼偶。"女曰:"儿实无二心。泉下人既不见信于老母,请以兄事,依高堂,奉晨昏⑧,如何?"母怜其诚,允之。即欲拜嫂,母辞以疾,乃止。女即入厨下,代母尸饔⑨,入房穿榻,似熟居者。

日暮,母畏惧之,辞使归寝,不为设床褥。女窥知母意,即竟去。过斋欲入,却退,徘徊户外,似有所惧。生呼之,女曰:"室有剑气畏人。向道途中不奉见者,良以此故。"宁悟为革囊,取悬他室。女乃入,就烛下坐。移时,殊不一语。久之,问:"夜读否?妾少诵《楞严经》,今强半遗忘⑩。浼求一卷⑪,夜暇就兄正之。"宁诺。又坐,默然。二更向尽,不言去。宁促之,愀然曰⑫:"异域孤魂,殊怯荒墓。"宁曰:"斋中别无床寝,且兄妹亦宜远嫌。"女起,容颦蹙而欲啼⑬,足㑌儴而懒步⑭,从容出门,涉阶而没。宁窃怜之,欲留宿别榻,又惧母嗔。女朝旦朝母,捧匜沃盥⑮,下堂操作,无不曲承母志。黄昏告退,辄过斋头,就烛诵经,觉宁将寝,始惨然去。

先是,宁妻病废,母劬不堪⑯。自得女,逸甚,心德之。日渐稔⑰,亲爱如己出,竟忘其为鬼,不忍晚令去,留与同卧起。女初来未尝食饮,半年渐啜稀饦⑱。母子皆溺爱之,讳言其鬼,人亦不知辨也。无何⑲,宁妻亡,母阴有纳女意,然恐于子不利。女微窥之,乘间告母曰:"居年余,当知儿肝鬲⑳。为不欲祸行人,故从郎君来。区区无他意㉑,

---

① 姑嫜(zhāng):公公婆婆。
② 媵(yìng)御:侍妾。
③ 审谛:仔细看。
④ 端相:即"端详"。
⑤ 露覆:庇护。
⑥ 绰约:形容女子气质优雅、体态柔美。
⑦ 承祧(tiāo)绪:传宗接代。
⑧ 奉晨昏:指侍奉父母。古代礼法规定,子女每天早晚要问候侍奉父母。
⑨ 尸饔(yōng):烹饪饮食。
⑩ 强半:大半。
⑪ 浼(měi):恳托。
⑫ 愀(qiǎo)然:忧戚的样子。
⑬ 颦(pín)蹙(cù):皱起眉头。
⑭ 㑌(kuāng)儴(ráng):同"劻勷",惶恐不安的样子。
⑮ 捧匜(yí)沃盥(guàn):指侍奉梳洗。匜,古代盛水洗手的用具。沃盥,浇水洗手。
⑯ 劬(qú):劳累。
⑰ 稔(rěn):熟悉。
⑱ 稀饦(yǐ):稀粥。
⑲ 无何:不久。
⑳ 肝鬲:指内心。
㉑ 区区:谦辞,自称。

止以公子光明磊落，为天人所钦瞩，实欲依赞三数年①，借博封诰②，以光泉壤③。"母亦知无恶意，但惧不能延宗嗣。女曰："子女惟天所授。郎君注福籍，有亢宗子三④，不以鬼妻而遂夺也。"母信之，与子议。宁喜，因列筵告戚党。或请觌新妇⑤，女慨然华妆出，一堂尽眙⑥，反不疑其鬼，疑为仙。由是，五党诸内眷咸执贽以贺⑦，争拜识之。女善画兰梅，辄以尺幅酬答，得者藏之什袭以为荣⑧。

一日，俯颈窗前，怊怅若失⑨。忽问："革囊何在？"曰："以卿畏之，故缄置他所。"曰："妾受生气已久，当不复畏。宜取挂床头。"宁诘其意。曰："三日来，心怔忡无停息⑩，意金华妖物恨妾远遁，恐旦晚寻及也。"宁果携革囊来。女反复审视，曰："此剑仙将盛人头者也。敝败至此，不知杀人几何许！妾今日视之，肌犹粟慄⑪。"乃悬之。次日，又命移悬户上。夜对烛坐，约宁勿寝。欻有一物，如飞鸟堕。女惊匿夹幕间。宁视之：物如夜叉状，电目血舌，睒闪攫拿而前；至门，却步，逡巡久之；渐近革囊，以爪摘取，似将抓裂。囊忽格然一响，大可合簣⑫，恍惚有鬼物突出半身，揪夜叉入。声遂寂然，囊亦顿缩如故。宁骇诧。女亦出，大喜曰："无恙矣！"共视囊中，清水数斗而已。

后数年，宁果登进士。女举一男⑬，纳妾后又各生一男，皆仕进有声⑭。

【阅读探究】

蒲松龄在为《聊斋志异》所写的序——《聊斋自志》中，曾这样讲述他编写这本志怪故事集的缘由：

  独是子夜荧荧，灯昏欲蕊；萧斋瑟瑟，案冷疑冰。集腋为裘，妄续《幽冥》之录；浮白载笔，仅成《孤愤》之书。寄托如此，亦足悲矣。嗟乎！惊霜寒雀，抱树无温；吊月秋虫，偎阑自热。知我者，其在青林黑塞间乎！

请结合《聂小倩》的故事，谈谈你对这段话的理解。

---

① 依赞：依靠辅佐。
② 封诰：皇帝对官员及其祖先和妻室授予封典的诰命。
③ 泉壤：指阴间。
④ 亢宗子：能光宗耀祖的儿子。亢，庇佑。
⑤ 觌(dí)：相见。
⑥ 眙(chì)：瞪大眼睛看。
⑦ 五党：指高祖、曾祖、祖父、父和自己五辈人。泛指亲戚。贽：见面礼。
⑧ 什袭：层层包裹。
⑨ 怊(chāo)怅：惆怅。
⑩ 怔(zhēng)忡(chōng)：紧张。
⑪ 粟慄：因恐惧而起鸡皮疙瘩。慄，同"栗"。
⑫ 簣(kuì)：盛土的竹器。
⑬ 举：生育。
⑭ 有声：指为官声誉很好。

【阅读训练】

《聂小倩》是《聊斋志异》中流传最广的故事之一,曾多次被改编成影视作品,张国荣和王祖贤主演的电影《倩女幽魂》(1987)堪称其中的经典。除此之外,"四大名著"也都被翻拍过多次。请选择一部你最喜欢的改编自中国古典小说的电影或电视剧,作一次课堂报告,就情节和人物两方面比较原著和影视剧的异同。

【拓展阅读】

谋董贼孟德献刀①

[明]罗贯中

时袁绍在渤海,闻知董卓弄权,乃差人赍密书来见王允。书略曰:

卓贼欺天废主,人不忍言;而公恣其跋扈,如不听闻,岂报国效忠之臣哉?绍今集兵练卒,欲扫清王室,未敢轻动。公若有心,当乘间图之。如有驱使,即当奉命。

王允得书,寻思无计。一日,于侍班阁子内见旧臣俱在,允曰:"今日老夫贱降,晚间敢屈众位到舍小酌。"众官皆曰:"必来祝寿。"当晚王允设宴后堂,公卿皆至。酒行数巡,王允忽然掩面大哭。众官惊问曰:"司徒贵诞,何故发悲?"允曰:"今日并非贱降,因欲与众位一叙,恐董卓见疑,故托言耳。董卓欺主弄权,社稷旦夕难保。想高皇诛秦灭楚,奄有天下;谁想传至今日,乃丧于董卓之手:此吾所以哭也。"于是众官皆哭。坐中一人抚掌大笑曰:"满朝公卿,夜哭到明,明哭到夜,还能哭死董卓否?"允视之,乃骁骑校尉曹操也。允怒曰:"汝祖宗亦食禄汉朝,今不思报国而反笑耶?"操曰:"吾非笑别事,笑众位无一计杀董卓耳。操虽不才,愿即断董卓头,悬之都门,以谢天下。"允避席问曰:"孟德有何高见?"操曰:"近日操屈身以事卓者,实欲乘间图之耳。今卓颇信操,操因得时近卓。闻司徒有七宝刀一口,愿借与操入相府刺杀之,虽死不恨!"允曰:"孟德果有是心,天下幸甚!"遂亲自酌酒奉操。操沥酒设誓,允随取宝刀与之。操藏刀,饮酒毕,即起身辞别众官而去。众官又坐了一回,亦俱散讫。

次日,曹操佩着宝刀,来至相府,问:"丞相何在?"从人云:"在小阁中。"操径入。见董卓坐于床上,吕布侍立于侧。卓曰:"孟德来何迟?"操曰:"马羸行迟耳。"卓顾谓布曰:"吾有西凉进来好马,奉先可亲去拣一骑赐与孟德。"布领令而出。操暗忖曰:"此贼合死!"即

---

① 选自《三国演义》。据《三国演义(第3版)》,[明]罗贯中著,北京:人民文学出版社,1973年。

欲拔刀刺之，惧卓力大，未敢轻动。卓胖大不耐久坐，遂倒身而卧，转面向内。操又思曰："此贼当休矣！"急掣宝刀在手，恰待要刺，不想董卓仰面看衣镜中，照见曹操在背后拔刀，急回身问曰："孟德何为？"时吕布已牵马至阁外。操惶遽，乃持刀跪下曰："操有宝刀一口，献上恩相。"卓接视之，见其刀长尺余，七宝嵌饰，极其锋利，果宝刀也；遂递与吕布收了。操解鞘付布。卓引操出阁看马，操谢曰："愿借试一骑。"卓就教与鞍辔。操牵马出相府，加鞭望东南而去。布对卓曰："适来曹操似有行刺之状，及被喝破，故推献刀。"卓曰："吾亦疑之。"正说话间，适李儒至，卓以其事告之。儒曰："操无妻小在京，只独居寓所。今差人往召，如彼无疑而便来，则是献刀；如推托不来，则必是行刺，便可擒而问也。"卓然其说，即差狱卒四人往唤操。去了良久，回报曰："操不曾回寓，乘马飞出东门。门吏问之，操曰'丞相差我有紧急公事'，纵马而去矣。"儒曰："操贼心虚逃窜，行刺无疑矣。"卓大怒曰："我如此重用，反欲害我！"儒曰："此必有同谋者，待拿住曹操便可知矣。"卓遂令遍行文书，画影图形，捉拿曹操：擒献者，赏千金，封万户侯，窝藏者同罪。

且说曹操逃出城外，飞奔谯郡。路经中牟县，为守关军士所获，擒见县令。操言："我是客商，覆姓皇甫。"县令熟视曹操，沉吟半晌，乃曰："吾前在洛阳求官时，曾认得汝是曹操，如何隐讳！且把来监下，明日解去京师请赏。"把关军士赐以酒食而去。至夜分，县令唤亲随人暗地取出曹操，直至后院中审究；问曰："我闻丞相待汝不薄，何故自取其祸？"操曰："'燕雀安知鸿鹄志哉！'汝既拿住我，便当解去请赏。何必多问！"县令屏退左右，谓操曰："汝休小觑我。我非俗吏，奈未遇其主耳。"操曰："吾祖宗世食汉禄，若不思报国，与禽兽何异？吾屈身事卓者，欲乘间图之，为国除害耳。今事不成，乃天意也！"县令曰："孟德此行，将欲何往？"操曰："吾将归乡里，发矫诏，召天下诸侯兴兵共诛董卓：吾之愿也。"县令闻言，乃亲释其缚，扶之上坐，再拜曰："公真天下忠义之士也！"曹操亦拜，问县令姓名。县令曰："吾姓陈，名宫，字公台。老母妻子，皆在东郡。今感公忠义，愿弃一官，从公而逃。"操甚喜。是夜陈宫收拾盘费，与曹操更衣易服，各背剑一口，乘马投故乡来。

行了三日，至成皋地方，天色向晚。操以鞭指林深处谓宫曰："此间有一人姓吕，名伯奢，是吾父结义弟兄；就往问家中消息，觅一宿，如何？"宫曰："最好。"二人至庄前下马，入见伯奢。奢曰："我闻朝廷遍行文书，捉汝甚急，汝父已避陈留去了。汝如何得至此？"操告以前事，曰："若非陈县令，已粉骨碎身矣。"伯奢拜陈宫曰："小侄若非使君，曹氏灭门矣。使君宽怀安坐，今晚便可下榻草舍。"说罢，即起身入内。良久乃出，谓陈宫曰："老夫家无好酒，容往西村沽一樽来相待。"言讫，匆匆上驴而去。

操与宫坐久，忽闻庄后有磨刀之声。操曰："吕伯奢非吾至亲，此去可疑，当窃听之。"二人潜步入草堂后，但闻人语曰："缚而杀之，何如？"操曰："是矣！今若不先下手，必遭擒获。"遂与宫拔剑直入，不问男女，皆杀之，一连杀死八口。搜至厨下，却见缚一猪欲杀。宫曰："孟德心多，误杀好人矣！"急出庄上马而行。行不到二里，只见伯奢驴鞍前鞒悬酒二瓶，手携果菜而来，叫曰："贤侄与使君何故便去？"操曰："被罪之人，不敢久住。"伯奢曰："吾已分付家人宰一猪相款，贤侄、使君何憎一宿？速请转骑。"操不顾，策马便行。行不数步，忽拔剑复回，叫伯奢曰："此来者何人？"伯奢回头看时，操挥剑砍伯奢于驴下。宫大惊曰："适才误耳，今何为也？"操曰："伯奢到家，见杀死多人，安肯干休？若率众来追，必遭其祸矣。"宫曰："知而故杀，大不义也！"操曰："宁教我负天下人，休教天下人负我。"陈宫默然。

　　当夜,行数里,月明中敲开客店门投宿。喂饱了马,曹操先睡。陈宫寻思:"我将谓曹操是好人,弃官跟他;原来是个狼心之徒!今日留之,必为后患。"便欲拔剑来杀曹操。正是:设心狠毒非良士,操卓原来一路人。

11. 戏曲

> 情不知所起,一往而深,生者可以死,死可以生。
> ——[明]汤显祖《〈牡丹亭〉题记》

【阅读导语】

  戏曲,是中国传统艺术形式之一,它的起源和人类早期的祭祀活动有关。《诗经》里的"颂"、《楚辞》里的"九歌"就是祭神时的唱词。后来由"娱神"发展出"娱人"的歌舞,在表演和唱腔两方面为戏曲的形成提供了准备。经过宋代"杂剧"、金代"院本"和讲唱形式的"诸宫调"在结构、内容以及乐曲上的艺术实践,中国戏曲到元代终于结出了丰硕的果实——元杂剧。

  元杂剧结构上最显著的特色是"四折一楔"(四个情节段落加一个"序幕")和"一人主唱",一般由曲词、宾白(说白)、科介(关于动作、表情或其他方面的舞台提示)三部分组成,角色分为"旦"(女性角色)、"末"(男性角色)、"净"(喜剧性人物)、"杂"(其他角色)四种。元杂剧的内容主要反映民间疾苦、表现英雄人物、描写爱情婚恋等,代表作品如关汉卿的《窦娥冤》、王实甫的《西厢记》、郑光祖的《倩女离魂》。同时兴盛于元代的还有一种与杂剧关系密切的文学样式——散曲。散曲由宋词俗化而来,没有动作和对白,只供清唱吟咏之用,严格来说不属于戏曲。但散曲作为一种文体形式又可以演变为剧曲,从而成为戏曲文学的重要组成部分。

  到了明代,长篇戏曲——传奇发展起来。传奇一般每本 20 余出至 50 余出不等,是宋元南戏的进一步发展,也吸收了元杂剧的特点。但传奇的情节更紧凑,人物刻画更细腻,角色分工更细致。传奇在明中叶到清中叶最为盛行,目前已知的明清两代传奇作者有 700 余人,作品约 2 600 种。汤显祖的《牡丹亭》、洪昇的《长生殿》、孔尚任的《桃花扇》都是其中的杰出代表。

【选文】

〔越调〕天净沙①

秋思

[元]马致远

枯藤老树昏鸦②,小桥流水人家,古道西风瘦马。夕阳西下,断肠人在天涯。

〔黄钟〕人月圆③

山中书事

[元]张可久

兴亡千古繁华梦,诗眼倦天涯④。孔林乔木⑤,吴宫蔓草⑥,楚庙寒鸦⑦。数间茅舍,藏书万卷,投老村家⑧。山中何事?松花酿酒,春水煎茶。

〔双调〕蟾宫曲⑨

春情

[元]徐再思

平生不会相思,才会相思,便害相思。身似浮云,心如飞絮,气若游丝。

---

① 据《马致远散曲校注》,[元]马致远著,刘益国校注,北京:书目文献出版社,1989年。
② 昏鸦:黄昏时归巢的乌鸦。
③ 据《张可久集校注》,[元]张可久著,吕薇芬、杨镰校注,杭州:浙江古籍出版社,2012年。
④ 诗眼:指诗人的洞察力。
⑤ 孔林:孔子及其后裔的家族墓园,位于今山东曲阜。乔木:高大的树木。
⑥ 吴宫:指三国吴主(一说春秋吴王)的宫殿。
⑦ 楚庙:指楚人奉祀祖宗和神明的庙舍。
⑧ 投老:临老。
⑨ 据《甜斋乐府》,[元]徐再思撰,俞忠鑫校注,上海:上海古籍出版社,1991年。

空一缕余香在此,盼千金游子何之?证候来时①,正是何时?灯半昏时,月半明时。

游园②

[明]汤显祖

【绕池游】(旦上③)梦回莺啭,乱煞年光遍④。人立小庭深院。(贴⑤)炷尽沉烟⑥,抛残绣线,恁今春关情似去年⑦?

【乌夜啼】"(旦)晓来望断梅关⑧,宿妆残⑨。(贴)你侧着宜春髻子恰凭阑⑩。(旦)剪不断,理还乱⑪,闷无端。(贴)已分付催花莺燕借春看。"(旦)春香,可曾叫人扫除花径?(贴)分付了。(旦)取镜台衣服来。(贴取镜台衣服上)"云髻罢梳还对镜,罗衣欲换更添香⑫。"镜台衣服在此。

【步步娇】(旦)袅晴丝吹来闲庭院⑬,摇漾春如线。停半晌,整花钿⑭。没揣菱花,偷人半面,迤逗的彩云偏⑮。(行介⑯)步香闺怎便把全身现!(贴)今日穿插的好。

【醉扶归】(旦)你道翠生生出落的裙衫儿茜⑰,艳晶晶花簪八宝填⑱,可知我常一生

---

① 证候:症状。
② 选自《牡丹亭》第十出《惊梦》。据《牡丹亭》,[明]汤显祖著,徐朔方、杨笑梅校注,北京:人民文学出版社,1963年。
③ 旦:中国传统戏曲行当,明清传奇中的女主角,相当于元杂剧里的正旦。
④ 乱煞年光:使人眼花缭乱的春光。煞,表示程度深。
⑤ 贴:即"贴旦",通常指年轻活泼但地位比较卑微的女子。
⑥ 炷:燃烧。沉烟:沉香燃烧散发出的烟。这里借指沉香。
⑦ 恁(nèn):即"怎么",为什么。似:用于比较,表示程度更深。关情:牵动感情。
⑧ 梅关:关隘名,位于赣粤之间的大庾岭。本剧故事发生在庾岭北麓的南安(宋代有南安军,明代设府,属江西省,府治在大庾)。
⑨ 宿妆:隔夜的妆容。
⑩ 宜春髻(jì)子:饰有宜春彩燕的发髻。古代妇女在立春那天,用彩纸剪出燕子的形状戴在头上,并贴"宜春"二字。凭阑:即"凭栏",依靠栏杆。
⑪ 剪不断,理还乱:出自李煜《相见欢》。
⑫ 云髻罢梳还对镜,罗衣欲换更添香:出自薛逢《宫词》。云髻,盘卷如云的发髻。罗衣,丝质的衣服。
⑬ 袅:吹拂,摇曳。晴丝:指空中飘荡的、虫类所吐的游丝,多见于晴朗的春天。
⑭ 花钿(diàn):古代妇女的额饰。这里泛指女性佩戴的、嵌有金花珠宝的首饰。
⑮ 没揣菱花,偷人半面,迤(tuō)逗的彩云偏:没想到镜子偷偷照见了她的脸,害她(难为情得)把头饰都弄歪了。没揣,没料到,不经意。菱花,指镜子。因古时铜镜背面一般饰有菱花。迤逗,亦作"拖逗",勾引,挑逗。彩云,泛指款式漂亮的头饰。
⑯ 介:戏曲术语,南戏、传奇剧本里关于动作、表情、效果等的舞台指示。
⑰ 翠生生:形容色彩鲜明艳丽。出落:显出,表现。茜(qiàn):鲜艳。
⑱ 八宝:泛指各种珍宝。填:镶嵌。

儿爱好是天然①。恰三春好处无人见②。不隄防沉鱼落雁鸟惊喧③,则怕的羞花闭月花愁颤。

（贴）早茶时了,请行。（行介）你看:"画廊金粉半零星④,池馆苍苔一片青。踏草怕泥新绣袜⑤,惜花疼煞小金铃⑥。"（旦）不到园林,怎知春色如许!

【皂罗袍】原来姹紫嫣红开遍,似这般都付与断井颓垣。良辰美景奈何天,赏心乐事谁家院⑦!恁般景致,我老爷和奶奶再不提起。（合）朝飞暮卷⑧,云霞翠轩⑨;雨丝风片,烟波画船——锦屏人忒看的这韶光贱⑩!

（贴）是花都放了,那牡丹还早。

【好姐姐】（旦）遍青山啼红了杜鹃⑪,荼蘼外烟丝醉软⑫。春香呵,牡丹虽好,他春归怎占的先⑬!（贴）成对儿莺燕呵。（合）闲凝眄⑭,生生燕语明如剪⑮,呖呖莺歌溜的圆。

（旦）去罢。（贴）这园子委是观之不足也⑯。（旦）提他怎的?（行介）

【隔尾】观之不足由他缱⑰,便赏遍了十二亭台是枉然⑱。到不如兴尽回家闲过遣⑲。

（作到介）（贴）"开我西阁门,展我东阁床⑳。瓶插映山紫㉑,炉添沉水香㉒。"小姐,你歇息片时,俺瞧老夫人去也。（下）

---

① 爱好:爱美。天然:天性使然。
② 三春好处:比喻自己的青春美貌。
③ 隄防:即"提防"。隄,同"提"。
④ 画廊:有彩饰的长廊。
⑤ 泥:玷污、弄脏。
⑥ 惜花疼煞小金铃:《开元天宝遗事》:"天宝初,宁王日侍,好声乐,风流蕴藉,诸王弗如也。至春时,于后园中纫红丝为绳,密缀金铃,系于花梢之上。每有鸟鹊翔集,则令园吏掣铃索以惊之,盖惜花之故也。诸宫皆效之。"这里是说,因为珍惜花朵,把驱赶鸟雀的小金玲都拉疼了。
⑦ 良辰美景奈何天,赏心乐事谁家院:谢灵运《〈拟魏太子邺中集诗〉序》:"天下良辰、美景、赏心、乐事四者难并。"赏心,愉悦的心情。
⑧ 朝飞暮卷:王勃《滕王阁》:"画栋朝飞南浦云,朱帘暮卷西山雨。"
⑨ 轩:房屋。
⑩ 锦屏人:指幽居深闺之人。锦屏,华丽的屏风,借指女子闺房。忒(tè):太。韶(sháo)光:美好的光景。
⑪ 遍青山啼红了杜鹃:传说古蜀国国君杜宇失国而死,魂魄化为杜鹃鸟,日夜泣血悲啼,其血化作杜鹃花。
⑫ 荼(tú)蘼(mí):落叶小灌木,春末夏初开放。烟丝:即上文"晴丝"。
⑬ 牡丹虽好,他春归怎占的先:牡丹虽然好看,但要等到春天快结束了才开花,怎么可能占先呢?
⑭ 凝眄(miǎn):凝视。
⑮ 燕语:燕子的叫声。
⑯ 观之不足:看不够。
⑰ 缱:牵挂。
⑱ 十二:指数量多。
⑲ 过遣:打发日子。
⑳ 开我西阁门,展我东阁床:《木兰诗》:"开我东阁门,坐我西阁床。"
㉑ 映山紫:映山红(即杜鹃花)的一种。
㉒ 沉水香:沉香的别名。

【阅读探究】

　　传统戏曲本是一种贴近百姓生活的艺术形式，如今却成为很多人望而却步的"高雅艺术"。有人认为民众的艺术修养有待提高，也有人主张戏曲作品应该紧跟时代，主动迎合观众的趣味——2004年，中国台湾著名作家白先勇就根据现代年轻人的审美观，制作推出了"青春版"昆曲《牡丹亭》。

　　你知道自己家乡有哪些地方剧种吗？你看过或听过哪几出？你认为传统戏曲是否还有生命力？

【阅读训练】

　　马致远的《天净沙·秋思》将九种不同景物组成三幅晚秋的画面，凄凉萧瑟之意油然而生。白朴以类似手法创作了四首《天净沙》，分别描摹春、夏、秋、冬四季的景致。更为精妙的是唐代诗人温庭筠的《商山早行》，颔联"鸡声茅店月，人迹板桥霜"两句十字全为名词，组成六个意象、两幅画面，以特定景物的巧妙排列，烘托出游子的羁旅愁思。梅尧臣赞其"状难写之景如在目前，含不尽之意见于言外"。类似的例子还有很多，比如我们熟悉的"杨柳岸，晓风残月"（柳永《雨霖铃》）、"三十功名尘与土，八千里路云和月"（岳飞《满江红·写怀》）、"楼船夜雪瓜洲渡，铁马秋风大散关"（陆游《书愤》）等。这种手法在修辞学中称为"列锦"，即全部用名词或名词性短语，经过选择组合，巧妙地排列在一起，构成生动可感的图像，用以烘托气氛，创造意境，表达情感。

　　试以此方法写两组句子，每组由两到四个句子构成，指出句中的意象和你想表达的情绪或渲染的气氛有何关联。

【拓展阅读】

长亭送别[①]

〔元〕王实甫

　　（夫人、长老上，云）今日送张生赴京，十里长亭安排下筵席。我和长老先行，不见张生、

[①] 选自《西厢记》第四本《草桥店梦莺莺》第三折。据《西厢记》，〔元〕王实甫著，张燕瑾校注，北京：人民文学出版社，1995年。

小姐来到。(旦、末、红同上)(旦云)今日送张生上朝取应,早是离人伤感,况值那暮秋天气,好烦恼人也呵!悲欢聚散一杯酒,南北东西万里程。

【正宫】【端正好】碧云天,黄花地,西风紧,北雁南飞。晓来谁染霜林醉?总是离人泪。

【滚绣球】恨相见得迟,怨归去得疾。柳丝长玉骢难系,恨不倩疏林挂住斜晖。马儿迍迍的行,车儿快快的随。却告了相思回避,破题儿又早别离。听得一声"去也",松了金钏;遥望见十里长亭,减了玉肌。此恨谁知!

(红云)姐姐今日怎么不打扮?(旦云)你那知我的心里呵!

【叨叨令】见安排着车儿、马儿,不由人熬熬煎煎的气;有甚么心情花儿、靥儿,打扮的娇娇滴滴的媚;准备着被儿、枕儿,则索昏昏沉沉的睡;从今后衫儿、袖儿,都揾做重重叠叠的泪。兀的不闷杀人也么哥!兀的不闷杀人也么哥!久已后书儿、信儿,索与我恓恓惶惶的寄。

(做到见夫人科)(夫人云)张生和长老坐,小姐这壁坐,红娘将酒来。张生,你向前来,是自家亲眷,不要回避。俺今日将莺莺与你,到京师休辱末了俺孩儿,挣揣一个状元回来者。(末云)小生托夫人余荫,凭着胸中之才,视官如拾芥耳。(洁云)夫人主见不差,张生不是落后的人。(把酒了,坐)(旦长吁科)

【脱布衫】下西风黄叶纷飞,染寒烟衰草萋迷。酒席上斜签着坐的,蹙愁眉死临侵地。

【小梁州】我见他阁泪汪汪不敢垂,恐怕人知;猛然见了把头低,长吁气,推整素罗衣。

【幺篇】虽然久后成佳配,奈时间怎不悲啼!意似痴,心如醉,昨宵今日,清减了小腰围。

(夫人云)小姐把盏者!(红递酒,旦把盏长吁科,云)请吃酒。

【上小楼】合欢未已,离愁相继。想着俺前暮私情,昨夜成亲,今日别离。我谂知这几日相思滋味,却元来此别离情更增十倍!

【幺篇】年少呵轻远别,情薄呵易弃掷。全不想腿儿相挨,脸儿相偎,手儿相携。你与俺崔相国做女婿,妻荣夫贵,但得一个并头莲,煞强如状元及第。

(夫人云)红娘把盏者。(红把酒科)(旦唱)

【满庭芳】供食太急,须臾对面,顷刻别离。若不是酒席间子母每当回避,有心待与他举案齐眉。虽然是厮守得一时半刻,也合着俺夫妻每共桌而食。眼底空留意,寻思起就里,险化做望夫石。

(红云)姐姐不曾吃早饭,饮一口儿汤水。(旦云)红娘,甚么汤水咽得下?

【快活三】将来的酒共食,尝着似土和泥;假若便是土和泥,也有些土气息、泥滋味。

【朝天子】暖溶溶玉醅,白泠泠似水,多半是相思泪。眼面前茶饭怕不待要吃,恨塞满愁肠胃。蜗角虚名,蝇头微利,拆鸳鸯在两下里。一个这壁,一个那壁,一递一声长吁气。

(夫人云)辆起车儿,俺先回去,小姐随后和红娘来。(下)(末辞洁科)(洁云)此一行别无话儿,贫僧准备买登科录看,做亲的茶饭少不得贫僧的。先生在意,鞍马上保重者!从今经忏无心礼,专听春雷第一声。(下)(旦唱)

【四边静】霎时间杯盘狼藉,车儿投东,马儿向西。两意徘徊,落日山横翠。知他今宵宿在那里?有梦也难寻觅。

(旦云)张生,此一行得官不得官,疾便回来。(末云)小生这一去,白夺一个状元,正是:青霄有路终须到,金榜无名誓不归!(旦云)君行别无所赠,口占一绝,为君送行:弃掷今何在?当时且自亲。还将旧来意,怜取眼前人!(末云)小姐之意差矣,张珙更敢怜谁?谨赓一绝,以剖寸心:人生长远别,孰与最关亲?不遇知音者,谁怜长叹人!(旦唱)

【耍孩儿】淋漓襟袖啼红泪,比司马青衫更湿。伯劳东去燕西飞,未登程先问归期。虽然眼底人千里,且尽生前酒一杯。未饮心先醉,眼中流血,心内成灰。

【五煞】到京师服水土,趁程途节饮食,顺时自保揣身体。荒村雨露宜眠早,野店风霜要起迟。鞍马秋风里,最难调护,最要扶持!

【四煞】这忧愁诉与谁?相思只自知,老天不管人憔悴。泪添九曲黄河溢,恨压三峰华岳低。到晚来闷把西楼倚,见了些夕阳古道,衰柳长堤。

【三煞】笑吟吟一处来,哭啼啼独自归。归家若到罗帏里,昨宵个绣衾香暖留春住,今夜个翠被生寒有梦知。留恋你别无意,见据鞍上马,阁不住泪眼愁眉。

(末云)有甚言语嘱付小生咱?(旦唱)

【二煞】你休忧文齐福不齐,我只怕你停妻再娶妻。休要一春鱼雁无消息,我这里青鸾有信频须寄,你却休金榜无名誓不归。此一节君须记:若见了那异乡花草,再休似此处栖迟!

(末云)再谁似小姐,小生又生此念?(旦唱)

【一煞】青山隔送行,疏林不做美,淡烟暮霭相遮蔽。夕阳古道无人语,禾黍秋风听马嘶。我为甚么懒上车儿内!来时甚急,去后何迟!

(红云)夫人去好一会,姐姐,咱家去!(旦唱)

【收尾】四围山色中,一鞭残照里。遍人间烦恼填胸臆,量这些大小车儿如何载得起?

(旦、红下)(末云)仆童,赶早行一程儿,早寻个宿处。泪随流水急,愁逐野云飞。(下)

12. 音乐

此曲只应天上有,人间能得几回闻?
——[唐]杜甫《赠花卿》

【阅读导语】

儒家认为,音乐不仅是一种具有审美价值的艺术,它的流行还与社会的政教得失密切相关。《礼记·乐记》就说"治世之音安以乐""乱世之音怨以怒""亡国之音哀以思",音乐的风格被认为反映了社会的现实状况。孔子在齐国听到歌颂古代帝王德行的《韶》乐后,甚至"三月不知肉味",盛赞其"尽美矣,又尽善也"。可见打动孔子的不只是音乐本身的旋律,更重要的是其中包含的政治意味。到了崇尚个性解放、反对礼教束缚的魏晋时期,出现了像嵇康的《声无哀乐论》那样独树一帜的音乐理论,旨在打破以《乐记》为代表的儒家音乐审美观念的控制,为所谓的"郑卫之音"和"亡国之音"争取合法地位。

中国古代音乐的理论基础是五声音阶,即"宫""商""角""徵""羽",加上"变徵"和"变宫",相当于现代简谱中的"1"到"7"。古代乐器主要有埙、缶、筑、排箫、箜篌、筝、古琴、瑟等。汉唐时期,中外交流频繁,笛子、筚篥、琵琶、胡琴等印度和伊斯兰世界的乐器大量流入,并被中国人改良发展,逐渐替代了许多本土乐器。比较著名的中国古代乐曲有《广陵散》《高山流水》《梅花三弄》等。

【选文】

《列子·汤问》三则①

师文学琴

　　瓠巴鼓琴而鸟舞鱼跃②,郑师文闻之③,弃家从师襄游④。柱指钧弦⑤,三年不成章。师襄曰:"子可以归矣。"师文舍其琴,叹曰:"文非弦之不能钧,非章之不能成。文所存者不在弦,所志者不在声。内不得于心,外不应于器,故不敢发手而动弦。且小假之⑥,以观其后。"

　　无几何⑦,复见师襄。师襄曰:"子之琴何如?"师文曰:"得之矣。请尝试之。"于是,当春而叩商弦以召南吕⑧,凉风忽至,草木成实;及秋而叩角弦以激夹钟⑨,温风徐回,草木发荣;当夏而叩羽弦以召黄钟⑩,霜雪交下,川池暴沍⑪;及冬而叩徵弦以激蕤宾⑫,阳光炽烈,坚冰立散;将终,命宫而总四弦⑬,则景风翔⑭,庆云浮,甘露降,澧泉涌⑮。

　　师襄乃抚心高蹈曰⑯:"微矣⑰,子之弹也!虽师旷之清角⑱,邹衍之吹律⑲,亡以加

---

① 选自《列子·汤问(第2版)》。据《列子集释》,杨伯峻撰,北京:中华书局,2013年。标题为编者所拟。
② 瓠(páo)巴:传说中擅长鼓琴的乐人。
③ 师文:春秋时郑国乐师。
④ 师襄:春秋时鲁国乐师,善弹琴、击磬。孔子曾跟他学琴。
⑤ 柱指钧弦:即按指调弦。钧,同"均",调和。
⑥ 小:通"少",稍微。假:宽容。
⑦ 无几何:没过多久。
⑧ 商:五音之一,相当于简谱中的"2",对应五行中的金、五季中的秋。南吕:十二律之一,对应农历八月。中国古代将一个八度分为十二个不完全相等的半音,称为"十二律",分别与十二个月相配。
⑨ 角:五音之一,相当于简谱中的"3",对应五行中的木、五季中的春。夹钟:十二律之一,对应农历二月。
⑩ 羽:五音之一,相当于简谱中的"6",对应五行中的水、五季中的冬。黄钟:十二律之一,对应农历十一月。
⑪ 暴:突然。沍(hù):冻结。
⑫ 徵(zhǐ):五音之一,相当于简谱中的"5",对应五行中的火、五季中的夏。蕤(ruí)宾:十二律之一,对应农历五月。
⑬ 命:动用。宫:五音之一,相当于简谱中的"1",为五音之主,统帅众音。对应五行中的土、五季中的长夏(农历六月夏秋之交。一说指每季最后18天)。
⑭ 景风:祥和之风。
⑮ 澧(lǐ)泉:甘美的泉水。澧,同"醴"。
⑯ 抚心:抚摸胸口。表示感叹。高蹈:感动振奋的样子。
⑰ 微:精妙。
⑱ 师旷之清角:师旷,春秋晋国乐师,善于辨音。清角,清脆的角音。《韩非子·十过》:"平公曰:'清角可得而闻乎?'……师旷不得已而鼓之。一奏而有玄云从西北方起;再奏之,大风至,大雨随之,裂帷幕,破俎豆,隳廊瓦。"
⑲ 邹衍之吹律:邹衍,战国末阴阳家代表人物。吹律,吹奏律管。律,即十二律中属于奇数的六律,为阳声。《艺文类聚》引刘向《别录》:"《方士传》言:邹衍在燕。燕有谷,地美而寒,不生五谷。邹子居之,吹律而温气至,而谷生。今名'黍谷'。"

之。彼将挟琴执管而从子之后耳!"

薛谭学讴

薛谭学讴于秦青①,未穷青之技,自谓尽之,遂辞归。秦青弗止,饯于郊衢②,抚节悲歌③,声振林木,响遏行云④。薛谭乃谢求反⑤,终身不敢言归。

秦青顾谓其友曰:"昔韩娥东之齐⑥,匮粮⑦,过雍门⑧,鬻歌假食⑨。既去,而余音绕梁欐⑩,三日不绝,左右以其人弗去。过逆旅⑪,逆旅人辱之。韩娥因曼声哀哭⑫,一里老幼悲愁,垂泪相对,三日不食。遽而追之⑬,娥还,复为曼声长歌。一里老幼喜跃抃舞⑭,弗能自禁,忘向之悲也,乃厚赂发之⑮。故雍门之人至今善歌哭,放娥之遗声⑯。"

伯牙鼓琴

伯牙善鼓琴,钟子期善听。伯牙鼓琴,志在登高山。钟子期曰:"善哉!峨峨兮若泰山⑰!"志在流水。钟子期曰:"善哉!洋洋兮若江河⑱!"伯牙所念,钟子期必得之。

伯牙游于泰山之阴⑲,卒逢暴雨⑳,止于岩下。心悲,乃援琴而鼓之。初为霖雨之操㉑,更造崩山之音。曲每奏,钟子期辄穷其趣。伯牙乃舍琴而叹曰:"善哉,善哉,子之听夫㉒!志想象犹吾心也。吾于何逃声哉?"

---

① 薛谭、秦青:传说中古代秦国的两名善歌者。讴:唱歌。
② 郊衢(qú):城外的大道。
③ 抚节:打节拍。
④ 遏:阻止。
⑤ 谢:认错。反:同"返"。
⑥ 韩娥:相传为古代韩国的善歌者。
⑦ 匮:缺少。
⑧ 雍门:齐国的城门。
⑨ 鬻(yù):卖。假:借。
⑩ 欐(lì):屋梁。
⑪ 逆旅:旅店。
⑫ 曼声:拉长声音。
⑬ 遽(jù):急忙。
⑭ 抃(biàn)舞:边拍手边跳舞。
⑮ 厚赂:赠送大笔财物。发:送走。
⑯ 放:同"仿"。
⑰ 峨峨:高耸的样子。
⑱ 洋洋:盛大的样子。
⑲ 阴:指北面。
⑳ 卒:同"猝"。
㉑ 霖雨:连绵大雨。操:琴曲。
㉒ 夫:句末语气词,表示感叹。

听颖师弹琴①

[唐]韩愈

昵昵儿女语②,恩怨相尔汝③。划然变轩昂④,勇士赴敌场。浮云柳絮无根蒂,天地阔远随飞扬。喧啾百鸟群⑤,忽见孤凤凰。跻攀分寸不可上⑥,失势一落千丈强。嗟余有两耳,未省听丝篁⑦。自闻颖师弹,起坐在一旁。推手遽止之⑧,湿衣泪滂滂。颖乎尔诚能,无以冰炭置我肠!

李凭箜篌引⑨

[唐]李贺

吴丝蜀桐张高秋⑩,空山凝云颓不流⑪。江娥啼竹素女愁⑫,李凭中国弹箜篌⑬。昆山玉碎凤凰叫⑭,芙蓉泣露香兰笑。十二门前融冷光⑮,二十三丝动紫皇⑯。女娲炼石补天处⑰,石破天惊逗秋雨⑱。梦入神山教神妪⑲,老鱼跳波瘦蛟舞。吴质不眠倚桂树,露脚斜飞湿寒兔⑳。

---

① 据《韩昌黎诗系年集释》,[唐]韩愈著,钱仲联集释,上海:上海古籍出版社,1984年。颖师:唐代天竺僧人,善弹琴。
② 昵(nì)昵:亲热的样子。儿女:青年男女。
③ 尔汝:表示亲昵,相当于"卿卿我我"。
④ 划然:突然。
⑤ 喧啾(jiū):喧闹嘈杂。
⑥ 跻(jī)攀:攀登。
⑦ 省(xǐng):懂得。丝篁:弹拨乐器。这里指琴。
⑧ 遽(jù):急忙。
⑨ 据《李长吉歌诗编年笺注》,[唐]李贺著,吴企明笺注,北京:中华书局,2012年。李凭:唐代著名乐师,善弹箜篌。箜篌:一种弹弦乐器,有卧箜篌、竖箜篌、凤首箜篌等不同类型,今已失传。李凭弹的是竖箜篌,形似竖琴。
⑩ 吴丝蜀桐:用吴地出产的丝作弦,用蜀地出产的桐木作主干。张高秋:在秋高气爽的时节弹奏起来。
⑪ 空山凝云颓不流:参见本单元选文《列子·汤问》三则·薛谭学讴》。
⑫ 江娥啼竹:江娥,即湘娥,湘水女神,舜的妃子娥皇和女英。传说舜死后,娥皇、女英痛哭流涕,泪水洒在湘江边的竹子上,成为斑竹。素女:传说中擅长鼓瑟的神女。
⑬ 中国:国之中央。指都城长安。
⑭ 昆山:即昆仑山,据说产美玉。
⑮ 十二门:长安城东西南北每一面各三门,共十二门。
⑯ 二十三丝:竖箜篌有23根弦。紫皇:道教中至高无上的天神(一说指皇帝)。
⑰ 女娲炼石补天处:传说共工氏怒触不周山,致天柱崩塌,女娲炼成五色石将缺处补好。
⑱ 逗:引。
⑲ 神妪(yù):妪,妇女的统称。《搜神记》卷四:"永嘉中,有神见兖州,自称樊道基;有妪,号成夫人。夫人好音乐,能弹箜篌,闻人弦歌,辄便起舞。"
⑳ 吴质不眠倚桂树,露脚斜飞湿寒兔:吴质,即吴刚。传说月中有吴刚伐桂,玉兔捣药。

琵琶引① (节录)

[唐] 白居易

浔阳江头夜送客②,枫叶荻花秋索索③。主人下马客在船,举酒欲饮无管弦。醉不成欢惨将别,别时茫茫江浸月。忽闻水上琵琶声,主人忘归客不发。寻声暗问弹者谁,琵琶声停欲语迟。移船相近邀相见,添酒回灯重开宴。千呼万唤始出来,犹抱琵琶半遮面。转轴拨弦三两声④,未成曲调先有情。弦弦掩抑声声思,似诉平生不得意。低眉信手续续弹,说尽心中无限事。轻拢慢捻抹复挑⑤,初为《霓裳》后《绿腰》⑥。大弦嘈嘈如急雨⑦,小弦切切如私语⑧。嘈嘈切切错杂弹,大珠小珠落玉盘。间关莺语花底滑⑨,幽咽泉流冰下难⑩。冰泉冷涩弦凝绝,凝绝不通声暂歇。别有幽愁暗恨生,此时无声胜有声。银瓶乍破水浆迸,铁骑突出刀枪鸣⑪。曲终收拨当心画⑫,四弦一声如裂帛。东舟西舫悄无言,唯见江心秋月白。

〔双调〕驻马听 (四首)⑬

[元] 白朴

吹

裂石穿云,玉管宜横清更洁⑭。霜天沙漠,鹧鸪风里欲偏斜。凤凰台上暮云遮⑮,

---

① 据《白居易诗集校注》,谢思炜撰,北京:中华书局,2006年。一作《琵琶行》。
② 浔阳江:长江流经江西九江的一段。因九江古称"浔阳",所以又叫"浔阳江"。
③ 荻(dí)花:水边生长的植物,叶子像芦苇,秋天开紫花。索索:形容风吹草木的声音。
④ 转轴拨弦:指正式弹奏前调弦校音的准备工作。
⑤ 拢、捻、抹、挑:都是弹琵琶的指法。"拢"指扣弦,"捻"指揉弦,顺手下拨为"抹",反手回拨为"挑"。前二者用左手,后二者用右手。
⑥ 《霓裳》:即《霓裳羽衣曲》。本为西域乐舞,唐时传入中原。《绿腰》:唐代流行于京城的曲调,亦作《六幺》。
⑦ 大弦:指琵琶上最粗的弦。嘈嘈:形容声音沉重舒长。
⑧ 小弦:指琵琶上最细的弦。切切:形容声音细碎急切。
⑨ 间关:形容鸟的叫声婉转。
⑩ 幽咽:形容低沉微弱的水流声。
⑪ 铁骑:披着铁甲的战马,借指精锐骑兵。
⑫ 拨:弹琵琶用的拨片。当心画:用拨片在琵琶中部划过四弦,表示一曲结束。
⑬ 据《白朴戏曲集校注》,王文才校注,北京:人民文学出版社,1984年。
⑭ 玉管:笛子的美称。
⑮ 凤凰台:故址位于今江苏南京,六朝宋时所建,相传建造前有凤凰飞来。

梅花惊作黄昏雪。人静也，一声吹落江楼月。

弹

雪调冰弦①，十指纤纤温更柔。林莺山溜②，夜深风雨落弦头。芦花岸上对兰舟③，哀弦恰似愁人消瘦。泪盈眸，江州司马别离后④。

歌

《白雪》《阳春》⑤，一曲西风几断肠。花朝月夜⑥，个中唯有杜韦娘⑦。前声起彻绕危梁⑧，后声并至银河上。韵悠扬，小楼一夜云来往。

舞

凤髻蟠空⑨，袅娜腰肢温更柔⑩。轻移莲步⑪，汉宫飞燕旧风流⑫。谩催鼍鼓品《梁州》⑬，鹧鸪飞起春罗袖⑭。锦缠头⑮，刘郎错认风前柳⑯。

【阅读探究】

清人方扶南曾将韩愈的《听颖师弹琴》、白居易的《琵琶引》和李贺的《李凭箜篌引》并推为"摹写声音之至文"，又说"韩足以惊天，李足以泣鬼，白足以移人"。你是否同意他的

---

① 雪调冰弦：指高雅的曲调。
② 山溜：山间向下倾注的细小水流。
③ 兰舟：舟的美称。
④ 江州司马：指白居易。白居易《琵琶引》："座中泣下谁最多？江州司马青衫湿。"白居易时任江州司马。
⑤ 《白雪》《阳春》：战国时的高雅歌曲。泛指高雅艺术。
⑥ 花朝月夜：即良辰美景。
⑦ 个中：隐语，指妓院。杜韦娘：唐代歌女，借指名妓。
⑧ 绕危梁：危，高。参见本单元选文《〈列子·汤问〉三则·薛谭学讴》。
⑨ 凤髻蟠空：挽成凤形的发髻高高耸起。凤髻，古代妇女的一种发型。蟠，盘曲。
⑩ 袅娜：细长柔美的样子。
⑪ 莲步：女子脚步的美称。《南史·齐纪下》："(废帝东昏侯)又凿金为莲华，以帖地，令潘妃行其上，曰：'此步步生莲华也。'"
⑫ 汉宫飞燕：即赵飞燕，汉成帝的第二任皇后。以美貌著称，体态轻盈，据说能在掌上跳舞。
⑬ 谩催：急催。鼍(tuó)鼓：用鳄鱼皮蒙的鼓。鼍，扬子鳄。《梁州》：即《凉州》，唐代大曲，从西凉传入。
⑭ 春罗：一种丝织品。
⑮ 锦缠头：赐给歌舞艺人的锦缎等财物。
⑯ 刘郎：即刘晨，借指情郎。刘义庆《幽明录》记载，东汉永平年间，刘晨、阮肇入天台山采药迷路，遇二仙女，后被招为夫婿。

评价？你认为这两三首诗在描写音乐方面有什么共同点和差异？

【阅读训练】

中华古乐有"十大名曲"之说，分别是《高山流水》《广陵散》《平沙落雁》《梅花三弄》《十面埋伏》《夕阳箫鼓》《渔樵问答》《胡笳十八拍》《汉宫秋月》和《阳春白雪》。虽然这些曲子的原始乐谱多已失传，今天流传的不少谱本皆为后人伪托，但仍是不可多得的佳作。仔细听这十首曲子，你能分辨出每一首各用了哪些乐器吗？（提示：包括古筝、古琴、笛子、箫、琵琶、二胡等。）

【拓展阅读】

尽美①

[宋]朱长文

琴有四美，一曰良质，二曰善斫，三曰妙指，四曰正心。四美既备，则为天下之善琴，而可以感格幽冥，充被万物，况于人乎？况于己乎？

昔司马子微谓伏羲"以谐八音皆相假合，思一器而备律吕者，遍斫众木，得之于梧桐"。盖圣人之于万物也，亦各辨其材而为之器也。既知其材矣，又当求其良者以待于用，养其小者以致于大。故禹作九州之贡，有峄阳孤桐。而《诗》美周室之盛曰："梧桐生矣，于彼朝阳。"又，卫文公之作宫室也，亦云："树之榛栗，椅桐梓漆，爰伐琴瑟。"是所谓求其良者以待于用，养其小者以致于大也：古之圣贤留神于琴也如此。后之赋琴，言其材者，必取于高山峻谷、回溪绝涧、盘纡隐深、巉岩岖险之地，其气之钟者，至高至清矣；雷霆之所摧击，霰雪之所飘压，羁鸾独鹄之所栖息，鹂黄鸲鹆之所翔鸣，其声之感者，至悲至苦矣；泉石之所磅礴，琅玕之所丛集，祥云瑞霭之所覆被，零露惠风之所长育，其物之助者，至深至厚矣；根盘挐以轮囷，枝纷郁以葳蕤，历千载犹不耀，挺百尺而见枝，其材之成者，至良至大矣。

一日，夔、襄、钟、牙之俦，睨而观之，嘉其可以为琴也。于是命般、倕之徒，斤斧之，绳墨之，锼中襄间，平面去病，按律吕以定徽，合钟石以立度，法象完密，髹采焕华。于是饰以金玉瑰奇之物，张以弦轸玓珥之用，而琴成矣。昔伏羲之"龙吟"、黄帝之"清角"、齐桓公之"号钟"、楚庄王之"绕梁"、相如之"绿绮"、蔡邕之"焦尾"，传于天下久矣；唐相李勉以"响泉""韵磬"闻，白乐天以"玉磬"闻；而世称有雷氏者，有张越者，尤精斫琴，历代宝传，以至

---

① 选自朱长文《琴史》。据《琴史（外十种）》，[宋]朱长文撰，上海：上海古籍出版社，1991年。

于今，非力足而笃好，不能致也。近世斫琴者间有之，然孰能杰然可以绍前人之作者欤？

昔圣人之作琴也，天地万物之声皆在乎其中矣。有天地万物之声，非妙指无以发，故为之参弹复徽，攫援标拂，尽其和以至其变，激之而愈清，味之而无厌。非天下之敏手，孰能尽雅琴之所蕴乎？

当其援琴而鼓之也，其视也必专，其听也必切，其容也必恭，其思也必和。调之不乱，醳之甚愉，不使放声邪气得奸其间；发于心，应于手，而后可与言妙也。是故君子之于琴也，非徒取其声音而已：达，则于以观政焉；穷，则于以守命焉。尧之《神人》、舜之《南风》、武王之《克商》、周公之《越裳》，所以观政也；许由之《箕山》、伯夷之《采薇》、夫子之《猗兰》、王通之《汾亭》，所以守命也。又若子贱以治一邑，邹忌以相一国，彼皆至命也，又有所自得也。

夫丝与梧桐皆至清之物也，而可见人心者，至诚之所动也。是故孔子辨文王之操，子期识伯牙之心者，昭见精微，如亲授于言。故曰："惟乐不可以伪为。"又曰："至诚贯金石；不诚，未有能动者也。"吾于乐，益知诚之不可不明也。夫金石丝桐，无情之物，犹可以诚动；况穹穹而天、冥冥而神，诚之所格，犹影响也。君子慎独，不愧屋漏，可不戒哉！是故黄帝作而鬼神会，后夔成而凤皇至，子野奏而云鹤翔，瓠巴作而流鱼听，师文弹而寒暑变，可谓诚至也。

是故良质而遇善斫，善斫既成而得妙指，妙指既调而资于正心，然后为天下之善琴也。总其能，作《尽美》。

13. 书画

远看山有色，近听水无声。春去花犹在，人来鸟不惊。
——［宋］道川《无题》

【阅读导语】

　　书法，是指用毛笔书写汉字的方法和规律，包括执笔、运笔、点画、结构、布局等内容。中国书法有篆书、隶书、楷书、行书和草书五种主要字体：篆书笔法瘦劲挺拔，直线较多；隶书多呈宽扁状，横画长而竖画短；楷书形体方正，笔画平直；行书是楷书的草化，介于楷书和草书之间；草书结构简省，笔画连绵。东晋的王羲之，唐代的欧阳询、颜真卿、柳公权，北宋的米芾、蔡襄，元代的赵孟頫等，都是历史上的书法名家。

　　中国画与书法关系密切。唐代张彦远《历代名画记·叙画之源流》中说："颉有四目，仰观垂象。因俪鸟龟之迹，遂定书字之形，造化不能藏其秘，故天雨粟；灵怪不能遁其形，故鬼夜哭。是时也，书画同体而未分，象制肇始而犹略。无以传其意，故有书；无以见其形，故有画。"这就是所谓的"书画同源"说。中国画可分为人物、山水、花鸟三大画科，有工笔、写意、勾勒、设色、水墨等技法形式，主要运用线条和墨色的变化来描绘物象。南朝谢赫在《古画品录》中提出的"六法"（气韵生动、骨法用笔、应物象形、随类赋彩、经营位置、传移模写）是后世评鉴画作的重要标准。著名画家有东晋的顾恺之，唐代的吴道子，明代的董其昌、朱耷，清代的石涛等。

送高闲上人序①

[唐]韩愈

  苟可以寓其巧智②,使机应于心③,不挫于气,则神完而守固④,虽外物至,不胶于心⑤。尧舜禹汤治天下,养叔治射⑥,庖丁治牛⑦,师旷治音声⑧,扁鹊治病⑨,僚之于丸⑩,秋之于弈⑪,伯伦之于酒⑫,乐之终身不厌,奚暇外慕?夫外慕徙业者⑬,皆不造其堂⑭,不哜其胾者也⑮。

  往时张旭善草书⑯,不治他伎⑰。喜怒窘穷,忧悲愉佚⑱,怨恨思慕,酣醉、无聊、不平,有动于心,必于草书焉发之。观于物,见山水崖谷、鸟兽虫鱼、草木之花实、日月列星、风雨水火、雷霆霹雳、歌舞战斗;天地事物之变,可喜可愕,一寓于书。故旭之书,变动犹鬼神,不可端倪⑲,以此终其身而名后世。

  今闲之于草书,有旭之心哉?不得其心而逐其迹⑳,未见其能旭也㉑。为旭有道;

---

① 据《韩昌黎文集校注(第2版)》,[唐]韩愈著,马其昶校注,马茂元整理,上海:上海古籍出版社,2014年。高闲:唐宣宗时人,自幼出家,酷爱书法,尤善草书,与张祜、陈陶、韩愈等文人交好。上人,对僧人的尊称。
② 寓其巧智:(在某项事业中)发挥自己的巧智。寓,寄托。
③ 机:事物变化的征兆。
④ 神完而守固:精神饱满,操守坚定。
⑤ 胶:胶着。
⑥ 养叔:即养由基。春秋时楚国人,射箭技术高超,能百步穿杨。
⑦ 庖(páo)丁:战国时人,擅长分解牛的肢体。庖,厨师。
⑧ 师旷:见"12. 音乐"选文《〈列子·汤问〉三则·师文学琴》注释"师旷之清角"。
⑨ 扁鹊:本名秦越人,战国名医。
⑩ 僚:即熊宜僚,春秋时楚国人,擅长抛接弹丸。
⑪ 秋:即弈秋,春秋时鲁国人,围棋高手。弈(yì):下棋。
⑫ 伯伦:即刘伶,字伯伦,魏晋名士,嗜酒如命,有《酒德颂》。
⑬ 徙(xǐ)业:改变本业。
⑭ 造其堂:进入厅堂。即入门。《论语·先进》:"子曰:'由也,升堂矣,未入于室也。'"
⑮ 哜(jì)其胾(zì):尝到肉味。比喻学问技艺入门。哜,小口品尝。胾,大块肉。
⑯ 张旭:唐代书法家,尤善草书,有"草圣"之称。
⑰ 伎(jì):同"技"。
⑱ 愉佚:快乐。
⑲ 端倪:事情的头绪。引申为窥测、捉摸。
⑳ 迹:行迹。
㉑ 能旭:指成为张旭那样的书法家。

利害必明，无遗锱铢①，情炎于中②，利欲斗进③，有得有丧，勃然不释④，然后一决于书⑤，而后旭可几也⑥。今闲师浮屠氏⑦，一死生⑧，解外胶⑨。是其为心，必泊然无所起⑩；其于世，必淡然无所嗜。泊与淡相遭，颓堕委靡，溃败不可收拾，则其于书，得无象之然乎⑪？然吾闻浮屠人善幻，多技能；闲如通其术，则吾不能知矣。

文与可画《筼筜谷偃竹》记⑫

[宋]苏轼

竹之始生，一寸之萌耳，而节叶具焉。自蜩腹蛇蚹以至于剑拔十寻者⑬，生而有之也；今画者乃节节而为之，叶叶而累之，岂复有竹乎？故画竹必先得成竹于胸中，执笔熟视，乃见其所欲画者，急起从之，振笔直遂以追其所见⑭，如兔起鹘落⑮，少纵则逝矣⑯。与可之教予如此。予不能然也，而心识其所以然。夫既心识其所以然而不能然者，内外不一，心手不相应，不学之过也。故凡有见于中而操之不熟者⑰，平居自视了然⑱，而临事忽焉丧之，岂独竹乎？子由为《墨竹赋》以遗与可⑲，曰："庖丁，解牛者也，

---

① 锱(zī)铢(zhū)：指数量极少。四分之一两为锱，二十四分之一两为铢。
② 炎：燃烧。中：内心。
③ 利欲斗进：各种利益和欲望竞相缠斗。
④ 勃然：情绪激烈的样子。
⑤ 决：发泄。
⑥ 几：接近，达到。
⑦ 师：学。浮屠氏：即佛陀。
⑧ 一死生：把生和死看成一回事。
⑨ 解外胶：解除外物的胶着。
⑩ 泊然：平静的样子。起：触动。
⑪ 得无象之然乎：还能不能像他(指张旭)一样呢？得无，表示推测的疑问语气词。象，同"像"。
⑫ 据《苏轼文集》，孔凡礼点校，北京：中华书局，1986年。本文是苏轼为好友兼表兄文与可《筼筜谷偃竹》画卷所写的一篇题画记。文与可：即文同，字与可，号笑笑居士、笑笑先生，人称石室先生，北宋画家、诗人。筼(yún)筜(dāng)谷：位于今陕西洋县。筼筜，一种皮薄、节长而竿高的竹子。偃(yǎn)竹：斜生的竹。
⑬ 蜩(tiáo)腹蛇蚹：蝉的腹部和蛇的鳞片。比喻微小的事物。蚹，蛇腹下的横鳞。寻：古代长度单位。一寻等于八尺。
⑭ 遂：完成。
⑮ 兔起鹘(hú)落：兔子刚跳起来，鹘就飞扑下去。比喻动作迅捷流畅。鹘，猎鹰一类的猛禽。
⑯ 少：稍微。
⑰ 中：内心。
⑱ 平居：平时。
⑲ 子由：即苏辙，字子由，苏轼的弟弟。遗(wèi)：给，送。

而养生者取之①；轮扁，斫轮者也，而读书者与之②。今夫夫子之托于斯竹也，而予以为有道者，则非邪？"子由未尝画也，故得其意而已；若予者，岂独得其意，并得其法？

与可画竹，初不自贵重。四方之人持缣素而请者③，足相蹑于其门④。与可厌之，投诸地而骂曰："吾将以为袜材！"士大夫传之，以为口实。及与可自洋州还⑤，而余为徐州⑥。与可以书遗余曰："近语士大夫，吾墨竹一派近在彭城⑦，可往求之。袜材当萃于子矣⑧！"书尾复写一诗，其略云："拟将一段鹅溪绢⑨，扫取寒梢万尺长⑩。"予谓与可："竹长万尺，当用绢二百五十匹。知公倦于笔砚，愿得此绢而已。"与可无以答，则曰："吾言妄矣！世岂有万尺竹哉？"余因而实之⑪，答其诗曰："世间亦有千寻竹，月落庭空影许长。"与可笑曰："苏子辩则辩矣，然二百五十匹，吾将买田而归老焉。"因以所画《筼筜谷偃竹》遗予，曰："此竹数尺耳，而有万尺之势。"筼筜谷在洋州，与可尝令予作《洋州三十咏》，《筼筜谷》其一也。予诗云："汉川修竹贱如蓬⑫，斤斧何曾赦箨龙⑬？料得清贫馋太守，渭滨千亩在胸中⑭。"与可是日与其妻游谷中，烧笋晚食，发函得诗，失笑喷饭满案。

元丰二年正月二十日⑮，与可没于陈州⑯。是岁七月七日，予在湖州曝书画⑰，见此竹，废卷而哭失声。昔曹孟德《祭桥公文》有"车过""腹痛"之语⑱，而予亦载与可畴昔戏笑之言者⑲，以见与可于予亲厚无间如此也。

---

① 庖丁，解牛者也，而养生者取之：庖丁，是宰牛的，（他讲的道理）却被养生的人采纳。庖丁，见本单元选文《送高闲上人序》注释"庖丁"。《庄子·养生主》记载，庖丁洞悉牛的骨骼肌理，运刀自如，十九年肢解了数千头牛，刀刃还和新磨的一样。文惠君听到后说："善哉！吾闻庖丁之言，得养生焉。"

② 轮扁，斫(zhuó)轮者也，而读书者与之：轮扁，是造车轮的，（他的经验）却得到读书人的认可。轮扁，春秋时齐国制造车轮的工人。斫，砍削。《庄子·天道》记载，轮扁曾说齐桓公读的书都是古人留下的糟粕，因为学问和造车轮的原理一样，都是"口不能言，有数存焉于其间"。既然古人已死，不可言传的学问也就跟着一起消亡了。

③ 缣素：细绢。可供书画。

④ 蹑：踩，踏。

⑤ 洋州：今陕西洋县。

⑥ 徐州：今江苏徐州。

⑦ 彭城：徐州的古称。

⑧ 萃：聚集。

⑨ 鹅溪：位于今四川盐亭。产名绢，宋人多用以作书画材料。

⑩ 寒梢：指竹子。

⑪ 实：补充。

⑫ 汉川：指汉水流域。蓬：蓬蒿。

⑬ 斤斧：斧头。箨(tuò)龙：竹笋的别名。

⑭ 渭：指渭水。黄河主要支流之一，流经陕西。滨：水边陆地。

⑮ 元丰二年：即1079年。元丰，北宋神宗赵顼的年号。

⑯ 陈州：今河南淮阳。

⑰ 湖州：今浙江吴兴。苏轼时任湖州知州。

⑱ 昔曹孟德《祭桥公文》有"车过""腹痛"之语：曹孟德，即曹操，字孟德，东汉末年政治家、文学家。桥公，指桥玄，东汉名臣，灵帝时任太尉。建安七年(202)，曹操率军路过桥玄墓时写了一篇祭文，文中说："承从容约誓之言：'殂逝之后，路有经由，不以斗酒只鸡过相沃酹，车过三步，腹痛勿怪！'虽临时戏笑之言，非至亲之笃好，胡肯为此辞乎？"

⑲ 畴昔：从前。

八大山人传①

[清]陈鼎

八大山人,明宁藩宗室②,号人屋;人屋者,广厦万间之意也③。性孤介④,颖异绝伦。八岁即能诗,善书法,工篆刻,犹精绘事。尝写菡萏一枝⑤,半开池中,败叶离披⑥,横斜水面,生意勃然。张堂中,如清风徐来,香气常满室。又画龙,丈幅间蜿蜒升降⑦,欲飞欲动。若使叶公见之⑧,亦必大叫惊走也。善诙谐,喜议论,娓娓不倦,常倾倒四座。父某,亦工书画,名噪江右⑨,然喑哑不能言⑩。

甲申国亡⑪,父随卒。人屋承父志,亦喑哑。左右承事者皆语以目⑫,合则颔之⑬,否则摇头。对宾客寒暄以手,听人言古今事,心会处则哑然笑。如是十余年,遂弃家为僧,自号曰"雪个"。未几病颠⑭,初则伏地呜咽,已而仰天大笑。笑已,忽跿跔踊跃⑮,叫号痛哭,或鼓腹高歌,或混舞于市。一日之间,颠态百出。市人恶其扰,醉之酒,则颠止。岁余,病间⑯,更号曰"个山"。既而自摩其顶曰:"吾为僧矣,何可以不驴名?"遂更号曰"个山驴"。数年,妻子俱死。或谓之曰:"斩先人祀⑰,非所以为人后也。子无畏乎?"个山驴遂慨然蓄发,谋妻子,号"八大山人"。其言曰:"八大者,四方四隅皆我为大⑱,而无大于我也。"

山人既嗜酒,无他好。人爱其笔墨,多置酒招之,预设墨汁数升、纸若干幅于座右。醉后见之,则欣然泼墨广幅间,或洒以敝帚⑲,涂以败冠,盈纸肮脏,不可以目。然

---

① 选自《虞初新志》。据《虞初新志》,[清]张潮辑,王根林校点,上海:上海古籍出版社,2012年。八大山人:即朱耷,明末清初画家、书法家,江西南昌人,晚年自号"八大山人"。
② 明宁藩宗室:宁藩,即宁献王朱权,明太祖朱元璋第十七子。朱耷是朱权的九世孙。
③ 广厦万间:杜甫《茅屋为秋风所破歌》:"安得广厦千万间,大庇天下寒士俱欢颜!"
④ 孤介:耿直方正,不随流俗。
⑤ 写:画。菡(hàn)萏(dàn):荷花的别称。
⑥ 离披:衰残凋敝。
⑦ 丈幅:一丈宽的纸。
⑧ 叶公:刘向《新序·杂事》:"叶公子高好龙,钩以写龙,凿以写龙,屋室雕文以写龙。于是天龙闻而下之,窥头于牖,施尾于堂。"
⑨ 名噪:名声响亮。江右:江西。
⑩ 喑(yīn)哑:沉默不语。
⑪ 甲申国亡:甲申,即明思宗崇祯十七年(1644)。参见"9.散文"选文《〈陶庵梦忆〉三则·自序》注释"国破"条。
⑫ 承事:奉命办事。
⑬ 颔(hàn):点头。
⑭ 颠:同"癫"。
⑮ 跿(tú)跔(jū):跳跃。
⑯ 病间(jiàn):病情好转。
⑰ 斩先人祀:断绝先人的香火(即没有子嗣)。
⑱ 四方:指东、南、西、北。四隅:即四角,指东南、东北、西南、西北。
⑲ 敝帚:破烂的扫帚。

后捉笔渲染①,或成山林,或成丘壑。花鸟竹石,无不入妙。如爱书,则攘臂搦管②,狂叫大呼,洋洋洒洒,数十幅立就。醒时,欲求其片纸只字不可得,虽陈黄金白镒于前③,勿顾也。其颠如此。

外史氏曰:山人果颠也乎哉?何其笔墨雄豪也?余尝阅山人诗画,大有唐宋人气魄。至于书法,则胎骨于晋魏矣。问其乡人,皆曰得之醉后。呜呼!其醉可及也,其颠不可及也!

【阅读探究】

汉字是迄今为止世界范围内持续使用时间最长的文字,也是上古时期各大文字体系中唯一传承至今的文字。商代的甲骨文是我们目前能见到的最早的成熟汉字。传说仓颉造字,"天雨粟,鬼夜哭"(《淮南子·本经训》)。你认为文字的创制对于一个文明有着怎样的意义?请举例说明。

【阅读训练】

颜色是绘画中不可缺少的元素,中国古代对颜色的命名颇为雅致。借助工具书,了解以下色彩名的含义:

玄 赭 黛 茜 缟 水色 霜色 妃色 缃色 酡红 靛青 艾绿 秋香色

【拓展阅读】

吴道玄④

[唐]朱景玄

吴道玄,字道子,东京阳翟人也。少孤贫,天授之性,年未弱冠,穷丹青之妙。浪迹东

---

① 渲染:画中国画的一种技法,用水墨或淡彩涂染画面,以烘染物象。
② 攘臂:捋起衣袖,伸出胳膊。搦(nuò)管:握笔。
③ 白镒(yì):白银。镒,古代重量单位,二十两(一说二十四两)为一镒。
④ 选自朱景玄《唐朝名画录》。据《唐朝名画录校注》,[唐]朱景玄著,吴企明校注,合肥:黄山书社,2016年。

洛,时明皇知其名,召入内供奉。开元中,驾幸东洛,吴生与裴旻将军、张旭长史相遇,各陈其能。时将军裴旻厚以金帛召致道子,于东都天宫寺为其所亲将施绘事。道子封还金帛,一无所授,谓旻曰:"闻裴将军旧矣!为舞剑一曲,足以当惠。观其壮气,可助挥毫。"旻因墨缞为道子舞剑。舞毕,奋笔,俄顷而成,有若神助,尤为冠绝。道子亦亲为设色,其画在寺之西庑。又,张旭长史亦书一壁。都邑士庶皆云:"一日之中,获睹三绝。"又画玄元庙五圣千官,宫殿冠冕,势倾云龙,心归造化。故杜员外诗云:"森罗回地轴,妙绝动宫墙。"

又,明皇天宝中忽思蜀道嘉陵江水,遂假吴生驿驷,令往写貌。及回日,帝问其状。奏曰:"臣无粉本,并记在心。"后宣令于大同殿图之。嘉陵江三百余里山水,一日而毕。时有李思训将军,山水擅名,帝亦宣于大同殿图,累月方毕。明皇云:"李思训数月之功,吴道子一日之迹,皆极其妙也!"又画内殿五龙,其鳞甲飞动,每天欲雨,即生烟雾。

吴生常持《金刚经》,自识本身。天宝中,有杨庭光与之齐名,遂潜写吴生真于讲席众人之中,引吴生观之。一见便惊,谓庭光曰:"老夫衰丑,何用图之?"因斯叹服。凡画人物、佛像、神鬼、禽兽、山水、台殿、草木,皆冠绝于世,国朝第一。张怀瓘尝谓道子乃张僧繇之后身,斯言当矣。

又,按《两京耆旧传》云:"寺观之中,图画墙壁凡三百余间,变相人物、奇踪异状无有同者。上都唐兴寺御注《金刚经》院,妙迹为多,兼自题经文。慈恩寺塔前文殊、普贤,西面庑下降魔、盘龙寺壁,及景公寺地狱壁、帝释、梵王、龙神,永寿寺中三门两神,及诸道观寺院,不可胜纪,皆妙绝一时。"

景玄每观吴生画,不以装背为妙,但施笔绝踪,皆磊落逸势。又数处图壁只以墨踪为之,近代莫能加其彩绘。凡图圆光,皆不用尺度规画,一笔而成。景玄元和初应举,住龙兴寺,犹有尹老者年八十余,尝云:"吴生画兴善寺中门内神圆光时,长安市肆老幼士庶竞至,观者如堵。其圆光,立笔挥扫,势若风旋,人皆谓之神助。"又尝闻景云寺老僧传云:"吴生画此寺《地狱变相》时,京都屠沽渔罟之辈见之而惧罪改业者,往往有之,率皆修善。"所画并为后代之人规式也。

第三部分

生活与民俗

SHENG HUO YU MIN SU

14. 家园

"美哉轮焉！美哉奂焉！歌于斯，哭于斯，聚国族于斯。"
——《礼记·檀弓下》

【阅读导语】

人类最初通过采摘果实、狩猎和捕捞获取食物。当聚居地附近的资源耗尽，就要辗转到另一处。后来随着生产力的发展，人们掌握了农耕和畜牧技术，进入相对稳定的定居生活。首先在黄河流域出现了村庄这一居住形态，为了保护村庄内的人口和农业生产，人们又开沟池、筑围墙，形成了城。中国的城市布局和房屋结构在战国前已基本形成，人们在属于自己的土地上生老病死、饮食起居、婚丧嫁娶、交际往来，投入了无数精力、财富和情感。家的强大凝聚力，使中国人养成了安土重迁、留恋故乡的观念。一旦离开祖祖辈辈居住的家园，人们往往会承受巨大的悲痛。西晋灭亡后，南迁的士人便常在江边举目北望，痛哭流涕。

家园，是安身休憩的地方，也是寄托性灵的所在。陶渊明笔下的"桃花源"可以说是人们理想中完美的家园：良田美池，绿树鲜花，没有剥削，也没有压迫。男女老少过着自给自足、自得其乐的生活。然而人们又怎能满足于想象？为了在现实中营造出这样的"世外桃源"，陶渊明采菊东篱，种豆南山，过起了隐逸生活。虽然夙兴夜寐的劳作只换来"草盛豆苗稀"的惨淡局面，诗人却在这里找到了精神归宿，纵浪大化而不喜不惧。唐代的王维也把自己的理想家园建在终南山脚。他在辋川山庄的基础上修成一片天然园林——辋川别业，中年以后便在此过起了半官半隐的生活。根据植物和山川、泉石所形成的景观，王维一一题名赋诗，还画成一幅《辋川图》。在这个远离尘俗的家园里，摩诘居士留下了许多描摹山水、禅意隽永的佳作。

【选文】

桃花源记(并诗)①

[晋]陶渊明

晋太元中②,武陵人捕鱼为业③,缘溪行④,忘路之远近。忽逢桃花林,夹岸数百步,中无杂树,芳华鲜美,落英缤纷⑤。渔人甚异之⑥,复前行,欲穷其林。林尽水源,便得一山,山有小口,仿佛若有光。便舍船,从口入。初极狭,才通人。复行数十步,豁然开朗。土地平旷,屋舍俨然⑦,有良田、美池、桑竹之属。阡陌交通⑧,鸡犬相闻。其中往来种作,男女衣着,悉如外人。黄发垂髫,并怡然自乐⑨。见渔人,乃大惊,问所从来,具答之⑩。便要还家⑪,为设酒杀鸡作食。村中闻有此人,咸来问讯。自云先世避秦时乱,率妻子、邑人来此绝境⑫,不复出焉,遂与外人间隔。问今是何世,乃不知有汉,无论魏晋。此人一一为具言所闻,皆叹惋。余人各复延至其家⑬,皆出酒食。停数日,辞去。此中人语云:"不足为外人道也。"既出,得其船,便扶向路⑭,处处志之⑮。及郡下,诣太守⑯,说如此。太守即遣人随其往,寻向所志,遂迷,不复得路。南阳刘子骥⑰,高尚士也,闻之,欣然规往⑱。未果,寻病终⑲。后遂无问津者⑳。

---

① 据《陶渊明集》,逯钦立校注,北京:中华书局,1979 年。
② 太元:东晋孝武帝年号(376—397)。
③ 武陵:今湖南常德。
④ 缘:沿着。
⑤ 落英:落花。缤纷:繁多而纷乱的样子。
⑥ 异:感到诧异。
⑦ 俨(yǎn)然:整齐的样子。
⑧ 阡陌:指田间小路。南北走向的叫"阡",东西走向的叫"陌"。交通:交错相通。
⑨ 黄发:指老人。古代认为黄发是长寿的象征。垂髫(tiáo):垂下来的头发。借指小孩。
⑩ 具:同"俱"。
⑪ 要:同"邀"。
⑫ 邑人:同乡人。
⑬ 延:邀请。
⑭ 扶:沿,顺。向:先前。
⑮ 志:做标记。
⑯ 诣(yì):到。
⑰ 南阳:今河南南阳。
⑱ 规:计划,打算。
⑲ 寻:随即,不久。
⑳ 问津:打听渡口。引申为探寻。

嬴氏乱天纪①,贤者避其世。黄、绮之商山②,伊人亦云逝③。往迹浸复湮④,来径遂芜废。相命肆农耕⑤,日入从所憩⑥。桑竹垂余荫,菽稷随时艺⑦。春蚕收长丝,秋熟靡王税⑧。荒路暧交通⑨,鸡犬互鸣吠。俎豆犹古法⑩,衣裳无新制。童孺纵行歌⑪,班白欢游诣⑫。草荣识节和⑬,木衰知风厉⑭。虽无纪历志⑮,四时自成岁。怡然有余乐⑯,于何劳智慧⑰?奇踪隐五百⑱,一朝敞神界⑲。淳薄既异源⑳,旋复还幽蔽㉑。借问游方士㉒,焉测尘嚣外㉓?愿言蹑清风㉔,高举寻吾契㉕!

终南别业㉖

[唐]王维

中岁颇好道㉗,晚家南山陲㉘。兴来每独往,胜事空自知㉙。行到水穷处,坐看云起

---

① 嬴(yíng)氏:即秦始皇嬴政。天纪:历算法度。比喻社会秩序。
② 黄、绮:即夏黄公崔广和绮里季吴实。他们和东园公唐秉、甪里先生周术同为秦末博士官,后隐居商山,世称"商山四皓"。这里用黄、绮二人指代"四皓"。
③ 伊人:那(些)人。这里指到桃花源避难的人。云:语助词,无实义。逝:逃离。
④ 往迹:当时的行迹。指出逃时留下的踪迹。浸复湮(yān):逐渐埋没。
⑤ 相命:互相招呼。肆:致力。
⑥ 从:相随。所憩:休息的地方。
⑦ 菽(shū):豆类。稷(jì):谷类。艺:种植。
⑧ 靡:没有。
⑨ 暧(ài):遮蔽。
⑩ 俎(zǔ)豆:指祭祀仪式。俎、豆:古代祭祀时盛食物的礼器。
⑪ 童孺(rú):儿童。
⑫ 班白:指须发花白的老人。班,同"斑"。游诣:游玩。
⑬ 节和:天气转暖。指春天来了。节,节气,时令。和,和顺,缓和。
⑭ 风厉:刮大风。指秋天到了。
⑮ 纪历志:关于岁时的记载。
⑯ 余乐:无穷无尽的欢乐。
⑰ 于何劳智慧:哪里用得着智慧呢?
⑱ 五百:指五百年。
⑲ 敞:打开。神界:神奇的疆域。
⑳ 淳:淳厚。薄:浮薄。这里分别用来形容桃花源和现实社会中的人情世态。
㉑ 旋:立即。幽蔽:幽暗阻绝。
㉒ 游方士:在尘世间云游的人。
㉓ 测:猜度。
㉔ 愿言:但愿,希望。言,语助词,无实义。蹑:踩,踏。
㉕ 高举:高飞。吾契:适合我的处所。契,契合。
㉖ 据《王维集校注》,[唐]王维撰,陈铁民校注,北京:中华书局,1997年。
㉗ 中岁:中年。道:这里指佛教。
㉘ 晚:晚近。家:安家。南山:即终南山,位于陕西省内。陲(chuí):旁边。这里指山脚。
㉙ 胜事:美好的事。

时。偶然值林叟①,谈笑无还期。

山中与裴秀才迪书②

[唐]王维

　　近腊月下,景气和畅,故山殊可过③。足下方温经④,猥不敢相烦⑤,辄便独往山中,憩感配寺⑥,与山僧饭讫而去⑦。比涉玄灞⑧,清月映郭⑨。夜登华子冈⑩,辋水沦涟⑪,与月上下。寒山远火,明灭林外。深巷寒犬,吠声如豹。村墟夜舂⑫,复与疏钟相间⑬。此时独坐,僮仆静默,多思曩昔携手赋诗⑭,步仄径⑮,临清流也。

　　当待春中,草木蔓发⑯,春山可望,轻鲦出水⑰,白鸥矫翼⑱,露湿青皋⑲,麦陇朝雊⑳,斯之不远,傥能从我游乎㉑?非子天机清妙者,岂能以此不急之务相邀?然是中有深趣矣,无忽㉒!因驮黄檗人往㉓。不一㉔。

山中人王维白

---

① 值:遇到。叟(sǒu):老翁。
② 据《王维集校注》,[唐]王维撰,陈铁民校注,北京:中华书局,1997年。裴秀才迪:裴迪,盛唐山水田园诗人,王维好友。
③ 故山:旧居的山,这里指蓝田山。山中有王维的辋川别业。殊:很。过:过访,游览。
④ 温经:温习经书。
⑤ 猥:谦辞,自称,相当于"鄙"。
⑥ 感配寺:一名"感化寺",位于蓝田县城。
⑦ 讫(qì):完。
⑧ 比:等到。涉:渡过。玄灞:青黑色的灞水。玄,黑色,这里指水色深绿发黑。灞,即灞水,出蓝田县蓝田谷,北入渭河。
⑨ 郭:外城墙。
⑩ 华子冈:辋川别业中的一处胜景。
⑪ 辋(wǎng)水:出蓝田南,北入灞水。
⑫ 村墟:村庄。舂(chōng):捣米。这里指捣米的声音。
⑬ 疏钟:稀疏的钟声。
⑭ 曩(nǎng)昔:从前。
⑮ 仄径:狭窄的小路。
⑯ 蔓发:蔓延生长。
⑰ 鲦(tiáo):一种细长的淡水鱼。
⑱ 矫翼:张开翅膀。矫,举。
⑲ 青皋(gāo):青草地。皋,水边高地。
⑳ 雊(gòu):野鸡叫。
㉑ 傥:同"倘",或许。
㉒ 无忽:不可错过。
㉓ 因驮黄檗(bò)人往:托驮黄檗的人去(给你捎信)。黄檗,一种落叶乔木,果实和茎内皮可入药。
㉔ 不一:不一一详述。古人书信结尾的套语。

春夜宴从弟桃花园序①

[唐]李白

夫天地者,万物之逆旅也②;光阴者,百代之过客也。而浮生若梦,为欢几何?古人秉烛夜游③,良有以也④。况阳春召我以烟景,大块假我以文章⑤。会桃花之芳园,序天伦之乐事⑥。群季俊秀⑦,皆为惠连⑧;吾人咏歌⑨,独惭康乐⑩。幽赏未已,高谈转清。开琼筵以坐花⑪,飞羽觞而醉月⑫。不有佳咏,何伸雅怀?如诗不成,罚依金谷酒数⑬。

项脊轩志⑭

[明]归有光

项脊轩,旧南阁子也。室仅方丈,可容一人居。百年老屋,尘泥渗漉⑮,雨泽下注。每移案,顾视无可置者。又北向,不能得日,日过午已昏。余稍为修葺⑯,使不上漏。前辟四窗,垣墙周庭⑰,以当南日。日影反照,室始洞然⑱。又杂植兰桂竹木于庭,旧时

---

① 据《李太白全集》,[唐]李白著,[清]王琦注,北京:中华书局,1977年。从弟:堂弟。
② 逆旅:旅店。
③ 古人秉烛夜游:秉,执。《古诗十九首》其十五:"昼短苦夜长,何不秉烛游?"
④ 良:的确。以:因由,道理。
⑤ 大块:大自然。假:借。这里指提供、赐予。文章:绚丽的文采。
⑥ 序:同"叙"。
⑦ 群季:指弟弟们。
⑧ 惠连:即谢惠连,南朝诗人,以早慧著称。
⑨ 吾人:我。
⑩ 康乐:即谢灵运,南朝刘宋时山水诗人,谢惠连的族兄,袭封康乐公,世称"谢康乐"。
⑪ 琼筵:华美的宴席。
⑫ 羽觞(shāng):一种雀形的酒杯,有头尾,有羽翼。
⑬ 罚依金谷酒数:按照金谷园的规矩罚酒。金谷,即金谷园,晋代富豪石崇在金谷涧(位于今河南洛阳)建造的别墅园林,他常在这里宴请宾客。其《金谷诗序》云:"遂各赋诗,以叙中怀。或不能者,罚酒三斗。"
⑭ 据《震川先生集》,[明]归有光著,周本淳校点,上海:上海古籍出版社,1981年。项脊轩:归有光的远祖归隆道曾居住在太仓县项脊泾,所以作者以此命名自己的书斋。
⑮ 漉:漏。
⑯ 修葺(qì):修补。
⑰ 垣(yuán):砌墙。
⑱ 洞然:明亮的样子。

栏楯亦遂增胜①。借书满架,偃仰啸歌②,冥然兀坐③,万籁有声。而庭阶寂寂,小鸟时来啄食,人至不去。三五之夜④,明月半墙,桂影斑驳,风移影动,珊珊可爱⑤。

然予居于此,多可喜,亦多可悲。先是,庭中通南北为一。迨诸父异爨⑥,内外多置小门,墙往往而是⑦。东犬西吠,客逾庖而宴⑧,鸡栖于厅。庭中始为篱,已为墙,凡再变矣。家有老妪,尝居于此。妪,先大母婢也⑨,乳二世,先妣抚之甚厚⑩。室西连于中闺,先妣尝一至⑪。妪每谓余曰:"某所,而母立于兹⑫。"妪又曰:"汝姊在吾怀,呱呱而泣。娘以指叩门扉,曰:'儿寒乎?欲食乎?'吾从板外相为应答。"语未毕,余泣,妪亦泣。余自束发读书轩中⑬,一日大母过余曰:"吾儿,久不见若影,何竟日默默在此,大类女郎也?"比去,以手阖门⑭,自语曰:"吾家读书久不效,儿之成则可待乎!"顷之,持一象笏至⑮,曰:"此吾祖太常公宣德间执此以朝⑯,他日汝当用之!"瞻顾遗迹,如在昨日,令人长号不自禁。

轩东故尝为厨,人往,从轩前过。余扃牖而居⑰,久之能以足音辨人。轩凡四遭火,得不焚,殆有神护者。

项脊生曰⑱:蜀清守丹穴,利甲天下,其后秦皇帝筑"女怀清台"⑲。刘玄德与曹操争天下,诸葛孔明起陇中⑳,方二人之昧昧于一隅也㉑,世何足以知之?余区区处败屋中,方扬眉瞬目㉒,谓有奇景。人知之者,其谓与陷井之蛙何异㉓!

余既为此志后五年,吾妻来归㉔。时至轩中,从余问古事,或凭几学书。吾妻

---

① 栏楯(shǔn):栏杆。增胜:增光添彩。胜,美景。
② 偃仰:安居。偃,伏下。仰,仰起。
③ 冥然:安静的样子。兀坐:端坐。
④ 三五:指农历每月十五日。
⑤ 珊珊:美好的样子。
⑥ 诸父:伯父、叔父的统称。异爨(cuàn):分灶做饭。指分家。
⑦ 往往:到处。
⑧ 庖(páo):厨房。
⑨ 大母:祖母。
⑩ 先妣(bǐ):已过世的母亲。
⑪ 一:常常。
⑫ 而:同"尔"。
⑬ 束发:指年满15岁。古代男童15岁时束发为髻。
⑭ 阖:同"合"。
⑮ 象笏(hù):象牙做的笏。笏,古代大臣上朝时拿的手板。
⑯ 太常公:指夏昶。明朝永乐年间进士,官至太常寺卿。宣德:明宣宗年号(1426—1435)。
⑰ 扃(jiōng):关。牖(yǒu):窗。
⑱ 项脊生:归有光的别号。
⑲ 蜀清守丹穴,利甲天下,其后秦皇帝筑"女怀清台":《史记·货殖列传》:"巴蜀寡妇清,其先得丹穴而擅其利数世,家亦不訾。清,寡妇也,能守其业,用财自卫,不见侵犯。秦皇帝以为贞妇而客之,为筑'女怀清台'。"丹穴,朱砂矿。
⑳ 陇中:即"隆中"。诸葛亮出山前隐居的地方。
㉑ 昧昧:不明朗的样子。这里指不为人知。
㉒ 方:仅仅。瞬目:眨眼。
㉓ 陷井之蛙:即"井底之蛙"。比喻目光短浅。
㉔ 归:嫁。

归宁①,述诸小妹语曰:"闻姊家有阁子,且何谓阁子也?"其后六年,吾妻死,室坏不修。其后二年,余久卧病无聊,乃使人复葺南阁子,其制稍异于前。然自后余多在外,不常居。庭有枇杷树,吾妻死之年所手植也,今已亭亭如盖矣②。

【阅读探究】

《项脊轩志》一文在选入各类古文读本时,篇末"项脊生曰"一段常被删去。你认为这段话反映了作者怎样的思想?你是否认同?

【阅读训练】

"鹿柴""柳浪""金屑泉""辛夷坞"……"辋川别业"中的每一处景观都有一个美丽的名字。请为你自己的房间取一个有典故的名字。

【拓展阅读】

《东京梦华录》序③

[宋]孟元老

仆从先人宦游南北,崇宁癸未到京师,卜居于州西金梁桥西夹道之南。渐次长立,正当辇毂之下,太平日久,人物繁阜。垂髫之童,但习鼓舞;班白之老,不识干戈。时节相次,各有观赏:灯宵月夕,雪际花时,乞巧登高,教池游苑。举目则青楼画阁、绣户珠帘,雕车竞驻于天街,宝马争驰于御路,金翠耀目,罗绮飘香;新声巧笑于柳陌花衢,按管调弦于茶坊酒肆,八荒争凑,万国咸通。集四海之珍奇,皆归市易;会寰区之异味,悉在庖厨。花光满路,何限春游?箫鼓喧空,几家夜宴。伎巧则惊人耳目,侈奢则长人精神。瞻天表,则元夕教池,拜郊孟享。频观公主下降,皇子纳妃。修造则创建明堂,冶铸则立成鼎鼐。观妓籍,则府曹衙罢,内省宴回;看变化,则举子唱名,武人换授。仆数十年烂赏叠游,莫知

---

① 归宁:出嫁的女子回娘家探望父母。
② 亭亭:直立的样子。盖:伞。
③ 据《东京梦华录笺注》,[宋]孟元老撰,伊永文笺注,北京:中华书局,2007年。

厌足。

一旦兵火,靖康丙午之明年,出京南来,避地江左,情绪牢落,渐入桑榆。暗想当年,节物风流,人情和美,但成怅恨。近与亲戚会面,谈及曩昔,后生往往妄生不然。仆恐浸久,论其风俗者失于事实,诚为可惜。谨省记编次成集,庶几开卷得睹当时之盛。古人有梦游华胥之国,其乐无涯者;仆今追念,回首怅然,岂非华胥之梦觉哉!目之曰《梦华录》。

然以京师之浩穰,及有未尝经从处,得之于人,不无遗阙。倘遇乡党宿德,补缀周备,不胜幸甚!此录语言鄙俚、不以文饰者,盖欲上下通晓尔,观者幸详焉。

绍兴丁卯岁除日
幽兰居士孟元老序

15. 饮食

雪沫乳花浮午盏，蓼茸蒿笋试春盘。人间有味是清欢。
——[宋]苏轼《浣溪沙》

【阅读导语】

中国自古以来就是以农业经济为主，饲养、渔猎、采集等多种经济综合发展的国家。这种经济模式决定了中国人以谷物为主、辅以肉食和蔬果的饮食结构。

粥，是古代最重要的主食之一。除了将米粒投于水中熬煮以外，还会加入各种豆、菜和肉，甚至中药材。宋朝时有"七宝五味粥"，用香稻米、胡桃、百合、松子等煮成，最初用来供佛斋僧，传至民间后成为"腊八粥"。面食在古代统称为"饼"：炉子里烤的叫"烧饼"，笼屉里蒸的叫"蒸饼"，汤里煮的叫"汤饼"……凡是在面粉中加水制成的都叫作"饼"。其中的"蒸饼"也就是馒头，据说是三国时诸葛亮途经泸水时为祭祀怨鬼而发明的。汤圆和面条则都由"汤饼"发展而来。菜肴烹制方面，早在商周时代就形成了调和五味的理论。由于地域辽阔，物产丰富，各地人民爱好的口味不同，烹调的方法也不同，逐渐形成了区域性的特色。宋时就有"南食"和"北食"的区别，还有所谓"川饭"。到明清时期，中国的主要菜系大体都已成型。

除了主食和菜肴，酒和茶在中国传统饮食文化中占有特殊的位置。中国的酒是由谷物自然发酵起源的。商周时期，中国人独创酒曲复式发酵法，开始大量酿制米酒。魏晋名士饮酒成风，唐代的著名文人几乎个个都是酒徒，他们借助酒抒发对人生的感悟、对社会的忧思、对历史的慨叹。南宋（一说元代）时发明了蒸馏法，白酒遂成为中国人饮用的主要酒类。中国也是世界上最早种茶、制茶和饮茶的国家。秦汉时，很多地方的人已经把茶当成饮料，特别是巴蜀地区尤为流行。到唐代，饮茶的风气逐渐传到北方，还诞生了第一部论述茶的专著——《茶经》。宋以后，茶几乎成了人们的生活必需品。王安石《论茶疏》中就说："茶之用，等于米盐，不可一日无。"

伊尹说汤①

[战国]吕不韦

汤得伊尹②,祓之于庙③,爝以爟火④,衅以牺豭⑤。明日,设朝而见之,说汤以至味。汤曰:"可对而为乎⑥?"对曰:"君之国小,不足以具之⑦;为天子,然后可具。夫三群之虫⑧,水居者腥,肉玃者臊⑨,草食者膻:臭恶犹美⑩,皆有所以⑪。凡味之本,水最为始;五味三材⑫,九沸九变⑬,火为之纪⑭。时疾时徐,灭腥、去臊、除膻,必以其胜,无失其理。调合之事,必以甘、酸、苦、辛、咸,先后多少,其齐甚微⑮,皆有自起。鼎中之变,精妙微纤,口弗能言,志不能喻,若射御之微、阴阳之化、四时之数⑯。故久而不弊⑰,熟而不烂,甘而不哝⑱,酸而不酷⑲,咸而不减⑳,辛而不烈,澹而不薄㉑,肥而不䐿㉒。"

---

① 选自《吕氏春秋·本味》。据《吕氏春秋新校释》,[战国]吕不韦著,陈奇猷校释,上海:上海古籍出版社,2002年。标题为编者所拟。
② 汤:即商汤,商朝的开国之君,原为夏朝方国——商国的国君。伊尹:商初贤相。出生后被有莘国厨子收养,后以陪嫁奴隶的身份来到汤王身边,辅佐他建立商朝。
③ 祓(fú):古代一种除灾求福的祭祀仪式。
④ 爝(jué):用燃烧的苇束祛晦。爟(guàn)火:祓除不祥的炬火。
⑤ 衅:涂上牲畜的血。牺豭(jiā):祭祀用的公猪。豭,同"猳",公猪。
⑥ 可对而为乎:可以按照(你说的道理)来治理(国家)吗?对,同"遂",依循。
⑦ 具:供应筹办。
⑧ 虫:动物。
⑨ 肉玃:食肉。玃,同"攫",抓取。
⑩ 臭恶犹美:(虽然)气味难闻,却可以烹调出美味来。臭,同"嗅",气味。
⑪ 所以:原因。
⑫ 五味:指酸、甜、苦、辣、咸。三材:指水、木、火。
⑬ 九:泛指次数多。
⑭ 纪:节制。
⑮ 齐(jì):同"剂",调剂,指按一定比例搭配。
⑯ 射御:射箭和驾驭车马。泛指战术技能等武事。
⑰ 弊:败坏。
⑱ 哝:味道厚重。
⑲ 酷:有酒味。
⑳ 咸而不减:咸,指味咸,与淡相对。繁体作"鹹"。减,同"咸",充满,这里指味道太重。
㉑ 澹:同"淡"。
㉒ 䐿(hóu):腻。

走笔谢孟谏议寄新茶①

[唐]卢仝

日高丈五睡正浓,军将打门惊周公②。口云谏议送书信,白绢斜封三道印。开缄宛见谏议面③,手阅月团三百片④。闻道新年入山里,蛰虫惊动春风起⑤。天子须尝阳羡茶⑥,百草不敢先开花。仁风暗结珠琲瓃⑦,先春抽出黄金芽。摘鲜焙芳旋封裹,至精至好且不奢。至尊之余合王公⑧,何事便到山人家?柴门反关无俗客,纱帽笼头自煎吃⑨。碧云引风吹不断,白花浮光凝碗面。

一碗喉吻润⑩;

两碗破孤闷;

三碗搜枯肠,唯有文字五千卷;

四碗发轻汗,平生不平事,尽向毛孔散;

五碗肌骨清;

六碗通仙灵;

七碗吃不得也,唯觉两腋习习清风生。

蓬莱山,在何处?玉川子⑪,乘此清风欲归去。山上群仙司下土,地位清高隔风雨。安得知,百万亿苍生命,堕在巅崖受辛苦!便为谏议问苍生,到头还得苏息否⑫?

---

① 据《卢仝集(及其他一种)》,北京:中华书局,1985 年。又名《七碗茶诗》《茶歌》。走笔:奋笔疾书。孟谏议:即孟简,唐代水利专家,元和年间任谏议大夫。
② 周公:借指睡梦。《论语·述而》:"子曰:'甚矣,吾衰也! 久矣,吾不复梦见周公。'"民间常用"见周公"指做梦。
③ 缄(jiān):封口。借指书信。
④ 月团:指圆形的茶饼。
⑤ 蛰(zhé)虫:冬眠的动物。
⑥ 阳羡:今江苏宜兴,产红茶。
⑦ 仁风:形容皇帝的恩泽像风一样流布。琲(bèi)瓃(léi):珠玉。这里比喻茶树的嫩芽。
⑧ 至尊:指皇帝。
⑨ 纱帽:一种透气的纱制凉帽。笼:戴。
⑩ 吻:唇。
⑪ 玉川子:卢仝自号。
⑫ 苏息:休养生息。

饮中八仙歌①

[唐]杜甫

知章骑马似乘船②,眼花落井水底眠。
汝阳三斗始朝天③,道逢麴车口流涎④,恨不移封向酒泉⑤。
左相日兴费万钱⑥,饮如长鲸吸百川⑦,衔杯乐圣称世贤⑧。
宗之潇洒美少年⑨,举觞白眼望青天⑩,皎如玉树临风前。
苏晋长斋绣佛前⑪,醉中往往爱逃禅⑫。
李白一斗诗百篇,长安市上酒家眠。天子呼来不上船,自称臣是酒中仙。
张旭三杯草圣传⑬,脱帽露顶王公前⑭,挥毫落纸如云烟。
焦遂五斗方卓然⑮,高谈雄辩惊四筵。

---

① 据《杜甫集校注》,[唐]杜甫著,谢思炜校注,上海:上海古籍出版社,2015年。饮中八仙:指八个爱好饮酒的唐代文人士大夫,即贺知章、李琎、李适之、崔宗之、苏晋、李白、张旭和焦遂。
② 知章:即贺知章,唐代诗人、书法家。
③ 汝阳:指李琎,唐玄宗李隆基的侄子,封汝阳王。朝天:朝见天子。
④ 麴(qū)车:载酒曲的车子。
⑤ 移封:改换封地。酒泉:今甘肃酒泉。传说城下有泉,其味如酒。
⑥ 左相:指李适之。天宝元年(742)出任左丞相,后遭李林甫排挤罢相。据说能喝一斗不醉,次日照常处理公务。
⑦ 长鲸:鲸鱼。
⑧ 衔杯乐圣:贪杯好酒。李适之《罢相作》:"避贤初罢相,乐圣且衔杯。"乐圣,指嗜酒。《三国志·魏志·徐邈传》:"时科禁酒,而邈私饮至于沉醉。校事赵达问以曹事,邈曰:'中圣人。'达白之太祖,太祖甚怒。度辽将军鲜于辅进曰:'平日醉客谓酒清者为圣人,浊者为贤人。邈性修慎,偶醉言耳。'竟坐得免刑。"
⑨ 宗之:即崔成辅,字宗之,崔日用的儿子,袭父爵封齐国公,官至侍御史,与李白交情深厚。
⑩ 觞(shāng):大酒杯。白眼:《晋书·阮籍传》:"籍又能为青白眼。见礼俗之士,以白眼对之。"
⑪ 苏晋:唐开元进士,曾任户部、吏部侍郎。长斋:常年吃斋。绣佛:用彩色丝线绣成的佛像。
⑫ 逃禅:逃出禅戒,即不守佛门戒律。佛教戒酒,苏晋信佛吃斋,却爱喝酒。
⑬ 张旭:见"13.书画"选文《送高闲上人序》注释"张旭"条。
⑭ 脱帽露顶:《新唐书·张旭传》:"旭,苏州吴人。嗜酒,每大醉,呼叫狂走,乃下笔,或以头濡墨而书。既醒自视,以为神,不可复得也。世呼'张颠'。"
⑮ 焦遂:事迹未详,据说平时口吃,但一喝酒就能高谈阔论。

豆粥①

[宋]苏轼

君不见,滹沱流澌车折轴,公孙仓皇奉豆粥;湿薪破灶自燎衣,饥寒顿解刘文叔②。又不见,金谷敲冰草木春③,帐下烹煎皆美人;萍齑豆粥不传法,咄嗟而办石季伦④。干戈未解身如寄,声色相缠心已醉。身心颠倒自不知,更识人间有真味。岂如江头千顷雪色芦,茅檐出没晨烟孤?地碓舂秔光似玉⑤,沙瓶煮豆软如酥⑥。我老此身无着处,卖书来问东家住。卧听鸡鸣粥熟时,蓬头曳履君家去⑦。

厨者王小余传⑧

[清]袁枚

小余,王姓,肉吏之贱者也⑨。工烹饪,闻其臭者⑩,十步以外无不颐逐逐然⑪。初来请食单,余惧其侈,然有颍昌侯之思焉⑫,嗟曰⑬:"予故奭人子⑭,每餐缗钱不能以寸

---

① 据《苏轼诗集》,[清]王文诰辑注,孔凡礼点校,北京:中华书局,1982年。
② 君不见,滹(hū)沱(tuó)流澌车折轴,公孙仓皇奉豆粥;湿薪破灶自燎衣,饥寒顿解刘文叔:滹沱,指滹沱河,发源于山西,经河北,入渤海。流澌,江河解冻时随水流动的冰块。公孙,指冯异,字公孙,东汉开国名将。燎,烘烤。刘文叔,即刘秀,字文叔,东汉开国皇帝。《后汉书·王霸传》:"光武即南驰至下曲阳。传闻王郎兵在后,从者皆恐。及至滹沱河,候吏还白:'河水流澌,无船,不可济。'官属大惧。"《后汉书·冯异传》:"及王郎起,光武自蓟东南驰,晨夜草舍,至饶阳无蒌亭。时天寒烈,众皆饥疲,异上豆粥。明旦,光武谓诸将曰:'昨得公孙豆粥,饥寒俱解。'及至南宫,遇大风雨,光武引车入道旁空舍。异抱薪,邓禹热火,光武对灶燎衣。"
③ 金谷:见"14. 家园"选文《春夜宴从弟桃花园序》注释"罚依金谷酒数"条。敲冰:冰雪融化。
④ 萍齑(jī)豆粥不传法,咄嗟而办石季伦:萍齑,一种酱菜。咄嗟,片刻间。石季伦,即石崇,字季伦,西晋富豪,金谷园的主人。《晋书·石崇传》:"崇为客作豆粥,咄嗟便办;每冬,得韭萍齑;尝与恺出游,争入洛城,崇牛迅若飞禽,恺绝不能及。恺每以此三事为恨,乃密货崇帐下问其所以。"
⑤ 地碓(duì):舂米的工具。秔:同"粳"(jīng),粳米。
⑥ 沙瓶:砂锅。
⑦ 曳履:拖着鞋子。
⑧ 据《小仓山房诗文集》,[清]袁枚著,周本淳标校,上海:上海古籍出版社,1988年。
⑨ 肉吏:厨役。
⑩ 臭:同"嗅",气味。
⑪ 颐逐逐然:馋涎欲滴的样子。颐,腮帮。逐逐然,迫不及待的样子。
⑫ 颍昌侯:即何曾,西晋开国功臣,封颍昌乡侯。《晋书·何曾传》:"(曾)厨膳滋味,过于王者。每宴见,不食太官所设,帝辄命取其食。蒸饼上不坼作十字不食。日食万钱,犹曰无下箸处。"
⑬ 嗟(jiē):感叹。
⑭ 奭(jǔ)人:穷苦人。

也①。"笑而应曰："诺！"顷之，供净馔一头②，甘而不能已于咽以饱。客闻之，争有主孟之请③。

小余治具④，必亲市物⑤，曰："物各有天。其天良，我乃治。"既得，泹之⑥，奥之⑦，脱之⑧，作之⑨。客嘈嘈然⑩，属餍而舞⑪，欲吞其器者屡矣。然其簋不过六七⑫，过亦不治。又其倚灶时，雀立不转目⑬，釜中瞠也⑭。呼张噏之⑮，寂如无闻。眲火者曰"猛"⑯，则炀者如赤日⑰；曰"撤"，则传薪者以递减；曰"且燃蕴"⑱，则置之如弃；曰"羹定"，则侍者急以器受。或稍忤及弛期⑲，必仇怒叫噪，若稍纵即逝者。所用萱之滑及盐豉、酒酱之滋⑳，奋臂下，未尝见其染指试也。毕，乃沃手坐㉑，涤磨其钳铦、刀削、筰帚之属㉒，凡三十余种，庋而置之满箱㉓。他人掇汁而挼莎学之㉔，勿肖也。

或请受教。曰："难言也。作厨如作医，吾以一心诊百物之宜，而谨审其水火之齐㉕，则万口之甘如一口。"

问其目㉖。曰："浓者先之，清者后之；正者主之，奇者杂之㉗；视其舌倦，辛以震之；待其胃盈，酸以隘之㉘。"

---

① 缗(mín)钱：用绳子穿连成串的钱。
② 净馔：素菜。头：计量筵席的单位。
③ 主孟之请：指请他准备饭食给自己吃。主孟，春秋时晋国卿大夫里克的妻子。《国语·晋语二》："中饮，优施起舞，谓里克妻曰：'主孟啖我，我教兹暇豫事君。'"
④ 治具：准备饭食。
⑤ 市：购买。
⑥ 泹：浸泡。
⑦ 奥：腌渍。
⑧ 脱：剥皮剔骨。
⑨ 作：去除鱼鳞。
⑩ 嘈嘈然：众声喧哗的样子。
⑪ 属餍(yàn)：吃饱。
⑫ 簋(guǐ)：古代盛食物的器具。
⑬ 雀立：毕恭毕敬地站立。
⑭ 釜：锅。瞠(chēng)：瞪大眼睛看。
⑮ 噏：同"吸"。
⑯ 眲：应作"眣"，同"瞬"。使眼色。火者：厨房中烧火的人。
⑰ 炀(yáng)：火旺。
⑱ 燃蕴：指熄灭明火。蕴，蓄火。
⑲ 忤：违背。弛期：拖延。
⑳ 萱(huán)：古代用来调味的作料。滑：指滑料，能使菜肴口感柔滑的作料。滋：调料。
㉑ 沃手：洗手。
㉒ 铦(xiān)：叉子。筰(zuó)帚：洗刷用的竹帚。
㉓ 庋(guǐ)：收藏。
㉔ 掇(chuò)：同"啜"，尝。挼(ruó)莎(suō)：双手互相揉搓。这里是形容学做菜前未经充分准备，连手都没洗。
㉕ 齐(jì)：见本单元选文《伊尹说汤》注释"齐"条。
㉖ 目：关键。
㉗ 正者主之，奇者杂之：味道纯正的作为主料，味道特别的作为搭配。
㉘ 隘：同"溢"，充塞。

曰："八珍七熬①，贵品也，子能之，宜矣；嗛嗛二卵之餐②，子必异于族凡③，何耶？"曰："能大而不能小者，气粗也；能啬而不能华者④，才弱也。且味固不在大小、华啬间也。能，则一芹一菹皆珍怪⑤；不能，则虽黄雀鲊三楹⑥，无益也。而好名者又必求之于灵霄之炙、红虬之脯、丹山之凤丸、醴水之朱鳖⑦，不亦诬乎⑧？"

曰："子之术，诚工矣。然多所炮炙宰割，大残物命，毋乃为孽欤？"曰："庖牺氏至今所炮炙宰割者万万世矣⑨，乌在其孽庖牺也？虽然，以味媚人者⑩，物之性也。彼不能尽物之性以表其美于人，而徒使之狼戾枉死于鼎镬间⑪，是则孽之尤者也。吾能尽《诗》之'吉蠲'、《易》之'鼎烹'、《尚书》之'槁饫'⑫，以得先王所以成物之意，而又不肯戕杞柳以为巧⑬，殄天物以斗奢⑭。是固司勋者之所策功也⑮，而何孽焉？"

曰："以子之才，不供刀匕于朱门而终老随园⑯，何耶？"曰："知己难，知味尤难。吾苦思殚力以食人，一肴上，则吾之心腹肾肠亦与俱上。而世之噉声流啜者⑰，方与腐败同饇也⑱。是虽奇赏吾⑲，而吾伎且日退矣⑳。且所谓知己者，非徒知其长之谓，兼知其短之谓。今主人未尝不斥我、难我、掉磬我㉑，而皆刺吾心之所隐疢㉒，是则美誉之苦不

---

① 八珍七熬：泛指名贵的食材。
② 嗛(qiǎn)嗛：微不足道的样子。
③ 族凡：普通人。
④ 啬(sè)：节省。
⑤ 菹(zū)：腌菜。
⑥ 黄雀鲊(zhǎ)三楹：黄雀鲊，用盐和红曲将黄雀（一说即麻雀）腌渍后制成的美食。楹，古代房屋计量单位，一列为一楹（一说一间为一楹）。周密《齐东野语》："王黼盛时，库内黄雀鲊自地积至栋，凡三楹。"
⑦ 灵霄之炙(zhì)、红虬(qiú)之脯(fǔ)：即"灵消炙"（一作"消灵炙"）、"红虬脯"。据说是唐代同昌公主出嫁时皇帝御赐的美馔。灵霄，指仙境。炙，烤肉。虬，传说中一种无角的龙。脯，肉干。苏鹗《杜阳杂编》："灵消炙，一羊之肉取之四两，虽经暑毒，终不见败。红虬脯，非虬也。但贮于盘中，则健如虬。红丝高一尺，以箸抑之，无数分；撤，则复其故。丹山之凤丸、醴水之朱鳖：《吕氏春秋》中记载的品质上好的肉和鱼。丸，鸟卵。《吕氏春秋·本味》："流沙之西，丹山之南，有凤之丸，沃民所食。"又："醴水之鱼，名曰朱鳖，六足，有珠百碧。"
⑧ 诬：荒唐。
⑨ 庖牺氏：即伏羲。相传伏羲曾教人蓄养牲畜以供食用。
⑩ 媚：取悦，讨好。
⑪ 狼戾：即"狼藉"。镬(huò)：古代用来烹煮的铁器，形如大盆。
⑫ 吉蠲(juān)：在准备祭祀用的酒食前，先选定吉日沐浴斋戒。蠲，清洁。《诗经·小雅·天保》："吉蠲为饎，是用孝享。"鼎烹：这里指鼎烹饪食物，以祭祀上天，供养圣贤。《易传·鼎》："鼎，象也。以木巽火，亨饪也。圣人亨以享上帝，而大亨以养圣贤。"槁(gǎo)饫(yù)：犒赏。《槁饫》是《尚书》中失传的一篇。
⑬ 戕(qiāng)杞柳以为巧：为了完成技艺而破坏杞柳（的天性）。这里指为了烹制美食而破坏食材的本性。戕，破坏。杞柳，一种落叶乔木，枝条可以编织箱筐等器物。《孟子·告子上》："孟子曰：'子能顺杞柳之性而以为杯棬乎？将戕贼杞柳而后以为杯棬也？'"
⑭ 殄(tiǎn)：毁灭。天物：大自然的产物。
⑮ 司勋者：掌管功赏事务的官员。策功：记录功劳。策，同"册"。
⑯ 朱门：指富贵人家。随园：袁枚在江宁（今江苏南京）购置的园林。
⑰ 噉(tǎn)声流啜：狂饮暴食。噉，吃东西时发出的响声。啜，羹汤。
⑱ 方与腐(yóu)败同饇(yù)也：哪怕吃腐败的食物也一样能吃饱。腐败，即腐败，这里指腐败的食物。饇，饱。
⑲ 奇赏：珍惜赞赏。
⑳ 伎：同"技"。
㉑ 掉磬：厌烦。
㉒ 隐疢：内心的忧虑。

如严训之甘也。吾日进矣。休矣,终于此矣!"

未十年,卒。余每食必为之泣。且思其言,有可治民者焉,有可治文者焉。为之传以永其人①。

【阅读探究】

中国古代有许多著名的"吃货",清代诗人袁枚便是其中之一。他不但热衷于品尝美食,还留下了一部系统论述中国烹饪技术和南北菜点的专著——《随园食单》。阅读书中"须知单"一章,思考古人的饮食习惯和我们有哪些异同。

【阅读训练】

利用课余时间去附近的菜市场,找到《随园食单·杂素菜单》里提到的蔬菜,了解其挑选标准。

【拓展阅读】

《闲情偶寄》二则②

[清]李渔

笋

论蔬食之美者,曰清,曰洁,曰芳馥,曰松脆而已矣;不知其至美所在,能居肉食之上者,只在一字之鲜。《记》曰:"甘受和,白受采。"鲜,即甘之所从出也。此种供奉,惟山僧野老、躬治园圃者得以有之;城市之人,向卖菜佣求活者,不得与焉。然他种蔬食,不论城市、山林,凡宅旁有圃者,旋摘旋烹,亦能时有其乐。至于笋之一物,则断断宜在山林。城市所产者,任尔芳鲜,终是笋之剩义。此蔬食中第一品也,肥羊嫩豕何足比肩!但将笋肉齐烹,

---

① 永:同"咏"。
② 据《闲情偶寄》,[清]李渔著,江巨荣、卢寿荣校注,上海:上海古籍出版社,2000年。

合盛一簋,人止食笋而遗肉,则肉为鱼而笋为熊掌可知矣。购于市者且然,况山中之旋掘者乎?

食笋之法多端,不能悉纪,请以两言概之,曰:素宜白水,荤用肥猪。茹斋者食笋,若以他物伴之、香油和之,则陈味夺鲜,而笋之真趣没矣。白煮俟熟,略加酱油。从来至美之物皆利于孤行,此类是也。以之伴荤,则牛羊鸡鸭等物皆非所宜,独宜于豕,又独宜于肥。肥,非欲其腻也。肉之肥者能甘,甘味入笋,则不见其甘,但觉其鲜之至也。烹之既熟,肥肉尽当去之,即汁亦不宜多存,存其半而益以清汤。调和之物,惟醋与酒。此制荤笋之大凡也。

笋之为物,不止孤行、并用各见其美。凡食物中,无论荤素,皆当用作调和。菜中之笋与药中之甘草,同是必需之物,有此则诸味皆鲜;但不当用其渣滓,而用其精液。庖人之善治具者,凡有焯笋之汤,悉留不去,每作一馔,必以和之。食者但知他物之鲜,而不知有所以鲜之者在也。《本草》中所载诸食物,益人者不尽可口,可口者未必益人,求能两擅其长者莫过于此。

东坡云:"宁可食无肉,不可居无竹。无肉令人瘦,无竹令人俗。"不知能医俗者亦能医瘦,但有已成竹、未成竹之分耳。

蟹①

予于饮食之美,无一物不能言之,且无一物不穷其想象、竭其幽渺而言之;独于蟹螯一物,心能嗜之,口能甘之,无论终身一日皆不能忘之。至其可嗜、可甘与不可忘之故,则绝口不能形容之。此一事一物也者,在我则为饮食中之痴情,在彼则为天地间之怪物矣。

予嗜此一生,每岁于蟹之未出时,即储钱以待。因家人笑予以蟹为命,即自呼其钱为"买命钱"。自初出之日始,至告竣之日止,未尝虚负一夕,缺陷一时。同人知予癖蟹,招者、饷者皆于此日,予因呼九月、十月为"蟹秋"。虑其易尽而难继,又命家人涤瓮酿酒,以备糟之、醉之之用。糟名"蟹糟",酒名"蟹酿",瓮名"蟹瓮"。向有一婢,勤于事蟹,即易其名为"蟹奴",今亡之矣。蟹乎!蟹乎!汝于吾之一生,殆相终始者乎!所不能为汝生色者,未尝于有螃蟹、无监州处作郡,出俸钱以供大嚼,仅以悭囊易汝。即使日购百筐,除供客外,与五十口家人分食,然则入予腹者有几何哉?蟹乎!蟹乎!吾终有愧于汝矣!

蟹之为物至美,而其味坏于食之之人。以之为羹者,鲜则鲜矣,而蟹之美质何在?以之为脍者,腻则腻矣,而蟹之真味不存。更可厌者,断为两截,和以油、盐、豆粉而煎之,使蟹之色、蟹之香与蟹之真味全失。此皆似嫉蟹之多味,忌蟹之美观,而多方蹂躏,使之泄气而变形者也。世间好物,利在孤行。蟹之鲜而肥、甘而腻、白似玉而黄似金,已造色香味三者之至极,更无一物可以上之。和以他味者,犹之以爝火助日、掬水益河,冀其有裨也,不亦难乎?凡食蟹者,只合全其故体,蒸而熟之,贮以冰盘,列之几上,听客自取自食。剖一筐食一筐,断一螯食一螯,则气与味纤毫不漏。出于蟹之躯壳者,即入于人之口腹。饮食之三昧,再有深入于此者哉?

---

① 有删节。

凡治他具，皆可人任其劳，我享其逸；独蟹与瓜子、菱角三种，必须自任其劳。旋剥旋食则有味；人剥而我食之，不特味同嚼蜡，且似不成其为蟹与瓜子、菱角，而别是一物者。此与好香必须自焚，好茶必须自斟，僮仆虽多，不能任其力者，同出一理。讲饮食清供之道者，皆不可不知也。

16. 交游

(嵇)康后坐事,临诛,谓子绍曰:"巨源在,汝不孤矣!"

——《晋书·山涛传》

【阅读导语】

  古往今来,文人墨客间的交往留下了许多佳话。俞伯牙和钟子期以琴音相交,子期死而伯牙绝弦的故事,大概是最为人们熟悉的一则。诗人辈出的有唐一代,李白和杜甫一度"醉眠秋共被,携手日同行",虽然聚少离多,但也时刻牵记对方的遭际;与裴迪相伴栖居于终南山下的王维,看着忘年交酒后放歌的憨态,笑道"复值接舆醉,狂歌五柳前";元稹死后十年,依然深情缅怀老友的白居易吟出了"君埋泉下泥销骨,我寄人间雪满头"的动人诗句;韩愈与孟郊结为"忘形交",感叹李杜未能常相过从,遂许下"我愿身为云,东野变为龙。四方上下逐东野,虽有离别无由逢!"的心愿……

  滚滚红尘中,两个人之间的惺惺相惜已然难得,但在魏末晋初的喧嚣乱世里,曾有七位名士每每结伴遨游、饮酒纵歌,令人钦羡不已。正始年间,时贤嵇康、阮籍、山涛、向秀、刘伶、王戎和阮咸彼此交好,常在当时的山阳县(今河南修武)竹林中宴饮游乐,世称"竹林七贤"。他们饮酒服药、散发裸衣,以至情至性向世俗礼教和黑暗的现实政治发出抗议,成为魏晋时代——也是整个中国古代最耀眼的一群"异类"。

  孔子曾说:"君子和而不同。""竹林七贤"中嵇康和山涛的交往便是最好的注脚。当山涛投靠司马氏家族并举荐嵇康出来做官时,嵇康写下了一封绝交信与山涛划清界限,表明自己绝不妥协的立场。然而当嵇康最终因为这种拒不合作的态度而将被处死时,他没有把年仅十岁的儿子托付给哥哥嵇喜,也没有托付给自己敬重的阮籍,而是交给了山涛——他始终最信赖的知己。

与山巨源绝交书①

[三国魏]嵇康

康白：

足下昔称吾于颍川②，吾常谓之知言③。然经怪此意尚未熟悉于足下④，何从便得之也。前年从河东还⑤，显宗、阿都说足下议以吾自代⑥。事虽不行，知足下故不知之⑦。足下傍通⑧，多可而少怪⑨。吾直性狭中⑩，多所不堪，偶与足下相知耳。间闻足下迁⑪，惕然不喜⑫。恐足下羞庖人之独割，引尸祝以自助⑬，手荐鸾刀⑭，漫之膻腥⑮，故具为足下陈其可否。

吾昔读书，得并介之人⑯，或谓无之，今乃信其真有耳。性有所不堪，真不可强。今空语同知有达人⑰，无所不堪，外不殊俗而内不失正⑱，与一世同其波流而悔吝不生

---

① 据《嵇康集校注》，[三国魏]嵇康著，戴明扬校注，北京：中华书局，2014年。山巨源：即山涛，字巨源，魏晋之际名士，"竹林七贤"之一。大将军司马师执政时，山涛被举为秀才，累迁尚书吏部郎。西晋建立后，升任大鸿胪。历任侍中、吏部尚书、太子少傅、左仆射等职。
② 称：这里指称说嵇康不愿出仕。颍川：指山嵚，山涛的叔父，曾任颍川太守。
③ 知言：知己的话。
④ 经：常常。此意：指嵇康不愿出仕的意志。
⑤ 河东：指山西境内黄河以东地区。
⑥ 显宗：即公孙崇，字显宗，时任尚书郎。阿都：即吕安，字仲悌，小名阿都，嵇康好友。以吾自代：指山涛想推荐嵇康代替自己的职位。嵇康在河东时，山涛正担任选曹郎职务。
⑦ 故：原来。
⑧ 傍通：指善于应变。
⑨ 多可而少怪：多许可而少责怪。指对人宽容。
⑩ 狭中：心胸狭窄。
⑪ 间：近来。迁：升官。指山涛从选曹郎迁为大将军从事中郎。
⑫ 惕然：忧惧的样子。
⑬ 羞庖人之独割，引尸祝以自助：不好意思让厨师一个人切肉，把祭师也叫来帮忙。庖人，厨师。尸祝，祭祀时读祝文的人。《庄子·逍遥游》："庖人虽不治庖，尸祝不越樽俎而代之。"这里是说嵇康觉得山涛不好意思独自做官，所以才引荐他出仕。
⑭ 荐：举。鸾刀：祭祀时用来割牲口的刀，缀有鸾铃。
⑮ 漫：沾污。
⑯ 并介之人：兼济天下而又耿介孤直的人。作为"竹林七贤"之一，山涛曾标榜清高，后来却做了官，所以嵇康讥讽他处世圆滑。
⑰ 空语：没有凭据的言论。
⑱ 殊俗：与世俗的人不同。

耳①。老子、庄周②，吾之师也，亲居贱职；柳下惠、东方朔③，达人也，安乎卑位。吾岂敢短之哉④？又，仲尼兼爱，不羞执鞭⑤；子文无欲卿相，而三登令尹⑥：是乃君子思济物之意也⑦。所谓达能兼善而不渝⑧，穷则自得而无闷⑨。以此观之，故尧舜之君世⑩，许由之岩栖⑪，子房之佐汉⑫，接舆之行歌⑬，其揆一也⑭。仰瞻数君，可谓能遂其志者也。故君子百行，殊途而同致，循性而动，各附所安。故有"处朝廷而不出，入山林而不返"之论⑮。且延陵高子臧之风⑯，长卿慕相如之节⑰，志气所托，不可夺也。

吾每读尚子平、台孝威传⑱，慨然慕之，想其为人。少加孤露⑲，母兄见骄⑳，不涉经学。性复疏懒，筋驽肉缓㉑，头面常一月十五日不洗；不大闷痒，不能沐也㉒；每常小便而忍不起，令胞中略转乃起耳㉓。又纵逸来久，情意傲散，简与礼相背㉔，懒与慢相成，而为侪类见宽㉕，不攻其过。又读《庄》《老》，重增其放㉖，故使荣进之心日颓，任实之情转笃㉗。此由禽鹿少见驯育，则服从教制；长而见羁，则狂顾顿缨㉘，赴蹈汤火。虽饰以

---

① 悔吝：悔恨。
② 老子、庄周：先秦道家代表人物（参见"3. 道家"）。老子做过周朝负责藏书的守藏室之史，庄子当过宋国蒙县的漆园吏，职位都很低。
③ 柳下惠：春秋时期思想家，曾任鲁国士师（典狱官）。东方朔：汉武帝时人，当过侍郎。
④ 短：轻视。
⑤ 仲尼兼爱，不羞执鞭：执鞭，指赶车。《论语·述而》："子曰：'富而可求也，虽执鞭之士，吾亦为之。'"
⑥ 子文无欲卿相，而三登令尹：子文，春秋时楚国人。令尹，楚国官名，相当于宰相。《论语·公冶长》："令尹子文三仕为令尹，无喜色；三已之，无愠色。"
⑦ 济物：救世济人。
⑧ 达：显达。不渝：不改变（初衷）。
⑨ 穷：困窘，失意。
⑩ 君：做君主。
⑪ 许由：尧时隐士。传说尧想把天下让给许由，他不肯接受，于是归隐山林。
⑫ 子房：即张良，字子房，曾协助刘邦统一天下，建立汉朝。
⑬ 接舆：见"1. 儒家"选文《〈论语〉八章·楚狂接舆》。
⑭ 揆(kuí)：原则，道理。
⑮ 处朝廷而不出，入山林而不返：《韩诗外传》卷五："朝廷之人为禄，故入而不出；山林之士为名，故往而不返。"
⑯ 延陵高子臧之风：延陵，指季札，春秋时吴国公子，居于延陵（今江苏武进），人称"延陵季子"。高，推崇。子臧，春秋时曹国公子。曹宣公死后，曹人要立子臧为君，子臧离国而去。季札的父兄要立季札为嗣君，季札以子臧自比，拒不接受。
⑰ 长卿：指司马相如，字长卿，西汉辞赋家。相如：指蔺相如，战国时赵国人，以"完璧归赵"功拜上大夫。《史记·司马相如列传》："相如既学，慕蔺相如之为人，更名'相如'。"
⑱ 尚子平、台孝威：东汉隐士。
⑲ 孤露：指幼年丧父，失去庇护。
⑳ 母兄见骄：受到母亲和兄长的骄纵。
㉑ 驽：迟钝。缓：松弛。
㉒ 不能(nài)：不愿。能，同"耐"。沐：洗头。
㉓ 令胞中略转乃起耳：憋到膀胱开始颤动才起身（如厕）。胞，胎衣，这里指膀胱。
㉔ 简：怠慢，倨傲。
㉕ 侪(chái)类：同辈朋友。
㉖ 放：放纵。
㉗ 任实：放任本性。
㉘ 狂顾：不停地左右张望。顿缨：挣脱绳索。

金镳①,飨以嘉肴②,愈思长林而志在丰草也。

阮嗣宗口不论人过③,吾每师之而未能及。至性过人,与物无伤,唯饮酒过差耳④。至为礼法之士所绳⑤,疾之如仇⑥,幸赖大将军保持之耳⑦。吾不如嗣宗之资,而有慢弛之阙⑧。又不识人情,暗于机宜⑨,无万石之慎而有好尽之累⑩。久与事接,疵衅日兴⑪,虽欲无患,其可得乎?

又,人伦有礼,朝廷有法。自惟至熟⑫,有必不堪者七、甚不可者二:卧喜晚起,而当关呼之不置⑬,一不堪也。抱琴行吟,弋钓草野⑭,而吏卒守之,不得妄动,二不堪也。危坐一时,痹不得摇⑮,性复多虱⑯,把搔无已⑰,而当裹以章服⑱,揖拜上官,三不堪也。素不便书⑲,又不喜作书,而人间多事,堆案盈机⑳,不相酬答则犯教伤义㉑,欲自勉强则不能久,四不堪也。不喜吊丧,而人道以此为重,已为未见恕者所怨。至欲见中伤者,虽惧自责,然性不可化。欲降心顺俗,则诡故不情㉒,亦终不能获无咎无誉㉓。如此,五不堪也。不喜俗人,而当与之共事,或宾客盈坐,鸣声聒耳㉔,嚣尘臭处㉕,千变百伎㉖,在人目前,六不堪也。心不耐烦,而官事鞅掌㉗,机务缠其心,世故烦其虑,七不堪也。

---

① 镳(biāo):套在牛马等牲口头上用来系缰绳的笼头。
② 飨(xiǎng):用酒食款待。这里指喂。
③ 阮嗣宗:即阮籍,字嗣宗,三国时期魏国诗人。与嵇康、山涛同列"竹林七贤"。
④ 过差(cī):过度。差,限度。
⑤ 绳:纠正。
⑥ 疾:憎恨。
⑦ 幸赖大将军保持之耳:大将军,指司马昭。保持,保护。有人曾在司马昭面前说阮籍任性放荡,败坏礼教。司马昭认为嵇康身体羸弱,未予追究。
⑧ 慢弛:傲慢懒散。阙:缺点。
⑨ 暗于机宜:不懂得随机应变。
⑩ 万石:指石奋,西汉大臣,以谨慎著称。他和四个儿子都官至二千石,共计一万石,所以汉景帝称他"万石君"。好尽:尽情直言,不知忌讳。累:过失。
⑪ 疵衅:嫌隙,争端。
⑫ 惟:思考。
⑬ 当关:守门的差役。不置:不停。
⑭ 弋(yì):射猎禽鸟。
⑮ 痹(bì):麻木。
⑯ 性:身体。
⑰ 把搔:搔痒。把,同"爬"。
⑱ 章服:官服。
⑲ 不便:不习惯。书:书信。
⑳ 机:同"几",小桌子。
㉑ 犯教伤义:触犯礼教,破坏规矩。
㉒ 诡故:违背本性。不情:不合性情。
㉓ 无咎无誉:既不受责怪,也不受称赞。
㉔ 聒(guō):喧闹。
㉕ 嚣尘臭处:处在喧哗吵闹的污浊环境中。
㉖ 千变百伎:指工于心计,诡诈善变。
㉗ 鞅掌:事务繁忙。

又，每非汤武而薄周孔①，在人间不止，此事会显②，世教所不容，此甚不可一也。刚肠疾恶，轻肆直言，遇事便发，此甚不可二也。以促中小心之性统此九患③，不有外难，当有内病，宁可久处人间邪？又闻道士遗言，饵术、黄精令人久寿④，意甚信之。游山泽，观鱼鸟，心甚乐之。一行作吏，此事便废，安能舍其所乐而从其所惧哉？

夫人之相知，贵识其天性，因而济之⑤。禹不逼伯成子高⑥，全其节也；仲尼不假盖于子夏⑦，护其短也；近诸葛孔明不逼元直以入蜀⑧，华子鱼不强幼安以卿相⑨，此可谓能相终始、真相知者也。足下见直木必不可以为轮，曲者不可以为桷⑩，盖不欲以枉其天才，令得其所也。故四民有业⑪，各以得志为乐，唯达者为能通之，此足下度内耳⑫。不可自见好章甫，强越人以文冕也⑬；已嗜臭腐，养鸳雏以死鼠也⑭。吾顷学养生之术，方外荣华⑮，去滋味⑯，游心于寂寞，以无为为贵。纵无九患，尚不顾足下所好者。又有心闷疾，顷转增笃。私意自试⑰，不能堪其所不乐。自卜已审⑱，若道尽途穷则已耳。足下无事冤之⑲，令转于沟壑也⑳。

吾新失母兄之欢，意常凄切。女年十三，男年八岁，未及成人，况复多病。顾此悢悢㉑，如何可言！今但愿守陋巷，教养子孙，时与亲旧叙阔㉒，陈说平生。浊酒一杯，弹

---

① 非：非议。汤：指成汤。推翻夏桀统治，建立了商王朝。武：指周武王。推翻商纣统治，建立了周王朝。薄：看不起。周：指周公。曾辅助武王灭纣。孔：即孔子。"汤武"和"周孔"是儒家极力颂扬的历史人物。
② 会显：一定会凸显出来（为众人所知）。
③ 促中小心：心胸狭隘。
④ 饵：服食。术(zhú)：即苍术，菊科草本植物，根状茎可入药。黄精：百合科草本植物，根茎可入药。
⑤ 济：成全。
⑥ 禹不逼伯成子高：禹，传说中舜以后的帝王，建立了夏朝。伯成子高，唐尧时人。《庄子·天地》："尧治天下，伯成子高立为诸侯。尧授舜，舜授禹，伯成子高辞为诸侯而耕。禹往见之，则耕在野。禹趋就下风，立而问焉，曰：'昔尧治天下，吾子立为诸侯。尧授舜，舜授予，而吾子辞为诸侯而耕。敢问其故何也？'子高曰：'昔尧治天下，不赏而民劝，不罚而民畏。今子赏罚而民且不仁，德自此衰，刑自此立，后世之乱自此始矣。夫子阖行邪？无落吾事！'俋俋乎耕而不顾。"
⑦ 仲尼不假盖于子夏：假，借。盖，雨伞。子夏，孔子弟子。《孔子家语·致思》："孔子将行，雨而无盖。门人曰：'商也有之。'孔子曰：'商之为人也，甚吝于财。吾闻与人交，推其长者，违其短者，故能久也。'"
⑧ 诸葛孔明不逼元直以入蜀：诸葛孔明，即诸葛亮，字孔明，三国时蜀国丞相。元直，即徐庶，字元直，汉末谋士。徐庶原在刘备帐下，后其母被曹操捉去，诸葛亮便任其改投曹魏。
⑨ 华子鱼不强幼安以卿相：华子鱼，即华歆，字子鱼，汉末名士。幼安，即管宁，字幼安，汉末隐士。管宁是华歆的好友，魏文帝时华歆任太尉，想推举管宁接替自己的职位，管宁辞而不受。
⑩ 桷(jué)：屋顶上承接瓦片的椽子。
⑪ 四民：指士、农、工、商。
⑫ 度内：能想到的。
⑬ 自见好章甫，强越人以文冕：章甫，一种须绾在发髻上的帽子。越，今浙江、福建一带。文冕，饰有花纹的帽子。《庄子·逍遥游》："宋人资章甫而适诸越，越人断发文身，无所用之。"
⑭ 已嗜臭腐，养鸳雏以死鼠：见"3.道家"选文《〈庄子〉六则·惠子相梁》。
⑮ 外：疏远，排斥。
⑯ 滋味：美味。
⑰ 自试：自己设想。
⑱ 卜：考虑。审：周全。
⑲ 无事：不要。冤：委屈。
⑳ 转于沟壑：指弃尸于山沟水渠。
㉑ 悢(liàng)悢：悲恨。
㉒ 叙阔：述说阔别之情。

琴一曲,志愿毕矣。足下若嬲之不置①,不过欲为官得人,以益时用耳。足下旧知吾潦倒粗疏,不切事情,自惟亦皆不如今日之贤能也。若以俗人皆喜荣华,独能离之,以此为快,此最近之可得言耳②。然使长才广度③,无所不淹④,而能不营⑤,乃可贵耳。若吾多病困,欲离事自全以保余年,此真所乏耳,岂可见黄门而称贞哉⑥!若趣欲共登王途⑦,期于相致⑧,时为欢益,一旦迫之,必发狂疾。自非重怨⑨,不至于此也。

野人有快炙背而美芹子者⑩,欲献之至尊⑪,虽有区区之意⑫,亦已疏矣。愿足下勿似之。其意如此,既以解足下⑬,并以为别。

嵇康白

思旧赋(并序)⑭

[三国魏]向秀

余与嵇康、吕安居止接近⑮,其人并有不羁之才⑯。然嵇志远而疏⑰,吕心旷而放⑱,其后各以事见法⑲。嵇博综技艺,于丝竹特妙⑳。临当就命,顾视日影,索琴而弹

---

① 嬲(niǎo):纠缠。
② 最近:指最接近本性。
③ 长才广度:有才华又有气度。
④ 淹:贯通。
⑤ 不营:不营求。指不求仕进。
⑥ 黄门:宦官。
⑦ 趣(cù):同"促",急于。王途:指仕途。
⑧ 致:招引。
⑨ 自非:如果不是。重怨:深仇大恨。
⑩ 野人有快炙背而美芹子者:野人,居住在乡野的人。炙(zhì),烤,引申为暴晒。《列子·杨朱》:"宋国有田夫,常衣缊黂,仅以过冬。暨春东作,自曝于日,不知天下之有广厦隩室、绵纩狐貉。顾谓其妻曰:'负日之暄,人莫知者,以献吾君,将有重赏。'里之富室告之曰:'昔人有美戎菽、甘枲茎、芹萍子者,对乡豪称之。乡豪取而尝之,蜇于口,惨于腹。众哂而怨之,其人大惭。子此类也。'"
⑪ 至尊:指君主。
⑫ 区区:形容感情恳切。
⑬ 解足下:让你明白。足下,对对方的尊称。
⑭ 选自《文选》。据《文选》,[梁]萧统编,[唐]李善注,上海:上海古籍出版社,1986 年。
⑮ 吕安:魏晋名士,嵇康好友。居止:居住的地方。
⑯ 不羁之才:指非凡的、不可拘束的才能。
⑰ 志远而疏:志向高远,但疏于人事。
⑱ 心旷而放:心性旷达,但不拘礼法。
⑲ 以事见法:因故被处死。这里指被司马昭杀害。
⑳ 丝竹:管弦乐器。泛指乐器。

之①。余逝将西迈②,经其旧庐。于时日薄虞渊③,寒冰凄然。邻人有吹笛者,发声寥亮④。追思曩昔游宴之好⑤,感音而叹,故作赋云:

将命适于远京兮⑥,遂旋反而北徂⑦。济黄河以泛舟兮,经山阳之旧居⑧。瞻旷野之萧条兮,息余驾乎城隅⑨。践二子之遗迹兮,历穷巷之空庐⑩。叹《黍离》之愍周兮⑪,悲《麦秀》于殷墟⑫。惟古昔以怀今兮⑬,心徘徊以踌躇。栋宇存而弗毁兮,形神逝其焉如⑭?昔李斯之受罪兮,叹黄犬而长吟⑮。悼嵇生之永辞兮,顾日影而弹琴。托运遇于领会兮⑯,寄余命于寸阴。听鸣笛之慷慨兮,妙声绝而复寻。停驾言其将迈兮⑰,遂援翰而写心⑱。

《世说新语》三则⑲

[南朝宋]刘义庆

山公与嵇阮一面

山公与嵇、阮一面,契若金兰⑳。山妻韩氏觉公与二人异于常交,问公。公曰:"我

---

① 临当就命,顾视日影,索琴而弹之:就命,赴死。《晋书·嵇康传》:"康将刑东市,太学生三千人请以为师,弗许。康顾视日影,索琴弹之,曰:'昔袁孝尼尝从吾学《广陵散》,吾每靳固之。《广陵散》于今绝矣!'"
② 逝将:去。西迈:西行。
③ 薄:迫近。虞渊:传说中的日落之处。
④ 寥亮:即"嘹亮"。
⑤ 曩(nǎng)昔:从前。游宴:出游,聚会。
⑥ 将命:奉命。适:往。远京:指洛阳。
⑦ 旋反:返回。旋,回。反,同"返"。北徂(cú):往北。
⑧ 山阳:向秀和嵇康、吕安原先隐居的地方,位于今河南焦作。
⑨ 隅:角落。
⑩ 穷巷:隐僻的里巷。
⑪ 《黍离》:《诗经》中感叹周朝覆亡的诗歌。愍:通"悯",同情。
⑫ 《麦秀》:《史记·宋微子世家》:"箕子朝周,过故殷墟,感宫室毁坏,生禾黍。箕子伤之,欲哭则不可,欲泣为其近妇人,乃作《麦秀》之诗以歌咏之。"殷墟:殷都旧址,在今河南安阳市小屯村一带。
⑬ 惟:思考。
⑭ 焉如:到哪里去。
⑮ 昔李斯之受罪兮,叹黄犬而长吟:《史记·李斯列传》:"二世二年七月,具斯五刑,论腰斩咸阳市。斯出狱,与其中子俱执,顾谓其中子曰:'吾欲与若复牵黄犬,俱出上蔡东门逐狡兔,岂可得乎!'遂父子相哭,而夷三族。"
⑯ 托运遇于领会:指通达死生命运。运遇:命运遭遇。
⑰ 停驾言其将迈:刚停下车,又要出发了。言,语气词,无实义。迈,远行。
⑱ 援:提。翰:笔。
⑲ 据《世说新语校笺》,徐震堮著,北京:中华书局,1984年。
⑳ 契若金兰:比喻情投意合。《易·系辞上》:"二人同心,其利断金;同心之言,其臭如兰。"

当年可以为友者,唯此二生耳。"妻曰:"负羁之妻亦亲观狐、赵①。意欲窥之,可乎?"他日,二人来,妻劝公止之宿,具酒肉。夜穿墉以视之②,达旦忘反。公入曰:"二人何如?"妻曰:"君才致殊不如③,正当以识度相友耳④。"公曰:"伊辈亦常以我度为胜。"

嵇康被诛

嵇康被诛后⑤,山公举康子绍为秘书丞⑥。绍咨公出处⑦,公曰:"为君思之久矣。天地四时犹有消息⑧,而况人乎!"

王濬冲为尚书令⑨

王濬冲为尚书令,着公服,乘轺车⑩,经黄公酒垆下过,顾谓后车客:"吾昔与嵇叔夜、阮嗣宗共酣饮于此垆⑪。竹林之游,亦预其末⑫。自嵇生夭、阮公亡以来,便为时所羁绁⑬。今日视此虽近,邈若山河。"

【阅读探究】

嵇康生前因为不愿屈从司马氏而与山涛"决裂",然而山涛把嵇康的儿子嵇绍抚养成人后,却推举他担任了晋武帝的秘书丞。你怎样理解山涛的做法?

---

① 负羁之妻亦亲观狐、赵:负羁,即僖负羁,春秋时期曹国大夫。狐赵,即狐偃和赵衰,晋文公重耳流亡时身边的随从。《左传·僖公二十三年》:"(重耳)及曹,曹共公闻其骈胁,欲观其裸。浴,薄而观之。僖负羁之妻曰:'吾观晋公子之从者,皆足以相国。若以相,夫子必反其国;反其国,必得志于诸侯;得志于诸侯而诛无礼,曹其首也。子盍蚤自贰焉!'"
② 墉:墙。
③ 才致:才情。
④ 识度:见识与气度。
⑤ 嵇康被诛:曹魏景元四年(263年。一说景元三年),嵇康遭钟会构陷,被司马昭处死,时年40岁。
⑥ 秘书丞:秘书省的属官,掌管图书典籍。
⑦ 出处(chǔ):出仕和退隐。
⑧ 消息:消长,盛衰。息,滋息。
⑨ 王濬冲:即王戎,字濬冲,魏晋名士,"竹林七贤"之一。
⑩ 轺(yáo)车:一种轻便马车。
⑪ 嵇叔夜:即嵇康,字叔夜。阮嗣宗:即阮籍,字嗣宗。嵇、阮二人同列"竹林七贤"。
⑫ 预:参加。
⑬ 羁绁(xiè):束缚。

【阅读训练】

"人生得一知己足矣,斯世当以同怀视之。"这是鲁迅赠给瞿秋白的两句话。你是否也有这样一个朋友,可以像兄弟姐妹一样不分彼此?请给你最好的朋友手写一封信,回忆你们相识和交往的过程。

【拓展阅读】

与孟东野书①

[唐]韩愈

与足下别久矣!以吾心之思足下,知足下悬悬于吾也。各以事牵,不可合并,其于人人,非足下之为见而日与之处,足下知吾心乐否也?吾言之而听者谁欤?吾唱之而和者谁欤?言无听也,唱无和也,独行而无徒也,是非无所与同也,足下知吾心乐否也?

足下才高气清,行古道,处今世,无田而衣食,事亲左右无违。足下之用心,勤矣!足下之处身,劳且苦矣!混混与世相浊,独其心追古人而从之,足下之道其使吾悲也!

去年春,脱汴州之乱,幸不死,无所于归,遂来于此。主人与吾有故,哀其穷,居吾于符离睢上。及秋将辞去,因被留以职事,默默在此,行一年矣。到今年秋,聊复辞去。江湖,余乐也;与足下终,幸矣!

李习之娶吾亡兄之女,期在后月,朝夕当来此。张籍在和州居丧,家甚贫。恐足下不知,故具此白,冀足下一来相视也。自彼至此虽远,要皆舟行可至。速图之,吾之望也!

春且尽,时气向热,惟侍奉吉庆。愈眼疾比剧,甚无聊,不复一一。

愈再拜

与微之书②

[唐]白居易

四月十日夜,乐天白:

微之!微之!不见足下面已三年矣,不得足下书欲二年矣!人生几何,离阔如此!况以胶漆之心,置于胡越之身,进不得相合,退不能相忘,牵挛乖隔,各欲白首。微之!微之!

---

① 据《韩昌黎文集校注(第2版)》,[唐]韩愈著,马其昶校注,马茂元整理,上海:上海古籍出版社,2014年。
② 据《白居易文集校注》,[唐]白居易著,谢思炜校注,北京:中华书局,2011年。

如何？如何？天实为之，谓之奈何！

　　仆初到浔阳时，有熊孺登来，得足下前年病甚时一札。上报疾状，次叙病心，终论平生交分。且云危惙之际不暇及他，唯收数帙文章，封题其上，曰："他日送达白二十二郎，便请以代书。"悲哉！微之于我也，其若是乎！又睹所寄闻仆左降诗云："残灯无焰影幢幢，此夕闻君谪九江。垂死病中惊起坐，暗风吹雨入寒窗。"此句他人尚不可闻，况仆心哉！至今每吟，犹恻恻耳。

　　且置是事，略叙近怀。仆自到九江，已涉三载，形骸且健，方寸甚安。下至家人，幸皆无恙。长兄去夏自徐州至，又有诸院孤小弟妹六七人提挈同来。顷所牵念者，今悉置在目前，得同寒暖饥饱：此一泰也。江州风候稍凉，地少瘴疠，乃至蛇虺、蚊蚋，虽有，甚稀。湓鱼颇肥，江酒极美，其余食物多类北地。仆门内之口虽不少，司马之俸虽不多，量入俭用，亦可自给，身衣口食且免求人：此二泰也。仆去年秋始游庐山，到东西二林间香炉峰下，见云水泉石胜绝第一，爱不能舍，因置草堂。前有乔松十数株、修竹千余竿，青萝为墙援，白石为桥道。流水周于舍下，飞泉落于檐间。红榴白莲，罗生池砌。大抵若是，不能殚记。每一独往，动弥旬日。平生所好者，尽在其中。不唯忘归，可以终老：此三泰也。计足下久不得仆书，必加忧望，今故录三泰以先奉报。其余事况，条写如后云云。

　　微之！微之！作此书夜，正在草堂中山窗下，信手把笔，随意乱书。封题之时，不觉欲曙。举头但见山僧一两人，或坐或睡。又闻山猿谷鸟哀鸣啾啾。平生故人，去我万里；瞥然尘念，此际暂生。余习所牵，便成三韵，云："忆昔封书与君夜，金銮殿后欲明天。今夜封书在何处？庐山庵里晓灯前。笼鸟槛猿俱未死，人间相见是何年！"微之！微之！此夕我心，君知之乎？

乐天顿首

17. 节庆

> 桑柘影斜春社散，家家扶得醉人归。
> ——[唐]王驾《社日》

【阅读导语】

　　一个民族的文化经过长期积淀，往往会形成许多值得庆祝或纪念的日子，我们称之为"节日"。中国有许多源远流长的传统节日，其中一部分至今依然为人们所重视，还有一些则逐渐隐没在了历史的长河中。

　　农历九月初九，二九相重，称为"重九"。数字九在《周易》中被定为阳数之极，所以重九又叫"重阳"。重阳节起源很早，据说汉初每年九月九日，皇宫中都要佩茱萸，食蓬饵，饮菊花酒，祈求长寿。同时，还有大型的饮宴活动。南朝梁宗懔的《荆楚岁时记》说："九月九日，四民并籍野饮宴。"到唐代，重阳节被定为正式的节日，宫廷和民间都会举行各种庆祝活动——登高便是其中重要的一项，所以"重阳节"又称为"登高节"。骈文名篇《滕王阁序》就是唐代才子王勃在重九日参加滕王阁上举行的一场宴饮时，登高揽胜，临场写就的。

　　与重阳节对应的春秋大节是三月初三"上巳节"。记录西汉轶事的《西京杂记》说："三月上巳，九月重阳，使女游戏，就此祓禊登高。"祓禊，是在水边沐浴以除不祥的一种仪式。《论语》中"莫春者，春服既成，冠者五六人，童子六七人，浴乎沂，风乎舞雩，咏而归"的记载，就是先秦时的类似活动。《诗经·郑风·溱洧》中，青年男女水边游春也是在上巳日。到魏晋时代，上巳日已成为皇室贵族和文人雅士们临水宴饮的节日，并由祓禊演变出另一项重要习俗———曲水流觞：众人坐在环曲的水边，把盛着酒的杯子置于流水上游，任其顺流漂下，停在谁面前谁就要将杯中的酒一饮而尽并赋诗一首。中国古代最著名的一次"曲水流觞"活动，就是王羲之及其友人在会稽举行的兰亭雅集。众人饮酒赋诗，王羲之挥毫作序，成就了文书俱佳、享誉后世的《兰亭集序》。这篇序文的书法碑帖也被称为《禊帖》。

【选文】

兰亭集序①

[晋]王羲之

　　永和九年②,岁在癸丑,暮春之初③,会于会稽山阴之兰亭④,修禊事也⑤。群贤毕至,少长咸集。此地有崇山峻岭、茂林修竹;又有清流激湍,映带左右,引以为流觞曲水⑥,列坐其次。虽无丝竹管弦之盛,一觞一咏,亦足以畅叙幽情。

　　是日也,天朗气清,惠风和畅,仰观宇宙之大,俯察品类之盛⑦,所以游目骋怀,足以极视听之娱,信可乐也⑧。

　　夫人之相与⑨,俯仰一世⑩,或取诸怀抱⑪,悟言一室之内⑫;或因寄所托,放浪形骸之外⑬。虽趣舍万殊⑭,静躁不同,当其欣于所遇,暂得于己,快然自足,不知老之将至;及其所之既倦⑮,情随事迁,感慨系之矣⑯。向之所欣,俯仰之间已为陈迹,犹不能不以之兴怀⑰,况修短随化⑱,终期于尽⑲。古人云:"死生亦大矣。"岂不痛哉!

　　每览昔人兴感之由,若合一契⑳,未尝不临文嗟悼㉑,不能喻之于怀㉒。固知一死生

---

① 选自《晋书·王羲之传》。据《晋书》,[唐]房玄龄等撰,北京:中华书局,1974年。东晋永和九年三月初三(上巳节),王羲之与友人谢安、孙绰等在兰亭举行禊礼,饮酒赋诗,并将作品结为一集,由王羲之写下这篇序。
② 永和九年:即公元353年。永和,晋穆帝司马聃的年号。
③ 暮春:指农历三月。
④ 会(kuài)稽:今浙江绍兴。山阴:今浙江绍兴城区。
⑤ 禊(xì):三月上旬巳日(魏以后定为三月三日)在水边举行的一种祭礼,用来祓除不祥和求福。
⑥ 流觞(shāng)曲(qū)水:古人饮酒时进行的一种助兴游戏。将酒杯放在弯曲的水渠上游,任其漂流而下。参与者环坐渠旁,当酒杯停在某人附近,便由他取来饮酒。觞,古代酒器。
⑦ 品类:指自然界的万物。
⑧ 信:实在。
⑨ 相与:相处,交往。
⑩ 俯仰:低头和抬头。比喻时间短暂。
⑪ 取诸怀抱:发自内心。
⑫ 悟言:面对面地交谈。悟,同"晤"。
⑬ 因寄所托,放浪形骸之外:追求并托身于自己所爱好的事物,无拘无束地生活。因,依从。寄,寄托。所托,所爱好的事物。形骸,指身体、外形。
⑭ 趣:同"取"。
⑮ 所之:这里指自己所喜爱的或已经得到的东西。
⑯ 系(xì):接连,随之而来。
⑰ 兴怀:引起内心的触动。
⑱ 修短随化:寿命长短听凭造化。化,自然造化。
⑲ 期:至,及。
⑳ 契:即符契,古代的一种信物。在符契上刻上字,一剖为二,各执一半,作为凭证。
㉑ 嗟悼:叹息哀伤。
㉒ 喻:明白。

为虚诞①,齐彭殇为妄作②。后之视今,亦犹今之视昔。悲夫!故列叙时人③,录其所述,虽世殊事异,所以兴怀,其致一也④。后之览者,亦将有感于斯文。

秋日登洪府滕王阁饯别序(并诗)⑤

[唐]王勃

豫章故郡⑥,洪都新府⑦;星分翼轸⑧,地接衡庐⑨。襟三江而带五湖⑩,控蛮荆而引瓯越⑪。物华天宝,龙光射牛斗之墟⑫;人杰地灵,徐孺下陈蕃之榻⑬。雄州雾列,俊采星驰⑭。台隍枕夷夏之交⑮,宾主尽东南之美⑯。都督阎公之雅望⑰,棨戟遥临⑱;宇文

---

① 一死生:把生和死当作一回事。
② 齐彭殇:认为长寿和早夭是一样的。彭,指彭祖,传说中的长寿之人。殇,夭折,未成年而死。"一死生"和"齐彭殇"都是《庄子·齐物论》中的观点。
③ 列叙:逐个记录。
④ 致:思想情趣。
⑤ 据《王子安集注》,[唐]王勃著,[清]蒋清翊注,上海:上海古籍出版社,1995年。洪府:即洪州,今江西南昌。滕王阁,滕王李元婴任洪州都督时修筑的阁楼。滕王,即李元婴,唐高祖李渊第二十二子,唐太宗李世民之弟,封于山东滕州。《新唐书·王勃传》:"初,道出钟陵,九月九日都督大宴滕王阁。宿命其婿作序以夸客,因出纸笔遍请客,莫敢当。至勃,泛然不辞。都督怒,起更衣,遣吏伺其文辄报。一再报,语益奇,乃瞿然曰:'天才也!'请遂成文,极欢罢。勃属文,初不精思,先磨墨数升,则酣饮,引被覆面卧。及寤,援笔成篇,不易一字。时人谓勃为'腹稿'。尤喜著书。"
⑥ 豫章:洪州旧称。
⑦ 洪都:即洪州。唐时改"豫章"为"洪州",设都督府。
⑧ 星分翼轸(zhěn):(洪州)对应翼、轸两星宿的分野。古人习惯将地上的区域与天上的星宿对应起来,称"某地在某星之分野"。翼、轸,星宿名。
⑨ 衡:即衡山,这里代指衡州(今湖南衡阳)。庐:即庐山,这里代指江州(今江西九江)。
⑩ 襟三江而带五湖:把三江当作衣襟,把五湖当作衣带。因豫章在三江上游,五湖在豫章周围,形如衣襟和衣带。三江,即松江、娄江和东江三条太湖支流,泛指长江中下游的江河。五湖,即太湖、鄱阳湖、青草湖、丹阳湖和洞庭湖(一说菱湖、游湖、莫湖、贡湖、胥湖),都在鄱阳湖周围,以此借为南方大湖的总称。
⑪ 蛮荆:古代对楚地的称呼。这里泛指今湖北、湖南一带。瓯(ōu)越:古越地,今浙江南部地区。古东越王建都于东瓯(今浙江永嘉),故称"瓯越"。
⑫ 龙光射牛斗之墟:宝剑的光芒直冲牛、斗二星之间。墟,所在之处。参见"5.医药"选文《〈本草纲目〉序》注释"望龙光,知古剑"条。
⑬ 徐孺下陈蕃之榻:徐孺子使得陈蕃专门为他设下床榻。徐孺,即徐孺子,名稺,豫章人,东汉名士。陈蕃,字仲举,东汉名臣,曾任豫章太守。《后汉书·徐稺传》:"蕃在郡不接宾客,唯稺来特设一榻,去则悬之。"
⑭ 雄州雾列,俊采星驰:雄伟的都会像云雾一样涌现,杰出的人才如繁星般驰骋。
⑮ 台隍:亭台和城堑。这里指代城池。
⑯ 东南之美:本义为东南地区的优质物产,后借指东南才俊。《尔雅·释地》:"东南之美者,有会稽之竹箭焉。"刘义庆《世说新语·言语》:"会稽贺生,体识清远,言行以礼,不徒东南之美,实为海内之秀。"
⑰ 都督:掌管督察诸州军事的官员。阎都督(一说即阎伯屿)和下文中的宇文新州、孟学士、王将军都是当时在座的宾客。雅望:好名声。
⑱ 棨(qǐ)戟:外有赤黑色缯作套的木戟,古代达官出行时用。这里代指仪仗。

新州之懿范①,襜帷暂驻②。十旬休假③,胜友如云④;千里逢迎,高朋满座。腾蛟起凤,孟学士之词宗⑤;紫电青霜,王将军之武库⑥。家君作宰,路出名区⑦;童子何知,躬逢胜饯⑧!

时维九月,序属三秋⑨。潦水尽而寒潭清⑩,烟光凝而暮山紫。俨骖䮸于上路⑪,访风景于崇阿⑫。临帝子之长洲,得天人之旧馆⑬。层台耸翠,上出重霄;飞阁翔丹⑭,下临无地⑮。鹤汀凫渚⑯,穷岛屿之萦回⑰;桂殿兰宫⑱,即冈峦之体势⑲。披绣闼⑳,俯雕甍㉑。山原旷其盈视,川泽纡其骇瞩㉒。闾阎扑地㉓,钟鸣鼎食之家㉔;舸舰迷津㉕,青雀黄龙之舳㉖。云销雨霁㉗,彩彻区明㉘。落霞与孤鹜齐飞,秋水共长天一色㉙。渔舟唱

---

① 宇文新州:姓宇文的新州刺史。新州,今广东新兴。懿范:好榜样。
② 襜(chān)帷:车上的帷幕。这里代指车马。
③ 十旬休假:恰逢每隔十天的旬休。十日为一旬,唐代规定每逢旬日官员休沐,称为"旬休"。假,同"暇"。
④ 胜友:才华出众的友人。
⑤ 腾蛟起凤,孟学士之词宗:犹如蛟龙腾跃、凤凰起舞的,是孟学士"一代词宗"般的文采。腾蛟起凤:《西京杂记》:"董仲舒梦蛟龙入怀,乃作《春秋繁露》词。"又:"(扬)雄著《太玄经》,梦吐凤凰,集《玄》之上,顷而灭。"词宗,文坛宗主。南朝文学家沈约有"一代词宗"的美誉,这里是把孟学士比作沈约。
⑥ 紫电青霜,王将军之武库:仿佛古剑紫电、青霜一样出众的,是王将军堪比"杜武库"的韬略。紫电:传说中三国时吴主孙权所藏的宝剑。崔豹《古今注·舆服》:"吴大帝有宝刀三、宝剑六。宝剑六,一曰'白蛇',二曰'紫电',……"青霜:借指汉高祖刘邦斩白蛇剑。《西京杂记》:"(高祖斩白蛇剑)十二年一磨,莹刃上常若霜雪。"武库,比喻军事才能,借指西晋名将杜预。《晋书·杜预传》:"预在内七年,损益万机,不可胜数。朝野称美,号曰'杜武库',言其无所不有也。"
⑦ 家君作宰,路出名区:家父在外做官,我(在探亲途中)正好经过(洪州)这个著名的地方。家君:对他人称呼自己的父亲。
⑧ 童子何知,躬逢胜饯:年幼的我有什么本事,居然能参加这样盛大的宴会啊!
⑨ 三秋:秋季的第三个月,即农历九月。
⑩ 潦(lǎo)水:雨后的积水。
⑪ 俨:同"严",整齐的样子整备。骖䮸(fēi):驾车的马匹。上路:高的道路。
⑫ 崇阿(ē):高的山陵。
⑬ 帝子、天人:指滕王李元婴。长洲:滕王阁前赣江中的沙洲。
⑭ 翔丹:指鲜艳欲滴的朱红色漆彩。
⑮ 下临无地:往下看不到地面。形容位置高。
⑯ 鹤汀(tīng):有鹤栖息的水边平地。凫(fú)渚(zhǔ):有野鸭聚集的小洲。
⑰ 萦回:曲折。
⑱ 桂殿兰宫:指华美的宫殿。
⑲ 即冈峦之体势:配合山峦的形状和气势。
⑳ 披:打开。绣闼(tà):彩绘的门。
㉑ 雕甍(méng):雕花的屋脊。
㉒ 山原旷其盈视,川泽纡(yū)其骇瞩:山峰和平原辽远开阔,尽收眼底;河流与湖泊迂回曲折,引人注目。其,语助词,无实义。纡,弯曲。
㉓ 闾阎:里门。这里代指房屋。扑地:遍地都是。
㉔ 钟鸣鼎食:古代贵族鸣钟列鼎而食。后用以形容名门望族。
㉕ 舸舰:泛指各种大船。迷:同"弥",占满。津:渡口。
㉖ 青雀黄龙:指船的装饰形状。舳(zhú):同"舳",船尾把舵处。这里代指船只。
㉗ 销:同"消"。霁(jì):雨雪停止。
㉘ 彩:阳光。区:天地间。
㉙ 落霞与孤鹜(wù)齐飞,秋水共长天一色:鹜,野鸭。庾信《马射赋》:"落花与芝盖同飞,杨柳共春旗一色。"

晚,响穷彭蠡之滨①;雁阵惊寒,声断衡阳之浦②。

  遥襟甫畅③,逸兴遄飞④。爽籁发而清风生⑤,纤歌凝而白云遏⑥。睢园绿竹⑦,气凌彭泽之樽⑧;邺水朱华⑨,光照临川之笔⑩。四美具⑪,二难并⑫。穷睇眄于中天⑬,极娱游于暇日⑭。天高地迥⑮,觉宇宙之无穷;兴尽悲来,识盈虚之有数⑯。望长安于日下⑰,目吴会于云间⑱。地势极而南溟深⑲,天柱高而北辰远⑳。关山难越,谁悲失路之人㉑?萍水相逢㉒,尽是他乡之客。怀帝阍而不见㉓,奉宣室以何年㉔?

  嗟乎!时运不齐,命途多舛;冯唐易老㉕,李广难封㉖。屈贾谊于长沙㉗,非无圣主;

---

① 彭蠡(lǐ):古代湖泊(一说即鄱阳湖)。
② 衡阳:即衡阳县,衡州治所,今湖南省衡阳市。境内有回雁峰,相传秋雁到此便不再南飞,待春而返。浦:岸边。
③ 遥襟:远大的胸怀。甫:刚,才。
④ 逸兴:超逸的兴致。遄(chuán):迅速。
⑤ 爽籁:指排箫声。
⑥ 白云遏:白云停下来(聆听歌声)。参见"12.音乐"选文《〈列子·汤问〉三则·薛谭学讴》。
⑦ 睢(suī)园:汉梁孝王在睢阳(今河南商丘)建造的园林,文人常在此饮酒赋诗。园中栽满竹子,故又称"修竹园"。
⑧ 凌:超过。彭泽之樽:彭泽,今江西彭泽,借指做过彭泽县令的陶渊明。樽:酒器。陶渊明《归去来兮辞》:"携幼入室,有酒盈樽。"参见"21.选举"选文《归去来兮辞(并序)》。
⑨ 邺(yè):今河北临漳,曹魏兴起和建都的地方。曹氏父子和他们身边的文人常在此雅集作诗。朱华:即荷花。曹植《公宴诗》:"秋兰被长坂,朱华冒绿池。"
⑩ 临川:今江西抚州,借指做过临川内史的南朝诗人谢灵运。
⑪ 四美:指良辰、美景、赏心、乐事。参见"11.戏曲"选文《游园》注释"良辰美景奈何天,赏心乐事谁家院"条。
⑫ 二难:指贤主、嘉宾难得。
⑬ 睇(dì)眄(miǎn):极目远眺。中天:高空。
⑭ 娱游:游乐。
⑮ 迥:大。
⑯ 盈虚:盈满和虚空。借指兴衰成败。数:定数,规律。
⑰ 日下:太阳底下。也指京城。古代以太阳比喻帝王,帝王所在处称"日下"。《世说新语·排调》:"荀鸣鹤、陆士龙二人未相识,俱会张茂先坐。张令共语,以其并有大才,可勿作常语。陆举手曰:'云间陆士龙。'荀答曰:'日下荀鸣鹤。'"
⑱ 吴会(kuài):指吴郡和会稽郡,今江浙一带。云间:上海松江的古称。参见上条。
⑲ 南溟:南方的大海。
⑳ 天柱:传说中昆仑山高耸入天的铜柱。北辰:北极星。暗指皇帝。
㉑ 失路:迷失道路。比喻仕途不顺。
㉒ 萍水相逢:指偶然会合,过后各奔东西。萍水,即萍水。汉乐府《白头吟》:"今日斗酒会,明旦沟水头。躞蹀御沟上,沟水东西流。"
㉓ 帝阍(hūn):天帝的守门人。借指宫禁。
㉔ 奉宣室:指入朝做官。宣室,汉未央宫正殿。《汉书·贾谊传》记载,汉文帝时贾谊曾被贬到长沙,四年后才被召回京城,在宣室见到了皇帝。
㉕ 冯唐易老:冯唐,西汉名将。《史记·张释之冯唐列传》记载,汉文帝、汉景帝时冯唐未受重用,武帝即位后广征贤良,冯唐再次被举荐,但已90多岁。
㉖ 李广难封:李广,汉武帝时名将。《史记·李将军列传》记载,李广多次与匈奴作战,军功卓著,却始终未获封爵。
㉗ 屈贾谊于长沙:见"奉宣室"条。

窜梁鸿于海曲①,岂乏明时②?所赖君子见机③,达人知命。老当益壮④,宁移白首之心?穷且益坚⑤,不坠青云之志。酌贪泉而觉爽⑥,处涸辙而相欢⑦。北海虽赊,扶摇可接⑧;东隅已逝,桑榆非晚⑨。孟尝高洁⑩,空余报国之情;阮籍猖狂,岂效穷途之哭⑪!

勃,三尺微命⑫,一介书生。无路请缨,等终军之弱冠⑬;有怀投笔⑭,爱宗悫之长风⑮。舍簪笏于百龄⑯,奉晨昏于万里⑰;非谢家之宝树⑱,接孟氏之芳邻⑲。他日趋庭,叨陪鲤对⑳;今兹捧袂㉑,喜托龙门㉒。杨意不逢,抚凌云而自惜㉓;钟期相遇,奏《流水》

---

① 窜梁鸿于海曲:窜,逃。梁鸿,东汉隐士、诗人。海曲,滨海之地。《后汉书·梁鸿传》记载,梁鸿曾因作歌讽刺朝廷,得罪汉章帝,避居吴中。
② 明时:圣明的时代。
③ 机:同"几",细微的征兆。
④ 老当益壮:《后汉书·马援传》:"丈夫为志,穷当益坚,老当益壮。"
⑤ 穷且益坚:见上条。
⑥ 酌贪泉而觉爽:《晋书·吴隐之传》:"未至州二十里,地名'石门',有水曰'贪泉',饮者怀无厌之欲。……(隐之)乃至泉所,酌而饮之。……及在州,清操逾厉。"
⑦ 涸(hé)辙:干涸的车辙沟。比喻困厄的处境。辙,车轮辗过的痕迹。《庄子·外物》:"周昨来,有中道而呼者。周顾视车辙中,有鲋鱼焉。"
⑧ 北海虽赊,扶摇可接:赊,远。扶摇,旋风,这里指架旋风。《庄子·逍遥游》:"《谐》之言曰:'鹏之徙于南冥也,水击三千里,抟扶摇而上者九万里。'"
⑨ 东隅:日出的地方。借指早晨。桑榆:日落的地方。借指傍晚。
⑩ 孟尝高洁,空余报国之情:孟尝,字伯周,东汉官吏。《后汉书·孟尝传》记载,孟尝曾任合浦太守,廉洁奉公,兴利除弊,恢复了当地的珍珠产业。后因病隐居,终不见用,年70卒于家。
⑪ 阮籍猖狂,岂效穷途之哭:阮籍,字嗣宗,魏末名士,"竹林七贤"之一。《晋书·阮籍传》:"(籍)时率意独驾,不由径路,车迹所穷,辄恸哭而反。"
⑫ 三尺:指小儿。
⑬ 无路请缨,等终军之弱冠:请缨,见"8.词"选文《六州歌头》注释"请长缨"条。等,相同。终军,字子云,西汉人,十八岁被选为博士弟子,武帝任为谒者给事中,迁谏大夫。20余岁时奉命赴南越(今两广地区),弱冠,古人二十岁行冠礼,表示成年,称"弱冠"。
⑭ 投笔:扔下毛笔。指文人改投其他事业(多为参军)。《后汉书·班超传》:"(超)家贫,常为官佣书以供养。久劳苦,尝辍业投笔,叹曰:'大丈夫无它志略,犹当效傅介子、张骞立功异域,以取封侯,安能久事笔研间乎!'"
⑮ 宗悫(què)之长风:宗悫,字元干,南朝宋名将。《宋书·宗悫传》:"叔父少文高尚不仕,悫年少,问其所志。悫答曰:'愿乘长风破万里浪!'"
⑯ 簪笏(hù):即冠簪和笏板,都是官吏用的东西,代指功名。百龄:即百年,指一辈子。
⑰ 奉晨昏:指侍奉父母。古代礼法规定,子女每天早晚要问候、侍奉父母。这里是说自己要到南方去侍奉在外当官的父亲。
⑱ 谢家之宝树:比喻有出息的子孙后代。《世说新语·言语》:"谢太傅问诸子侄:'子弟亦何预人事,而正欲使其佳?'诸人莫有言者,车骑答曰:'譬如芝兰玉树,欲使其生于阶庭耳。'"
⑲ 接:同"结",结交。孟氏之芳邻:孟氏,指孟子。刘向《列女传·母仪篇》记载,孟子的母亲为了给儿子提供最好的教育环境,多次搬家,最后定居在学宫附近。这里是称赞参加滕王阁聚会的人品行高尚。
⑳ 他日趋庭,叨(tāo)陪鲤对:不久后我就要见到父亲,聆听他的教诲了。叨陪,谦辞,有幸陪侍。鲤,指孔鲤,孔子的儿子。《论语·季氏》记载,孔鲤曾对人说:"(孔子)尝独立,鲤趋而过庭。曰:'学《诗》乎?'对曰:'未也。''不学《诗》,无以言。'鲤退而学《诗》。他日,又独立,鲤趋而过庭。曰:'学《礼》乎?'对曰:'未也。''不学《礼》,无以立。'鲤退而学《礼》。"后以"趋庭""鲤对"借指接受父亲的教诲。
㉑ 捧袂(mèi):举起双袖。表示恭敬的姿势。
㉒ 托龙门:登上龙门。《后汉书·李膺传》"膺以声名自高,士有被其容接者,名为'登龙门'。"
㉓ 杨意不逢,抚凌云而自惜:杨意,即杨得意,为汉武帝掌管猎狗的官。凌云,借指司马相如的《大人赋》。《史记·司马相如列传》记载,司马相如经杨得意引荐,见到汉武帝。武帝读了《大人赋》十分满意,认为"飘飘有凌云之气"。

以何惭①?呜乎!胜地不常,盛筵难再;兰亭已矣②,梓泽丘墟③。临别赠言,幸承恩于伟饯④;登高作赋,是所望于群公。敢竭鄙怀⑤,恭疏短引⑥;一言均赋,四韵俱成⑦。请洒潘江,各倾陆海云尔⑧!

　　　　　　滕王高阁临江渚⑨,佩玉鸣鸾罢歌舞⑩。
　　　　　　画栋朝飞南浦云⑪,朱帘暮卷西山雨⑫。
　　　　　　闲云潭影日悠悠,物换星移度几秋。
　　　　　　阁中帝子今何在?槛外长江空自流⑬。

【阅读探究】

　　放鞭炮本是中国人过年的重要习俗。但为了减少火灾和空气污染,很多城市都已禁止燃放烟花爆竹。其实早在明嘉靖年间,江西就曾发布告示称:

　　今新岁将临,诚恐习俗相踵,花灯彩胜以争奇,火树烟楼之斗巧。岂惟靡费民财,抑且招来火盗。合行禁革,以安地方。为此案,仰该司官吏照案办理,即便出给告示,晓谕官吏军民人等知悉:新岁不许装架烟火,燃点花灯,及起放流星火炮、纸花爆竹等项。([明]张时彻《芝园集》)

你的家乡还有放鞭炮的习惯吗?你认为是否有必要全面禁止燃放烟花爆竹?

【阅读训练】

　　春节、元宵、清明、立夏、芒种、端午、七夕、中元、立秋、中秋、重阳、冬至、腊八、除夕……每一个传统节日,全国各地都有不同的庆祝或纪念方式。向家中长辈了解当地

---

① 钟期相遇,奏《流水》以何惭:钟期,即钟子期。参见"12.音乐"选文《列子·汤问》三则·高山流水》。
② 兰亭:位于今浙江绍兴。王羲之曾与友人宴集于此。参见本单元选文《兰亭集序》。
③ 梓(zǐ)泽:金谷园的别称。参见"14.家园"选文《春夜宴从弟桃花园序》注释"罚依金谷酒数"条。
④ 伟饯:盛宴。
⑤ 敢竭鄙怀:斗胆吐露我的心意。
⑥ 疏:一句一句写。引:即序文。
⑦ 一言均赋,四韵俱成:每人写一首诗,完成四韵八句。
⑧ 请洒潘江,各倾陆海云尔:请大家尽情地挥洒文采吧!潘,指潘岳。陆,指陆机。钟嵘《诗品》:"陆才如海,潘才如江。"云尔,句末语助词,相当于"吧"。
⑨ 渚(zhǔ):水边。
⑩ 佩玉鸣鸾:身上佩戴的玉饰和铃铛。
⑪ 画栋:有彩绘的栋梁。南浦:位于今江西南昌。
⑫ 西山:道教名山,位于今江西新建。
⑬ 槛(jiàn):栏杆。

最有特色的一个节日有哪些重要仪式和风俗,亲身参与并作好记录,和其他同学相互交流。

【拓展阅读】

荣国府归省庆元宵①

[清]曹雪芹

　　至十五日五鼓,自贾母等有爵者,皆按品服大妆。园内各处,帐舞蟠龙,帘飞彩凤,金银焕彩,珠宝争辉,鼎焚百合之香,瓶插长春之蕊,静悄无人咳嗽。贾赦等在西街门外,贾母等在荣府大门外。街头巷口,俱系围幂挡严。正等的不耐烦,忽一太监骑大马而来,贾母忙接入,问其消息。太监道:"早多着呢!未初刻用过晚膳,未正二刻还到宝灵宫拜佛,酉初刻进大明宫领宴看灯方请旨,只怕戌初才起身呢。"凤姐听了道:"既这么着,老太太、太太且请回房,等是时候再来也不迟。"于是贾母等暂且自便,园中悉赖凤姐照理。又命执事人带领太监们去吃酒饭。

　　一时传人一担一担的挑进蜡烛来,各处点灯。方点完时,忽听外边马跑之声。一时,又十来个太监都喘吁吁跑来拍手儿。这些太监会意,都知道是"来了,来了",各按方向站住。贾赦领合族子侄在西街门外,贾母领合族女眷在大门外迎接。

　　半日静悄悄的。忽见一对红衣太监骑马缓缓的走来,至西街门下了马,将马赶出围幂之外,便垂手面西站住。半日又是一对,亦是如此。少时便来了十来对,方闻得隐隐细乐之声。一对对龙旌凤翣,雉羽夔头,又有销金提炉焚着御香;然后一把曲柄七凤黄金伞过来,便是冠袍带履。又有值事太监捧着香珠、绣帕、漱盂、拂尘等类。一队队过完,后面方是八个太监抬着一顶金顶金黄绣凤版舆,缓缓行来。贾母等连忙路旁跪下。早飞跑过几个太监来,扶起贾母、邢夫人、王夫人来。那版舆抬进大门,入仪门往东去,到一所院落门前,有执拂太监跪请下舆更衣。于是抬舆入门,太监等散去,只有昭容、彩嫔等引领元春下舆。只见院内各色花灯烂灼,皆系纱绫扎成,精致非常。上面有一匾灯,写着"体仁沐德"四字。元春入室,更衣毕,复出,上舆进园。只见园中香烟缭绕,花彩缤纷,处处灯光相映,时时细乐声喧,说不尽这太平气象,富贵风流。

　　——此时自己回想当初在大荒山中,青埂峰下,那等凄凉寂寞;若不亏癞僧、跛道二人携来到此,又安能得见这般世面。本欲作一篇《灯月赋》、《省亲颂》,以志今日之事,但又恐入了别书的俗套。按此时之景,即作一赋一赞,也不能形得尽其妙;即不作赋赞,其豪华富丽,观者诸公亦可想而知矣。所以倒是省了这工夫纸墨,且说正经的为是。

---

① 选自《红楼梦》第十七回至十八回。据《红楼梦(第3版)》,[清]曹雪芹著,[清]无名氏续,北京:人民文学出版社,2008年。

且说贾妃在轿内看此园内外如此豪华，因默默叹息奢华过费。忽又见执拂太监跪请登舟，贾妃乃下舆。只见清流一带，势如游龙，两边石栏上，皆系水晶玻璃各色风灯，点得如银花雪浪；上面柳杏诸树虽无花叶，然皆用通草绸绫纸绢依势作成，粘于枝上的，每一株悬灯数盏；更兼池中荷荇凫鹭之属，亦皆系螺蚌羽毛之类作就的。诸灯上下争辉，真系玻璃世界，珠宝乾坤。船上亦系各种精致盆景诸灯，珠帘绣幙，桂楫兰桡，自不必说。已而，入一石港，港上一面匾灯，明现着"蓼汀花溆"四字。

　　按此四字并"有凤来仪"等处，皆系上回贾政偶然一试宝玉之课艺才情耳，何今日认真用此匾联？况贾政世代诗书，来往诸客屏侍座陪者，悉皆才技之流，岂无一名手题撰，竟用小儿一戏之辞苟且搪塞？真似暴发新荣之家，滥使银钱，一味抹油涂朱，毕则大书"前门绿柳垂金锁，后户青山列锦屏"之类，则以为大雅可观，岂《石头记》中通部所表之宁荣贾府所为哉！据此论之，竟大相矛盾了。诸公不知，待蠢物将原委说明，大家方知。

　　当日这贾妃未入宫时，自幼亦系贾母教养。后来添了宝玉，贾妃乃长姊，宝玉为弱弟，贾妃之心上念母年将迈，始得此弟，是以怜爱宝玉，与诸弟待之不同。且同随祖母，刻未暂离。那宝玉未入学堂之先，三四岁时，已得贾妃手引口传，教授了几本书、数千字在腹内了。其名分虽系姊弟，其情状有如母子。自入宫后，时时带信出来与父母说："千万好生扶养，不严不能成器，过严恐生不虞，且致父母之忧。"眷念切爱之心，刻未能忘。前日，贾政闻塾师背后赞宝玉偏才尽有，贾政未信，适巧遇园已落成，令其题撰，聊一试其情思之清浊。其所拟之匾联虽非妙句，在幼童为之，亦或可取。即另使名公大笔为之，固不费难，然想来倒不如这本家风味有趣。更使贾妃见之，知系其爱弟所为，亦或不负其素日切望之意。因有这段原委，故此竟用了宝玉所题之联额。那日虽未曾题完，后来亦曾补拟。

　　闲文少述，且说贾妃看了四字，笑道："'花溆'二字便妥，何必'蓼汀'？"侍座太监听了，忙下小舟登岸，飞传与贾政。贾政听了，即忙移换。

　　一时，舟临内岸，复弃舟上舆，便见琳宫绰约，桂殿巍峨。石牌坊上明显"天仙宝境"四大字，贾妃忙命换"省亲别墅"四字。于是进入行宫。但见庭燎烧空，香屑布地，火树琪花，金窗玉槛。说不尽帘卷虾须，毯铺鱼獭，鼎飘麝脑之香，屏列雉尾之扇。真是：

　　　　金门玉户神仙府，桂殿兰宫妃子家。

贾妃乃问："此殿何无匾额？"随侍太监跪启曰："此系正殿，外臣未敢擅拟。"贾妃点头不语。礼仪太监跪请升座受礼，两陛乐起。礼仪太监二人引贾赦、贾政等于月台下排班，殿上昭容传谕曰："免。"太监引贾赦等退出。又有太监引荣国太君及女眷等自东阶升月台上排班，昭容再谕曰："免。"于是引退。

　　茶已三献，贾妃降座，乐止。退入侧殿更衣，方备省亲车驾出园。至贾母正室，欲行家礼，贾母等俱跪止不迭。贾妃满眼垂泪，方彼此上前厮见。一手搀贾母，一手搀王夫人，三个人满心里皆有许多话，只是俱说不出，只管呜咽对泣。邢夫人、李纨、王熙凤、迎、探、惜三姊妹等，俱在旁围绕，垂泪无言。

　　半日，贾妃方忍悲强笑，安慰贾母、王夫人道："当日既送我到那不得见人的去处，好容易今日回家娘儿们一会，不说说笑笑，反倒哭起来。一会子我去了，又不知多早晚才来！"说到这句，不禁又哽咽起来。邢夫人等忙上来解劝。贾母等让贾妃归座，又逐次一一见过，又不免哭泣一番。然后东西两府掌家执事人丁在厅外行礼，及两府掌家执事媳妇领丫鬟等行礼毕。贾妃因问："薛姨妈、宝钗、黛玉因何不见？"王夫人启曰："外眷无职，未敢擅入。"贾妃听了,忙命快请。一时,薛姨妈等进来,欲行国礼,亦命免过,上前各叙阔别寒温。又有贾妃原带进宫去的丫鬟抱琴等上来叩见,贾母等连忙扶起,命人别室款待。执事太监及彩嫔、昭容各侍从人等,宁国府及贾赦那宅两处自有人款待,只留三四个小太监答应。母女姊妹深叙些离别情景,及家务私情。

又有贾政至帘外问安,贾妃垂帘行参等事。又隔帘含泪谓其父曰:"田舍之家,虽齑盐布帛,终能聚天伦之乐;今虽富贵已极,骨肉各方,然终无意趣!"贾政亦含泪启道:"臣,草莽寒门,鸠群鸦属之中,岂意得征凤鸾之瑞。今贵人上锡天恩,下昭祖德,此皆山川日月之精奇、祖宗之远德钟于一人,幸及政夫妇。且今上启天地生物之大德,垂古今未有之旷恩,虽肝脑涂地,臣子岂能得报于万一!惟朝乾夕惕,忠于厥职外,愿我君万寿千秋,乃天下苍生之同幸也。贵妃切勿以政夫妇残犁为念,慼愤金怀,更祈自加珍爱。惟业业兢兢,勤慎恭肃以侍上,庶不负上体贴眷爱如此之隆恩也。"贾妃亦嘱"只以国事为重,暇时保养,切勿记念"等语。

贾政又启:"园中所有亭台轩馆,皆系宝玉所题;如果有一二稍可寓目者,请别赐名为幸。"元妃听了宝玉能题,便含笑说:"果进益了。"贾政退出。贾妃见宝、林二人亦发比别姊妹不同,真是姣花软玉一般。因问:"宝玉为何不进见?"贾母乃启:"无谕,外男不敢擅入。"元妃命快引进来。小太监出去引宝玉进来,先行国礼毕,元妃命他进前,携手拦于怀内,又抚其头颈笑道:"比先竟长了好些……"一语未终,泪如雨下。

尤氏、凤姐等上来启道:"筵宴齐备,请贵妃游幸。"元妃等起身,命宝玉导引,遂同诸人步至园门前。早见灯光火树之中,诸般罗列非常。进园来先从"有凤来仪"、"红香绿玉"、"杏帘在望"、"蘅芷清芬"等处,登楼步阁,涉水缘山,百般眺览徘徊。一处处铺陈不一,一桩桩点缀新奇。贾妃极加奖赞,又劝:"以后不可太奢,此皆过分之极。"已而至正殿,谕免礼归座,大开筵宴。贾母等在下相陪,尤氏、李纨、凤姐等亲捧羹把盏。

元妃乃命传笔砚伺候,亲搦湘管,择其几处最喜者赐名。按其书云:

"顾恩思义"匾额

"天地启宏慈,赤子苍头同感戴;

古今垂旷典,九州万国被恩荣。"此一匾一联书于正殿

"大观园"园之名

"有凤来仪"赐名曰"潇湘馆"

"红香绿玉"改作"怡红快绿"即名曰"怡红院"

"蘅芷清芬"赐名曰"蘅芜苑"

"杏帘在望"赐名曰"浣葛山庄"

正楼曰"大观楼",东面飞楼曰"缀锦阁",西面斜楼曰"含芳阁";更有"蓼风轩"、"藕香榭"、"紫菱洲"、"荇叶渚"等名;又有四字的匾额十数个,诸如"梨花春雨"、"桐剪秋风"、"荻芦夜雪"等名,此时悉难全记。又命旧有匾联俱不必摘去。于是先题一绝云:

衔山抱水建来精,多少工夫筑始成。

天上人间诸景备,芳园应锡大观名。

写毕,向诸姊妹笑道:"我素乏捷才,且不长于吟咏,妹辈素所深知。今夜聊以塞责,不负斯景而已。异日少暇,必补撰《大观园记》并《省亲颂》等文,以记今日之事。妹辈亦各题一匾一诗,随才之长短,亦暂吟成,不可因我微才所缚。且喜宝玉竟知题咏,是我意外之想。此

中'潇湘馆'、'蘅芜苑'二处,我所极爱,次之'怡红院'、'浣葛山庄',此四大处,必得别有章句题咏方妙。前所题之联虽佳,如今再各赋五言律一首,使我当面试过,方不负我自幼教授之苦心。"宝玉只得答应了,下来自去构思。

迎、探、惜三人之中,要算探春又出于姊妹之上,然自忖亦难与薛林争衡,只得勉强随众塞责而已。李纨也勉强凑成一律。贾妃先挨次看姊妹们的,写道是:

　　　旷性怡情匾额　　　迎　春
　　园成景备特精奇,奉命羞题额旷怡。
　　谁信世间有此境,游来宁不畅神思?
　　　万象争辉匾额　　　探　春
　　名园筑出势巍巍,奉命何惭学浅微。
　　精妙一时言不出,果然万物生光辉。
　　　文章造化匾额　　　惜　春
　　山水横拖千里外,楼台高起五云中。
　　园修日月光辉里,景夺文章造化功。
　　　文采风流匾额　　　李　纨
　　秀水明山抱复回,风流文采胜蓬莱。
　　绿裁歌扇迷芳草,红衬湘裙舞落梅。
　　珠玉自应传盛世,神仙何幸下瑶台。
　　名园一自邀游赏,未许凡人到此来。
　　　凝晖钟瑞匾额　　　薛宝钗
　　芳园筑向帝城西,华日祥云笼罩奇。
　　高柳喜迁莺出谷,修篁时待凤来仪。
　　文风已著宸游夕,孝化应隆归省时。
　　睿藻仙才盈彩笔,自惭何敢再为辞。
　　　世外仙源匾额　　　林黛玉
　　名园筑何处?仙境别红尘。
　　借得山川秀,添来景物新。
　　香融金谷酒,花媚玉堂人。
　　何幸邀恩宠,宫车过往频。

贾妃看毕,称赏一番,又笑道:"终是薛林二妹之作与众不同,非愚姊妹可同列者。"原来林黛玉安心今夜大展奇才,将众人压倒,不想贾妃只命一匾一咏,倒不好违谕多作,只胡乱作一首五言律应景罢了。

彼时宝玉尚未作完,只刚作了"潇湘馆"与"蘅芜苑"二首,正作"怡红院"一首,起草内有"绿玉春犹卷"一句。宝钗转眼瞥见,便趁众人不理论,急忙回身悄推他道:"他因不喜'红香绿玉'四字,改了'怡红快绿';你这会子偏用'绿玉'二字,岂不是有意和他争驰了?况且蕉叶之说也颇多,再想一个字改了罢。"宝玉见宝钗如此说,便拭汗说道:"我这会子总想不起什么典故出处来。"宝钗笑道:"你只把'绿玉'的'玉'字改作'蜡'字就是了。"宝玉道:"'绿蜡'可有出处?"宝钗见问,悄悄的咂嘴点头笑道:"亏你,今夜不过如此,将来金殿对策,你大约连'赵钱孙李'都忘了呢!唐钱珝咏芭蕉诗头一句:'冷烛无烟绿蜡干',你都忘了不成？"宝玉听了，不觉洞开心臆，笑道："该死，该死！现成眼前之物偏倒想不起来了，真可谓'一字师'了。从此后我只叫你师父，再不叫姐姐了。"宝钗亦悄悄的笑道："还不快作上去，只管姐姐妹妹的。谁是你姐姐，那上头穿黄袍的才是你姐姐！你又认我这姐姐来了。"一面说笑，因说笑又怕他耽延工夫，遂抽身走开了。宝玉只得续成，共有了三首。

此时，林黛玉未得展其抱负，自是不快。因见宝玉独作四律，大费神思，何不代他作两首，也省他些精神不到之处。想着，便也走至宝玉案旁，悄问："可都有了？"宝玉道："才有了三首，只少'杏帘在望'一首了。"黛玉道："既如此，你只抄录前三首罢。赶你写完那三首，我也替你作出这首来了。"说毕，低头一想，早已吟成一律，便写在纸条上，搓成个团子，掷在他跟前。宝玉打开一看，只觉此首比自己所作的三首高过十倍，真是喜出望外，遂忙恭楷呈上。贾妃看道：

　　　有凤来仪　臣　宝玉谨题
　秀玉初成实，堪宜待凤凰。
　竿竿青欲滴，个个绿生凉。
　迸砌妨阶水，穿帘碍鼎香。
　莫摇清碎影，好梦昼初长。
　　　蘅芷清芬
　蘅芜满净苑，萝薜助芬芳。
　软衬三春草，柔拖一缕香。
　轻烟迷曲径，冷翠滴回廊。
　谁谓池塘曲，谢家幽梦长。
　　　怡红快绿
　深庭长日静，两两出婵娟。
　绿蜡春犹卷，红妆夜未眠。
　凭栏垂绛袖，倚石护青烟。
　对立东风里，主人应解怜。
　　　杏帘在望
　杏帘招客饮，在望有山庄。
　菱荇鹅儿水，桑榆燕子梁。
　一畦春韭绿，十里稻花香。
　盛世无饥馁，何须耕织忙。

贾妃看毕，喜之不尽，说："果然进益了！"又指"杏帘"一首为前三首之冠，遂将"浣葛山庄"改为"稻香村"。又命探春另以彩笺誊录出方才一共十数首诗，出令太监传与外厢。贾政等看了，都称颂不已。贾政又进《归省颂》。元春又命以琼酥金脍等物，赐与宝玉并贾兰。此时贾兰极幼，未达诸事，只不过随母依叔行礼，故无别传。贾环从年内染病未痊，自有闲处调养，故亦无传。

那时，贾蔷带领十二个女戏，在楼下正等得不耐烦，只见一太监飞跑来说："作完了诗，快拿戏目来！"贾蔷急将锦册呈上，并十二个花名单子。少时，太监出来，只点了四出戏：

　　第一出，《豪宴》；第二出，《乞巧》；
　　第三出，《仙缘》；第四出，《离魂》。

贾蔷忙张罗扮演起来。一个个歌欺裂石之音，舞有天魔之态。虽是妆演的形容，却作尽悲欢情状。刚演完了，一太监执一金盘糕点之属进来，问："谁是龄官？"贾蔷便知是赐龄官之物，喜得忙接了，命龄官叩头。太监又道："贵妃有谕，说'龄官极好，再作两出戏，不拘哪两出就是了'。"贾蔷忙答应了，因命龄官作《游园》《惊梦》二出。龄官自为此二出原非本角之戏，执意不作，定要作《相约》《相骂》二出。贾蔷扭她不过，只得依她作了。贾妃甚喜，命不可难为了这女孩子，好生教习，额外赏了两匹宫缎、两个荷包并金银锞子、食物之类。然后撤筵，将未到之处又复游玩。忽见山环佛寺，忙另盥手进去焚香拜佛，又题一匾云："苦海慈航"。又额外加恩与一般幽尼女道。

少时，太监跪启："赐物俱齐，请验等例。"乃呈上略节。贾妃从头看了，俱甚妥协，即命照此遵行。太监听了，下来一一发放。原来贾母的是金、玉如意各一柄，沉香拐拄一根，伽楠念珠一串，"富贵长春"宫缎四匹，"福寿绵长"宫绸四匹，紫金"笔锭如意"锞十锭，"吉庆有鱼"银锞十锭。邢夫人、王夫人二分，只减了如意、拐、珠四样。贾敬、贾赦、贾政等，每分御制新书二部，宝墨二匣，金、银爵各二只，表礼按前。宝钗、黛玉诸姊妹等，每人新书一部，宝砚一方，新样格式金银锞二对。宝玉亦同此。贾兰则是金银项圈二个，金银锞二对。尤氏、李纨、凤姐等，皆金银锞四锭，表礼四端。外表礼二十四端，清钱一百串，是赐与贾母、王夫人及诸姊妹房中奶娘、众丫鬟的。贾珍、贾琏、贾环、贾蓉等，皆是表礼一分，金锞一双。其余彩缎百端，金银千两，御酒华筵，是赐东西两府凡园中管理工程、陈设、答应及司戏、掌灯诸人的。外有清钱五百串，是赐厨役、优伶、百戏、杂行人丁的。

众人谢恩已毕，执事太监启道："时已丑正三刻，请驾回銮。"贾妃听了，不由的满眼又滚下泪来。却又勉强堆笑，拉住贾母、王夫人的手，紧紧的不忍释放，再四叮咛："不须挂念，好生自养。如今天恩浩荡，一月许进内省视一次，见面是尽有的，何必伤惨。倘明岁天恩仍许归省，万不可如此奢华靡费了！"贾母等已哭的哽噎难言了。贾妃虽不忍别，怎奈皇家规范，违错不得，只得忍心上舆去了。这里诸人好容易将贾母。王夫人安慰解劝，搀扶出园去了。

18. 婚姻

> 吴越王妃每岁春必归临安，王以书遗妃曰："陌上花开，可缓缓归矣。"
> ——[宋]苏轼《〈陌上花（三首）〉引》

【阅读导语】

在传统宗法社会中，传承子嗣对于一个家族的延续具有关键意义，婚姻制度因而受到人们的普遍重视。《礼记·昏义》规定了缔结婚姻关系的六道程序，称为"六礼"，涵盖了从议婚到完婚的全过程：首先，男方家请媒人去女方家提亲，女方家答应议婚后，男方家备礼前去求婚，这叫"纳采"；男方再遣媒人到女方家询问女方的姓名和生辰八字，用来占卜吉凶，合八字，称为"问名"；然后把卜婚的吉兆通知女方，并送礼表示要订婚，这就是"纳吉"；"纳吉"完成后还要"纳征"，即男方向女方送聘礼；男方家择定婚期，备礼告知女方家，求其同意，是为"请期"；最后新郎亲自去女家迎娶新娘，举行婚礼，叫作"亲迎"。"六礼"之中，"纳征"和"亲迎"最为重要。古代社会的婚姻程序虽几经变迁，但基本上没有脱离"六礼"的范围，《唐律》和《明律》中都有类似规定。

"出妻"是我国古代最主要的离婚方式。男子在七种情况下可以强行休妻，这就是所谓的"七出"。《大戴礼记·本命》记载："妇有七去：不顺父母，去；无子，去；淫，去；妒，去；有恶疾，去；多言，去；窃盗，去。"也有夫妻通过协商自愿离异的"和离"制度，但由于古代社会男女地位严重不平等，很难实现真正的协议离婚。此外，还有三种情况男方不得休妻，称为"三不去"：一、有所取，无所归（妻子无娘家可归）；二、与更三年丧（妻子为公婆守过三年孝）；三、前贫贱，后富贵（结婚时夫家贫贱，后来发达了）。《唐律》规定，违反"三不去"强行出妻的，施以杖刑。

【选文】

结发为夫妻①

[汉]佚名

结发为夫妻②,恩爱两不疑。欢娱在今夕,燕婉及良时③。征夫怀往路④,起视夜何其⑤。参辰皆已没⑥,去去从此辞。行役在战场⑦,相见未有期。握手一长叹,泪为生别滋⑧。努力爱春华⑨,莫忘欢乐时。生当复来归,死当长相思。

《金石录》后序⑩

[宋]李清照

右《金石录》三十卷者何⑪?赵侯德父所著书也⑫。取上自三代⑬,下迄五季⑭,钟、鼎、甗、鬲、盘、匜、尊、敦之款识⑮,丰碑大碣、显人晦士之事迹,凡见于金石刻者二千卷,皆是正讹谬⑯,去取褒贬。上足以合圣人之道,下足以订史氏之失者,皆载之,可谓

---

① 据《先秦汉魏晋南北朝诗》,逯钦立辑校,北京:中华书局,1983年。
② 结发:古代男女结婚当晚,要各自剪下一绺头发绾在一起,称为"结发",象征永结同心。
③ 燕婉:欢好。良时:美好的时光。
④ 怀往路:想着马上就要上路。
⑤ 夜何其(jī):即"夜何时",晚上什么时候。其,句末助词,无实义。《诗经·小雅·庭燎》:"夜如何其?"
⑥ 参(shēn)辰皆已没:星星已经看不见了。指天要亮了。参辰,即参星和辰星,分别在西方和东方。泛指星星。
⑦ 行役:外出服兵役。
⑧ 生别:在活着的时候分别。滋:越来越多。
⑨ 春华:青春时光。
⑩ 据《李清照集笺注(修订本)》,[宋]李清照著,徐培均笺注,上海:上海古籍出版社,2013年。
⑪ 金石:古代镌刻文字、颂功纪事的钟鼎碑碣之类。
⑫ 赵侯德父:即李清照的丈夫赵明诚。侯,宋代对州府长官的称呼。德父,赵明诚的字。
⑬ 三代:指夏、商、周。
⑭ 五季:即五代,指后梁、后唐、后晋、后汉、后周。
⑮ 甗(yǎn)、鬲(lì):古代炊具。匜(yí):青铜制盛水器。敦(duì):青铜食器。款识(zhì):刻在青铜器上的文字。
⑯ 是正:订正。

多矣。呜呼！自王涯、元载之祸，书画与胡椒无异①；长舆、元凯之病，"钱癖"与"《传》癖"②何殊？名虽不同，其惑一也。

余建中辛巳始归赵氏③。时先君作礼部员外郎④，丞相时作礼部侍郎⑤；候年二十一，在太学作学生⑥。赵、李族寒，素贫俭。每朔望⑦，谒告出⑧，质衣，取半千钱⑨，步入相国寺⑩，市碑文、果实归⑪。相对展玩咀嚼，自谓葛天氏之民也⑫。后二年，出仕宦，便有饭疏衣练⑬，穷遐方绝域⑭，尽天下古文奇字之志。日就月将⑮，渐益堆积。丞相居政府，亲旧或在馆阁⑯，多有亡诗逸史、鲁壁汲冢所未见之书⑰。遂尽力传写，浸觉有味⑱，不能自已。后或见古今名人书画、三代奇器，亦复脱衣市易。尝记崇宁间⑲，有人持徐熙《牡丹图》⑳，求钱二十万。当时，虽贵家子弟，求二十万钱，岂易得耶？留信宿㉑，计无所出而还之。夫妇相向惋怅者数日。

后屏居乡里十年㉒，仰取俯拾㉓，衣食有余。连守两郡㉔，竭其俸入，以事铅椠㉕。每获一书，即同共勘校，整集签题。得书画、彝鼎㉖，亦摩玩舒卷，指摘疵病，夜尽一烛

---

① 自王涯、元载之祸，书画与胡椒无异：王涯，唐文宗时拜司空，酷爱收藏，死于"甘露之变"。《新唐书·王涯传》称，其家产被抄时，奁盒上装饰的珠宝取走，所藏书画却被扔在地上。元载，唐代宗时中书侍郎，为官贪横，好聚敛，后获罪赐死。《新唐书·元载传》称，其被抄没的家产中，仅胡椒就有八百石。
② 长舆、元凯之病，"钱癖"与"《传》癖"何殊：长舆，即和峤，字长舆，晋武帝时任中书令，家产丰厚但极为吝啬。元凯，即杜预，字元凯，西晋军事家，酷爱《左传》，著有《春秋左氏经传集解》。《晋书·杜预传》："预常称（王）济有马癖，（和）峤有钱癖。武帝闻之，谓预曰：'卿有何癖？'对曰：'臣有《左传》癖。'"
③ 建中辛巳：即宋徽宗建中靖国元年（1101）。归：嫁。
④ 先君：对已过世的父亲的称呼。这里指作者的父亲李格非。礼部员外郎：礼部分曹办事官员。
⑤ 丞相：这里指赵明诚的父亲赵挺之。赵挺之官至尚书右仆射，相当于丞相。吏部侍郎：吏部副长官。
⑥ 太学：中国古代最高学府。
⑦ 朔望：农历每月初一为朔日，十五日为望日。
⑧ 谒告：请假。这里指例行休假。
⑨ 质：典当。
⑩ 相国寺：北宋时汴京（今河南开封）最大的寺庙，也是当时著名的集市。
⑪ 市：购买。
⑫ 葛天氏：传说中的古代帝王，其时民风淳朴，百姓安居乐业。
⑬ 饭疏衣练（shū）：吃糙米饭，穿粗布衣。形容生活简朴。疏，指糙米。练，粗布。
⑭ 遐方绝域：偏远荒僻的地方。
⑮ 日就月将：即日积月累。
⑯ 馆阁：掌管图书、编修国史的机构。
⑰ 亡诗逸史：泛指散失的文史资料。鲁壁汲冢：泛指出土文物。相传西汉鲁恭王拆除孔子故宅时，在一段墙壁内发现了用古文字书写的《尚书》等几十篇儒家经典，后世称之为"鲁壁出书"。西晋初，在汲县（今河南卫辉）的一座战国墓葬里发现了一批记录先秦历史的竹简，世称"汲冢书"。
⑱ 浸：渐渐。
⑲ 崇宁：宋徽宗年号（1102—1106）。
⑳ 徐熙：五代南唐画家。
㉑ 信宿：两夜。
㉒ 屏（bǐng）居：退职闲居。赵挺之去世后，赵明诚遭蔡京诬陷被罢官，带李清照回到青州故里。
㉓ 仰取俯拾：低头拾地上的东西，抬头拿上面的东西。形容一举一动都有收获。
㉔ 连守两郡：指出任莱州、淄州两地行政长官。
㉕ 铅椠（qiàn）：书写用具。这里指校勘、刻写。
㉖ 彝：青铜祭器。

为率①。故能纸札精致，字画完整，冠诸收书家。余性偶强记，每饭罢，坐归来堂烹茶②，指堆积书史，言某事在某书某卷第几页第几行，以中否角胜负，为饮茶先后。中即举杯大笑，至茶倾覆怀中，反不得饮而起。甘心老是乡矣！虽处忧患困穷，而志不屈。收书既成，归来堂起书库大橱，簿甲乙③，置书册。如要讲读，即请钥上簿④，关出卷帙⑤。或少损污，必惩责揩完涂改，不复向时之坦夷也⑥。是欲求适意，而反取憀慄⑦。余性不耐⑧，始谋食去重肉，衣去重采⑨，首无明珠、翡翠之饰，室无涂金、刺绣之具。遇书史百家，字不刓缺、本不讹谬者⑩，辄市之，储作副本。自来家传《周易》《左氏传》，故两家者流，文字最备。于是几案罗列，枕席枕藉⑪，意会心谋，目往神授，乐在声色狗马之上。

至靖康丙午岁⑫，侯守淄川⑬，闻金人犯京师，四顾茫然，盈箱溢箧，且恋恋，且怅怅，知其必不为己物矣。建炎丁未春三月⑭，奔太夫人丧南来⑮，既长物不能尽载⑯，乃先去书之重大印本者，又去画之多幅者，又去古器之无款识者。后又去书之监本者⑰、画之平常者、器之重大者。凡屡减去，尚载书十五车。至东海⑱，连舻渡淮⑲，又渡江，至建康⑳。青州故第尚锁书册什物㉑，用屋十余间，期明年春再具舟载之。十二月，金人陷青州。凡所谓十余屋者，已皆为煨烬矣㉒。

建炎戊申秋九月㉓，侯起复㉔，知建康府。己酉春三月㉕，罢，具舟上芜湖㉖，入姑

---

① 率(lǜ)：限度。
② 归来堂：赵明诚和李清照退居青州时的住宅名，取自陶渊明《归去来兮辞》。
③ 簿甲乙：分门别类编订目录。
④ 请钥：取出钥匙。上簿：造册登记。
⑤ 关出：检出。
⑥ 坦夷：形容态度随意。
⑦ 憀(liáo)慄(lì)：不安的样子。
⑧ 不耐：不会持家。
⑨ 食去重肉，衣去重采：不同时吃两道荤菜，不同时穿两件绸衣。形容节衣缩食。
⑩ 刓(wán)缺：残缺。
⑪ 枕藉：堆积。
⑫ 靖康丙午岁：即宋钦宗靖康元年(1126)。
⑬ 淄川：淄州郡治所在地，今山东淄博。
⑭ 建炎丁未：即宋高宗建炎元年(1127)。
⑮ 太夫人：指赵明诚的母亲。
⑯ 长(zhàng)物：多余的东西。
⑰ 监本：指国子监刻印的书籍。
⑱ 东海：即海州，今江苏连云港。
⑲ 连舻：船连着船。这里是说携带的书画古董太多，雇了好几艘船来运。
⑳ 建康：今江苏南京。
㉑ 青州：今山东青州。
㉒ 煨(wēi)烬：灰烬。
㉓ 建炎戊申：即建炎二年(1128)。
㉔ 起复：重新起用。
㉕ 己酉：指建炎三年(1129)。
㉖ 芜湖：今安徽芜湖。

孰①,将卜居赣水上②。夏五月,至池阳③,被旨知湖州④,过阙上殿⑤。遂驻家池阳,独赴召。六月十三日,始负担,舍舟坐岸上,葛衣岸巾⑥,精神如虎,目光烂烂射人⑦,望舟中告别。余意甚恶⑧,呼曰:"如传闻城中缓急⑨,奈何?"戟手遥应曰⑩:"从众。必不得已,先弃辎重⑪,次衣被,次书册卷轴,次古器。独所谓宗器者⑫,可自负抱,与身俱存亡。勿忘也!"遂驰马去。途中奔驰,冒大暑,感疾。至行在⑬,病痁⑭。七月末,书报卧病。余惊怛⑮,念侯性素急,奈何!病痁或热,必服寒药,疾可忧。遂解舟下,一日夜行三百里。比至,果大服柴胡、黄芩药⑯,疟且痢⑰,病危在膏肓⑱。余悲泣,仓皇不忍问后事。八月十八日,遂不起。取笔作诗,绝笔而终,殊无分香卖履之意⑲。

葬毕,余无所之。朝廷已分遣六宫⑳,又传江当禁渡。时犹有书二万卷,金石刻二千卷,器皿、茵褥可待百客㉑,他长物称是㉒。余又大病,仅存喘息。事势日迫,念侯有妹婿任兵部侍郎㉓,从卫在洪州㉔,遂遣二故吏先部送行李往投之㉕。冬十二月,金人陷洪州,遂尽委弃。所谓连舻渡江之书,又散为云烟矣。独余少轻小卷轴书帖,写本李杜韩柳集、《世说》《盐铁论》,汉唐石刻副本数十轴,三代鼎鼐十数事㉖,南唐写本书数箧。偶病中把玩,搬在卧内者,岿然独存㉗。

---

① 姑孰:今安徽当涂。
② 卜居:选择居处。赣水:今江西赣江。
③ 池阳:今安徽贵池。
④ 湖州:今浙江吴兴。
⑤ 过阙上殿:指入京朝见皇帝。
⑥ 葛衣岸巾:穿葛布衣,戴露额头巾。
⑦ 烂烂:形容目光有神。
⑧ 意甚恶:情绪很不好。
⑨ 缓急:偏义复词,指危急。
⑩ 戟手:徒手曲肘,以食指和中指指人,形似戟。
⑪ 辎重:外出时携带的行李包裹。
⑫ 宗器:宗庙祭祀用的器具。这里指最重要的东西。
⑬ 行在:皇帝外出居留的地方。这里指建康。
⑭ 病痁(shān):患疟疾。
⑮ 惊怛(dá):惊恐。
⑯ 柴胡、黄芩(qín):两味退热的中药。
⑰ 痢:痢疾。
⑱ 危在膏肓(huāng):形容疾病已严重到无法治疗的地步。膏肓,指心脏与横膈膜之间的部分,古人认为是药力无法到达的地方。
⑲ 分香卖履:指临死不忘安顿好妻妾。陆机《〈吊魏武帝文〉序》引曹操临终遗令:"余香可分与诸夫人。诸舍中无所为,学作履组卖也。"
⑳ 分遣六宫:遣散妃嫔。
㉑ 茵褥:褥垫。
㉒ 他长物称是:其他物品的数量与此相当。
㉓ 兵部侍郎:兵部副长官。
㉔ 从卫:担任皇家侍卫。洪州:今江西南昌。
㉕ 部送:押送。
㉖ 鼐(nài):大鼎。十数事:十余种。
㉗ 岿(kuī)然独存:形容经过变乱而唯一幸存的事物。

上江既不可往①,又虏势叵测②,有弟迒任敕局删定官③,遂往依之。到台④,台守已遁。之剡⑤,出陆⑥。又弃衣被,走黄岩⑦,雇舟入海,奔行朝⑧。时驻跸章安⑨,从御舟海道之温⑩,又之越⑪。庚戌十二月⑫,放散百官,遂之衢⑬。绍兴辛亥春三月⑭,复赴越。壬子⑮,又赴杭⑯。先侯疾亟时⑰,有张飞卿学士携玉壶过视侯,便携去,其实珉也⑱。不知何人传道,遂妄言有"颁金"之语⑲,或传亦有密论列者⑳。余大惶怖,不敢言,亦不敢遂已,尽将家中所有铜器等物,欲赴外廷投进㉑。到越,已移幸四明㉒。不敢留家中,并写本书寄剡。后官军收叛卒,取去,闻尽入故李将军家。所谓岿然独存者,无虑十去五六矣㉓。惟有书画、砚墨可五七簏㉔,更不忍置他所,常在卧榻下,手自开阖。在会稽卜居土民钟氏舍㉕,忽一夕穴壁负五簏去㉖。余悲恸不得活,重立赏收赎。后二日,邻人钟复皓出十八轴求赏,故知其盗不远矣。万计求之,其余遂牢不可出。今知尽为吴说运使贱价得之㉗。所谓岿然独存者,乃十去其七八。所有一二残零、不成部帙书册,三数种平平书帖,犹复爱惜如护头目。何愚也耶!

今日忽阅此书,如见故人。因忆侯在东莱静治堂㉘,装卷初就,芸签缥带㉙,束十卷作一帙。每日晚吏散,辄校勘二卷,跋题一卷。此二千卷,有题跋者五百二卷耳。今

---

① 上江:长江上游地区。
② 叵(pǒ)测:无法预测。
③ 敕局删定官:负责编修皇帝诏令的官员。
④ 台(tāi):即台州,今浙江临海。
⑤ 剡(shàn):即嵊县,旧称剡县,今浙江嵊州。
⑥ 出陆:走陆路。
⑦ 黄岩:今浙江黄岩。
⑧ 行朝:见"行在"条。
⑨ 驻跸(bì):皇帝出行时沿途暂住。章安:属台州,位于今浙江临海东南。
⑩ 温:即温州,今浙江温州。
⑪ 越:即越州,今浙江绍兴。
⑫ 庚戌:指建炎四年(1130)。
⑬ 衢(qú):即衢州,今浙江衢县。
⑭ 绍兴辛亥:即宋高宗绍兴元年(1131)。
⑮ 壬(rén)子:指绍兴二年(1132)。
⑯ 杭:即杭州,今浙江杭州。
⑰ 疾亟(jí):病危。
⑱ 珉(mín):似玉的石头。
⑲ 颁金:指将玉壶赠给金人。
⑳ 密论列:秘密举报。
㉑ 外廷:京城以外的朝廷。投进:进献。
㉒ 四明:即明州,今浙江宁波。
㉓ 无虑:大约。
㉔ 簏(lù):竹箱。
㉕ 会稽:今浙江绍兴。土民:百姓。
㉖ 穴壁:在墙上打洞。
㉗ 吴说(yuè):宋代书法家。时任福建路转运判官,故称"运使"。
㉘ 东莱:即莱州,今山东莱州。静治堂:赵明诚在莱州做官时的厅堂名。
㉙ 芸签缥(piǎo)带:插入书签,系上缥带。芸签,书签的雅称。缥带,用来束扎卷轴的丝带。

手泽如新①，而墓木已拱②，悲夫！昔萧绎江陵陷没，不惜国亡而毁裂书画③；杨广江都倾覆④，不悲身死而复取图书。岂人性之所着⑤，死生不能忘之欤？或者天意以余菲薄⑥，不足以享此尤物耶⑦？抑亦死者有知，犹斤斤爱惜，不肯留在人间耶？何得之艰而失之易也！

呜呼！余自少陆机作赋之二年⑧，至过蘧瑗知非之两岁⑨。三十四年之间，忧患得失，何其多也！然有有必有无，有聚必有散，乃理之常；人亡弓，人得之⑩，又胡足道？所以区区记其终始者，亦欲为后世好古博雅者之戒云。

绍兴二年玄黓岁壮月朔甲寅⑪
易安室题⑫

浣溪沙⑬

[清]纳兰性德

谁念西风独自凉？萧萧黄叶闭疏窗⑭，沉思往事立残阳。

被酒莫惊春睡重⑮，赌书消得泼茶香⑯，当时只道是寻常。

---

① 手泽：手汗。借指手迹。
② 墓木已拱：墓前的树木已可两手合抱。形容死去多时。
③ 萧绎：即南朝梁元帝。即位于江陵（今属湖北），爱好文学和书画，著有《金楼子》。《南史·梁本纪下》记载，西魏兵攻陷江陵时，萧绎把收藏的十余万卷图书全部烧毁。
④ 杨广：即隋炀帝。《大业拾遗记》说他死后显灵，让生前珍爱的书卷随船沉没，以据为己有。江都：今江苏扬州。
⑤ 着：执着。
⑥ 菲薄：卑贱。
⑦ 尤物：珍奇的物品。
⑧ 少陆机作赋之二年：指十八岁。陆机，西晋文学家。杜甫《醉歌行》："陆机二十作《文赋》。"
⑨ 过蘧（qú）瑗（yuàn）知非之两岁：指五十二岁。蘧瑗，字伯玉，春秋时卫国大夫。《淮南子·原道训》："蘧伯玉年五十而有四十九年非。"
⑩ 人亡弓，人得之：《孔子家语·好生》："楚王出游，亡弓。左右请求之。王曰：'止。楚王失弓，楚人得之，又何求之？'孔子闻之，曰：'惜乎，其不大也！不曰"人遗弓，人得之"而已，何必楚也？'"
⑪ 绍兴二年：即1132年。玄黓（yì）岁：天干壬的别称。绍兴二年是壬子年。壮月：即八月。朔：指农历每月初一。甲寅：绍兴二年八月初一日的干支名。有学者认为该日期不确，或为后人添加。
⑫ 易安室：李清照的书斋名。李清照自号"易安居士"。
⑬ 据《饮水词笺校（修订本）》，[清]纳兰性德撰，赵秀亭、冯统一笺校，北京：中华书局，2005年。这首词是作者悼念亡妻之作。
⑭ 萧萧：风吹叶落发出的声音。疏窗：刻有花纹的窗户。
⑮ 被酒：醉酒。
⑯ 赌书消得泼茶香：见本单元选文《〈金石录〉后序》。消得，享受。

【阅读探究】

远古时代没有婚姻制度,《列子·汤问》形容当时的情形为"男女杂游,不聘不媒",《吕氏春秋·恃君》的记载更详细:"昔太古尝无君矣,其民聚生群处,知母不知父,无亲戚、兄弟、夫妻、男女之别,无上下、长幼之道。"一夫一妻的婚姻制度是 5 000—6 000 年前形成的,被认为是社会文明的体现(中国古代为一夫一妻多妾制,绝大部分平民为一夫一妻)。然而在今天的发达国家,越来越多年轻人不愿意结婚。20 世纪 80 年代,美国和法国有 30% 的人选择不结婚。2015 年的统计数据显示:16 岁以上的美国人,超过 50% 选择单身,数量已经多于核心家庭。著名社会学家李银河认为,婚姻制度正在走向消亡。

你怎样理解上述现象?你认为婚姻制度会消亡吗?

【阅读训练】

《浮生六记》是清人沈复的一部自传体散文集,"浮生"二字取自李白《春夜宴从弟桃李园序》"浮生若梦,为欢几何?"书中最动人的部分就是作者对自己和妻子陈芸婚姻生活的追忆。阅读该书卷一"闺房记乐",选择其中 3—5 个片段,排演成情景剧。

【拓展阅读】

闺房记乐[①]

[清]沈复

余生乾隆癸未冬十一月二十有二日,正值太平盛世,且在衣冠之家,后苏州沧浪亭畔,天之厚我可谓至矣。东坡云:"事如春梦了无痕"。苟不记之笔墨,未免有辜彼苍之厚。因思《关雎》冠三百篇之首,被列夫妇于首卷,余以次递及焉。所愧少年失学,稍识之无,不过记其实情实事而已。若必考订其文法,是责明于垢鉴矣。

余幼聘金沙于氏,八龄而夭;娶陈氏。陈名芸,字淑珍,舅氏心余先生女也。生而颖慧,学语时,口授《琵琶行》即能成诵。四龄失怙;母金氏,弟克昌,家徒壁立。芸既长,娴女红,三口仰其十指供给,克昌从师修脯无缺。一日,于书簏中得《琵琶行》,挨字而认,始识

---

① 选自《浮生六记》。据《浮生六记》,[清]沈复著,俞平伯校点,北京:人民文学出版社,1980 年。

字。刺绣之暇,渐通吟咏,有"秋侵人影瘦,霜染菊花肥"之句。余年十三,随母归宁,两小无嫌,得见所作,虽叹其才思隽秀,窃恐其福泽不深;然心注不能释,告母曰:"若为儿择妇,非淑姊不娶。"母亦爱其柔和,即脱金约指缔姻焉。此乾隆乙未七月十六日也。

是中冬,值其堂姊出阁,余又随母往。芸与余同齿而长余十月,自幼姊弟相呼,故仍呼之曰淑姊。时但见满室鲜衣,芸独通体素淡,仅新其鞋而已。见其绣制精巧,询为己作,始知其慧心不仅在笔墨也。其形削肩长项,瘦不露骨,眉弯目秀,顾盼神飞,唯两齿微露,似非佳相。一种缠绵之态,令人之意也消。索观诗稿,有仅一联,或三四句,多未成篇者,询其故,笑曰:"无师之作,愿得知己堪师者敲成之耳。"余戏题其签曰"锦囊佳句"。不知夭寿之机此已伏矣。是夜送亲城外,返已漏三下,腹饥索饵,婢妪以枣脯进,余嫌其甜。芸暗牵余袖,随至其室。见藏有暖粥并小菜焉,余欣然举箸。忽闻芸堂兄玉衡呼曰:"淑妹速来!"芸急闭门曰:"已疲乏,将卧矣。"玉衡挤身而入,见余将吃粥,乃笑睨芸曰:"顷我索粥,汝曰'尽矣',乃藏此专待汝婿耶?"芸大窘避去,上下哗笑之。余亦负气,挈老仆先归。

自吃粥被嘲,再往,芸即避匿,余知其恐贻人笑也。至乾隆庚子正月二十二日花烛之夕,见瘦怯身材依然如昔,头巾既揭,相视嫣然。合卺后,并肩夜膳,余暗于案下握其腕,暖尖滑腻,胸中不觉抨抨作跳。让之食,适逢斋期,已数年矣。暗计吃斋之初,正余出痘之期,因笑谓曰:"今我光鲜无恙,姊可从此开戒否?"芸笑之以目,点之以首。

廿四日为余姊于归,廿三国忌不能作乐,故廿二之夜即为余姊款嫁。芸出堂陪宴,余在洞房与伴娘对酌,拇战辄北,大醉而卧,醒则芸正晓妆未竟也。是日亲朋络绎,上灯后始作乐。廿四子正,余作新舅送嫁,丑末归来,业已灯残人静,悄然入室,伴妪盹于床下,芸卸妆尚未卧,高烧银烛,低垂粉颈,不知观何书而出神若此,因抚其肩曰:"姊连日辛苦,何犹孜孜不倦耶?"芸忙回首起立曰:"顷正欲卧,开橱得此书,不觉阅之忘倦。《西厢》之名闻之熟矣,今始得见,真不愧才子之名,但未免形容尖薄耳。"余笑曰:"唯其才子,笔墨方能尖薄。"伴妪在旁促卧,令其闭门先去。遂与比肩调笑,恍同密友重逢。

芸作新妇,初甚缄默,终日无怒容,与之言,微笑而已。事上以敬,处下以和,井井然未尝稍失。每见朝暾上窗,即披衣急起,如有人呼促者然。余笑曰:"今非吃粥比矣,何尚畏人嘲耶?"芸曰:"曩之藏粥待君,传为话柄。今非畏嘲,恐堂上道新娘懒惰耳。"余虽恋其卧而德其正,因亦随之早起。自此耳鬓相磨,亲同形影,爱恋之情有不可以言语形容者。

而欢娱易过,转瞬弥月。时吾父稼夫公在会稽幕府,专役相迓,受业于武林赵省斋先生门下。先生循循善诱,余今日之尚能握管,先生力也。归来完姻时,原订随侍到馆。闻信之余,心甚怅然,恐芸之对人堕泪。而芸反强颜劝勉,代整行装,是晚但觉神色稍异面已。临行,向余小语曰:"无人调护,自去经心!"及登舟解缆,正当桃李争研之候,而余则恍同林鸟失群,天地异色。

到馆后,吾父即渡江东去。居三月,如十年之隔。芸虽时有书来,必两问一答,半多勉励词,余皆浮套语,心殊怏怏。每当风生竹院,月上蕉窗,对景怀人,梦魂颠倒。先生知其情,即致书吾父,出十题而遣余暂归,喜同戍人得赦。登舟后,反觉一刻如年。及抵家,吾母处问安毕,入房,芸起相迎,握手未通片语,而两人魂魄恍恍然化烟成雾,觉耳中惺然一响,不知更有此身矣。

时当六月,内室炎蒸,幸居沧浪亭爱莲居西间壁,板桥内一轩临流,名曰"我取",取"清斯濯缨,浊斯濯足"意也。檐前老树一株,浓阴覆窗,人画俱绿,隔岸游人往来不绝。此吾父稼夫公垂帘宴客处也。禀命吾母，携芸消夏于此。因暑罢绣，终日伴余课书论古，品月评花而已。芸不善饮，强之可三杯，教以射覆为令。自以为人间之乐，无过于此矣。

一日，芸问曰："各种古文，宗何为是？"余曰："《国策》《南华》取其灵快，匡衡、刘向取其雅健，史迁、班固取其博大，昌黎取其浑，柳州取其峭，庐陵取其宕，'三苏'取其辩。他若贾、董策对，庾、徐骈体，陆贽奏议，取资者不能尽举，在人之慧心领会耳。"芸曰："古文全在识高气雄，女子学之恐难入彀。唯诗之一道，妾稍有领悟耳。"余曰："唐以诗取士，而诗之宗匠必推李、杜。卿爱宗何人？"芸发议曰："杜诗锤炼精纯，李诗潇洒落拓，与其学杜之森严，不如学李之活泼。"余曰："工部为诗家之大成，学者多宗之。卿独取李，何也？"芸曰："格律谨严，词旨老当，诚杜所独擅。但李诗宛如姑射仙子，有一种落花流水之趣，令人可爱。非杜亚于李，不过妾之私心宗杜心浅，爱李心深。"余笑曰："初不料陈淑珍乃李青莲知己。"芸笑曰："妾尚有启蒙师白乐天先生，时感于怀，未尝稍释。"余曰："何谓也？"芸曰："彼非作《琵琶行》者耶？"余笑曰："异哉！李太白是知己；白乐天是启蒙师；余适字三白，为卿婿。卿与'白'字何其有缘耶？"芸笑曰："白字有缘，将来恐白字连篇耳。"（吴音呼别字为"白字"。）相与大笑。余曰："卿既知诗，亦当知赋之弃取。"芸曰："《楚辞》为赋之祖，妾学浅费解。就汉、晋人中调高语炼，似觉相如为最。"余戏曰："当日文君之从长卿，或不在琴而在此乎？"复相与大笑而罢。

余性爽直，落拓不羁；芸若腐儒，迂拘多礼。偶为之整袖，必连声道"得罪"；或递巾授扇，必起身来接。余始厌之，曰："卿欲以礼缚我耶？《语》曰：'礼多必诈。'"芸两颊发赤，曰："恭而有礼，何反言诈？"余曰："恭敬在心，不在虚文。"芸曰："至亲莫如父母，可内敬在心而外肆狂放耶？"余曰："前言戏之耳。"芸曰："世间反目多由戏起。后勿冤妾，令人郁死！"余乃挽之入怀，抚慰之，始解颜为笑。自此"岂敢""得罪"竟成语助词矣。鸿案相庄廿有三年，年愈久而情愈密。家庭之内，或暗室相逢，窄途邂逅，必握手问曰："何处去？"私心忒忒，如恐旁人见之者。实则同行并坐，初犹避人，久则不以为意。芸或与人坐谈，见余至，必起立偏挪其身，余就而并焉。彼此皆不觉其所以然者，始以为惭，继成不期然而然。独怪老年夫妇相视如仇者，不知何意？或曰："非如是，焉得白头偕老哉！"斯言诚然欤？

是年七夕，芸设香烛瓜果，同拜天孙于"我取轩"中。余镌"愿生生世世为夫妇"图章二方，余执朱文，芸执白文，以为往来书信之用。是夜月色颇佳，俯视河中，波光如练，轻罗小扇，并坐水窗，仰见飞云过天，变态万状。芸曰："宇宙之大，同此一月，不知今日世间亦有如我两人之情兴否？"余曰："纳凉玩月，到处有之。若品论云霞，或求之幽闺绣闼，慧心默证者固亦不少。若夫妇同观，所品论者恐不在此云霞耳。"未几，烛烬月沉，撤果归卧。

七月望，俗谓之"鬼节"。芸备小酌，拟邀月畅饮。夜忽阴云如晦，芸愀然曰："妾能与君白头偕老，月轮当出。"余亦索然。但见隔岸萤光明灭万点，梳织于柳堤蓼渚间。余与芸联句以遣闷怀，而两韵之后，逾联逾纵，想入非夷，随口乱道。芸已漱涎涕泪，笑倒余怀，不能成声矣。觉其鬓边茉莉浓香扑鼻，因拍其背，以他词解之曰："想古人以茉莉形色如珠，故供助妆压鬓，不知此花必沾油头粉面之气。其香更可爱，所供佛手当退三舍矣。"芸乃止笑曰："佛手乃香中君子，只在有意无意间；茉莉是香中小人，故须借人之势，其香也如胁肩谄笑。"余曰："卿何远君子而近小人？"芸曰："我笑君子爱小人耳。"正话间，漏已三滴，渐见风扫云开，一轮涌出。乃大喜，倚窗对酌。酒未三杯，忽闻桥下哄然一声，如有人堕。就窗细瞩，波明如镜，不见一物，惟闻河滩有只鸭急奔声。余知沧浪亭畔素有溺鬼，恐芸胆怯，未敢即言。芸曰："噫！此声也，胡为乎来哉？"不禁毛骨皆栗。急闭窗，携酒归房。一灯如豆，罗帐低垂，弓影杯蛇，惊神未定。剔灯入帐，芸已寒热大作。余亦继之，困顿两旬。真所谓乐极灾生，亦是白头不终之兆。

中秋日，余病初愈。以芸半年新妇，未尝一至间壁之沧浪亭，先令老仆约守者勿放闲人。于将晚时，偕芸及余幼妹，一妪一婢扶焉。老仆前导，过石桥，进门折东，曲径而入，叠石成山，林木葱翠。亭在土山之巅，循级至亭心，周望极目可数里，炊烟四起，晚霞灿然。隔岸名"近山林"，为大宪行台宴集之地，时正谊书院犹未启也。携一毯设亭中，席地环坐，守者烹茶以进。少焉，一轮明月已上林梢，渐觉风生袖底，月到被心，俗虑尘怀，爽然顿释。芸曰："今日之游乐矣！若驾一叶扁舟，往来亭下，不更快哉！"时已上灯，忆及七月十五夜之惊，相扶下亭而归。吴俗，妇女是晚不拘大家小户皆出，结队而游，名曰"走月亮"。沧浪亭幽雅清旷，反无一人至者。

吾父稼夫公喜认义子，以故余异姓弟兄有二十六人。吾母亦有义女九人，九人中王二姑、俞六姑与芸最和好。王痴憨善饮，俞豪爽善谈。每集，必逐余居外，而得三女同榻：此俞六姑一人计也。余笑曰："俟妹于归后，我当邀妹丈来，一住必十日。"俞曰："我亦来此，与嫂同榻，不大妙耶？"芸与王微笑而已。

时为吾弟启堂娶妇，迁居钦马桥之米仓巷，屋虽宏畅，非复沧浪亭之幽雅矣。吾母诞辰演剧，芸初以为奇观。吾父素无忌讳，点演《惨别》等剧，老伶刻画，见者情动。余窥帘见芸忽起去，良久不出，入内探之。俞与王亦继至。见芸一人支颐独坐镜奁之侧，余曰："何不快乃尔？"芸曰："观剧原以陶情，今日之戏徒令人断肠耳。"俞与王皆笑之。余曰："此深于情者也。"俞曰："嫂将竟日独坐于此耶？"芸曰："俟有可观者再往耳。"王闻言先出，请吾母点《刺梁》《后索》等剧，劝芸出观，始称快。

余堂伯父素存公早亡，无后，吾父以余嗣焉。墓在西跨塘福寿山祖茔之侧，每年春日必挈芸拜扫。王二姑闻其地有戈园之胜，请同往。芸见地下小乱石有苔纹，斑驳可观，指示余曰："以此叠盆山，较宣州白石为古致。"余曰："若此者恐难多得。"王曰："嫂果爱此，我为拾。"即向守坟者借麻袋一，鹤步而拾之。每得一块，余曰"善"，即收之；余曰"否"，即去之。未几，粉汗盈盈，拽袋返曰："再拾则力不胜矣。"芸且拣且言曰："我闻山果收获，必借猴力，果然！"王愤撮十指作哈痒状。余横阻之，责芸曰："人劳汝逸，犹作此语，无怪妹之动愤也。"归途游戈园，稚绿娇红，争妍竞媚。王素憨，逢花必折。芸叱曰："既无瓶养，又不簪戴，多折何为！"王曰："不知痛痒者何害？"余笑曰："将来罚嫁麻面多须郎，为花泄忿。"王怒余以目，掷花于地，以莲钩拨入池中，曰，"何欺侮我之甚也！"芸笑解之而罢。

芸初缄默，喜听余议论。余调其言，如蟋蟀之用纤草，渐能发议。其每日饭必用茶泡。喜用茶泡食芥卤乳腐，吴俗呼为"臭乳腐"；又喜食虾卤瓜。此二物余生平所最恶者，因戏之曰："狗无胃而食粪，以其不知臭秽；蜣螂团粪而化蝉，以其欲修高举也。卿其狗耶？蝉耶？"芸曰："腐取其价廉而可粥可饭，幼时食惯。今至君家已如蜣螂化蝉，犹喜食之者，不忘本也；至卤瓜之味，到此初尝耳。"余曰："然则我家系狗窦耶？"芸窘而强解曰："夫粪，人家皆有之，要在食与不食之别耳。然君喜食蒜，妾亦强啖之。腐不敢强，瓜可扼鼻略尝，入咽当知其美。此犹无盐貌丑而德美也。"余笑曰："卿陷我作狗耶？"芸曰："妾作狗久矣，屈君试尝之。"以箸强塞余口。余掩鼻咀嚼之，似觉脆美，开鼻再嚼，竟成异味。从此亦喜食。芸以麻油加白糖少许拌卤腐，亦鲜美；以卤瓜捣烂拌卤腐，名之曰"双鲜酱"，有异味。余曰："始恶而终好之，理之不可解也。"芸曰："情之所钟，虽丑不嫌。"

余启堂弟妇，王虚舟先生孙女也，催妆时偶缺珠花。芸出其纳采所受者呈吾母，婢妪旁惜之。芸曰："凡为妇人，已属纯阴。珠乃纯阴之精，用为首饰，阳气全克矣，何贵焉？"而于破书残画反极珍惜：书之残缺不全者，必搜集分门，汇订成帙，统名之曰"继简残编"；字画之破损者，必觅故纸粘补成幅，有破缺处，倩予全好而卷之，名曰"弃余集赏"。于女红中馈之暇，终日琐琐，不惮烦倦。芸于破笥烂卷中，偶获片纸可观者，如得异宝。旧邻冯妪每收乱卷卖之。

其癖好与余同，且能察眼意，懂眉语，一举一动，示之以色，无不头头是道。余尝曰："惜卿雌而伏，苟能化女为男，相与访名山，搜胜迹，遨游天下，不亦快哉！"芸曰："此何难，俟妾鬓斑之后，虽不能远游五岳，而近地之虎阜、灵岩，南至西湖，北至平山，尽可偕游。"余曰："恐卿鬓斑之日，步履已艰。"芸曰："今世不能，期以来世。"余曰："来世卿当作男，我为女子相从。"芸曰："必得不昧今生，方觉有情趣。"余笑曰："幼时一粥犹谈不了，若来世不昧今生，合卺之夕，细谈隔世，更无合眼时矣。"芸曰："世传月下老人专司人间婚姻事，今生夫妇已承牵合，来世姻缘亦须仰借神力，盍绘一像祀之？"时有苕溪戚柳堤名遵，善写人物，倩绘一像：一手挽红丝，一手携杖悬姻缘簿，童颜鹤发，奔驰于非烟非雾中。此戚君得意笔也。友人石琢堂为题赞语于首，悬之内室。每逢朔望，余夫妇必焚香拜祷。后因家庭多故，此画竟失所在，不知落在谁家矣。"他生未卜此生休"，两人痴情，果邀神鉴耶？

迁仓米巷，余颜其卧楼曰"宾香阁"，盖以芸名而取如宾意也。院窄墙高，一无可取。后有厢，通藏书处，开窗对陆氏废园，但有荒凉之象。沧浪风景，时切芸怀。有老妪居金母桥之东，埂巷之北。绕屋皆菜圃，编篱为门。门外有池约亩许，花光树影，错杂篱边。其地即元末张士诚王府废基也。屋西数武，瓦砾堆成土山，登其巅可远眺，地旷人稀，颇饶野趣。妪偶言及，芸神往不置，谓余曰："自别沧浪，梦魂常绕。今不得已而思其次，其老妪之居乎？"余曰："连朝秋暑灼人，正思得一清凉地以消长昼。卿若愿往，我先观其家可居，即襆被而往，作一月盘桓何如？"芸曰："恐堂上不许。"余曰："我自请之。"越日至其地，屋仅二间，前后隔而为四，纸窗竹榻，颇有幽趣。老妪知余意，欣然出其卧室为赁，四壁糊以白纸，顿觉改观。于是禀知吾母，挈芸居焉。邻仅老夫妇二人，灌园为业，知余夫妇避暑于此，先来通殷勤，并钓池鱼、摘园蔬为馈。偿其价，不受；芸作鞋报之，始谢而受。时方七月，绿树阴浓，水面风来，蝉鸣聒耳。邻老又为制鱼竿，与芸垂钓于柳阴深处。日落时，登土山，观晚霞夕照，随意联吟，有"兽云吞落日，弓月弹流星"之句。少焉，月印池中，虫声四起，设竹榻于篱下。老妪报酒温饭熟，遂就月光对酌，微醺而饭。浴罢则凉鞋蕉扇，或坐或卧，听邻老谈因果报应事。三鼓归卧，周体清凉，几不知身居城市矣。篱边倩邻老购菊，遍植之。九月花开，又与芸居十日。吾母亦欣然来观，持螯对菊，赏玩竟日。芸喜曰："他年当与君卜筑于此，买绕屋菜园十亩，课仆妪，植瓜蔬，以供薪水。君画我绣，以为持酒之需。布衣菜饭可乐终身，不必作远游计也。"余深然之。今即得有境地，预知已沦亡，可胜浩叹！

离余家中里许，醋库巷有洞庭君祠，俗呼"水仙庙"。回廊曲折，小有园亭。每逢神诞，众姓各认一落，密悬一式之玻璃灯，中设宝座，旁列瓶几，插花陈设，以较胜负。日惟演戏，夜则参差高下插烛于瓶花间，名曰"花照"。花光好影，宝鼎香浮，若龙宫夜宴。司事者或笙箫歌唱，或煮茗清谈。观者如蚁集，檐下皆设栏为限。余为众友邀去，插花布置，因得躬逢其盛。归家向芸艳称之。芸曰："惜妾非男子，不能往。"余曰："冠我冠，衣我衣，亦化女为男之法也。"于是易鬟为辫,添扫蛾眉;加余冠,微露两鬓,尚可掩饰;服余衣,长一寸又半;于腰间折而缝之,外加马褂。芸曰:"脚下将奈何?"余曰:"坊间有蝴蝶履,大小由之,购亦极易,且早晚可代撒鞋之用,不亦善乎?"芸欣然。及晚餐后,装束既毕,效男子拱手阔步者良久,忽变卦曰:"妾不去矣。为人识出既不便,堂上闻之又不可。"余怂恿曰:"庙中司事者谁不知我,即识出亦不过付之一笑耳。吾母现在九妹丈家,密去密来,焉得知之?"芸揽镜自照,狂笑不已。余强挽之,悄然径去。遍游庙中,无识出为女子者。或问何人,以表弟对,拱手而已。最后至一处,有少妇、幼女坐于所设宝座后,乃杨姓司事者之眷属也。芸忽趋彼通款曲,身一侧,而不觉一按少妇之肩。旁有婢媪怒而起曰:"何物狂生,不法乃尔!"余欲为措词掩饰,芸见势恶,即脱帽翘足示之,曰:"我亦女子耳。"相与愕然,转怒为欢。留茶点,唤肩舆送归。

吴江钱师竹病殁,吾父信归,命余往吊。芸私调余曰:"吴江必经太湖,妾欲偕往,一宽跟界。"余曰:"正虑独行踽踽,得卿同行固妙,但无可托词耳。"芸曰,"托言归宁。君先登舟,妾当继至。"余曰:"若然,归途当泊舟万年桥下,与卿待月乘凉,以续沧浪韵事。"时六月十八日也。是日早凉,携一仆先至胥江渡口,登舟而待。芸果肩舆至。解维出虎啸桥,渐见风帆沙鸟,水天一色。芸曰:"此即所谓太湖耶?今得见天地之宽,不虚此生矣。想闺中人有终身中能见此者!"闲话未几,风摇岸柳,已抵江城。

余登岸拜奠毕,归视舟中洞然,急询舟子。舟子指曰:"不见长桥柳阴下观鱼鹰捕鱼者乎?"盖芸已与船家女登岸矣。余至其后,芸犹粉汗盈盈,倚女而出神焉。余拍其肩曰:"罗衫汗透矣!"芸回首曰:"恐钱家有人到舟,故暂避之。君何回来之速也?"余笑曰:"欲捕逃耳。"于是相挽登舟,返棹至万年桥下,阳乌犹未落山。八窗尽落,清风徐来,纨扇罗衫,剖瓜解暑。少焉,霞映桥红,烟笼柳暗,银蟾欲上,渔火满江矣。命仆至船梢与舟子同饮。船家女名素云,与余有杯酒交,人颇不俗,招之与芸同坐。船头不张灯火,待月快酌,射覆为令。素云双目闪闪,听良久,曰:"觞政侬颇娴习,从未闻有斯令,愿受教。"芸即譬其言而开导之,终茫然。余笑曰:"女先生且罢论。我有一言作譬,即了然矣。"芸曰:"君若何譬之?"余曰:"鹤善舞而不能耕,牛善耕而不能舞,物性然也。先生欲反而教之,无乃劳乎?"素云笑捶余肩曰:"汝骂我耶!"芸出令曰:"只许动口,不许动手。违者罚大觥。"素云量豪,满斟一觥,一吸而尽。余曰:"动手但准摸索,不准捶人。"芸笑挽素云置余怀,曰:"请君摸索畅怀。"余笑曰:"卿非解人。摸索在有意无意间耳;拥而狂探,田舍郎之所为也。"时四鬓所簪茉莉,为酒气所蒸,杂以粉汗油香,芳馨透鼻。余戏曰:"小人臭味充满船头,令人作恶。"素云不禁握拳连捶曰:"谁教汝狂嗅耶?"芸呼曰:"违令!罚两大觥。"素云曰:"彼又以小人骂我,不应捶耶?"芸曰:"彼之所谓小人,益有故也。请干此,当告汝。"素云乃连尽两觥,芸乃告以沧浪旧居乘凉事。素云曰:"若然,真错怪矣。当再罚。"又干一觥。芸曰:"久闻素娘善歌,可一聆妙音否?"素即以象箸击小碟而歌。芸欣然畅饮,不觉酩酊,乃乘舆先归。余又与素云茶话片刻,步月而回。时余寄居友人鲁半舫家萧爽楼中,越数日,鲁夫人误有所闻,私告芸曰:"前日闻若婿挟两妓饮于万年桥舟中。子知之否?"芸曰:"有之。其一即我也。"因以偕游始末详告之。鲁大笑,释然而去。

乾隆甲寅七月,亲自粤东归。有同伴携妾回者,曰徐秀峰,余之表妹婿也。艳称新人之美,邀芸往观。芸他日谓秀峰曰:"美则美矣,韵犹未也。"秀峰曰:"然则若郎纳妾,必美而韵者乎?"芸曰:"然。"从此痴心物色,而短于资。时有浙妓温冷香者,寓于吴,有《咏柳絮》四律,沸传吴下,好事者多和之。余友吴江张闲憨素赏冷香,携柳絮诗索和。芸微其人而置之。余技痒而和其韵,中有"触我春愁偏婉转,撩他离绪更缠绵"之句,芸甚击节。

　　明年乙卯秋八月五日,吾母将挈芸游虎邱。闲憨忽至曰:"余亦有虎邱之游。今日特邀君作探花使者。"因请吾母先行,期于虎邱半塘相晤。拉余至冷香寓,见冷香已半老。有女名憨园,瓜期未破,亭亭玉立,真"一泓秋水照人寒"者也。款接间,颇知文墨。有妹文园,尚雏。余此时初无痴想,且念一杯之叙非寒士所能酬;而既入个中,私心忐忑,强为酬答。因私谓闲憨曰:"余贫士也,子以尤物玩我乎?"闲憨笑曰:"非也。今日有友人邀憨园答我,席主为尊客拉去,我代客转邀客。毋烦他虑也。"余始释然。

　　至半塘,两舟相遇,令憨园过舟叩见吾母。芸、憨相见,欢同旧识,携手登山,备览名胜。芸独爱千顷云高旷,坐赏良久。返至野芳滨,畅饮甚欢,并舟而泊。及解维,芸谓余曰:"子陪张君,留憨陪妾可乎?"余诺之。返棹至都中桥,始过船分袂。归家已三鼓。芸曰:"今日得见美而韵者矣!顷已约憨园明日过我,当为于图之。"余骇曰:"此非金屋不能贮,穷措大岂敢生此妄想哉?况我两人伉俪正笃,何必外求?"芸笑曰:"我自爱之,子姑待之。"

　　明午,憨果至。芸殷勤款接,筵中以猜枚赢吟输饮为令,终席无一罗致语。及憨园归,芸曰:"顷又与密约十八日来此结为姊妹,子宜备牲牢以待。"笑指臂上翡翠钏曰:"若见此钏属于憨,事必谐矣。顷已吐意,未深结其心也。"余姑听之。

　　十八日大雨,憨竟冒雨至。入室良久,始挽手出,见余有羞色,盖翡翠钏已在憨臂矣。焚香结盟后,拟再续前饮。适憨有石湖之游,即别去。芸欣然告余曰:"丽人已得,君何以谢媒耶?"余询其详。芸曰:"向之秘言,恐憨意另有所属也。顷探之无他,语之曰:'妹知今日之意否?'憨曰:'蒙夫人抬举,真蓬蒿倚玉树也。但吾母望我奢,恐难自主耳。愿彼此缓图之。'脱钏上臂时,又语之曰:'玉取其坚,且有团圞不断之意。妹试笼之,以为先兆。'憨曰:'聚合之权总在夫人也。'即此观之,憨心已得。所难必者,冷香耳。当再图之。"余笑曰:"卿将效笠翁之《怜香伴》耶?"芸曰:"然。"自此无日不谈憨园矣。

　　后憨为有力者夺去,不果。芸竟以之死。

19. 丧葬

薤上露，何易晞！露晞明朝更复落，人死一去何时归？
——［汉］佚名《薤露》

【阅读导语】

丧葬，和婚姻一样是人生中的大事。但它不只是家族内部的事务，还关系到整个社会的道德秩序。在注重伦理、讲究尊卑的传统宗法社会里，丧葬制度表现出等级分明和形式繁冗的特点，不同社会地位的人连"死"都有不同的说法："天子死曰'崩'，诸侯曰'薨'，大夫曰'卒'，士曰'不禄'，庶人曰'死'。"（《礼记·曲礼下》）

古人把亲人——特别是父母的丧事看作极为重要的大事，形成了一套严格的丧礼制度。父母过世，子女必须"居丧"，《礼记》和《仪礼》对于居丧期间的饮食、居处、哭泣、容体、言语、衣服以及丧期都有明确规定。例如：孝子三天内不能吃东西，出殡后每日早晚喝一点粥，一百天后可以吃糙米饭，一年后才能吃蔬菜水果。丧期为三年，其间不得外出工作，官员必须辞职；要住在临时搭建的草棚里；不得嫁娶，禁止一切娱乐活动。亲人去世后，所有亲属都要穿着丧服。丧服，按照亲疏关系，由重至轻分为"斩衰（cuī）""齐（zī）衰""大功""小功""缌（sī）麻"五个等级，称为"五服"。每一种服制都有特定的居丧服饰、居丧时间和行为限制。此外，墓地的大小和坟的高低，甚至墓碑的形状，也都按照死者的社会地位有所区别。

在汉代，居丧制度对于贵族尤为严格。汉武帝刘彻的孙子刘贺，甚至因为居丧期间饮酒吃肉、寻欢作乐，被废去帝位。南北朝时，居丧三年被列入刑律。居丧制度到唐代全面法律化。《唐律疏议》规定，居父母之丧，"丧制未终，释服从吉，若忘哀作乐，徒三年"。《大清律》则规定："凡居父母及夫丧而身嫁娶者，杖一百。"

第三部分 生活与民俗

祭十二郎文①

[唐]韩愈

年、月、日,季父愈闻汝丧之七日②,乃能衔哀致诚③,使建中远具时羞之奠④,告汝十二郎之灵:

呜呼!吾少孤⑤,及长,不省所怙⑥,惟兄嫂是依。中年,兄殁南方⑦,吾与汝俱幼,从嫂归葬河阳⑧。既又与汝就食江南⑨,零丁孤苦,未尝一日相离也。吾上有三兄,皆不幸早世⑩。承先人后者⑪,在孙惟汝,在子惟吾。两世一身⑫,形单影只。嫂尝抚汝指吾而言曰:"韩氏两世,惟此而已!"汝时尤小,当不复记忆。吾时虽能记忆,亦未知其言之悲也。

吾年十九,始来京城。其后四年,而归视汝。又四年,吾往河阳省坟墓⑬,遇汝从嫂丧来葬。又二年,吾佐董丞相于汴州⑭,汝来省吾,止一岁⑮,请归取其孥⑯。明年,丞

---

① 据《韩昌黎文集校注(第2版)》,[唐]韩愈著,马其昶校注,马茂元整理,上海:上海古籍出版社,2014年。十二郎:指韩愈的侄子韩老成。韩愈兄弟三人,长兄韩会无子嗣,二兄韩介有两个儿子,长子百川,次子老成。韩老成后来过继给了韩会,因在族中排行十二,故称"十二郎"。韩愈幼年丧父,由韩会夫妇抚养,和年龄相仿的韩老成相依为命,情如兄弟。
② 季父:父辈中排行最末的叔父。
③ 衔哀:心怀哀痛。致诚:表达诚挚的情意。
④ 建中:和下文中的"耿兰"可能都是韩愈家仆。时羞:应时的食品。羞,同"馐"。
⑤ 孤:幼年丧父。
⑥ 省(xǐng):知道。所怙(hù):所依靠的人,特指父亲。怙,依靠。《诗经·小雅·蓼莪》:"无父何怙?无母何恃?"
⑦ 中年,兄殁南方:韩愈长兄韩会43岁死在韶州(今广东韶关)刺史任上,当时同在韶州的韩愈只有11岁。
⑧ 河阳:今河南孟州。韩氏祖坟所在地。
⑨ 就食江南:指随嫂迁家,避居宣州(今安徽宣城)。因韩氏在宣州置有田宅别业。
⑩ 吾上有三兄:除韩会、韩介外,韩愈应还有一哥哥,可能死时尚幼,未及取名。一说"吾"指我们(韩愈和韩老成),"三兄"指韩愈的两个哥哥和韩老成的哥哥韩百川(韩介的长子)。世:同"逝"。
⑪ 先人:这里指韩愈死去的父亲韩仲卿。
⑫ 两世一身:指子辈和孙辈都只剩一个男丁。
⑬ 省坟墓:即扫墓。
⑭ 董丞相:指董晋,贞元年间出任同中书门下平章事(相当于宰相)。汴州:今河南开封。
⑮ 止:住。
⑯ 取:接。孥(nú):妻儿。

相继①，吾去汴州，汝不果来②。是年，吾佐戎徐州③，使取汝者始行，吾又罢去，汝又不果来。吾念汝从于东④，东亦客也，不可以久。图久远者，莫如西归，将成家而致汝。呜呼！孰谓汝遽去吾而殁乎⑤！吾与汝俱少年，以为虽暂相别，终当久相与处，故舍汝而旅食京师，以求斗斛之禄⑥。诚知其如此，虽万乘之公相⑦，吾不以一日辍汝而就也⑧！

去年，孟东野往⑨，吾书与汝曰："吾年未四十，而视茫茫，而发苍苍，而齿牙动摇。念诸父与诸兄皆康强而早世，如吾之衰者，其能久存乎？吾不可去，汝不肯来，恐旦暮死，而汝抱无涯之戚也⑩！"孰谓少者殁而长者存，强者夭而病者全乎！

呜呼！其信然邪？其梦邪？其传之非其真邪？信也，吾兄之盛德而夭其嗣乎？汝之纯明而不克蒙其泽乎⑪？少者、强者而夭殁，长者、衰者而存全乎？未可以为信也，梦也，传之非其真也，东野之书、耿兰之报何为而在吾侧也？呜呼！其信然矣！吾兄之盛德而夭其嗣矣！汝之纯明宜业其家者，不克蒙其泽矣⑫！所谓天者诚难测，而神者诚难明矣！所谓理者不可推，而寿者不可知矣⑬！

虽然，吾自今年来，苍苍者或化而为白矣，动摇者或脱而落矣。毛血日益衰⑭，志气日益微⑮，几何不从汝而死也⑯。死而有知，其几何离⑰？其无知，悲不几时，而不悲者无穷期矣！汝之子始十岁⑱，吾之子始五岁⑲。少而强者不可保，如此孩提者，又可冀其成立邪⑳？呜呼哀哉！呜呼哀哉！

汝去年书云："比得软脚病㉑，往往而剧。"吾曰："是疾也，江南之人常常有之。"未始以为忧也。呜呼！其竟以此而殒其生乎？抑别有疾而至斯极乎？汝之书，六月十七日也；东野云，汝殁以六月二日；耿兰之报无月日。盖东野之使者不知问家人以月日，如耿兰之报不知当言月日，东野与吾书，乃问使者，使者妄称以应之耳。其然乎？

———————————

① 薨(hōng)：古代称诸侯或有爵位的大官死去。
② 不果：未能。
③ 佐戎：辅助军务。
④ 东：这里指河阳以东的汴州和徐州。
⑤ 遽(jù)：骤然。
⑥ 斗斛(hú)之禄：指微薄的俸禄。斗、斛，古代容量单位，十斗为一斛。
⑦ 万乘(shèng)之公相：指高官厚禄。万乘，即万乘之国，有一万辆兵车的大国。
⑧ 辍(chuò)：舍弃。就：就职。
⑨ 孟东野：即孟郊，字东野，韩愈诗友。当时孟郊在溧阳(今属江苏溧阳)当官，离宣州不远。
⑩ 无涯之戚：无尽的悲伤。涯，边。戚，忧伤。
⑪ 纯明：纯朴贤明。不克：不能。蒙：承受。
⑫ 业其家：继承家业。
⑬ 推：推究。
⑭ 毛血：指体质。
⑮ 志气：指精神。
⑯ 几何不从汝而死也：过不了多久就要跟着你死去了。几何不，即"不几何"，不多久。
⑰ 其几何离：分离的时间还有多长？
⑱ 汝之子：指韩老成长子韩湘。韩老成有两个儿子，次子韩滂过继给了哥哥韩百川。
⑲ 吾之子：指韩愈长子韩昶。
⑳ 成立：成长到可以自立。
㉑ 比：近来。软脚病：即脚气病。

其不然乎?

今吾使建中祭汝,吊汝之孤与汝之乳母①。彼有食,可守以待终丧②,则待终丧而取以来;如不能守以终丧,则遂取以来。其余奴婢,并令守汝丧。吾力能改葬,终葬汝于先人之兆③,然后惟其所愿。

呜呼!汝病,吾不知时;汝殁,吾不知日。生不能相养以共居,殁不得抚汝以尽哀④,敛不凭其棺⑤,窆不临其穴⑥。吾行负神明而使汝夭,不孝不慈,而不得与汝相养以生、相守以死。一在天之涯,一在地之角,生而影不与吾形相依,死而魂不与吾梦相接。吾实为之,其又何尤⑦?彼苍者天,曷其有极⑧!

自今已往,吾其无意于人世矣。当求数顷之田于伊颍之上,以待余年⑨;教吾子与汝子,幸其成⑩;长吾女与汝女,待其嫁。如此而已。

呜呼!言有穷而情不可终,汝其知也邪?其不知也邪?呜呼哀哉!尚飨⑪!

亡妻王氏墓志铭⑫

[宋]苏轼

治平二年五月丁亥⑬,赵郡苏轼之妻王氏卒于京师⑭。六月甲午⑮,殡于京城之西⑯。其明年六月壬午⑰,葬于眉之东北彭山县安镇乡可龙里⑱,先君、先夫人墓之西北八步⑲。轼铭其墓曰:

---

① 吊:哀悼,慰问。孤:指韩老成的儿子。
② 终丧:守满三年丧期。
③ 兆:墓地。
④ 抚汝以尽哀:指抚尸恸哭。古代丧礼的规矩。
⑤ 敛:同"殓"。即大殓,尸体入棺。凭:靠。
⑥ 窆(biǎn):下葬。
⑦ 其又何尤:又能怨谁?
⑧ 彼苍者天,曷其有极:老天爷啊,我的痛苦什么时候才能到头!《诗经·唐风·鸨羽》:"悠悠苍天,曷其有极!"
⑨ 伊颍之上:指韩愈的家乡。伊颍,伊水和颍水,位于今河南省。
⑩ 幸:希望。
⑪ 尚飨(xiǎng):古代祭文结语,意为请死者享用祭品。
⑫ 据《苏轼文集》,孔凡礼点校,北京:中华书局,1986年。
⑬ 治平二年五月丁亥:即1065年7月4日。治平,北宋英宗年号。
⑭ 赵郡:今河北赵县。苏轼祖籍所在地。
⑮ 六月甲午:即1065年7月11日。
⑯ 殡:死者入殓后停柩以待葬。
⑰ 六月壬午:治平三年(1066)六月无壬午日。疑误。
⑱ 眉:指眉州。今四川眉山。
⑲ 先君、先夫人:对已故父母的尊称。

君讳弗①，眉之青神人，乡贡进士方之女②。生十有六年而归于轼③，有子迈。君之未嫁，事父母；既嫁，事吾先君、先夫人，皆以谨肃闻④。其始，未尝自言其知书也。见轼读书，则终日不去，亦不知其能通也。其后，轼有所忘，君辄能记之。问其他书，则皆略知之。由是始知其敏而静也。

　　从轼官于凤翔⑤，轼有所为于外，君未尝不问知其详。曰："子去亲远，不可以不慎。"日以先君之所以戒轼者相语也。轼与客言于外，君立屏间听之，退必反复其言，曰："某人也，言辄持两端⑥，惟子意之所向。子何用与是人言！"有求与轼亲厚甚者，君曰："恐不能久。其与人锐⑦，其去人必速⑧。"已而果然。将死之岁，其言多可听，类有识者⑨。其死也，盖年二十有七而已。始死，先君命轼曰："妇从汝于艰难，不可忘也。他日汝必葬诸其姑之侧⑩。"未期年而先君没⑪，轼谨以遗令葬之。铭曰：

　　君得从先夫人于九泉⑫，余不能。呜呼哀哉！余永无所依怙⑬。君虽没，其有与为妇，何伤乎⑭？呜呼哀哉！

江城子⑮

乙卯正月二十日夜记梦⑯

[宋] 苏轼

　　十年生死两茫茫⑰，不思量，自难忘。千里孤坟⑱、无处话凄凉。纵使相逢应不识，尘满面，鬓如霜。

　　夜来幽梦忽还乡，小轩窗，正梳妆。相顾无言、惟有泪千行。料得年年断肠处，明

---

① 讳：指死者的名字。
② 乡贡进士：指从各州选送到中央参加进士考试而未能擢第的士子。
③ 归：嫁。
④ 谨肃：谨慎恭敬。
⑤ 凤翔：今陕西凤翔。
⑥ 持两端：采取模棱两可的态度。
⑦ 锐：急切。
⑧ 去：抛弃。
⑨ 有识者：有真知灼见的人。
⑩ 姑：婆婆。指苏轼母亲的程氏。
⑪ 期(jī)年：满一年。
⑫ 九泉：指墓地。
⑬ 所依怙(hù)：这里指父母。参见本单元选文《祭十二郎文》注释"所怙"条。
⑭ 君虽没，其有与为妇，何伤乎：你虽然死了，但还能给人做儿媳，(我)又有什么好难过的呢？
⑮ 据《苏轼词编年校注》，邹同庆、王宗堂著，北京：中华书局，2002年。
⑯ 乙卯：即北宋熙宁八年(1075)。
⑰ 十年：指作者的结发妻子王弗去世已十年。
⑱ 千里：王弗葬于眉州(今四川眉山)，苏轼当时的任所在密州(今山东诸城)，两地相隔遥远。

月夜,短松冈。

自为墓志铭①

[明]张岱

蜀人张岱,陶庵其号也。少为纨绔子弟②,极爱繁华,好精舍③,好美婢,好娈童④,好鲜衣,好美食,好骏马,好华灯,好烟火,好梨园⑤,好鼓吹,好古董,好花鸟,兼以茶淫橘虐⑥,书蠹诗魔⑦。劳碌半生,皆成梦幻。年至五十,国破家亡⑧,避迹山居。所存者,破床碎几,折鼎病琴,与残书数帙、缺砚一方而已。布衣蔬食,常至断炊。回首二十年前,真如隔世。

常自评之,有七不可解:向以韦布而上拟公侯⑨,今以世家而下同乞丐,如此则贵贱紊矣⑩,不可解一;产不及中人而欲齐驱金谷⑪,世颇多捷径而独株守於陵⑫,如此则贫富舛矣⑬,不可解二;以书生而践戎马之场⑭,以将军而翻文章之府,如此则文武错矣,不可解三;上陪玉皇大帝而不谄,下陪悲田院乞儿而不骄⑮,如此则尊卑混矣,不可解四;弱则唾面而肯自干⑯,强则单骑而能赴敌,如此则宽猛背矣,不可解五;夺利争名甘居人后,观场游戏肯让人先⑰,如此则缓急谬矣,不可解六;博弈摴蒱则不知胜负⑱,

---

① 选自《张岱诗文集(增订本)》,[明]张岱著,夏咸淳辑校,上海:上海古籍出版社,2014年。
② 纨(wán)绔(kù)子弟:指成天吃喝玩乐、不务正业的富家子弟。纨绔,用细绢做的裤子。
③ 精舍:精致的房舍。
④ 娈(luán)童:被当作女性玩弄的美貌男孩。娈,美好。
⑤ 梨园:戏曲班子。这里借指戏曲。
⑥ 茶淫橘虐:指酷爱品茶和下象棋。淫、虐,过分喜爱。橘,即"橘中戏",指象棋。牛僧孺《玄怪录·巴邛人》记载,古时有一巴邛人家橘园,霜后两橘大如三斗盎。剖开,有二老叟相对象戏,谈笑自若。一叟曰:'橘中之乐不减商山。'"后遂以"橘中乐"或"橘中戏"指代象棋。明人著有象棋谱《橘中秘》。
⑦ 书蠹(dù):书虫。
⑧ 国破:见"9.散文"选文《〈陶庵梦忆〉三则·自序》注释"国破"条。
⑨ 韦布:韦带和布衣。借指平民身份。
⑩ 紊(wěn):乱。
⑪ 金谷:借指西晋富豪石崇。参见"14.家园"选文《春夜宴从弟桃花园序》注释"罚依金谷酒数"条。
⑫ 於(wū)陵:战国时齐国城邑,位于今山东邹平,齐国陈仲子曾在此隐居。借指隐居生活。
⑬ 舛(chuǎn):错乱。
⑭ 戎马之场:战场。戎马,指军事生活。
⑮ 悲田院:官方举办的乞丐收容机构。也指乞丐聚居的地方。佛教认为救济贫苦有无量功德,所以把贫苦众生称为"悲田"。
⑯ 唾面而肯自干:别人往自己脸上吐口水,不擦掉而等它自己干。指接受了侮辱,极度容忍,不加反抗。
⑰ 肯:表示反问,相当于"岂"。
⑱ 博弈:下棋。摴(chū)蒱(pú):一种类似掷色子的博戏。

啜茶尝水则能辨渑淄①,如此则智愚杂矣,不可解七。有此七不可解,自且不解,安望人解?故称之以富贵人可,称之以贫贱人亦可;称之以智慧人可,称之以愚蠢人亦可;称之以强项人可②,称之以柔弱人亦可;称之以卞急人可③,称之以懒散人亦可。学书不成,学剑不成,学节义不成,学文章不成,学仙学佛、学农学圃俱不成。任世人呼之为败子,为废物,为顽民,为钝秀才,为瞌睡汉,为死老魅也已矣。

初字宗子,人称石公,即字石公。好著书,其所成者,有《石匮书》《张氏家谱》《义烈传》《琅嬛文集》《明易》《大易用》《史阙》《四书遇》《梦忆》《说铃》《昌谷解》《快园道古》《傒囊十集》《西湖梦寻》《一卷冰雪文》行世④。生于万历丁酉八月二十五日卯时⑤,鲁国相大涤翁之树子也⑥,母曰陶宜人。幼多痰疾⑦,养于外大母马太夫人者十年⑧。外太祖云谷公宦两广⑨,藏生牛黄丸盈数簏⑩,自余囡地以至十有六岁⑪,食尽之而厥疾始瘳⑫。六岁时,大父雨若翁携余之武林⑬,遇眉公先生跨一角鹿⑭,为钱塘游客⑮,对大父曰:"闻文孙善属对⑯,吾面试之。"指屏上《李白骑鲸图》,曰⑰:"太白骑鲸,采石江边捞夜月⑱。"余应曰:"眉公跨鹿,钱塘县里打秋风。"眉公大笑,起跃曰:"那得灵隽若此⑲!吾小友也。"欲进余以千秋之业⑳。岂料余之一事无成也哉!

甲申以后㉑,悠悠忽忽,既不能觅死,又不能聊生,白发婆娑,犹视息人世㉒。恐一

---

① 能辨渑(miǎn)淄(zī):渑、淄,即渑水和淄水,位于今山东省境内。《列子·说符》:"孔子曰:'淄渑之合,易牙尝而知之。'"
② 强项:硬着脖子,不肯低头。形容秉性刚直。
③ 卞急:性情急躁。
④ 石匮(kuì):石制的柜子。琅(láng)嬛(huán):传说中天帝藏书的地方。昌谷:即李贺,字昌谷,唐代诗人。快园:原为明初韩御史别墅,因韩氏快婿诸公旦在此读书而称"快园"。张岱曾借居于此。傒(xī)囊:《搜神记》中记载的一种精怪。
⑤ 万历丁酉八月二十五日:即1597年10月5日。卯时:早上5点到7点。
⑥ 鲁:明代藩王的封国。国相:汉代藩国负责行政事务的长官。张岱的父亲曾任鲁献王的右长史,其职务相当于汉代的国相。大涤翁:指张岱的父亲张耀芳,字尔弢,号大涤。树子:正妻所生的儿子。
⑦ 痰疾:指精神性疾病。
⑧ 外大母:外祖母。太夫人:指官员的母亲。
⑨ 外太祖:外曾祖父。云谷:张岱外曾祖父陶大顺的号。
⑩ 簏(lù):竹箱。
⑪ 囡(nān)地:呱呱坠地。
⑫ 厥(jué):这个。瘳(chōu):痊愈。
⑬ 大父:祖父。雨若:张岱祖父张汝霖的字。武林:杭州的别称。
⑭ 眉公:即陈继儒,字仲醇,号眉公,明代文学家、书画家。
⑮ 钱塘:今浙江杭州。
⑯ 文孙:周文王的子孙。后用作对别家子孙的美称。属对:对对子。
⑰ 李白骑鲸:传说李白在安徽采石矶醉酒后跳入水中捞月,骑鲸升天。
⑱ 太白骑鲸,采石江边捞夜月:采石,即采石矶,位于今安徽马鞍山长江东岸。参见上条。
⑲ 那:同"哪"。灵隽:聪明机灵,超出常人。隽,同"俊",才智出众。
⑳ 进:赞扬,勉励。
㉑ 甲申:见"13.书画"选文《八大山人传》注释"甲申国亡"条。
㉒ 视息人世:即"视息于人世",在人世间苟活。视息,只剩下视觉和呼吸。

旦溘先朝露①,与草木同腐,因思古人如王无功、陶靖节、徐文长皆自作墓铭②,余亦效颦为之③。甫构思,觉人与文俱不佳,辍笔者再。虽然,第言吾之癖错④,则亦可传也已。曾营生圹于项王里之鸡头山⑤,友人李研斋题其圹曰:"呜呼!有明著述鸿儒陶庵张长公之圹⑥。"伯鸾⑦,高士,冢近要离,余故有取于项里也。明年,年跻七十⑧,死与葬其日月尚不知也,故不书。铭曰:

穷石崇,斗金谷⑨。盲卞和,献荆玉⑩。老廉颇,战涿鹿⑪。赝龙门,开史局⑫。馋东坡,饿孤竹⑬。五羖大夫⑭,焉能自鬻⑮?空学陶潜,枉希梅福⑯。必也寻三外野人⑰,方晓我之衷曲⑱。

---

① 溘(kè)先朝露:(生命)比早上的露水消失得还要快。形容死得过早。
② 王无功:即王绩,字无功,隋末唐初诗人,有《自作墓志文》。陶靖节:即陶渊明,东晋诗人,死后友人私谥"靖节",有《自祭文》。徐文长:即徐渭,字文长,明代文学家、书画家,有《自为墓志铭》。
③ 效颦(pín):指拙劣的模仿。颦,皱眉。《庄子·天运》:"西施病心而矉其里,其里之丑人见之而美之,归亦捧心而矉其里。其里之富人见之,坚闭门而不出;贫人见之,挈妻子而去走。"矉,古同"颦"。
④ 第:仅仅,只是。癖错:嗜好和过失。
⑤ 生圹(kuàng):生前预造的墓穴。圹,墓穴。项王里:即项里山,位于今浙江绍兴,传说项羽曾避仇于此。
⑥ 长公:张岱的号。
⑦ 伯鸾,高士,冢近要(yāo)离:伯鸾,即梁鸿,字伯鸾。参见"17.节庆"选文《秋日登洪府滕王阁饯别序(并诗)》注释"窜梁鸿于海曲"条。他很崇敬春秋时的刺客要离,所以死后埋葬在要离的坟墓附近。要离,春秋时吴国人,受公子光之命刺杀了王僚之子庆忌,却拒绝封赏,伏剑而死。
⑧ 跻:登。
⑨ 穷石崇,斗金谷:石崇,见"15.饮食"选文《豆粥》注释"萍齑豆粥不传法,咄嗟而办石季伦"条。金谷,见"14.家园"选文《春夜宴从弟桃花园序》注释"罚依金谷酒数"条。石崇曾在金谷园和王恺、羊琇等人斗富。
⑩ 盲卞和,献荆玉:卞和,春秋时楚国人。荆玉,荆山(一名"楚山")之玉。《韩非子·和氏》:"楚人和氏得玉璞楚山中,奉而献之厉王。厉王使玉人相之。玉人曰:'石也。'王以和为诳,而刖其左足。及厉王薨,武王即位,和又奉其璞而献之武王。武王使玉人相之,又曰:'石也。'王又以和为诳,而刖其右足。武王薨,文王即位。和乃抱其璞而哭于楚山之下三日三夜,泪尽而继之以血。……王乃使玉人理其璞而得宝焉,遂命曰'和氏之璧'。"
⑪ 老廉颇,战涿鹿:廉颇,战国时赵国名将。涿鹿,今河北涿鹿,相传为当年黄帝消灭蚩尤的地方。《史记·廉颇蔺相如列传》记载,因赵王听信谗言,廉颇被迫逃亡魏国。等到秦国攻打赵国时,赵王想重新起用廉颇,于是派人去魏国察看廉颇的身体状况。使者受了廉颇仇人的贿赂,回来报告说廉颇已老。于是赵王便不再召还廉颇。
⑫ 赝(yàn)龙门,开史局:赝,假。龙门,今山西河津,借指《史记》的作者司马迁(因司马迁出生在龙门)。张岱著有纪传体明史《石匮书》,所以自称"赝龙门"。
⑬ 馋东坡,饿孤竹:东坡,即苏轼,北宋文学家,号"东坡居士",好美食。孤竹,指伯夷、叔齐。参见"9.散文"选文《〈陶庵梦忆〉三则·自序》注释"首阳二老直头饿死,不食周粟"条。
⑭ 五羖(gǔ)大夫:即百里奚。见"9.散文"选文《谏逐客书》注释"百里奚"条。羖,黑色的公羊。
⑮ 鬻(yù):卖。
⑯ 梅福:西汉末南昌县尉,王莽当政时弃家隐居,传说后来修炼成仙。
⑰ 三外野人:即郑思肖,南宋诗人、画家,宋亡后隐居吴下,自称"三外野人"。
⑱ 衷曲:无人知晓的心事。

五人墓碑记①

[明]张溥

　　五人者,盖当蓼洲周公之被逮②,激于义而死焉者也。至于今,郡之贤士大夫请于当道③,即除魏阉废祠之址以葬之④,且立石于其墓之门,以旌其所为⑤。呜呼!亦盛矣哉!

　　夫五人之死,去今之墓而葬焉,其为时止十有一月尔。夫十有一月之中,凡富贵之子、慷慨得志之徒,其疾病而死、死而湮没不足道者亦已众矣,况草野之无闻者与⑥?独五人之皦皦⑦,何也?

　　予犹记周公之被逮,在丁卯三月之望⑧。吾社之行为士先者为之声义⑨,敛赀财以送其行⑩,哭声震动天地。缇骑按剑而前⑪,问谁为哀者。众不能堪,抶而仆之⑫。是时以大中丞抚吴者,为魏之私人⑬,周公之逮所由使也。吴之民方痛心焉,于是乘其厉声以呵,则噪而相逐。中丞匿于溷藩以免⑭。既而以吴民之乱请于朝,按诛五人⑮,曰颜佩韦、杨念如、马杰、沈扬、周文元,即今之傫然在墓者也⑯。

　　然五人之当刑也,意气阳阳⑰,呼中丞之名而詈之⑱,谈笑以死。断头置城上,颜色不少变。有贤士大夫,发五十金买五人之脰而函之⑲,卒与尸合。故今之墓中全乎为五人也。

　　嗟乎!大阉之乱,缙绅而能不易其志者⑳,四海之大,有几人欤?而五人生于编伍

---

① 据《七录斋合集》,[明]张溥撰,曾肖点校,济南:齐鲁书社,2015 年。
② 蓼(liǎo)洲周公:即周顺昌,号蓼洲,苏州吴县(今江苏苏州)人。万历年间进士,居官清正,遭阉党迫害,死于狱中。
③ 当道:掌握政权的人。
④ 魏阉:对魏忠贤的贬称。废祠:废弃的生祠。魏忠贤专权时,其党羽在各地为他建立生祠。
⑤ 旌(jīng):表彰。
⑥ 草野:指民间。
⑦ 皦皦:同"皎皎"。光明的样子。
⑧ 丁卯三月之望:即天启七年(1627)农历三月十五日。按《明史》记载应是天启六年(1626),即丙寅年。
⑨ 吾社:指作者和郡中名士所倡建的复社。声义:伸张正义。
⑩ 赀(zī)财:钱财。
⑪ 缇(tí)骑:穿橘红色衣服的朝廷护卫马队。这里指逮捕犯人的差役。缇,橘红色。
⑫ 抶(chì):打。仆:推倒。
⑬ 大中丞:负责接受公卿奏事和举荐、弹劾事宜的官员。抚吴:做吴地的巡抚。私人:私党。
⑭ 溷(hùn)藩:厕所。
⑮ 按:审查。
⑯ 傫(lěi)然:聚集的样子。
⑰ 阳阳:毫不在意的样子。
⑱ 詈(lì):骂。
⑲ 脰(dòu):脖颈。这里指头颅。函:装在匣中。
⑳ 缙(jìn)绅:指士大夫。缙,同"搢",插。绅,士大夫束在衣外的腰带。古代官吏将笏板插在绅带上。

之间①，素不闻《诗》《书》之训，激昂大义，蹈死不顾，亦曷故哉？且矫诏纷出②，钩党之捕遍于天下③，卒以吾郡之发愤一击，不敢复有株治④。大阉亦逡巡畏义⑤，非常之谋难于猝发⑥，待圣人之出而投缳道路⑦，不可谓非五人之力也。

由是观之，则今之高爵显位一旦抵罪⑧，或脱身以逃，不能容于远近；而又有剪发杜门⑨，佯狂不知所之者：其辱人贱行⑩，视五人之死，轻重固何如哉？是以蓼洲周公忠义暴于朝廷⑪，赠谥美显⑫，荣于身后；而五人亦得以加其土封⑬，列其姓名于大堤之上，凡四方之士无不有过而拜且泣者，斯固百世之遇也！不然，令五人者保其首领，以老于户牖之下⑭，则尽其天年；人皆得以隶使之，安能屈豪杰之流扼腕墓道⑮，发其志士之悲哉？故余与同社诸君子，哀斯墓之徒有其石也，而为之记，亦以明死生之大、匹夫之有重于社稷也。

贤士大夫者，冏卿因之吴公、太史文起文公、孟长姚公也⑯。

【阅读探究】

阅读以下材料，结合你在本书第一部分学到的知识，思考儒、道两家面对死亡为什么会有不同的态度：

子贡问孔子："死人有知无知也？"孔子曰："吾欲言死者有知也，恐孝子顺孙妨生以送死也；欲言无知，恐不孝子孙弃不葬也。赐欲知死人有知将无知也，死徐自知之，犹未晚也。"（刘向《说苑·辨物》）

庄子将死，弟子欲厚葬之。庄子曰："吾以天地为棺椁，以日月为连璧，星辰为珠

---

① 编伍：指平民。古代编制平民户口，五家为一"伍"。
② 矫诏：假托皇帝命令颁发的诏书。
③ 钩党：勾连同党（这里指东林党）。
④ 株治：株连治罪。
⑤ 逡(qūn)巡：犹豫不决的样子。
⑥ 非常之谋：这里指篡位。
⑦ 待圣人之出而投缳(huán)道路：圣人，指崇祯皇帝朱由检。投缳，自缢。天启七年，朱由检即位（年号崇祯），将魏忠贤逐步放逐到凤阳守陵，不久又派人逮捕他。魏忠贤得知消息后，在途中上吊自杀。
⑧ 抵罪：因犯罪而受到相应的处罚。
⑨ 杜门：闭门不出。
⑩ 辱人贱行：可耻的人格和卑贱的行为。
⑪ 暴(pù)：同"曝"，显露。
⑫ 赠谥美显：指崇祯追赠周顺昌"忠介"的谥号。美显：美好荣耀。
⑬ 加其土封：增修他们的坟墓。
⑭ 户牖(yǒu)：指家宅。户，门。牖，窗。
⑮ 扼腕：用手握腕。表示情绪悲愤或惋惜。
⑯ 冏卿：即太仆寺卿，负责马政事务的官员。因之吴公：即吴默，字因之，万历时任太仆少卿。太史：指翰林院属官。文起文公：即文震孟，字文起，天启二年状元及第，授翰林院修撰。孟长姚公：即姚希孟，字孟长，万历进士，授翰林院检讨。

玑,万物为赍送(陪葬品)。吾葬具岂不备邪?何以加此!"弟子曰:"吾恐乌鸢之食夫子也。"庄子曰:"在上为乌鸢食,在下为蝼蚁食,夺彼与此,何其偏也!"(《庄子·杂篇·列御寇》)

【阅读训练】

古汉语中有许多表示"死"的词,有些只能用于特定的人物或特定的场合。借助工具书或网络,了解以下这些词的用法:

  夭、殇、弱、薨、瘦、作古、圆寂、羽化、尸解、见背、弃养、大故、晏驾、授命

【拓展阅读】

祭妹文①

[清]袁枚

乾隆丁亥冬,葬三妹素文于上元之羊山而奠以文曰:

呜呼!汝生于浙而葬于斯,离吾乡七百里矣。当时虽觭梦幻想,宁知此为归骨所耶?汝以一念之贞遇人仳离,致孤危托落,虽命之所存,天实为之。然而累汝至此者,未尝非予之过也。予幼从先生授经,汝差肩而坐,爱听古人节义事。一旦长成,遽躬蹈之。呜呼!使汝不识诗书,或未必艰贞若是。

余捉蟋蟀,汝奋臂出其间。岁寒虫僵,同临其穴。今予殓汝葬汝,而当日之情形憬然赴目。予九岁憩书斋,汝梳双髻,披单缣来,温《缁衣》一章。适先生奓户入,闻两童子音琅琅然,不觉莞尔,连呼"则则"。此七月望日事也。汝在九原,当分明记之。予弱冠粤行,汝掎裳悲恸。逾三年,予披宫锦还家,汝从东厢扶案出,一家瞠视而笑,不记语从何起。大概说长安登科,函使报信迟早云尔。凡此琐琐,虽为陈迹,然我一日未死,则一日不能忘。旧事填膺,思之凄梗,如影历历,逼取便逝。悔当时不将嫛婗情状,罗缕记存。然而汝已不在人间,则虽年光倒流,儿时可再,而亦无与为证印者矣。

汝之义绝高氏而归也,堂上阿奶,仗汝扶持;家中文墨,瞬汝办治。尝谓女流中最少明经义、谙雅故者。汝嫂非不婉嫕,而于此微缺然。故自汝归后,虽为汝悲,实为予喜。予又长汝四岁,或人间长者先亡,可将身后托汝,而不谓汝之先予以去也。前年予病,汝终宵

---

① 据《小仓山房诗文集》,[清]袁枚著,周本淳标校,上海:上海古籍出版社,1988年。

刺探，减一分则喜，增一分则忧。后虽小差，犹尚殗殜，无所娱遣。汝来床前，为说稗官野史可喜可愕之事，聊资一欢。呜呼！今而后，吾将再病，教从何处呼汝耶？

　　汝之疾也，予信医言无害，远吊扬州。汝又虑戚吾心，阻人走报。及至绵惙已极，阿奶问："望兄归否？"强应曰："诺。"已予先一日梦汝来诀，心知不祥。飞舟渡江，果予以未时还家，而汝以辰时气绝。四支犹温，一目未瞑，盖犹忍死待予也。呜呼痛哉！早知诀汝，则予岂肯远游？即游，亦尚有几许心中言要汝知闻，共汝筹画也。而今已矣！除吾死外，当无见期。吾又不知何日死，可以见汝；而死后之有知无知与得见不得见，又卒难明也。然则抱此无涯之憾。天乎！人乎！而竟已乎！

　　汝之诗，吾已付梓；汝之女，吾已代嫁；汝之生平，吾已作传；惟汝之窀穸，尚未谋耳。先茔在杭，江广河深，势难归葬，故请母命而宁汝于斯，便祭扫也。其旁葬汝女阿印，其下两冢：一为阿爷侍者朱氏，一为阿兄侍者陶氏。羊山旷渺，南望原隰，西望栖霞；风雨晨昏，羁魂有伴，当不孤寂。所怜者，吾自戊寅年读汝《哭侄诗》后，至今无男；两女牙牙，生汝死后，才周晬耳。予虽亲在，未敢言老，而齿危发秃，暗里自知，知在人间尚复几日。阿品远官河南，亦无子女，九族无可继者。汝死我葬，我死谁埋？汝倘有灵，可能告我？

　　呜呼！生前既不可想，身后又不可知。哭汝既不闻汝言，奠汝又不见汝食。纸灰飞扬，朔风野大。阿兄归矣，犹屡屡回头望汝也。呜呼哀哉！呜呼哀哉！

第四部分

政治与经济

ZHENG ZHI YU JING JI

20. 国家

今大道既隐,天下为家。各亲其亲,各子其子,货力为己。
大人世及以为礼,城郭沟池以为固。

——《礼记·礼运》

【阅读导语】

  大约在 170 万年前,随着云南元谋人的出现,中国进入了原始社会。之后,又相继经过母系氏族和父系氏族阶段。据史书记载,到公元前 21 世纪,华夏各族的联盟首领禹逝世,他的儿子启取得首领权位。世袭制取代了原始部落以"禅让"方式推举联盟首领的制度,"公天下"从此成为"家天下",中国第一个国家形态——夏朝出现了。公元前 17 世纪,商汤推翻了夏桀的统治,建立商朝。公元前 1046 年,周武王在牧野打败商纣王,建立周朝。由于国都镐京(今陕西西安)地处西北,不利于控制幅员辽阔的疆土和统治商代后裔,周天子便大规模地分封诸侯,把大片领土连同居民分赏给王室子弟和立有战功的臣子。诸侯在其封国内享有世袭统治权,但必须服从天子的命令。西周后期,随着诸侯国的日益强大,王权衰弱,"分封制"受到破坏。春秋战国时代,各诸侯国互相征战兼并,几百个小国逐渐并为七个大国和它们周围的十几个小国。

  公元前 221 年,秦国先后消灭了韩、赵、魏、楚、燕、齐六国,实现了华夏民族的统一。秦朝改"分封制"为"郡县制",全国共设 36 郡(后增至 41 个),郡下辖县,郡守和县令都由皇帝直接任命,由此建立起中国历史上第一个中央集权制的统一王朝。西汉进一步巩固和发展了大一统的局面。三国两晋南北朝时,中国陷入分裂状态,汉族与北方少数民族在政权分立的冲突中逐渐汇聚,异族交融的趋势逐步加强。公元 618 年,继隋朝统一全国后,中国历史上诞生了一个强盛的多民族国家——唐。在随后的宋元时期,多元文化碰撞交融,多民族国家进一步巩固。明清社会专制统治加强,逐渐成为阻碍社会发展的因素。随着西方资本主义体系的扩张,鸦片战争后中国的社会性质发生变化,在列强的炮火中走入了 20 世纪。1911 年,辛亥革命推翻了中国两千多年的封建帝制,确立了共和政体。然而,要让自由、民主的观念深入人心,依然任重道远。

【选文】

封建论①

[唐]柳宗元

  天地果无初乎？吾不得而知之也。生人果有初乎②？吾不得而知之也。然则孰为近③？曰：有初为近。孰明之？由封建而明之也。彼封建者，更古圣王尧、舜、禹、汤、文、武而莫能去之④。盖非不欲去之也，势不可也。势之来⑤，其生人之初乎？不初，无以有封建。封建，非圣人意也。

  彼其初与万物皆生，草木榛榛⑥，鹿豕狉狉⑦。人不能搏噬⑧，而且无毛羽，莫克自奉自卫⑨。荀卿有言：必将假物以为用者也⑩。夫假物者必争，争而不已，必就其能断曲直者而听命焉⑪。其智而明者，所伏必众，告之以直而不改，必痛之而后畏。由是，君长、刑政生焉。故近者聚而为群，群之分，其争必大，大而后有兵。德又大者，众群之长又就而听命焉，以安其属。于是有诸侯之列，则其争又有大者焉。德又大者，诸侯之列又就而听命焉，以安其封⑫。于是有方伯、连帅之类⑬，则其争又有大者焉。德又大者，方伯、连帅之类又就而听命焉，以安其人。然后，天下会于一。是故有里胥而后有县大夫⑭，有县大夫而后有诸侯，有诸侯而后有方伯、连帅，有方伯、连帅而后有天子。自天子至于里胥，其德在人者，死必求其嗣而奉之⑮。故封建非圣人意也，势也。

  夫尧、舜、禹、汤之事远矣，及有周而甚详。周有天下，裂土田而瓜分之，设五等⑯，

---

① 据《柳宗元集校注》，[唐]柳宗元撰，尹占华、韩文奇校注，北京：中华书局，2013年。封建：指分封建国的政治制度。古时君主把土地分给宗室和功臣，让他们建立自己的诸侯国。
② 生人：人类。
③ 孰为近：(有初和无初)哪个更接近(事实)？
④ 更古：远古。
⑤ 来：产生。
⑥ 榛(zhēn)榛：草木丛生的样子。
⑦ 狉(pī)狉：兽类成群走动的样子。
⑧ 搏噬：搏击吞噬。
⑨ 克：能够。奉：供养。
⑩ 必将假物以为用者也：《荀子·劝学》："君子生非异也，善假于物也。"
⑪ 曲直：是非。
⑫ 封：封地。这里指封地内的百姓。
⑬ 方伯、连帅：殷周时诸侯领袖。
⑭ 里胥：即里长，管理乡里事务的公差。县大夫：县的长官。
⑮ 嗣(sì)：后代。
⑯ 五等：指公、侯、伯、子、男五个爵位。

邦群后①，布濩星罗②，四周于天下，轮运而辐集③，合为朝、觐、会、同④，离为守臣扞城⑤。然而降于夷王，害礼伤尊，下堂而迎觐者⑥。历于宣王，挟中兴复古之德，雄南征北伐之威，卒不能定鲁侯之嗣⑦；陵夷迄于幽、厉，王室东徙，而自列为诸侯矣⑧。厥后⑨，问鼎之轻重者有之⑩，射王中肩者有之⑪，伐凡伯、诛苌弘者有之⑫。天下乖戾⑬，无君君之心⑭。余以为，周之丧久矣，徒建空名于公侯之上耳。得非诸侯之盛强，末大不掉之咎欤⑮？遂判为十二⑯，合为七国⑰，威分于陪臣之邦⑱，国殄于后封之秦⑲。则周之败端，其在乎此矣。

秦有天下，裂都会而为之郡邑，废侯卫而为之守宰⑳，据天下之雄图㉑，都六合之上游㉒，摄制四海，运于掌握之内，此其所以为得也。不数载而天下大坏，其有由矣：亟役

---

① 邦群后：指分封诸侯。邦，封国。后，君主，这里指诸侯。
② 布濩(hù)星罗：(诸侯)像繁星一样遍布天下。布濩，散布。
③ 轮运而辐集：车轮运转，辐条聚集。形容天子政令畅通，诸侯齐心协力。辐，插入轮毂以支撑轮圈的木条。
④ 朝、觐(jìn)、会、同：诸侯朝见天子的不同说法。
⑤ 扞(hàn)城：保卫。这里指保卫疆土的诸侯。
⑥ 降于夷王，害礼伤尊，下堂而迎觐者：夷王，即周夷王姬燮，西周第九位君主。周夷王受诸侯拥戴，继承其叔孝王的王位，即位后走下朝堂会见诸侯，被认为不合礼制。
⑦ 历于宣王，挟中兴复古之德，雄南征北伐之威，卒不能定鲁侯之嗣：宣王，即周宣王姬静，西周第十一位君主。周宣王在位期间，选贤任能，借助诸侯之力陆续讨伐狁、西戎、淮夷、徐国和楚国，使西周的国力得到短暂恢复，史称"宣王中兴"。《国语·周语下》记载，周宣王十一年(前817)，鲁武公带领长子括和少子戏朝见周宣王，周宣王立戏为鲁国太子。鲁武公去世后，戏继位，却被周人杀死。次年，周宣王讨伐鲁国，另立戏的弟弟称为鲁国国君。
⑧ 陵夷迄于幽、厉，王室东徙，而自列为诸侯矣：陵夷，衰微。幽、厉，即周幽王姬宫湦和周厉王姬胡，西周第十二位和第十位君主。周厉王暴虐成性，独断专横，最终激发民变，在叛乱中出逃，死于彘。周幽王耽溺酒色，不问政事，被犬戎杀死。周王朝迁都洛邑，王室地位从此一蹶不振，几乎沦为诸侯。
⑨ 厥后：此后。
⑩ 问鼎之轻重：见"6.技术"选文《楚子问鼎》。
⑪ 射王中肩：《左传·桓公五年》记载，周桓王十三年(前707)，桓王率领诸侯讨伐郑国，郑庄公出兵反击，王师大败，桓王还被射中了肩膀。
⑫ 伐凡伯：凡伯，周卿士。《左传·隐公七年》记载，周桓王四年(前716)，凡伯奉命出访鲁国，归途中经过楚丘，遭戎人绑架。诛苌弘：苌弘，周大夫。《国语·周语下》记载，周敬王二十三年(前497)，晋国内乱，苌弘支持参与叛乱的范吉射。内乱平息后，晋大夫赵鞅向王室问责，周敬王迫于压力杀掉了苌弘。
⑬ 乖戾：背离，抵触。
⑭ 君君：把天子当成天子。
⑮ 末大不掉：即"尾大不掉"。尾巴太大，难以动摇。指诸侯势大，王室难以驾驭。咎：灾祸。
⑯ 判：分。十二：指鲁、齐、秦、晋、楚、宋、卫、陈、蔡、曹、郑、燕十二国。
⑰ 七国：即战国七雄——秦、楚、齐、燕、韩、赵、魏。
⑱ 威分于陪臣之邦：陪臣，诸侯国卿大夫对天子的自称。周威烈王二十三年(前403)，晋大夫韩虔、赵籍、魏斯瓜分了晋国，建立韩、赵、魏三国。周安王十六年(前386)，齐国大夫田和篡位，自立为齐侯。
⑲ 国殄(tiǎn)于后封之秦：殄，灭绝。周平王东迁时，秦襄公带兵护送有功，才被封为诸侯。秦庄襄王元年(前249)，相国吕不韦奉命诛杀东周君，周朝灭亡。
⑳ 秦有天下，裂都会而为之郡邑，废侯卫而为之守宰：都会，诸侯国的都城。侯卫，即侯服和卫服。周代将王畿以外的土地划分为九服，侯、卫是其中两服，这里借指诸侯。守宰，郡守和县宰。秦朝统一全国后，取消诸侯国而设置郡县，废除诸侯而委派地方长官。
㉑ 雄图：宏大广阔的版图。
㉒ 都六合之上游：六合，东、南、西、北、上、下，借指天下。秦建都咸阳，地处西北，居高临下，东向控制天下，有如在河流上游。

万人①，暴其威刑，竭其货贿。负锄挺谪戍之徒②，圜视而合从③，大呼而成群。时则有叛人而无叛吏，人怨于下而吏畏于上。天下相合，杀守劫令而并起。咎在人怨，非郡邑之制失也。汉有天下，矫秦之枉，徇周之制④，剖海内而立宗子⑤，封功臣。数年之间，奔命扶伤之不暇⑥。困平城⑦，病流矢⑧，陵迟不救者三代⑨。后乃谋臣献画，而离削自守矣⑩。然而封建之始，郡国居半，时则有叛国而无叛郡，秦制之得亦以明矣。继汉而帝者，虽百代可知也。唐兴，制州邑，立守宰，此其所以为宜也。然犹桀猾时起⑪，虐害方域者，失不在于州而在于兵，时则有叛将而无叛州。州县之设，固不可革也。

或者曰：封建者，必私其土，子其人，适其俗，修其理⑫，施化易也⑬；守宰者，苟其心思迁其秩而已⑭，何能理乎？余又非之。周之事迹，断可见矣：列侯骄盈⑮，黩货事戎⑯，大凡乱国多，理国寡。侯伯不得变其政，天子不得变其君。私土子人者，百不有一。失在于制，不在于政，周事然也。秦之事迹，亦断可见矣：有理人之制而不委郡邑⑰，是矣⑱；有理人之臣而不使守宰，是矣。郡邑不得正其制，守宰不得行其理，酷刑苦役而万人侧目⑲。失在于政，不在于制，秦事然也。汉兴，天子之政行于郡，不行于国；制其守宰，不制其侯王。侯王虽乱，不可变也；国人虽病，不可除也。及夫大逆不道，然后掩捕而迁之⑳，勒兵而夷之耳㉑。大逆未彰㉒，奸利浚财㉓，怙势作威㉔，大刻于

---

① 亟役万人：指秦始皇役使百姓开拓疆土，造阿房宫，筑长城，修寝陵等。亟，屡次。
② 负锄挺谪戍之徒：指秦末农民起义领袖陈胜、吴广等。挺，同"梃"，木棍。谪戍，因罪被遣送至边远地区担任守卫。
③ 圜：同"环"。合从：即"合纵"，联合起来。
④ 徇(xùn)：依从。
⑤ 宗子：嫡长子。这里泛指皇室子弟。
⑥ 奔命扶伤：忙于救治伤员。这句是说诸侯国一再反叛，屡屡造成死伤。
⑦ 困平城：平城，今山西大同。《汉书·高帝纪下》记载，汉高祖六年（前201），韩王信叛降匈奴。次年，高祖前往讨伐，在平城白登山被匈奴围困了七天。
⑧ 病流矢：《汉书·高帝纪下》记载，汉高祖十一年（前196），淮南王英布反，高祖在平叛过程中被乱箭射伤。
⑨ 陵迟：衰微。救：阻止。三代：指汉惠帝、汉文帝和汉景帝。
⑩ 谋臣献画，而离削自守：画，谋划。离削自守，分散并削弱他们的力量，使其安分自守。汉武帝接受主父偃的建议，颁布《推恩令》，让诸侯把自己的封地分给子孙后代，以逐渐削弱诸侯的势力。
⑪ 桀猾：凶残狡猾的人。这里指安史之乱后拥兵自重的藩镇将领。
⑫ 理：治理。
⑬ 施化：施行教化。
⑭ 苟：假如。迁：升迁。秩：官职品级。
⑮ 骄盈：骄傲自满。
⑯ 黩货：贪财。事戎：好战。
⑰ 理人：治理百姓。委：托付权力。
⑱ 是：正确。
⑲ 侧目：斜着眼睛看。形容愤恨。
⑳ 掩捕：趁其不备时加以逮捕。迁：流放。
㉑ 勒：率领。夷：铲除，消灭。
㉒ 彰：显露。
㉓ 奸利浚(jùn)财：非法牟利，搜刮钱财。浚，榨取。
㉔ 怙(hù)势作威：倚仗权势，滥用刑罚。怙，依靠。

民者①，无如之何。及夫郡邑，可谓理且安矣。何以言之？且汉知孟舒于田叔②，得魏尚于冯唐③，闻黄霸之明审④，睹汲黯之简靖⑤，拜之可也，复其位可也，卧而委之以辑一方可也⑥。有罪得以黜⑦，有能得以赏。朝拜而不道，夕斥之矣⑧；夕受而不法，朝斥之矣。设使汉室尽城邑而侯王之，纵令其乱人⑨，戚之而已⑩。孟舒、魏尚之术莫得而施，黄霸、汲黯之化莫得而行，明谴而导之，拜受而退已违矣。下令而削之，缔交合从之谋周于同列，则相顾裂眦⑪，勃然而起。幸而不起，则削其半；削其半，民犹瘁矣⑫，曷若举而移之以全其人乎？汉事然也。今国家尽制郡邑，连置守宰，其不可变也固矣。善制兵，谨择守，则理平矣。

或者又曰：夏、商、周、汉，封建而延⑬；秦，郡邑而促⑭。尤非所谓知理者也。魏之承汉也，封爵犹建；晋之承魏也，因循不革。而二姓陵替⑮，不闻延祚⑯。今矫而变之⑰，垂二百祀⑱，大业弥固，何系于诸侯哉？

或者又以为：殷、周，圣王也，而不革其制，固不当复议也。是大不然。夫殷、周之不革者，是不得已也。盖以诸侯归殷者三千焉，资以黜夏⑲，汤不得而废；归周者八百焉，资以胜殷，武王不得而易。徇之以为安，仍之以为俗，汤、武之所不得已也。夫不得已，非公之大者也，私其力于己也，私其卫于子孙也。秦之所以革之者，其为制，公之大者也；其情，私也，私其一己之威也，私其尽臣畜于我也⑳。然而公天下之端自秦始。

---

① 刻：伤害。
② 汉知孟舒于田叔：孟舒，汉初赵王臣子，曾在赵王危难时与田叔等自戴刑具去长安赴难，高祖拜为云中郡太守，后因郡地受匈奴劫掠被免官。田叔，汉初赵国郎中，后为汉中郡太守。《史记·田叔列传》记载，汉文帝即位后询问田叔谁是"天下长者"，田叔推荐了孟舒，于是孟舒重新被任为云中太守。
③ 得魏尚于冯唐：魏尚，汉文帝时曾任云中郡太守。冯唐，西汉名将。《史记·冯唐列传》记载，魏尚为了让士兵多得利益，向朝廷多报了首级，被削职查办。后经冯唐辩护，得以赦免。
④ 闻黄霸之明审：黄霸，西汉大臣，晚年官至丞相。明审，明察精细。《汉书·循吏传》记载，汉宣帝即位后听说河南太守丞黄霸执法公平、仁厚爱民，就召升他为廷尉正。
⑤ 睹汲黯之简靖：简靖，简约清静。靖，同"静"。汲黯，西汉名臣，为人耿直，好直谏廷诤。《史记·汲郑列传》记载，汉武帝时汲黯任东海太守，采用清静无为的治理方法，东海郡大治。后因犯小罪被免官。几年后，汉武帝重新征召汲黯出任淮阳太守，汲黯称病推辞，汉武帝便批准他"卧而治之"。
⑥ 辑：安抚。
⑦ 黜(chù)：罢免。
⑧ 斥：罢免。
⑨ 纵令：即使。乱人：祸害百姓。
⑩ 戚：忧虑。
⑪ 裂眦(zì)：瞪裂眼眶。
⑫ 瘁：劳苦。
⑬ 延：长久。
⑭ 促：短促。
⑮ 陵替：衰落。
⑯ 祚(zuò)：国运。
⑰ 矫：纠正。
⑱ 垂：接近。祀：年。
⑲ 资：凭借。黜：摒除。
⑳ 畜(xù)：顺从。

夫天下之道,理安,斯得人者也①。使贤者居上,不肖者居下,而后可以理安。今夫封建者,继世而理②;继世而理者,上果贤乎?下果不肖乎?则生人之理乱,未可知也。将欲利其社稷以一其人之视听③,则又有世大夫世食禄邑以尽其封略④。圣贤生于其时,亦无以立于天下,封建有为之也,岂圣人之制使至于是乎?吾固曰:非圣人之意也,势也。

李煜词二首⑤

[南唐]李煜

破阵子

四十年来家国⑥,三千里地山河。凤阁龙楼连霄汉⑦,玉树琼枝作烟萝⑧,几曾识干戈?
一旦归为臣虏,沈腰潘鬓销磨⑨。最是仓皇辞庙日⑩,教坊犹奏别离歌⑪,垂泪对宫娥。

浪淘沙令

帘外雨潺潺⑫,春意阑珊⑬,罗衾不耐五更寒⑭。梦里不知身是客,一饷贪欢⑮。独自莫凭栏,无限江山,别时容易见时难。流水落花春去也,天上人间。

---

① 理安:社会治理得稳定有序。斯:就。得人:赢得人心。
② 继世而理:世代继承以治理疆土。
③ 以:表示并列,相当于"而"。
④ 世食禄邑:世世代代享受封地的利益。尽其封略:占有全部疆域。
⑤ 据《李璟李煜词校注》,[南唐]李璟、李煜著,詹安泰校注,上海:上海古籍出版社,2015年。李煜(937—978):南唐最后一个皇帝。北宋开宝八年(975),兵败降宋,被俘至汴京(今河南开封),三年后亡故。世称"南唐后主""李后主"。
⑥ 四十年:南唐于公元937年建国,李煜作此词时975年,将近40年。
⑦ 凤阁龙楼:指帝王居所。霄汉:云霄和天河。借指天空。
⑧ 烟萝:烟聚萝缠。借指枝叶茂盛的树木。
⑨ 沈腰:指身材消瘦。沈,即沈约。《南史·沈约传》:"(约)言已老病,百日数旬,革带常应移孔。"潘鬓:指头发斑白。潘,即潘岳。潘岳《秋兴赋》:"斑鬓发以承弁兮,素发飒以垂领。"
⑩ 庙:这里指古代帝王供奉祖先牌位的宗庙。
⑪ 教坊:宫廷音乐机构。
⑫ 潺潺:形容雨声。
⑬ 阑珊:衰减,消残。
⑭ 罗衾:丝绸被子。
⑮ 一饷(xiǎng):片刻。

【阅读探究】

　　庙号、谥号和年号是最常见的三种称呼古代帝王的方式,其中:庙号和谥号都是皇帝死后取的,前者是太庙立室奉祀时起的名号,后者是依照皇帝生前行迹而立的称号;年号则是皇帝纪元所立的名号,始于汉武帝。此外还有表示尊崇的尊号。你能判断以下这些称谓属于哪种类型吗?

　　　　商纣王,周武王,汉高祖,汉武帝,隋炀帝,唐太宗,唐明皇,武则天,成吉思汗,建文帝,康熙,乾隆

【阅读训练】

二十四史,是中国古代各朝撰写的二十四部史书的合称,包括:
　　《史记》《汉书》《后汉书》《三国志》《晋书》《宋书》《南齐书》《梁书》《陈书》《魏书》《北齐书》《周书》《隋书》《南史》《北史》《旧唐书》《新唐书》《旧五代史》《新五代史》《宋史》《辽史》《金史》《元史》《明史》。
请把"二十四史"的书名按照顺序背下来。

【拓展阅读】

少年中国说[①]

[清]梁启超

　　日本人之称我中国也,一则曰"老大帝国",再则曰"老大帝国"。是语也,盖袭译欧西人之言也。呜呼!我中国其果老大矣乎?梁启超曰:恶!是何言!是何言!吾心目中有一少年中国在!

　　欲言国之老少,请先言人之老少:老年人常思既往,少年人常思将来。惟思既往也,故生留恋心;惟思将来也,故生希望心。惟留恋也,故保守;惟希望也,故进取。惟保守也,故永旧;惟进取也,故日新。惟思既往也,事事皆其所已经者,故惟知照例;惟思将来也,事事皆其所未经者,故常敢破格。老年人常多忧虑,少年人常好行乐。惟多忧也,故灰心;惟

[①] 据《饮冰室合集》,梁启超著,北京:中华书局,2015年。

行乐也,故盛气。惟灰心也,故怯懦;惟盛气也,故豪壮。惟怯懦也,故苟且;惟豪壮也,故冒险。惟苟且也,故能灭世界;惟冒险也,故能造世界。老年人常厌事,少年人常喜事。惟厌事也,故常觉一切事无可为者;惟好事也,故常觉一切事无不可为者。老年人如夕照,少年人如朝阳;老年人如瘠牛,少年人如乳虎;老年人如僧,少年人如侠;老年人如字典,少年人如戏文;老年人如鸦片烟,少年人如泼兰地酒;老年人如别行星之陨石,少年人如大洋海之珊瑚岛;老年人如埃及沙漠之金字塔,少年人如西伯利亚之铁路;老年人如秋后之柳,少年人如春前之草;老年人如死海之潴为泽,少年人如长江之初发源。此老年与少年性格不同之大略也。梁启超曰:人固有之,国亦宜然。

　　梁启超曰:伤哉,老大也!浔阳江头琵琶妇,当明月绕船、枫叶瑟瑟、衾寒于铁、似梦非梦之时,追想洛阳尘中春花秋月之佳趣;西宫南内,白发宫娥,一灯如穗,三五对坐,谈开元、天宝间遗事,谱《霓裳羽衣曲》;青门种瓜人,左对孺人,顾弄孺子,忆侯门似海、珠履杂遝之盛事;拿破仑之流于厄蔑,阿剌飞之幽于锡兰,与三两监守吏或过访之好事者,道当年短刀匹马驰骋中原、席卷欧洲、血战海楼、一声叱咤、万国震恐之丰功伟烈。初而拍案,继而抚髀,终而揽镜。呜呼!面皱齿尽,白发盈把,颓然老矣!若是者,舍幽郁之外无心事,舍悲惨之外无天地,舍颓唐之外无日月,舍叹息之外无音声,舍待死之外无事业。美人豪杰且然,而况寻常碌碌者耶?生平亲友,皆在墟墓;起居饮食,待命于人。今日且过,遑知他日?今年且过,遑恤明年?普天下灰心短气之事,未有甚于老大者。于此人也,而欲望以擎云之手段、回天之事功、挟山超海之意气,能乎不能?

　　呜呼!我中国其果老大矣乎?立乎今日,以指畴昔:唐虞三代,若何之郅治;秦皇汉武,若何之雄杰;汉唐来之文学,若何之隆盛;康乾间之武功,若何之烜赫。历史家所铺叙,词章家所讴歌,何一非我国民少年时代良辰美景、赏心乐事之陈迹哉?而今颓然老矣!昨日割五城,明日割十城;处处雀鼠尽,夜夜鸡犬惊。十八省之土地财产,已为人怀中之肉;四百兆之父兄子弟,已为人注籍之奴。岂所谓"老大嫁作商人妇"者耶?呜呼!凭君莫话当年事,憔悴韶光不忍看。楚囚相对,岌岌顾影;人命危浅,朝不虑夕。国为待死之国,一国之民为待死之民,万事付之奈何,一切凭人作弄,亦何足怪!

　　梁启超曰:我中国其果老大矣乎,是今日全地球之一大问题也。如其老大也,则是中国为过去之国,即地球上昔本有此国,而今渐渐灭,他日之命运殆将尽也;如其非老大也,则是中国为未来之国,即地球上昔未现此国,而今渐发达,他日之前程且方长也。欲断今日之中国为老大耶,为少年耶,则不可不先明"国"字之意义。夫国也者,何物也?有土地,有人民,以居于其土地之人民,而治其所居之土地之事,自制法律而自守之;有主权,有服从,人人皆主权者,人人皆服从者。夫如是,斯谓之完全成立之国。地球上之有完全成立之国也,自百年以来也。完全成立者,壮年之事也;未能完全成立而渐进于完全成立者,少年之事也。故吾得一言以断之曰:欧洲列邦在今日为壮年国,而我中国在今日为少年国。

　　夫古昔之中国者,虽有国之名,而未成国之形也。或为家族之国,或为酋长之国,或为诸侯封建之国,或为一王专制之国。虽种类不一,要之:其于国家之体质也,有其一部而缺其一部。正如婴儿自胚胎以迄成童,其身体之一二官支先行长成,此外则全体虽粗具,然未能得其用也。故唐虞以前为胚胎时代,殷周之际为乳哺时代,由孔子而来至于今为童子时代,逐渐发达,而今乃始将入成童以上少年之界焉。其长成所以若是之迟者,则历代之民贼有窒其生机者也。譬犹童年多病,转类老态。或且疑其死期之将至焉,而不知皆由未完全、未成立也，非过去之谓，而未来之谓也。

且我中国畴昔岂尝有国家哉？不过有朝廷耳！我黄帝子孙聚族而居，立于此地球之上者既数千年，而问其国之为何名，则无有也。夫所谓"唐""虞""夏""商""周""秦""汉""魏""晋""宋""齐""梁""陈""隋""唐""宋""元""明""清"者，则皆朝名耳。朝也者，一家之私产也；国也者，人民之公产也。朝朝有朝之老少，国有国之老少。朝与国既异物，则不能以朝之老少而指为国之老少明矣。文、武、成、康，周朝之少年时代也；幽、厉、桓、赧，则其老年时代也。高、文、景、武，汉朝之少年时代也；元、平、桓、灵，则其老年时代也。自余历朝，莫不有之。凡此者，谓为一朝廷之老也则可，谓为一国之老也则不可。一朝廷之老且死，犹一人之老且死也，于吾所谓"中国"者何与焉？然则吾中国者，前此尚未出现于世界，而今乃始萌芽云尔，天地大矣，前途辽矣！美哉，我少年中国乎！

玛志尼者，意大利三杰之魁也。以国事被罪，逃窜异邦，乃创立一会，名曰"少年意大利"。举国志士，云涌雾集以应之。卒乃光复旧物，使意大利为欧洲之一雄邦。夫意大利者，欧洲之第一之老大国也。自罗马亡后，土地隶于教皇，政权归于奥国，殆所谓老而濒于死者矣；而得一玛志尼，且能举全国而少年之。况我中国之实为少年时代者耶？堂堂四百余州之国土，凛凛四百余兆之国民，岂遂无一玛志尼其人者！

龚自珍氏之集有诗一章，题曰《能令公少年行》，吾尝爱读之，而有味乎其用意之所存。我国民而自谓其国之老大也，斯果老大矣；我国民而自知其国之少年也，斯乃少年矣。西谚有之曰："有三岁之翁，有百岁之童。"然则国之老少又无定形，而实随国民之心力以为消长者也。吾见乎玛志尼之能令国少年也，吾又见乎我国之官吏士民能令国老大也。吾为此惧！夫以如此壮丽浓郁、翩翩绝世之少年中国，而使欧西、日本人谓我为老大者，何也？则以握国权者皆老朽之人也。非哦几十年八股，非写几十年白折，非当几十年差，非捱几十年俸，非递几十年手本，非唱几十年喏，非磕几十年头，非请几十年安，则必不能得一官、进一职。其内任卿贰以上，外任监司以上者，百人之中，其五官不备者殆九十六七人也。非眼盲则耳聋，非手颤则足跛，否则半身不遂也。彼其一身饮食步履、视听言语尚且不能自了，须三四人左右扶之捉之乃能度日，于此而乃欲责之以国事，是何异立无数木偶而使治天下也？且彼辈者，自其少壮之时，既已不知亚细、欧罗为何处地方，汉祖唐宗是那朝皇帝。犹嫌其顽钝腐败之未臻其极，又必搓磨之、陶冶之。待其脑髓已涸，血管已塞，气息奄奄、与鬼为邻之时，然后将我二万里山河、四万万人命，一举而畀于其手。呜呼！老大帝国，诚哉其老大也！而彼辈者，积其数十年之八股白折、当差捱俸、手本唱喏、磕头请安，千辛万苦，千苦万辛，乃始得此红顶花翎之服色、"中堂大人"之名号，乃出其全副精神，竭其毕生力量以保持之。如彼乞儿拾金一锭，虽轰雷盘旋其顶上，而两手犹紧抱其荷包；他事非所顾也，非所知也，非所闻也。于此而告之以亡国也，瓜分也，彼乌从而听之？乌从而信之？即使果亡矣，果分矣，而吾今年既七十矣，八十矣，但求其一两年内洋人不来，强盗不起，我已快活过了一世矣。若不得已，则割三头两省之土地奉申贺敬，以换我几个衙门；卖三几百万之人民作仆为奴，以赎我一条老命。有何不可？有何难办？呜呼！今之所谓老后老臣、老将老吏者，其修身、齐家、治国、平天下之手段，皆具于是矣。西风一夜催人老，凋尽朱颜白尽头。使走无常当医生，携催命符以祝寿。嗟乎，痛哉！以此为国，是安得不老且死？且吾恐其未及岁而殇也。

梁启超曰：造成今日之老大中国者，则中国老朽之冤业也；制出将来之少年中国者，则中国少年之责任也。彼老朽者何足道？彼与此世界作别之日不远矣,而我少年乃新来而与世界为缘。如僦屋者然,彼明日将迁居他方,而我今日始入此室处。将迁居者,不爱护其窗棂,不洁治其庭庑,俗人恒情,亦何足怪？若我少年者,前程浩浩,后顾茫茫。中国而为牛为马,为奴为隶,则烹脔鞭棰之惨酷,惟我少年当之;中国如称霸宇内,主盟地球,则指挥顾盼之尊荣,惟我少年享之。于彼气息奄奄、与鬼为邻者何与焉？彼而漠然置之,犹可言也;我而漠然置之,不可言也！使举国之少年而果为少年也,则吾中国为未来之国,其进步未可量也;使举国之少年而亦为老大也,则吾中国为过去之国,其澌亡可翘足而待也。故今日之责任,不在他人,而全在我少年。少年智则国智,少年富则国富,少年强则国强;少年独立则国独立,少年自由则国自由,少年进步则国进步;少年胜于欧洲,则国胜于欧洲;少年雄于地球,则国雄于地球。红日初升,其道大光;河出伏流,一泻汪洋。潜龙腾渊,鳞爪飞扬;乳虎啸谷,百兽震惶。鹰隼试翼,风尘翕张;奇花初胎,矞矞皇皇。干将发硎,有作其芒;天戴其苍,地履其黄。纵有千古,横有八荒;前途似海,来日方长。美哉,我少年中国,与天不老！壮哉,我中国少年,与国无疆！

"三十功名尘与土,八千里路云和月。莫等闲,白了少年头,空悲切！"此岳武穆《满江红》词句也。作者自六岁时即口受记忆,至今喜诵之不衰。自今以往,弃"哀时客"之名,更自名曰"少年中国之少年"。

作者附识

21. 选举

> 春风得意马蹄疾，一日看尽长安花。
> ——[唐]孟郊《登科后》

【阅读导语】

选拔官员是保证国家有序发展的重要环节。春秋战国以前，官吏主要通过世袭的方式产生，普通人很难参与政治。秦统一后，则多以军功任官。西汉时，为了适应国家统治的需要，采取由地方长官在辖区内随时考察、选取人才并推荐给上级或中央，经过试用考核再任命官职的选官制度，称为"察举制"。东汉末，曹丕接受吏部尚书陈群的建议，推选各郡有声望者为"中正"，负责对当地士人进行考察并评定为九等，再由政府按等选用，依品授官。这种选官制度称为"九品中正制"。司马氏上台后，选任世家豪门为各地"中正"，评定士人品级只看门第而不论才能，"九品中正制"于是成为世族集团控制政权的工具。

隋文帝废除了维护门阀贵族地位的"九品中正制"，到唐代逐渐形成了一套通过考试选拔官吏的制度——由于采用分科取士的办法，所以叫"科举制"。考试科目分为每年举行的"常科"和皇帝下诏临时举行的"制科"两类。"明经"和"进士"两科是唐代常科的主要科目，其中"进士"科主要考查诗赋和时务策，"明经"偏重儒家经典的记诵。北宋时，确立了州试、省试和殿试的三级考试制度。到明朝，科举考试进入鼎盛时期，形成了更加完备的乡试、会试和殿试制度：乡试和会试的考试内容主要以"四书五经"为准，规定文章格式为八股文，解释必须参照朱熹的《四书集注》。殿试录取结果分三甲，一甲第一名称"状元"，第二名"榜眼"，第三名"探花"。一、二、三甲通称"进士"。进士榜用黄纸书写，所以叫"金榜"，中进士也就是"金榜题名"。

出仕为官几乎是中国古代知识分子共同的人生目标。通过国家的选举制度，他们得以步入仕途，从此开始了宦海沉浮的一生。

【选文】

归去来兮辞(并序)①

[晋]陶渊明

余家贫，耕植不足以自给。幼稚盈室②，瓶无储粟。生生所资③，未见其术④。亲故多劝余为长吏⑤，脱然有怀⑥，求之靡途⑦。会有四方之事⑧，诸侯以惠爱为德⑨，家叔以余贫苦⑩，遂见用为小邑⑪。于时风波未静⑫，心惮远役。彭泽去家百里⑬，公田之利足以为酒⑭，故便求之。及少日，眷然有归欤之情⑮。何则？质性自然⑯，非矫励所得⑰。饥冻虽切，违己交病⑱。尝从人事⑲，皆口腹自役⑳。于是怅然慷慨㉑，深愧平生之志。犹望一稔㉒，当敛裳宵逝㉓。寻程氏妹丧于武昌㉔，情在骏奔㉕，自免去职。

---

① 据《陶渊明集》，逯钦立校注，北京：中华书局，1979年。
② 幼稚：孩童。
③ 生生：维持生计。前一个"生"作动词用，后一个"生"作名词用。资：凭借。
④ 术：方法。
⑤ 长吏：指职位较高的县级官吏。
⑥ 脱然：不经意的样子。怀：想法，念头。
⑦ 靡途：没有门路。
⑧ 会：适逢。四方之事：指奉命出差。《论语·子路》："子曰：'诵《诗》三百，授之以政，不达；使于四方，不能专对。虽多，亦奚以为？'"
⑨ 诸侯：指州郡长官。
⑩ 家叔：指陶渊明的叔父陶夔，时任太常卿。以：因为。
⑪ 见：被。
⑫ 风波：指战乱。
⑬ 彭泽：今江西彭泽。
⑭ 利：出产，收获。
⑮ 眷然：怀念的样子。归欤：归乡，回家。欤，同"与"。《论语·公冶长》："子在陈，曰：'归与！归与！吾党之小子狂简，斐然成章，不知所以裁之。'"
⑯ 质性：本性。
⑰ 矫励：造作勉强。
⑱ 违己：违背自己的本心。交病：导致痛苦。
⑲ 从人事：指在官场上和人打交道。
⑳ 口腹自役：为了填饱肚子而役使自己。
㉑ 怅然：因不如意而感到不痛快。慷慨：情绪激昂的样子。
㉒ 一稔(rěn)：指庄稼成熟一次。稔，谷物成熟。
㉓ 敛裳(cháng)：收拾行装。宵：夜晚。逝：离去。
㉔ 寻：不久。程氏妹：嫁给程家的妹妹。武昌：今湖北鄂城。
㉕ 情在骏奔：心里急着去奔丧。骏奔，急速奔走。

仲秋至冬①,在官八十余日。因事顺心②,命篇曰《归去来兮》。乙巳岁十一月也③。

归去来兮④！田园将芜,胡不归⑤？既自以心为形役⑥,奚惆怅而独悲⑦？悟已往之不谏,知来者之可追⑧。实迷途其未远,觉今是而昨非。舟遥遥以轻飏⑨,风飘飘而吹衣。问征夫以前路⑩,恨晨光之熹微⑪。

乃瞻衡宇⑫,载欣载奔⑬。僮仆欢迎,稚子候门。三径就荒⑭,松菊犹存。携幼入室,有酒盈樽⑮。引壶觞以自酌,眄庭柯以怡颜⑯。倚南窗以寄傲⑰,审容膝之易安⑱。园日涉以成趣⑲,门虽设而常关。策扶老以流憩⑳,时矫首而遐观㉑。云无心以出岫㉒,鸟倦飞而知还。景翳翳以将入㉓,抚孤松而盘桓㉔。

归去来兮！请息交以绝游㉕。世与我而相违,复驾言兮焉求㉖？悦亲戚之情话㉗,乐琴书以消忧。农人告余以春及,将有事于西畴㉘。或命巾车㉙,或棹孤舟㉚。既窈窕

---

① 仲秋:秋季的第二个月,即农历八月。
② 因事顺心:根据发生的事情,顺从自己的内心。
③ 乙巳岁:即晋安帝义熙元年(405)。
④ 归去来兮:回去吧！来,语助词,无实义。
⑤ 胡:同"何",为什么。
⑥ 以心为形役:让心神被身体役使。作者本不愿出仕,但为了维持全家的生计,违背本意做了官。
⑦ 奚:为什么。
⑧ 悟已往之不谏,知来者之可追:见"1. 儒家"选文《〈论语〉八章·楚狂接舆》。
⑨ 以:而。飏(yáng):飞扬。形容船只行驶轻快。
⑩ 征夫:行人。
⑪ 恨:遗憾。熹微:指天蒙蒙亮。熹,同"熙",光明。
⑫ 瞻:望见。衡宇:简陋的房子。
⑬ 载(zài)欣载奔:高兴地跑过去。载,助词,表示两个动作并列,相当于"且"。
⑭ 三径:指隐士的家园。赵岐《三辅决录·逃名》:"蒋诩归乡里,荆棘塞门,舍中有三径。不出,唯求仲、羊仲从之游。"就:接近。
⑮ 樽:和下文中的"觞"(shāng)都是古代盛酒的器具。
⑯ 眄(miǎn):斜眼看。柯:树枝。怡颜:让自己开心。
⑰ 寄傲:指寄托高傲的情怀。
⑱ 审:觉察,明白。容膝:只能容下双膝的小屋。形容居室狭小。
⑲ 日涉:每天涉足。
⑳ 策:拄。扶老:手杖。流憩:走走歇歇。
㉑ 矫首:抬起头。遐观:望向远处。
㉒ 无心:不经意。岫(xiù):山峰。
㉓ 景:日光。这里指太阳。翳(yì)翳:阴暗的样子。
㉔ 盘桓:徘徊。
㉕ 息交、绝游:(和官场上的人)断绝来往。
㉖ 驾言:指驾车出游(追寻自己想要的东西)。言,助词,无实义。
㉗ 情话:知心话。
㉘ 事:这里指农事。畴(chóu):田地。
㉙ 巾车:有篷的小车。
㉚ 棹(zhào):船桨。这里指划桨。

以寻壑,亦崎岖而经丘①。木欣欣以向荣②,泉涓涓而始流③。善万物之得时④,感吾生之行休⑤。

已矣乎⑥!寓形宇内复几时⑦?曷不委心任去留⑧!胡为乎遑遑兮欲何之⑨?富贵非我愿,帝乡不可期⑩。怀良辰以孤往⑪,或植杖而耘耔⑫。登东皋以舒啸⑬,临清流而赋诗。聊乘化以归尽⑭,乐夫天命复奚疑!

送李愿归盘谷序⑮

[唐]韩愈

太行之阳有盘谷⑯,盘谷之间,泉甘而土肥,草木丛茂,居民鲜少。或曰:谓其环两山之间,故曰"盘"。或曰:是谷也,宅幽而势阻⑰,隐者之所盘旋⑱。友人李愿居之。

愿之言曰:"人之称大丈夫者,我知之矣,利泽施于人,名声昭于时,坐于庙朝⑲,进退百官而佐天子出令⑳。其在外,则树旗旄㉑,罗弓矢、武夫前呵,从者塞途,供给之人各执其物,夹道而疾驰。喜有赏,怒有刑,才畯满前㉒,道古今而誉盛德,入耳而不烦。

---

① 既窈窕以寻壑(hè),亦崎岖而经丘:沿着蜿蜒崎岖的山路,时而走进深谷,时而经过山丘。窈窕,幽深曲折的样子。壑,山谷,山沟。崎岖,高低不平的样子。
② 欣欣、向荣:形容草木茂盛。
③ 涓涓:水流细微的样子。
④ 善:喜欢,羡慕。
⑤ 行休:即将结束。
⑥ 已矣乎:算了吧!
⑦ 寓形:安置躯体。宇内:指天地之间。
⑧ 曷不:即"何不"。委心:随心所欲。
⑨ 遑遑:不安的样子。何之:到哪里去。
⑩ 帝乡:仙乡,神仙居住的地方。期:希望,企及。
⑪ 怀:留恋,珍惜。
⑫ 植:同"置",放下。耘:除草。耔:育苗。
⑬ 皋(gāo):高地。舒啸:放声长啸。
⑭ 聊:姑且。乘化:顺应自然造化。归尽:死去。
⑮ 据《韩昌黎文集校注(第2版)》,[唐]韩愈著,马其昶校注,马茂元整理,上海:上海古籍出版社,2014年。李愿:唐时隐士,号盘谷子,与韩愈、卢仝交好。盘谷:位于今河南济源。
⑯ 太行:即太行山,位于今河南省。阳:指山的南面。
⑰ 宅:位置。
⑱ 盘旋:即盘桓,往来逗留。
⑲ 庙朝:朝廷。
⑳ 进退:任免。
㉑ 旗旄(máo):旗帜。
㉒ 畯:同"俊"。

曲眉丰颊，清声而便体①，秀外而惠中②。飘轻裾③，翳长袖④，粉白黛绿者列屋而闲居⑤，妒宠而负恃，争妍而取怜：大丈夫之遇知于天子、用力于当世者之所为也。吾非恶此而逃之，是有命焉，不可幸而致也⑥。穷居而野处，升高而望远，坐茂树以终日，濯清泉以自洁⑦。采于山，美可茹⑧；钓于水，鲜可食。起居无时，惟适之安⑨。与其有誉于前，孰若无毁于其后⑩？与其有乐于身，孰若无忧于其心？车服不维⑪，刀锯不加⑫，理乱不知⑬，黜陟不闻⑭：大丈夫不遇于时者之所为也，我则行之。伺候于公卿之门，奔走于形势之途⑮；足将进而趑趄⑯，口将言而嗫嚅⑰；处秽污而不羞，触刑辟而诛戮⑱；侥幸于万一，老死而后止者，其于为人，贤不肖何如也？"

昌黎韩愈闻其言而壮之⑲，与之酒而为之歌曰："盘之中，维子之宫⑳；盘之土，可以稼；盘之泉，可濯可沿㉑；盘之阻，谁争子所？窈而深㉒，廓其有容㉓；缭而曲㉔，如往而复。嗟盘之乐兮，乐且无殃㉕。虎豹远迹兮，蛟龙遁藏。鬼神守护兮，呵禁不祥㉖。饮则食兮寿而康，无不足兮奚所望！膏吾车兮秣吾马㉗，从子于盘兮，终吾生以徜徉！"

---

① 便(pián)体：体态轻盈。
② 惠：同"慧"。
③ 裾(jū)：衣服的前后襟。
④ 翳(yì)：遮蔽，掩映。
⑤ 黛：古代女子画眉用的青黑色颜料。
⑥ 致：得到。
⑦ 濯(zhuó)：洗。
⑧ 茹：吃。
⑨ 惟适之安：即"安于适"。只要觉得舒服就好。
⑩ 孰若：怎比得上。
⑪ 车服：车舆礼服。代指官位。维：束缚。
⑫ 刀锯：刑具。代指刑罚。
⑬ 理乱：即"治乱"。
⑭ 黜(chù)：降职或罢免。陟(zhì)：升迁。
⑮ 形势：权势。
⑯ 趑(zī)趄(jū)：犹豫畏缩，不敢前进的样子。
⑰ 嗫(niè)嚅(rú)：吞吞吐吐、欲言又止的样子。
⑱ 刑辟：即刑法。
⑲ 壮：赞赏。
⑳ 维：句首语助词，无实义。宫：房屋。
㉑ 沿：这里指沿着泉流游览。
㉒ 窈：幽深的样子。
㉓ 廓：空阔。
㉔ 缭：缠绕。
㉕ 殃：灾祸。
㉖ 呵禁：大声喝斥制止。
㉗ 膏：润滑。秣(mò)：喂饲。

鹤冲天[①]

[宋]柳永

黄金榜上[②],偶失龙头望[③]。明代暂遗贤[④],如何向?未遂风云便[⑤],争不恣狂荡[⑥],何须论得丧?才子词人,自是白衣卿相[⑦]。

烟花巷陌[⑧],依约丹青屏障[⑨]。幸有意中人,堪寻访。且恁偎红翠[⑩],风流事、平生畅,青春都一饷[⑪]。忍把浮名[⑫],换了浅斟低唱。

【阅读探究】

苏轼曾模仿陶渊明《归去来兮辞》写过一首《哨遍》,试比较这两篇作品在立意构思等方面的异同:

哨遍

[宋]苏轼

为米折腰,因酒弃家,口体交相累。归去来!谁不遣君归?觉从前皆非今是。露未晞,征夫指予归路,门前笑语喧童稚。嗟旧菊都荒,新松暗老,吾年今已如此。但小窗容膝闭柴扉,策杖看孤云暮鸿飞。云出无心,鸟倦知还,本非有意。

噫!归去来兮!我今忘我兼忘世。亲戚无浪语,琴书中有真味。步翠麓崎岖,泛溪窈窕,涓涓暗谷流春水。观草木欣荣,幽人自感,吾生行且休矣。念寓形宇内复几时,不自觉皇皇欲何之?委吾心、去留谁计!神仙知在何处?富贵非吾志。但知临水

---

① 据《乐章集校笺》,[宋]柳永著,陶然、姚逸超校笺,上海:上海古籍出版社,2016年。
② 黄金榜:指科举考试殿试后公布进士名单的金字题名榜。
③ 龙头:状元的别称。
④ 明代:政治清明的时代。遗贤:遗弃贤才。
⑤ 风云:比喻难得的机会。
⑥ 争不:怎不。恣:放纵。
⑦ 白衣卿相:指尚未发迹的读书人。白衣,古代平民的衣服。
⑧ 烟花巷陌:指妓馆聚集的地方。
⑨ 丹青屏障:彩绘的屏风。丹青,绘画颜料,借指绘画。
⑩ 恁(nèn):这样。偎红翠:指狎妓。
⑪ 一饷(xiǎng):片刻。
⑫ 忍:愿意、舍得。

登山啸咏,自引壶觞自醉。此生天命更何疑?且乘流、遇坎还止。

【阅读训练】

清光绪三十年(1904),士子们迎来了中国历史上的最后一次会试,次年清廷便下诏废除了科举制。以下是这次会试第三场考查"四书五经"的3道试题,你能答出来吗?
(1)"大学之道,在明明德,在亲民,在止于至善"义;
(2)"中立而不倚,强哉矫"义;
(3)"致天下之民,聚天下之货,交易而退,各得其所"义。

【拓展阅读】

枕中记[①]

[唐]沈既济

开元七年,道士有吕翁者,得神仙术。行邯郸道中,息邸舍,设榻施席,摄帽弛带,隐囊而坐。俄见旅中少年,乃卢生也,衣短褐,乘青驹,将适于田,亦止于邸中。与翁共席而坐,言笑殊畅。久之,卢生顾其衣装敝亵,乃长叹息曰:"大丈夫生世不谐,困如是也!"翁曰:"观子形体,无苦无恙,谈谐方适,而叹其困者,何也?"生曰:"吾此苟生耳,何适之谓!"翁曰:"此不谓适,而何谓适?"答曰:"士之生世,当建功树名,出将入相,列鼎而食,选声而听,使族益昌而家益肥,然后可以言适乎。吾尝志于学,富于游艺,自惟当年,青紫可拾。今已适壮,犹勤畎亩,非困而何?"言讫,而目昏思寐。

时主人方蒸黍,共待其熟。翁乃探囊中枕以授之,曰:"子枕吾枕,当令子荣适如志。"其枕青甆,而窍其两端。生俯首就之,见其窍渐大,明朗。乃举身而入,遂至其家。数月,娶清河崔氏女。女容甚丽,生资愈厚。生大悦,由是衣装服驭日益鲜盛。明年,举进士登第,释褐秘校;应制,转渭南尉;俄迁监察御史,转起居舍人,知制诰;三载,出典同州,迁陕牧。生性好土功,自陕西凿河八十里,以济不通。邦人利之,刻石纪德。移节汴州,领河南道采访使,征为京兆尹。

是岁,神武皇帝方事戎狄,恢宏土宇。会吐蕃悉抹逻及烛龙、莽布支攻陷瓜沙,而节度使王君㚟新被杀,河湟震动。帝思将帅之才,遂除生御史中丞、河西道节度。大破戎虏,斩首七千级,开地九百里,筑三大城以遮要害。边人立石于居延山以颂之。归朝册勋,恩礼

[①] 据《全唐五代小说》,李时人编校,何满子审订,詹绪左覆校,北京:中华书局,2014年。

极盛。转吏部侍郎,迁户部尚书兼御史大夫。时望清重,群情翕习,大为时宰所忌,以飞语中之,贬为端州刺史。

三年,征为常侍。未几,同中书门下平章事。与萧中令嵩、裴侍中光庭同执大政十余年,嘉谟密命,一日三接,献替启沃,号为贤相。同列害之,复诬与边将交结,所图不轨。制下狱,府吏引从至其门而急收之。生惶骇不测,谓妻子曰:"吾家山东,有良田五顷,足以御寒馁,何苦求禄?而今及此,思衣短褐、乘青驹,行邯郸道中,不可得也!"引刃自刎。其妻救之,获免。其罹者皆死,独生为中官保之,减罪死,投驩州。

数年,帝知冤,复追为中书令,封燕国公,恩旨殊异。生五子,曰俭,曰传,曰位,曰倜,曰倚,皆有才器。俭,进士登第,为考功员外;传,为侍御史;位,为太常丞;倜,为万年尉;倚,最贤,年二十八,为左襄。其姻媾皆天下望族,有孙十余人。两窜荒徼,再登台铉,出入中外,徊翔台阁。五十余年,崇盛赫奕。性颇奢荡,甚好佚乐,后庭声色皆第一绮丽。前后赐良田甲第、佳人名马,不可胜数。后年渐衰迈,屡乞骸骨,不许。病,中人候问,相踵于道;名医上药,无不至焉。将殁,上疏曰:

臣本山东诸生,以田圃为娱。偶逢圣运,得列官叙。过蒙殊奖,特秩鸿私。出拥节旌,入升台辅。周旋中外,绵历岁时。有忝天恩,无裨圣化。负乘贻寇,履薄增忧。日惧一日,不知老至。今年逾八十,位极三事,钟漏并歇,筋骸俱耄。弥留沉顿,待时益尽。顾无成效,上答休明。空负深恩,永辞圣代。无任感恋之至,谨奉表陈谢。

诏曰:

卿以俊德,作朕元辅。出拥藩翰,入赞雍熙。升平二纪,实卿所赖。比婴疾疹,日谓痊平。岂斯沉痼,良用悯恻!今令骠骑大将军高力士就第候省。其勉加针石,为予自爱。犹冀无妄,期于有瘳。

是夕,薨。

卢生欠伸而悟,见其身方偃于邸舍,吕翁坐其傍,主人蒸黍未熟,触类如故。生蹶然而兴,曰:"岂其梦寐也?"翁谓生曰:"人生之适,亦如是矣。"生怃然良久,谢曰:"夫宠辱之道、穷达之运、得丧之理、死生之情,尽知之矣。此先生所以窒吾欲也,敢不受教!"稽首再拜而去。

22. 刑法

　　(斯)顾谓其中子曰:"吾欲与若复牵黄犬,俱出上蔡东门逐狡兔,岂可得乎!"遂父子相哭,而夷三族。

——《史记·李斯列传》

【阅读导语】

　　法律,是国家政治制度的重要组成部分,其中尤以刑法的震慑力最大,也最为严酷。中国古代的法律主要是刑法,从夏代开始就有了刑罚措施,商代的"墨""劓""刖""宫""大辟"五刑在古文献和甲骨文中都有记载,到西周已普遍施行。墨,是指在罪犯脸上刻字并用墨水染色,属于最轻的刑罚,后来称为"黥"。劓,是割去鼻子。刖,指砍脚,也称"剕"。春秋战国时,齐国因受刖刑者太多,曾出现刖足者穿的鞋比普通人的鞋还贵的现象。宫,指破坏生殖器,使人失去性功能。大辟,即死刑,但具体的执行方式各代不尽相同。商代的炮烙、秦的车裂都属于大辟。

　　西汉以后,不断有废除和恢复肉刑的争论。到隋唐时期,商周以来的"五刑"最终被"笞""杖""徒""流""死"代替,一直沿用到明清。笞和杖,都是用竹板或荆条拷打犯人的脊背或臀腿(区别在于杖刑所用的刑具较大,伤害更重),针对轻微犯罪而设,或作为减刑后的刑罚;徒刑,是将罪犯拘禁在特定的场所,剥夺其人身自由并强制劳动;流刑,则是把罪犯押解到边远地区服劳役或戍守;死刑,主要有斩、绞两等,有的朝代还有凌迟。罪犯也可以通过缴纳财物(铜、钱、黄金、缣、绢等)来折抵原定的刑罚,称为"赎刑"。但赎刑的得益者显然是富贵之家。司马迁在《报任安书》中就说自己"家贫,货赂不足以自赎",最终只能接受宫刑。

【选文】

报任安书①

[汉]司马迁

太史公牛马走司马迁再拜言②:

少卿足下③:

曩者辱赐书④,教以顺于接物⑤,推贤进士为务。意气勤勤恳恳,若望仆不相师⑥,而用流俗人之言。仆非敢如此也。仆虽罢驽⑦,亦尝侧闻长者之遗风矣⑧。顾自以为身残处秽,动而见尤⑨,欲益反损,是以独郁悒而与谁语⑩?谚曰:"谁为为之⑪?孰令听之?"盖钟子期死,伯牙终身不复鼓琴⑫。何则?士为知己者用,女为说己者容⑬。若仆,大质已亏缺矣⑭,虽才怀随和⑮,行若由夷⑯,终不可以为荣,适足以见笑而自点耳⑰。

---

① 选自《文选》。据《文选》,[梁]萧统编,[唐]李善注,上海:上海古籍出版社,1986年。原题为《报任少卿书》。任安:字少卿,汉武帝时曾任益州刺史、北军使者护军,司马迁的朋友。任安曾给司马迁写信,要他利用中书令的职位多向朝廷举荐人才。司马迁隔了很久才写下这封回信,而此时的任安已因事下狱,情况危急。
② 太史公:对太史令一职的尊称。司马迁和他的父亲司马谈都担任过太史令。牛马走:为人掌牛马的仆役。用于自称的谦辞。走,仆役。
③ 足下:对对方的尊称。
④ 曩(nǎng)者:从前。辱赐书:承蒙(您)给我写信。辱,谦辞。
⑤ 顺于接物:根据实际情况与人打交道。
⑥ 望:埋怨。仆:古时男子对自己的谦称。师:学习,听从。
⑦ 罢驽(nú):疲弱的劣马。罢,同"疲"。
⑧ 侧闻:谦辞,指从旁听说。
⑨ 动而见尤:动不动就受指责。尤,过错。
⑩ 郁悒(yì):忧愁苦闷。
⑪ 谁为为之:即"为谁为之"。为谁做这件事?
⑫ 盖钟子期死,伯牙终身不复鼓琴:《吕氏春秋·本味》:"钟子期死,伯牙破琴绝弦,终身不复鼓琴,以为世无足复为鼓琴者。"参见"12.音乐"选文《列子·汤问》三则·伯牙鼓琴》。
⑬ 说:同"悦"。
⑭ 大质:指身体。
⑮ 随和:见"9.散文"选文《谏逐客书》注释"随和之宝"。这里比喻宝贵的才能。
⑯ 由夷:指许由和伯夷,古代品德高尚之人。
⑰ 自点:自取其辱。点,玷污。

书辞宜答①。会东从上来②，又迫贱事③，相见日浅④，卒卒无须臾之间得竭至意⑤。今少卿抱不测之罪⑥，涉旬月⑦，迫季冬⑧，仆又薄从上雍⑨，恐卒然不可为讳⑩。是仆终已不得舒愤懑以晓左右⑪，则长逝者魂魄私恨无穷。请略陈固陋⑫。阙然久不报⑬，幸勿为过！

仆闻之：修身者，智之符也⑭；爱施者，仁之端也⑮；取与者，义之表也；耻辱者⑯，勇之决也⑰；立名者，行之极也⑱。士有此五者，然后可以托于世，而列于君子之林矣。故祸莫憯于欲利⑲，悲莫痛于伤心，行莫丑于辱先，诟莫大于宫刑⑳。刑余之人无所比数㉑，非一世也，所从来远矣。昔卫灵公与雍渠同载，孔子适陈㉒；商鞅因景监见，赵良寒心㉓；同子参乘，袁丝变色㉔：自古而耻之。夫以中才之人，事有关于宦竖㉕，莫不伤气，而况于慷慨之士乎？如今朝廷虽乏人，奈何令刀锯之余荐天下豪俊哉㉖？

---

① 宜：应该。
② 会东从上来：(我)正好跟着皇帝从东边回来。
③ 迫贱事：忙于处理各种琐事。
④ 相见日浅：(和您)见面的机会很少。
⑤ 卒卒：同"猝猝"，匆忙的样子。竭：穷尽。这里指充分地表达。至意：最深厚诚挚的情意。
⑥ 不测：意外。
⑦ 涉旬月：再过一个月。
⑧ 季冬：冬季的最后一个月，即十二月。汉代每年十二月处决犯人。
⑨ 仆又薄从上雍：我紧接着又要跟(皇帝)去雍城。薄，同"迫"。雍，秦国早期都城，位于今陕西凤翔。
⑩ 卒然：突然。卒，同"猝"。不可为讳：即"不可讳"，委婉语，指死。
⑪ 左右：指称对方的谦辞。
⑫ 固陋：谦辞，指狭隘浅陋的想法。
⑬ 阙然：形容耽搁了很长时间。
⑭ 符：凭证，标志。
⑮ 端：开头。
⑯ 耻辱：即"以辱为耻"。
⑰ 决：先决条件，前提。
⑱ 极：最高准则。
⑲ 憯：同"惨"。
⑳ 诟：耻辱。宫刑：破坏男性生殖器的刑罚，也称"腐刑"。
㉑ 无所比数：无法和别人相提并论。这里指被人瞧不起。
㉒ 昔卫灵公与雍渠同载，孔子适陈：卫灵公，春秋时卫国国君。雍渠，卫国宦官。载，乘车。《史记·孔子世家》："(孔子)居卫月余，灵公与夫人同车，宦者雍渠参乘。出，使孔子为次乘，招摇市过之。孔子曰：'吾未见好德如好色者也。'于是丑之，去卫。"
㉓ 商鞅因景监见，赵良寒心：见"4.法家"选文《商鞅变法》。赵良，秦孝公时人，曾劝商鞅隐退。春秋时商鞅为了实施变法主张，曾投靠宦官景监，请他把自己推荐给秦孝公。《史记·商君列传》记载，赵良曾指责商鞅："今君之见秦王也，因嬖人景监以为主，非所以为名也。"
㉔ 同子参乘，袁丝变色：同子，指赵谈，汉文帝时宦官。赵谈和司马迁的父亲司马谈同名，为避讳而称"同子"。参乘，陪乘。袁丝，即爰盎，汉文帝时郎中。《史记·袁盎晁错列传》："孝文帝出，赵同参乘，袁盎伏车前曰：'臣闻天子所与共六尺舆者，皆天下豪英。今汉虽乏人，陛下独奈何与刀锯余人载！'"
㉕ 竖：供役使的小臣。泛指卑贱者。
㉖ 刀锯之余：指受过刑的人。

仆赖先人绪业①,得待罪辇毂下二十余年矣②。所以自惟③:上之不能纳忠效信④,有奇策才力之誉,自结明主⑤;次之又不能拾遗补阙⑥,招贤进能,显岩穴之士⑦;外之又不能备行伍,攻城野战,有斩将搴旗之功⑧;下之不能积日累劳,取尊官厚禄,以为宗族交游光宠。四者无一遂⑨,苟合取容⑩,无所短长之效⑪,可见于此矣。向者仆尝厕下大夫之列⑫,陪外廷末议⑬,不以此时引维纲⑭,尽思虑;今以亏形为扫除之隶⑮,在阘茸之中⑯,乃欲仰首伸眉,论列是非,不亦轻朝廷、羞当世之士邪?嗟乎!嗟乎!如仆,尚何言哉!尚何言哉!

　　且事本末未易明也。仆少负不羁之行⑰,长无乡曲之誉⑱。主上幸以先人之故,使得奏薄伎⑲,出入周卫之中⑳。仆以为,戴盆何以望天㉑?故绝宾客之知㉒,亡室家之业㉓,日夜思竭其不肖之才力,务一心营职,以求亲媚于主上。而事乃有大谬不然者夫㉔!仆与李陵,俱居门下,素非能相善也㉕。趣舍异路㉖,未尝衔杯酒㉗,接殷勤之余欢㉘。然仆观其为人,自守奇士㉙:事亲孝,与士信,临财廉,取与义,分别有让㉚,恭俭下人,常思奋不顾身以徇国家之急㉛。其素所蓄积也,仆以为有国士之风。夫人臣,出

---

① 绪业:事业。
② 待罪:谦辞,指做官。辇(niǎn)毂(gǔ)下:皇帝的车驾之下。代指京城。
③ 惟:思考。
④ 纳忠效信:贡献忠诚和诚信。
⑤ 自结:主动攀附、缔交。这里是指靠自己的本事获得皇帝的信赖。
⑥ 拾遗补阙:弥补遗漏和缺失。
⑦ 显岩穴之士:发现隐居的贤人。
⑧ 搴(qiān):拔取。
⑨ 遂:实现。
⑩ 苟合取容:勉强迎合,讨人欢喜。
⑪ 效:贡献。
⑫ 向者:从前。厕:参与。
⑬ 末议:微不足道的意见。
⑭ 引维纲:指参照国家法令进行申说。维纲,法度纲纪。
⑮ 以:同"已"。亏形:身体残缺。
⑯ 阘(tà)茸(róng):细毛。引申为卑贱,这里指卑贱之人。
⑰ 负:具有。不羁之行:不遵守礼法的行为。
⑱ 乡曲:家乡,故里。
⑲ 奏:奉献。
⑳ 周卫:周密的护卫。即宫禁。
㉑ 戴盆何以望天:头上要顶盆子,怎么还能望向天空呢?形容忙于职守,无暇他顾。
㉒ 知:赏识,结交。
㉓ 亡:同"忘"。
㉔ 夫:句末语气词,表示感叹。
㉕ 相善:彼此交好。
㉖ 趣舍:追求的和放弃的。趣,同"趋"。
㉗ 衔杯酒:指一起喝酒。
㉘ 殷勤:情意深厚。余欢:充分的欢乐。
㉙ 自守:坚守自己的节操。奇士:德行出众的人。
㉚ 分别有让:好的让给别人,坏的留给自己。
㉛ 徇:同"殉"。

万死不顾一生之计,赴公家之难,斯以奇矣。今举事一不当①,而全躯保妻子之臣随而媒孽其短②,仆诚私心痛之。且李陵提步卒不满五千,深践戎马之地,足历王庭③,垂饵虎口,横挑强胡,仰亿万之师④。与单于连战十有余日,所杀过半当⑤,虏救死扶伤不给⑥。旃裘之君长咸震怖⑦,乃悉征其左右贤王⑧,举引弓之人,一国共攻而围之。转斗千里,矢尽道穷,救兵不至,士卒死伤如积。然李陵一呼劳军⑨,士无不起,躬自流涕⑩,沫血饮泣⑪,更张空拳、冒白刃,北向争死敌者⑫。陵未没时,使有来报,汉公卿王侯皆奉觞上寿⑬。后数日,陵败书闻,主上为之食不甘味,听朝不怡。大臣忧惧,不知所出。仆窃不自料其卑贱,见主上惨怆怛悼⑭,诚欲效其款款之愚⑮。以为李陵素与士大夫绝甘分少⑯,能得人死力⑰,虽古之名将不能过也。身虽陷败,彼观其意⑱,且欲得其当而报汉⑲。事已无可奈何,其所摧败,功亦足以暴于天下矣⑳。仆怀欲陈之而未有路,适会召问,即以此指推言陵之功㉑,欲以广主上之意,塞睚眦之辞㉒。未能尽明,明主不晓,以为仆沮贰师而为李陵游说㉓,遂下于理㉔。拳拳之忠,终不能自列㉕。因为诬上㉖,卒从吏议。家贫,货赂不足以自赎;交游莫救,左右亲近不为一言。身非木石,独与法吏为伍,深幽囹圄之中㉗,谁可告愬者㉘?此真少卿所亲见,仆行事岂不然乎?李

---

① 举事:行事。
② 全躯:保全自己的性命。媒孽:用来酿酒的酵母。这里指酝酿夸大。
③ 王庭:匈奴单于的居处。
④ 仰:面对。
⑤ 所杀过半当(dāng):杀掉的敌人超过我方被杀人数的一半。当,相抵。
⑥ 不给(jǐ):来不及。
⑦ 旃裘:古代北方游牧民族用兽毛等制成的衣服。借指匈奴。旃,同"毡"。
⑧ 贤王:匈奴贵族的封号。
⑨ 劳军:慰问士兵。这里指鼓舞士气。
⑩ 躬自:自己。
⑪ 沫(huì)血:用血洗脸。形容血流满面。沫,通"靧"。饮泣:悲哀到了极点,以致哭不出声音来。
⑫ 争死敌者:即"争死于敌者"。争着和敌人拼命。
⑬ 上寿:向皇帝祝贺。
⑭ 惨怆(chuàng)怛(dá)悼:悲伤痛苦。
⑮ 效:献出。款款之愚:虽不高明却发自内心的见解。
⑯ 士大夫:这里指军中将士。绝甘分少:好东西自己不要,得到的再少也要分给别人。与上文"分别有让"相仿。
⑰ 死力:拼死效力。
⑱ 彼:语气词,无实义。
⑲ 得其当:等到合适的时机。
⑳ 暴(pù):同"曝",显露。
㉑ 指:同"旨",意思。
㉒ 塞睚(yá)眦(zì)之辞:杜绝那些诽谤(李陵)的闲言碎语。睚眦,怒目而视,借指极小的仇恨。
㉓ 沮:诋毁。贰师:指李广利,汉武帝宠妃李夫人的兄长,曾奉命前往大宛国贰师城,故称"贰师将军"。李陵被围时,率领主力部队的李广利并未前往救援,所以武帝以为司马迁意在指责李广利。
㉔ 理:司法官。
㉕ 自列:自陈,自白。
㉖ 诬:欺骗,蒙蔽。
㉗ 囹(líng)圄(yǔ):监狱。
㉘ 告愬:同"告诉"。

陵既生降,隤其家声①,而仆又佴之蚕室②,重为天下观笑。悲夫! 悲夫! 事未易一二为俗人言也③。

　　仆之先,非有剖符丹书之功④。文史星历,近乎卜祝之间⑤,固主上所戏弄,倡优所畜⑥,流俗之所轻也。假令仆伏法受诛,若九牛亡一毛,与蝼蚁何以异? 而世又不与能死节者⑦,特以为智穷罪极,不能自免,卒就死耳。何也? 素所自树立使然也⑧。人固有一死,或重于太山⑨,或轻于鸿毛,用之所趋异也⑩。太上,不辱先;其次,不辱身;其次,不辱理色⑪;其次,不辱辞令;其次,诎体受辱⑫;其次,易服受辱⑬;其次,关木索、被箠楚受辱⑭;其次,剔毛发、婴金铁受辱⑮;其次,毁肌肤、断肢体受辱;最下,腐刑,极矣! 传曰:"刑不上大夫⑯。"此言士节不可不勉励也。猛虎在深山,百兽震恐;及其在槛阱之中⑰,摇尾而求食,积威约之渐也⑱。故有画地为牢,势不可入;削木为吏,议不可对⑲:定计于鲜也⑳。今交手足㉑,受木索,暴肌肤,受榜箠㉒,幽于圜墙之中㉓。当此之时,见狱吏则头枪地㉔,视徒隶则正惕息㉕:何者? 积威约之势也。及以至是,言不辱

---

① 隤(tuí)其家声:败坏了李家的名声。李陵是西汉名将"飞将军"李广的孙子。
② 佴(èr):随后。蚕室:刚受过宫刑的人要待在密闭保暖的屋子里,就像养蚕一样。这里借指宫刑。
③ 一二:逐次,一五一十。
④ 剖符丹书:汉代颁给功臣的信物,持有者的子孙若犯罪,可获赦免。
⑤ 文史星历:历史文献和天文历法。这些都归太史令掌管。卜祝:占卜和祭祀。
⑥ 倡优所畜:像戏子一样养着。畜,同"蓄"。
⑦ 而世又不与能死节者:而世人又不会称赞我是能为节义而死的人。与,称许。
⑧ 素所自树立使然也:这是我一直以来所从事的职业导致的。
⑨ 太山:即"泰山"。
⑩ 用之所趋异也:这是(因为)死的动机不同。趋,趋向。
⑪ 理色:道理和脸面。
⑫ 诎体:弯腰拜服。诎,同"屈"。
⑬ 易服:指换上罪犯的服装。
⑭ 关木索:铐上木枷和绳索。关,同"贯"。箠楚:棍杖之类的刑杖。引申为拷打。
⑮ 婴金铁:戴着铁链。婴,缠绕。
⑯ 传:泛指古书的记载。
⑰ 槛(jiàn)阱:囚笼和陷阱。
⑱ 积威约之渐也:这是强大的威势受到约束,逐渐驯化的结果。
⑲ 故有画地为牢,势不可入;削木为吏,议不可对:所以哪怕是在地上划一个范围作监牢,也一定不进去;就算是木头削成的狱吏来审讯,也绝不回答。势、议,必定。
⑳ 定计于鲜也:这是(因为)已经拿定主意要(在受刑前)自杀。鲜,杀。
㉑ 交手足:手脚被绑在一起。
㉒ 榜:鞭打。
㉓ 圜(yuán)墙:指牢狱。
㉔ 枪(qiāng):同"抢"。撞。
㉕ 徒隶:狱卒。惕息:心跳气喘。形容极其恐惧。

者,所谓强颜耳①,曷足贵乎②!且西伯,伯也,拘于羑里③;李斯,相也,具于五刑④;淮阴,王也,受械于陈⑤;彭越、张敖,南面称孤,系狱抵罪⑥;绛侯诛诸吕,权倾五伯,囚于请室⑦;魏其,大将也,衣赭衣,关三木⑧;季布为朱家钳奴⑨;灌夫受辱于居室⑩;此人皆身至王侯将相,声闻邻国,及罪至罔加⑪,不能引决自裁⑫,在尘埃之中⑬。古今一体,安在其不辱也!由此言之:勇怯,势也;强弱,形也。审矣⑭,何足怪乎?夫人不能早自裁绳墨之外⑮,以稍陵迟⑯,至于鞭箠之间,乃欲引节⑰,斯不亦远乎?古人所以重施刑于大夫者,殆为此也。

夫人情,莫不贪生恶死,念父母,顾妻子。至激于义理者不然⑱,乃有所不得已也。今仆不幸,早失父母,无兄弟之亲,独身孤立,少卿视仆于妻子何如哉?且勇者不必死节,怯夫慕义,何处不勉焉⑲?仆虽怯懦,欲苟活,亦颇识去就之分矣⑳,何至自沉溺缧

---

① 强颜:厚着脸皮。
② 曷足贵乎:还有什么值得尊重的呢?
③ 且西伯,伯也,拘于羑(yǒu)里:西伯,指周文王姬昌,曾被商王封为西方诸侯之长。羑里,位于今河南汤阴。姬昌曾被商纣王囚禁于羑里。
④ 李斯,相也,具于五刑:李斯,秦朝丞相,后因秦二世听信赵高谗言,被处死。具于五刑:受遍所有刑罚。据《汉书·刑法志》记载,"五刑"包括黥(在脸上刻字并涂墨)、劓(割鼻)、斩趾(斩去脚趾)、笞杀(拷打致死)、枭首(砍头示众)、菹骨肉(剁成肉酱)及断舌等。《史记·李斯列传》:"二世二年七月,具斯五刑,论腰斩咸阳市。"
⑤ 淮阴,王也,受械于陈:淮阴,指韩信,淮阴人,西汉开国功臣,封楚王。因被人告发谋反,贬为淮阴侯,后被杀。械,木枷、镣铐等束缚手脚的刑具。《史记·淮阴侯列传》:"(信)谒高祖于陈。上令武士缚信,载后车。……上曰:'人告公反。'遂械系信。"
⑥ 彭越、张敖,南面称孤,系狱抵罪:彭越,西汉开国功臣,封梁王。张敖,西汉赵王张耳之子,袭父爵。南面,面朝南。因帝王座位朝南,所以代指称王称帝。孤,谦辞,王侯自称。系狱,囚禁于监狱。彭越、张敖后来都被人诬告谋反,下狱定罪,彭越被杀,张敖遭贬。
⑦ 绛侯诛诸吕,权倾五伯,囚于请室:绛侯,指周勃,西汉开国功臣,封绛侯。权倾五伯,权力胜过春秋五霸。伯,同"霸"。这里是说周勃可以拥立新帝,权力极大。汉惠帝和他的母亲吕雉死后,吕氏族人想作乱篡汉,周勃和陈平设计诛杀诸吕,迎立刘恒为汉文帝。请室,大臣犯罪等待判决的地方。请,同"清"。《史记·绛侯周勃世家》:"其后人有上书告勃欲反,下廷尉。廷尉下其事长安,逮捕勃治之。"
⑧ 魏其,大将也,衣赭(zhě)衣,关三木:魏其,指窦婴,汉景帝时任大将军,封魏其侯。赭衣,指囚服。三木,指头枷、手铐和脚镣。武帝时窦婴为营救灌夫遭人诬告,被处死。
⑨ 季布为朱家钳(qián)奴:季布,项羽麾下大将,曾多次击败刘邦军队,项羽死后为躲避追捕卖身为奴。钳(qián)奴,受过钳刑(用铁圈束颈)、被充作奴隶的人。《史记·季布栾布列传》:"季布匿濮阳周氏。……乃髡钳季布,衣褐衣,置广柳车中,并与其家僮数十人,之鲁朱家所卖之。"
⑩ 灌夫受辱于居室:灌夫,汉景帝时中郎将,武帝时任太仆,后因得罪宰相田蚡被杀。居室,少府所属的官署。《史记·魏其武安侯列传》:"(田蚡)劾灌夫骂坐不敬,系居室。"
⑪ 罔加:罗网加身。罔,同"网"。
⑫ 引决自裁:自杀。
⑬ 尘埃:比喻污浊的东西。这里指监牢。
⑭ 审:明白。
⑮ 绳墨之外:刑罚实施之前。绳墨,木工取直线用的工具,比喻法度。
⑯ 陵迟:山势渐遭削平。比喻处境越来越恶劣。
⑰ 引节:伸张名节。
⑱ 义理:道义和公理。
⑲ 怯夫慕义,何处不勉焉:胆小的人(假如)仰慕大义,在哪里不能勉励自己(为气节而死)呢?
⑳ 去就之分:这里指舍生取义的道理。

继之辱哉①！且夫臧获婢妾由能引决②，况仆之不得已乎？所以隐忍苟活，幽于粪土之中而不辞者③，恨私心有所不尽④，鄙陋没世而文彩不表于后世也⑤。

古者富贵而名摩灭，不可胜记，唯倜傥非常之人称焉⑥。盖文王拘，而演《周易》⑦；仲尼厄，而作《春秋》⑧；屈原放逐，乃赋《离骚》；左丘失明，厥有《国语》⑨；孙子膑脚，兵法修列⑩；不韦迁蜀⑪，世传《吕览》⑫；韩非囚秦⑬，《说难》《孤愤》⑭；《诗》三百篇，大底圣贤发愤之所为作也⑮。此人皆意有所郁结，不得通其道，故述往事，思来者⑯。乃如左丘无目，孙子断足，终不可用，退而论书策以舒其愤，思垂空文以自见⑰。

仆窃不逊⑱，近自托于无能之辞，网罗天下放失旧闻⑲，略考其行事，综其终始，稽其成败兴坏之纪⑳。上计轩辕㉑，下至于兹㉒，为十表、本纪十二、书八章、世家三十、列传七十，凡百三十篇。亦欲以究天人之际，通古今之变，成一家之言。草创未就㉓，会遭此祸，惜其不成，已就极刑而无愠色㉔。仆诚以著此书㉕，藏之名山㉖，传之其人通邑大都㉗，则仆偿前辱之责㉘，虽万被戮㉙，岂有悔哉！然此可为智者道，难为俗人言也。

---

① 缧（léi）绁（xiè）：捆绑犯人的绳子。比喻牢狱。
② 臧获：古人对奴婢的蔑称。由：同"犹"。
③ 幽：囚禁。粪土：比喻污秽的监牢。
④ 私心：内心。这里指心事。
⑤ 鄙陋：谦辞，自称。没世：去世。文彩：文辞。表：显露。
⑥ 倜（tì）傥（tǎng）：洒脱不拘。称：赞扬。
⑦ 盖文王拘，而演《周易》：相传周文王姬昌被商纣王囚禁在羑里时，把八卦推演为六十四卦，形成了《周易》的骨干。
⑧ 仲尼厄，而作《春秋》：仲尼，即孔子，字仲尼。厄，陷入困境。孔子周游列国宣传自己的思想，途中饱受围攻和绝粮之苦，最后只能返回鲁国，编订《春秋》。
⑨ 左丘失明，厥有《国语》：左丘，即左丘明，春秋时鲁国史官。据说作《国语》时已双目失明。
⑩ 孙子膑脚，兵法修列：孙子，指孙膑，战国军事家。膑（bìn）脚，指被剔去膝盖骨。孙膑曾和庞涓一起学习兵法，后来庞涓成为魏惠王的将军，担心孙膑胜过自己，就设计剔去了他的膝盖骨。《史记·孙子吴起列传》："（孙膑）名显天下，世传其兵法。"
⑪ 不韦迁蜀：不韦，即吕不韦，战国末商人，曾任秦国丞相。迁，流放。吕不韦后因牵连嫪毐叛乱事件，被贬蜀地自杀。
⑫ 《吕览》：即《吕氏春秋》，吕不韦及其门客编纂的一部百科全书式著作。
⑬ 韩非囚秦：韩非，战国末年韩国贵族公子，先秦法家思想的集大成者。韩非后来出使秦国，被李斯陷害，死于狱中。
⑭ 《说难》《孤愤》：韩非创作的名篇。
⑮ 底：同"抵"。
⑯ 思来者：寄希望于将来。即下文"思垂空文以自见"。
⑰ 思垂空文以自见：想让这些文章流传下去，以表明自己的心意。空文，指与具体功业相对的文字著述。见，同"现"。
⑱ 窃：私下。不逊：不谦虚，自不量力。谦辞。
⑲ 放失：散落丢失。失，同"佚"。
⑳ 稽：考察。
㉑ 轩辕：即黄帝，轩辕氏，传说中的上古帝王。
㉒ 兹：现在。
㉓ 就：完成。
㉔ 就：接受。
㉕ 仆诚以著此书：我要是写完了这部书。诚，假如。以，同"已"。
㉖ 名山：指皇家藏书的府库。
㉗ 传之其人通邑大都：即"传之其人于通邑大都"（与"藏之名山"句式相同）。把这部书的内容传授给京城里合适的人。通邑大都，四通八达的大城市，这里指京城。
㉘ 责：同"债"。
㉙ 戮（lù）：同"僇"，羞辱。

且负下未易居①,下流多谤议。仆以口语遇此祸,重为乡党所笑②。以污辱先人,亦何面目复上父母丘墓乎?虽累百世,垢弥甚耳!是以肠一日而九回③,居则忽忽若有所亡④,出则不知其所往。每念斯耻,汗未尝不发背沾衣也。身直为闺阁之臣⑤,宁得自引于深臧岩穴邪⑥?故且从俗浮沉,与时俯仰,以通其狂惑⑦。今少卿乃教以推贤进士,无乃与仆私心剌谬乎⑧?今虽欲自雕琢⑨,曼辞以自饰⑩,无益于俗,不信,适足取辱耳。要之死日,然后是非乃定。书不能悉意,略陈固陋。

谨再拜

狱中血书⑪

[明]杨涟

涟今死杖下矣!痴心报主,愚直仇人⑫;久拚七尺⑬,不复挂念。不为张俭逃亡⑭,亦不为杨震仰药⑮,欲以性命归之朝廷,不图妻子一环泣耳⑯。

打问之时,枉坐赃私⑰,杀人献媚,五日一比⑱,限限严旨⑲。家倾路远,交绝途穷,身非铁石,有命而已。雷霆雨露,莫非天恩,仁义一生,死于诏狱⑳,难言不得死所。何憾于天?何怨于人?

---

① 负下:背负罪名。
② 乡党:家乡。这里指家乡的人。
③ 肠一日而九回:好像肠子不停地在扭曲。形容极度痛苦。
④ 忽忽:失意的样子。
⑤ 直:竟然。闺阁(gé)之臣:指宦官。闺阁,指禁宫。
⑥ 自引:自行引退。
⑦ 通:宣泄。狂惑:指内心的悲愤和困惑。
⑧ 剌(là)谬:违背。
⑨ 雕琢(zhuàn):雕琢装饰。
⑩ 曼辞:华美的言辞。
⑪ 选自《碧血录》。据《碧血录(附周端孝血疏)》,黄煜汇次,北京:中华书局,1985年。
⑫ 仇人:为人所仇视。
⑬ 七尺:指身躯。
⑭ 张俭:东汉人,桓帝时任山阳东部督邮,因上书弹劾宦官侯览及其家属遭朝廷通缉,被迫流亡。许多人因敬佩张俭的品行而收留他,因此受到株连,家破人亡。
⑮ 杨震:东汉人,官至太尉,因得罪中常侍樊丰遭罢免,被遣返回乡,途中服毒而死。仰药:服毒。
⑯ 环泣:围聚哭泣。
⑰ 枉坐赃私:被诬陷贪污受贿。
⑱ 比:这里指严刑逼供。
⑲ 限限严旨:指圣旨。
⑳ 诏狱:指锦衣卫奉皇帝命令设立的专案。

惟我身副宪臣①,曾受顾命②。孔子云,托孤寄命,临大节而不可夺③。持此一念,终可以见先帝于在天④,对二祖十宗与皇天后土、天下万世矣⑤!大笑,大笑,还大笑!刀砍东风,于我何有哉⑥?

狱中上母书⑦

[明]夏完淳

不孝完淳,今日死矣!以身殉父,不得以身报母矣!

痛自严君见背⑧,两易春秋,冤酷日深,艰辛历尽。本图复见天日⑨,以报大仇,恤死荣生⑩,告成黄土⑪。奈天不佑我,钟虐明朝⑫,一旅才兴,便成齑粉⑬。去年之举⑭,淳已自分必死⑮,谁知不死,死于今日也!斤斤延此二年之命⑯,菽水之养⑰,无一日焉。致慈君托迹于空门⑱,生母寄生于别姓⑲,一门漂泊,生不得相依,死不得相问。淳今日又溘然先从九京⑳,不孝之罪,上通于天!

呜呼!双慈在堂,下有妹女,门祚衰薄㉑,终鲜兄弟㉒。淳一死不足惜,哀哀八口,何以为生?虽然,已矣。淳之身,父之所遗;淳之身,君之所用。为父为君,死亦何负于双慈!但慈君推干就湿㉓,教礼习诗,十五年如一日;嫡母慈惠,千古所难。大恩未

---

① 宪臣:即御史。杨涟时任左都副御史。
② 顾命:皇帝遗命。
③ 托孤寄命,临大节而不可夺:《论语·泰伯》:"曾子曰:'可以托六尺之孤,可以寄百里之命,临大节而不可夺也!'"
④ 先帝:指明光宗朱常洛。
⑤ 二祖十宗:指在位的明熹宗之前的十二个明朝皇帝。
⑥ 刀砍东风,于我何有哉:意为刀砍头颅犹如砍向东风,和我有什么关系呢?
⑦ 据《夏完淳集笺校》,[明]夏完淳著,白坚笺校,上海:上海古籍出版社,2016年。
⑧ 自严君见背,两易春秋:严君,对父亲的敬称。见背,去世。夏完淳的父亲夏允彝于顺治二年(1645)殉明。
⑨ 复见天日:指光复明朝。
⑩ 恤:安慰。
⑪ 告成黄土:把复明成功的消息向祖先的坟墓祭告。
⑫ 钟:集聚。虐:灾祸。
⑬ 一旅才兴,便成齑(jī)粉:齑粉,粉末。南明抗清将领吴易曾三次率兵占领吴江城,后兵败被杀。夏完淳参加了吴易的军队,担任参谋。
⑭ 去年之举:顺治三年(1646)吴易起兵抗清。兵败后,夏完淳只身流亡。
⑮ 自分:自料。
⑯ 斤斤:形容算计得很清楚。
⑰ 菽(shū)水之养:代指对父母的孝养。《礼记·檀弓下》:"孔子曰:'啜菽饮水尽其欢,斯之谓孝。'"
⑱ 慈君:指作者嫡母,夏允彝的正妻盛氏。托迹:藏身。空门:佛门。
⑲ 生母:即作者的生母,夏允彝的妾陆氏。
⑳ 溘(kè)然:忽然。从:追随。九京:即"九泉",指墓地。
㉑ 门祚(zuò):家运。
㉒ 终鲜兄弟:这里指没有兄弟。《诗经·郑风·扬之水》:"终鲜兄弟,维予与女。"
㉓ 推干就湿:把干处让给幼儿,自己睡在潮湿的地方。形容父母抚育子女的辛劳。

酬,令人痛绝。慈君托之义融女兄①,生母托之昭南女弟②。

淳死之后,新妇遗腹得雄③,便以为家门之幸;如其不然,万勿置后④! 会稽大望⑤,至今而零极矣⑥。节义文章,如我父子者几人哉? 立一不肖后,如西铭先生,为人所诟笑⑦,何如不立之为愈耶⑧! 呜呼! 大造茫茫,总归无后⑨。有一日中兴再造⑩,则庙食千秋⑪,岂止麦饭豚蹄,不为馁鬼而已哉! 若有妄言立后者,淳且与先文忠在冥冥诛殛顽嚚⑫,决不肯舍!

兵戈天地,淳死后,乱且未有定期。双慈善保玉体,无以淳为念。二十年后⑬,淳且与先文忠为北塞之举矣⑭! 勿悲! 勿悲! 相托之言,慎勿相负!

武功甥将来大器⑮,家事尽以委之。寒食盂兰⑯,一杯清酒,一盏寒灯,不至作若敖之鬼⑰,则吾愿毕矣。新妇结褵二年⑱,贤孝素著,武功甥好为我善待之,亦武功渭阳情也⑲。

语无伦次,将死言善⑳。痛哉! 痛哉! 人生孰无死? 贵得死所耳。父得为忠臣,子得为孝子,含笑归太虚㉑,了我分内事。大道本无生,视身若敝屣㉒,但为气所激,缘悟天人理。恶梦十七年,报仇在来世,神游天地间,可以无愧矣!

---

① 义融女兄:指作者的姐姐夏淑吉,别号义融。
② 昭南女弟:指作者的妹妹夏惠吉,字昭南。
③ 雄:指男孩。
④ 置后:把别人的儿子过继来作为子嗣。
⑤ 会稽大望:会稽,今浙江绍兴。作者的故乡松江县旧属会稽郡。据说夏禹曾在会稽会见诸侯,后来会稽姓夏的人就把禹当作自己的祖先。
⑥ 零极:零落到极点。
⑦ 立一不肖后,如西铭先生,为人所诟笑:西铭先生,即张溥,别号西铭,明末文学家,复社领袖。死时年仅四十,无子,钱谦益等代为立嗣,名永锡。"为人所诟笑"或与钱谦益后来归顺清朝有关。
⑧ 愈:更好。
⑨ 大造茫茫,总归无后:大造,天地造化。茫茫,模糊不清。这两句是说,假如上苍昏昧,真的让明朝灭亡了,那么即使自己有后,也会被杀。
⑩ 中兴再造:指明朝光复。
⑪ 庙食:指鬼神在祠庙里享受祭祀。
⑫ 文忠:指夏允彝。夏允彝死后,南明鲁王谥为文忠公。诛殛(jí):诛杀。顽嚚(yín):愚妄奸诈的人。
⑬ 二十年后:指死后再度转世为人,二十年后就可以长大成人。
⑭ 举:举事。
⑮ 武功甥:即夏淑吉的儿子侯檠,字武功。
⑯ 寒食:即寒食节,清明节前一天或两天,是人们扫墓祭祖的时节。盂兰:即盂兰盆节,农历七月十五,民间有祭祀祖先、超度亡魂的习俗。
⑰ 作若敖之鬼:指家族灭绝,无人祭祀。若敖,春秋时楚国公族。《左传·宣公四年》记载,若敖族的后代令尹子文看到族人行为不端,可能招致灭族之灾,临死前说:"鬼犹求食,若敖氏之鬼不其馁而!"后来若敖氏果然被灭族。
⑱ 结褵(lí):指成婚。
⑲ 渭阳:指甥舅。《诗经·秦风·渭阳》有"我送舅氏,曰至渭阳"句,据说是写晋公子重耳出亡在外,秦穆公收容他做晋君。归国时,重耳的外甥康公送他到渭水之阳,作诗赠别。后世就用"渭阳"代指甥舅。
⑳ 将死言善:《论语·泰伯》:"曾子言曰:'鸟之将死,其鸣也哀;人之将死,其言也善。'"
㉑ 太虚:指天。
㉒ 敝屣(xǐ):破草鞋。

【阅读探究】

死刑是最严酷的刑罚,即使在专制统治的古代社会,死刑的执行也会相对慎重,大都需要经过复核以及皇帝的批准。目前,世界上已有一百多个国家和地区废除了死刑。一些支持者认为:如果因为杀人是非正义的,所以将杀人犯处死,那么处死他的行为又怎么可能是正义的?你是否同意这种观点?你认为刑罚的主要目的是惩罚人还是改造人?

【阅读训练】

形成于唐高宗永徽年间的《唐律疏议》是我国现存最早、最完整的古代法典,被视为世界五大法系之一——中华法系的代表,在中国以及东南亚法制史上具有深远影响。

假如你"穿越"到唐代担任县令,遇到以下这些案件应该如何处理?请查阅《唐律疏议》的相关章节,作出判决:

1. 某甲在母亲去世三个月后娶妻;
2. 某乙趁邻居熟睡入室盗窃被发觉;
3. 某丙因口角将人打断两根肋骨。

(提示:参考《唐律疏议》第十三卷"户婚"、第十九卷"贼盗"、第二十一卷"斗讼"。)

【拓展阅读】

狱中杂记[①]

[清]方苞

康熙五十一年三月,余在刑部狱,见死而由窦出者,日四三人。有洪洞令杜君者,作而言曰:"此疫作也。今天时顺正,死者尚稀,往岁多至日数十人。"余叩所以。杜君曰:"是疾易传染,遘者虽戚属不敢同卧起,而狱中为老监者四:监五室,禁卒居中央,牖其前以通明,屋极有窗以达气;旁四室则无之,而系囚常二百余。每薄暮,下管键,矢溺皆闭其中,与饮食之气相薄。又隆冬,贫者席地而卧;春气动,鲜不疫矣。狱中成法,质明启钥。方夜

---

① 据《方苞集(第2版)》,刘季高校点,上海:上海古籍出版社,2008年。

中,生人与死者并踵顶而卧,无可旋避,此所以染者众也。又可怪者,大盗积贼、杀人重囚,气杰旺,染此者十不一二,或随有瘳;其骈死,皆轻系及牵连佐证、法所不及者。"

余曰:"京师有京兆狱,有五城御史司坊,何故刑部系囚之多至此?"杜君曰:"迩年狱讼,情稍重,京兆、五城即不敢专决。又,九门提督所访缉纠诘,皆归刑部。而十四司正副郎好事者及书吏、狱官、禁卒,皆利系者之多,少有连,必多方钩致。苟入狱,不问罪之有无,必械手足,置老监,俾困苦不可忍。然后导以取保,出居于外,量其家之所有以为剂,而官与吏剖分焉:中家以上皆竭资取保;其次求脱械,居监外板屋,费亦数十金;惟极贫无依,则械系不稍宽,为标准以警其余。或同系情罪重者反出在外,而轻者、无罪者罹其毒,积忧愤,寝食违节,及病又无医药,故往往至死。"

余伏见圣上好生之德同于往圣,每质狱辞,必于死中求其生,而无辜者乃至此。傥仁人君子为上昌言,除死刑及发塞外重犯,其轻系及牵连未结正者,别置一所以羁之,手足毋械,所全活可数计哉!或曰:"狱旧有室五,名曰'现监',讼而未结正者居之。傥举旧典,可小补也。"杜君曰:"上推恩,凡职官居板屋。今贫者转系老监,而大盗有居板屋者,此中可细诘哉?不若别置一所,为拔本塞源之道也。"余同系朱翁、余生及在狱同官僧某,遘疫死,皆不应重罚。又,某氏以不孝讼其子,左右邻械系入老监,号呼达旦。余感焉,以杜君言泛讯之,众言同,于是乎书。

凡死刑狱上,行刑者先俟于门外,使其党入索财物,名曰"斯罗"。富者就其戚属,贫则面语之。其极刑,曰:"顺我,即先刺心。否则四支解尽,心犹不死。"其绞缢,曰:"顺我,始缢即气绝。否则三缢加别械,然后得死。"惟大辟无可要,然犹质其首。用此,富者赂数十百金,贫亦罄衣装;绝无有者,则治之如所言。主缚者亦然,不如所欲,缚时即先折筋骨。每岁大决,勾者十三四,留者十六七,皆缚至西市待命。其伤于缚者,即幸留,病数月乃瘳,或竟成痼疾。余尝就老胥而问焉:"彼于刑者、缚者,非相仇也,期有得耳。果无有,终亦稍宽之,非仁术乎?"曰:"是立法以警其余,且惩后也。不如此,则人有幸心。"主梏扑者亦然。余同逮以木讯者三人:一人予三十金,骨微伤,病间月;一人倍之,伤肤,兼旬愈;一人六倍,即夕行步如平常。或叩之曰:"罪人有无不均,既各有得,何必更以多寡为差?"曰:"无差,谁为多与者?"孟子曰:"术不可不慎。"信夫!

部中老胥家藏伪章,文书下行直省,多潜易之,增减要语,奉行者莫辨也。其上闻及移关诸部,犹未敢然。功令,大盗未杀人及他犯同谋多人者,止主谋一二人立决;余经秋审,皆减等发配。狱辞上,中有立决者,行刑人先俟于门外;命下,遂缚以出,不羁晷刻。有某姓兄弟,以把持公仓,法应立决。狱具矣,胥某谓曰:"予我千金,吾生若。"叩其术,曰:"是无难。别具本章,狱辞无易,取案末独身无亲戚者二人易汝名,俟封奏时潜易之而已。"其同事者曰:"是可欺死者,而不能欺主谳者。倘复请之,吾辈无生理矣!"胥某笑曰:"复请之,吾辈无生理,而主谳者亦各罢去。彼不能以二人之命易其官,则吾辈终无死道也。"竟行之。案末二人立决,主者口呿舌挢,终不敢诘。余在狱犹见某姓,狱中人群指曰:"是以某某易其首者。"胥某一夕暴卒,众皆以为冥谪云。

凡杀人,狱辞无"谋""故"者,经秋审入矜疑,即免死。吏因以巧法:有郭四者,凡四杀人,复以矜疑减等;随遇赦,将出,日与其徒置酒,酣歌达曙。或叩以往事,一一详述之,意色扬扬,若自矜诩。噫!渫恶吏忍于鬻狱,无责也;而道之不明,良吏亦多以脱人于死为功,而不求其情。其枉民也,亦甚矣哉!

奸民久于狱，与胥卒表里，颇有奇羡。山阴李姓，以杀人系狱，每岁致数百金。康熙四十八年，以赦出，居数月，漠然无所事。其乡人有杀人者，因代承之。盖以律，非故杀，必久系，终无死法也。五十一年，复援赦减等谪戍。叹曰："吾不得复入此矣！"故例，谪戍者移顺天府羁候。时方冬，停遣。李具状，求在狱候春发遣，至再三，不得所请，怅然而出。

23. 战争

中军、下军争舟,舟中之指可掬也。
——《左传·宣公十二年》

【阅读导语】

战争,是极为残酷的集体性暴力行为,往往造成不可挽回的生命损失。但在人类历史上,战争几乎一刻都未停止。为了达到一定的政治、经济目的,战争是经常被采用的手段。

公元前 260 年,赵国为阻止秦国东进,在长平(今山西高平)与秦军交战。名将廉颇几次失利后坚守不出,欲将秦军拖垮。赵孝成王急于求胜,又受人离间,以"纸上谈兵"的赵括替下廉颇,组织进攻。秦国则一面假意与赵国议和,一面暗中启用了名震天下的武安君白起。白起佯装败退,吸引赵军全力追击;然后命令一支 2 万 5 千人的部队,暗中行进到赵军出击部队的后方,截断其后路;又命一支 5 千人的骑兵部队将赵军主力分割成两支孤立的部队。同时,赵军的粮道也被切断,士兵们开始互相残杀为食。断粮 46 天后,赵括率领残余的精锐部队强行突围,结果被乱箭射死。余下 20 万士兵向秦军投降,结果白起借口说赵人反复无常,竟以欺骗的手段将降卒全部"坑杀"。只有年纪尚幼的 240 名小兵被放回赵国,散布恐怖消息。长平一战,赵军全军覆没,秦军死伤过半,双方伤亡 75 万人左右,是春秋战国乃至整个中国古代最严酷的一场战争,其惨烈程度在世界冷兵器时代中亦属罕见。

1995 年,山西省东南部的高平市永录乡永录村村民发现一处尸骨坑,有的骨骸重垒交错,有的胳膊大腿有明显断裂,有的胸腔内遗有箭头,还有的只剩躯干而没有头颅。经考古鉴定,这些尸骨就是长平之战结束后被秦军屠杀的赵军士卒。

【选文】

《诗经》三首①

击鼓（《邶风》）

击鼓其镗②,踊跃用兵③。土国城漕④,我独南行。
从孙子仲⑤,平陈与宋⑥。不我以归⑦,忧心有忡⑧。
爰居爰处⑨? 爰丧其马⑩? 于以求之⑪? 于林之下。
死生契阔⑫,与子成说⑬。执子之手,与子偕老。
于嗟阔兮⑭! 不我活兮⑮! 于嗟洵兮⑯! 不我信兮⑰!

无衣（《秦风》）

岂曰无衣? 与子同袍⑱。王于兴师⑲,修我戈矛,与子同仇⑳!
岂曰无衣? 与子同泽㉑。王于兴师,修我矛戟,与子偕作㉒!

---

① 据《诗经选》,余冠英选注,北京:中华书局,2012 年。
② 其镗(tāng):即"镗镗",形容鼓声。
③ 兵:武器。
④ 土国:即"土于国",在国都掘土。即掘土建都。城漕:即"城于漕",在漕邑筑城。漕,即曹,今河南滑县。
⑤ 孙子仲:当时领兵南征的卫国统帅。
⑥ 平陈与宋:指平定陈国和宋国的纠纷。
⑦ 不我以归:即"不以我归",不准我回家。以,同"与"。
⑧ 有忡:即"忡忡"。忧虑不安的样子。
⑨ 爰(yuán):哪里。
⑩ 丧:丢失。
⑪ 于以:即"于何",在哪里。
⑫ 契阔:聚散。
⑬ 子:这里指战友(一说指家中妻子)。成说(shuō):达成约定。
⑭ 阔:分离。于嗟:叹词。
⑮ 活:同"佸",汇合。
⑯ 洵(xún):久远。
⑰ 信:指信守诺言。
⑱ 袍:外衣。
⑲ 于:语助词,无实义。兴师:起兵。
⑳ 同仇:一致对敌。
㉑ 泽:同"襗",内衣。
㉒ 作:站起来。

岂曰无衣？与子同裳①。王于兴师，修我甲兵②，与子偕行！

采薇《小雅》（节录）

昔我往矣③，杨柳依依④。今我来思⑤，雨雪霏霏⑥。行道迟迟⑦，载渴载饥⑧。我心伤悲，莫知我哀！

别歌⑨
［汉］李陵

径万里兮度沙漠⑩，为君将兮奋匈奴⑪。路穷绝兮矢刃摧，士众灭兮名已隤⑫。老母已死⑬，虽欲报恩将安归！

答苏武书⑭
［汉］李陵

子卿足下⑮：

---

① 裳（cháng）：古人用来遮蔽下体的衣裙，男女都穿。
② 甲兵：铠甲和兵器。
③ 往：去。这里是出征。
④ 依依：柳丝随风摇曳的样子。
⑤ 来：这里指回家。思：语助词，无实义。
⑥ 雨（yù）雪：下雪。雨，落下。霏霏：雨雪盛密的样子。
⑦ 迟迟：缓慢的样子。
⑧ 载（zài）饥载渴：又饥又渴。载，助词，表示两个动作并列。
⑨ 据《先秦汉魏晋南北朝诗》，逯钦立辑校，北京：中华书局，1983年。原题作《歌》。汉武帝天汉元年（公元前100年），苏武以中郎将的身份出使匈奴，结果被扣留在北海（今贝加尔湖）放羊。次年，李陵兵败投降匈奴（参见"22.刑法"选文《报任少卿书》），与苏武相见并结为至交。昭帝即位后与匈奴和亲，苏武得以归汉。《别歌》就是李陵在漠北送别苏武时所作的一首杂言诗。
⑩ 径：经过。
⑪ 奋：奋战。
⑫ 隤（tuí）：败坏。
⑬ 老母已死：李陵兵败投降后，汉武帝将其全家灭族。
⑭ 据《文选》，［梁］萧统编，［唐］李善注，上海：上海古籍出版社，1986年。苏武被匈奴扣留十九年后回到汉朝，又替皇帝召李陵归汉。本文即是李陵收到苏武劝归信后的回复（也有学者认为是后人伪托）。参见本单元选文《别歌》题注。
⑮ 子卿：苏武的字。

勤宣令德①,策名清时②,荣问休畅③,幸甚幸甚!远托异国,昔人所悲,望风怀想④,能不依依⑤!昔者不遗⑥,远辱还答,慰诲勤勤⑦,有逾骨肉。陵虽不敏⑧,能不慨然!

自从初降,以至今日,身之穷困,独坐愁苦。终日无睹,但见异类。韦韝毳幕⑨,以御风雨;膻肉酪浆,以充饥渴。举目言笑,谁与为欢?胡地玄冰⑩,边土惨裂,但闻悲风萧条之声。凉秋九月,塞外草衰,夜不能寐,侧耳远听。胡笳互动⑪,牧马悲鸣,吟啸成群,边声四起。晨坐听之,不觉泪下。嗟乎,子卿!陵独何心,能不悲哉!

与子别后,益复无聊。上念老母,临年被戮;妻子无辜,并为鲸鲵⑫。身负国恩,为世所悲。子归受荣,我留受辱,命也如何!身出礼义之乡,而入无知之俗;违弃君亲之恩,长为蛮夷之域。伤已⑬!令先君之嗣更成戎狄之族,又自悲矣!功大罪小,不蒙明察,孤负陵心区区之意⑭。每一念至,忽然忘生。陵不难刺心以自明,刎颈以见志,顾国家于我已矣⑮,杀身无益,适足增羞。故每攘臂忍辱⑯,辄复苟活。左右之人见陵如此,以为不入耳之欢⑰,来相劝勉。异方之乐,只令人悲,增忉怛耳⑱!

嗟乎,子卿!人之相知,贵相知心。前书仓卒⑲,未尽所怀,故复略而言之:昔先帝授陵步卒五千,出征绝域。五将失道,陵独遇战,而裹万里之粮,帅徒步之师,出天汉之外,入强胡之域。以五千之众,对十万之军;策疲乏之兵⑳,当新羁之马㉑。然犹斩将搴旗㉒,追奔逐北㉓,灭迹扫尘㉔,斩其枭帅㉕,使三军之士视死如归。陵也不才,希当大

---

① 勤宣令德:努力发扬美德。
② 策名:把姓名登记在官府的简策上。借指出仕为官。清时:政治清明的时代。
③ 荣问:好名声。问,同"闻"。休畅:美好畅达。
④ 望风:从远处瞻望。
⑤ 依依:恋恋不舍的样子。
⑥ 遗:遗忘。
⑦ 勤勤:殷勤。
⑧ 不敏:不聪明。谦辞。
⑨ 韦韝(gōu):射箭时戴的皮制袖套。毳(cuì)幕:指游牧民族居住的毡帐。
⑩ 玄冰:厚冰。
⑪ 胡笳:古代北方民族的一种管乐器。
⑫ 鲸鲵(ní):指无辜被杀的人。
⑬ 已:同"矣"。
⑭ 孤负:即"辜负"。
⑮ 顾:但。已:完,尽。
⑯ 攘臂:捋起衣袖,伸出胳膊。表示激愤。
⑰ 以:而。不入耳:不中听。
⑱ 忉(dāo)怛(dá):悲痛。
⑲ 仓卒:同"仓猝",即"仓促"。
⑳ 策:鞭策,指挥。
㉑ 当:抵挡。新羁之马:刚套上笼头的战马。借指新出战的骑兵。
㉒ 搴(qiān):拔取。
㉓ 追奔逐北:追赶战败的逃兵。奔,指逃兵。北,指战败者。
㉔ 灭迹扫尘:杀伤敌人就像消除脚印、清扫灰尘一样。
㉕ 枭帅:骁勇的将领。

任①,意谓此时,功难堪矣②。匈奴既败,举国兴师,更练精兵③,强逾十万。单于临阵④,亲自合围。客主之形,既不相如;步马之势,又甚悬绝。疲兵再战,一以当千,然犹扶乘创痛⑤,决命争首。死伤积野,余不满百,而皆扶病⑥,不任干戈⑦。然陵振臂一呼,创病皆起,举刃指虏,胡马奔走。兵尽矢穷,人无尺铁,犹复徒首奋呼,争为先登⑧。当此时也,天地为陵震怒,战士为陵饮血。单于谓陵不可复得,便欲引还,而贼臣教之⑨,遂便复战,故陵不免耳。

　　昔高皇帝以三十万众,困于平城⑩;当此之时,猛将如云,谋臣如雨,然犹七日不食,仅乃得免。况当陵者,岂易为力哉⑪?而执事者云云⑫,苟怨陵以不死⑬。然陵不死,罪也;子卿视陵,岂偷生之士而惜死之人哉?宁有背君亲、捐妻子,而反为利者乎?然陵不死,有所为也。故欲如前书之言,报恩于国主耳。诚以虚死不如立节,灭名不如报德也。昔范蠡不殉会稽之耻,曹沫不死三败之辱,卒复勾践之仇,报鲁国之羞⑭。区区之心,窃慕此耳。何图志未立而怨已成⑮,计未从而骨肉受刑,此陵所以仰天椎心而泣血也⑯!

　　足下又云:"汉与功臣不薄。"子为汉臣,安得不云尔乎?昔萧、樊囚絷⑰,韩、彭葅醢⑱,晁错受戮⑲,周、魏见辜⑳;其余佐命立功之士,贾谊、亚夫之徒㉑,皆信命世之才㉒、

---

① 希:同"稀"。
② 难堪:无可比拟。
③ 练:同"拣"。
④ 单(chán)于:匈奴君长。
⑤ 扶乘创痛:带着伤痛。
⑥ 扶病:支撑病躯。
⑦ 不任干戈:拿不动兵器。
⑧ 先登:抢占先机。
⑨ 贼臣教之:李陵手下的军侯管敢,因受罚叛逃匈奴,并泄露了重要的军事机密。
⑩ 昔高皇帝以三十万众,困于平城:高皇帝,即汉高祖刘邦。见"20.国家"选文《封建论》注释"困平城"条。
⑪ 为力:成功。
⑫ 执事者:指在朝的官员。云云:议论纷纷的样子。
⑬ 苟:随意,轻率。
⑭ 昔范蠡(lǐ)不殉会(kuài)稽之耻,曹沫不死三败之辱,卒复勾践之仇,报鲁国之羞:范蠡,春秋末年越国大夫。会稽,指会稽山,位于今浙江绍兴。鲁哀公三年(前494),越王勾践执意对吴国用兵,结果被困于会稽山。在范蠡的辅佐下,勾践忍辱求和,卧薪尝胆,最终实现复国。《史记·越王勾践世家》:"(范蠡)为书辞勾践曰:'臣闻,主忧臣劳,主辱臣死。昔者君王辱于会稽,所以不死,为此事也。今既以雪耻,臣请从会稽之诛。'"曹沫,春秋时鲁国武士。《史记·刺客列传》记载,齐鲁两国交战,鲁国三次战败,被迫割地求和。曹沫趁两国国君会盟之际,劫持齐桓公,迫使其归还了鲁国领土。
⑮ 何图:哪里想到。
⑯ 椎:通"捶"。
⑰ 萧、樊囚絷(zhí):萧、樊,指萧何和樊哙,西汉开国功臣。囚絷,拘禁。萧何曾因建议开放上林苑给百姓耕种,触怒汉高祖刘邦,被捕下狱。樊哙则被诬告和吕后结党,图谋杀害赵王如意而遭逮捕。
⑱ 韩、彭葅(zū)醢(hǎi):韩、彭,指韩信和彭越,西汉开国功臣。葅醢,剁成肉酱。韩信和彭越都因被人告发谋反而被杀,并夷三族。
⑲ 晁(cháo)错受戮:汉景帝时,御史大夫晁错提议削除诸侯封地,以加强中央集权。吴楚七国随即发动叛乱,景帝被迫诛杀晁错。
⑳ 周、魏见辜:周,指周勃。魏,即魏其侯,指窦婴。见辜,被治罪。见"22.刑法"选文《报任安书》注释"绛侯诛诸吕,权倾五伯,囚于请室"条、"魏其,大将也,衣赭衣,关三木"条。
㉑ 贾谊:西汉政论家、文学家。亚夫:即周亚夫,周勃之子,西汉名将。
㉒ 信:表明,显示。命世:即"名世",闻名于世。

抱将相之具①，而受小人之谗，并受祸败之辱②，卒使怀才受谤，能不得展。彼二子之遐举③，谁不为之痛心哉！陵先将军④，功略盖天地，义勇冠三军，徒失贵臣之意，到身绝域之表⑤。此功臣义士所以负戟而长叹者也⑥，何谓"不薄"哉？

且足下昔以单车之使，适万乘之虏⑦。遭时不遇⑧，至于伏剑不顾⑨；流离辛苦，几死朔北之野。丁年奉使⑩，皓首而归⑪；老母终堂⑫，生妻去帷⑬。此天下所希闻，古今所未有也。蛮貊之人⑭，尚犹嘉子之节⑮，况为天下之主乎！陵谓足下，当享茅土之荐⑯，受千乘之赏。闻子之归，赐不过二百万，位不过典属国⑰，无尺土之封加子之勤⑱。而妨功害能之臣，尽为万户侯⑲；亲戚贪佞之类，悉为廊庙宰⑳。子尚如此，陵复何望哉？且汉厚诛陵以不死㉑，薄赏子以守节，欲使远听之臣望风驰命㉒，此实难矣，所以每顾而不悔者也。陵虽孤恩，汉亦负德。昔人有言："虽忠不烈㉓，视死如归。"陵诚能安，而主岂复能眷眷乎㉔？男儿生以不成名，死则葬蛮夷中。谁复能屈身稽颡㉕，还向北阙㉖，使刀笔之吏弄其文墨邪㉗？愿足下勿复望陵！

嗟乎，子卿！夫复何言！相去万里，人绝路殊。生为别世之人，死为异域之鬼，长

---

① 具：才能。
② 而受小人之谗，并受祸败之辱：汉文帝时，贾谊任太中大夫，遭周勃、灌婴排挤，被贬为长沙王太傅。后改任梁怀王太傅，郁郁而终，卒年33岁。汉景帝时，周亚夫任太尉，平七国之乱，升丞相。后被诬告谋反，绝食而死。
③ 遐举：远行。这里作为死的讳辞。
④ 陵先将军：指李广，李陵的祖父，西汉名将。曾出任陇西和右北平等郡太守，匈奴畏服，称之为"飞将军"。
⑤ 徒失贵臣之意，到(jīng)身绝域之表：贵臣，指大将军卫青。到身，自刎。表，外。武帝元狩四年(前119)，李广随卫青出击匈奴，遭排挤，后在行军途中迷路，受责自杀。
⑥ 戟(jǐ)：一种合戈、矛为一体的长柄兵器。
⑦ 且足下昔以单车之使，适万乘之虏：见本单元选文《别歌》题注。
⑧ 不遇：不顺遂。
⑨ 伏剑不顾：引剑自杀也在所不惜。苏武受匈奴劝降，曾引刀自刺。
⑩ 丁年：壮年。
⑪ 皓首：白头。指年老。
⑫ 终堂：过世。
⑬ 去帷：离开帷帐。指改嫁。
⑭ 蛮貊(mò)：亦作"蛮貉"，古代称南方和北方落后部族。亦泛指四方落后部族。
⑮ 嘉：称赞。节：气节。
⑯ 茅土之荐：指受封为王侯。古代帝王分封王侯时，用代表方位的五色土筑坛，按封地所在方向取一色土，用茅草包好交给受封者，表示可以在封地立社。
⑰ 典属国：掌管外交事务的官职。
⑱ 加：嘉奖。
⑲ 万户侯：拥有一万户食邑的侯爵。泛指高官显位。
⑳ 廊庙：即庙堂，借指朝廷。
㉑ 厚诛：重罚。
㉒ 远听：身在远方而听见闻说。驰命：奔走效命。
㉓ 烈：刚直，坚贞。
㉔ 眷眷：依依不舍的样子。
㉕ 稽(qǐ)颡(sǎng)：古代的一种跪拜礼。屈膝下拜，以额触地。稽，叩拜。颡，额头。
㉖ 北阙：古代宫殿北面的门楼，大臣等候朝见或上书奏事的地方。借指朝廷。
㉗ 刀笔之吏：主办文案的官吏。这里指狱吏。

与足下生死辞矣！幸谢故人①，勉事圣君。足下胤子无恙②，勿以为念，努力自爱。时因北风，复惠德音③。

李陵顿首

凉州词(其一)④

[唐]王翰

葡萄美酒夜光杯⑤，欲饮琵琶马上催。醉卧沙场君莫笑，古来征战几人回！

己亥岁(其一)⑥

僖宗广明元年

[唐]曹松

泽国江山入战图⑦，生民何计乐樵苏⑧？凭君莫话封侯事，一将功成万骨枯！

陇西行(其二)⑨

[唐]陈陶

誓扫匈奴不顾身，五千貂锦丧胡尘⑩。可怜无定河边骨⑪，犹是春闺梦里人！

---

① 幸：希望。故人：指大将军霍光、左将军上官桀和李陵的老友任立政。霍光和上官桀曾派任立政召李陵归汉。
② 胤(yìn)子：嗣子。指苏武和匈奴女子所生的儿子，名通国。
③ 惠：赐。德音：指来信。
④ 据《全唐诗(增订本)》，中华书局编辑部点校，北京：中华书局，1999年。凉州词：即《凉州曲》的唱词，盛唐流行的一种曲调，并非诗题。凉州，今甘肃武威，古西北首府，六朝古都。
⑤ 夜光杯：白玉制成的酒杯，光可照明。这里泛指华美的酒杯。
⑥ 据《全唐诗(增订本)》，中华书局编辑部点校，北京：中华书局，1999年。己亥：指唐僖宗乾符六年(879)。
⑦ 泽国江山入战图：泽国，指江南水乡。唐末发生大规模农民起义，江南地区亦沦为战场。
⑧ 樵苏：砍柴割草。借指日常生计。
⑨ 据《全唐诗(增订本)》，中华书局编辑部点校，北京：中华书局，1999年。
⑩ 貂锦：貂裘和锦衣。借指装备精良的士兵。
⑪ 无定河：位于今陕西北部。

吊古战场文①

[唐]李华

浩浩乎平沙无垠②,敻不见人③。河水萦带④,群山纠纷⑤。黯兮惨悴⑥,风悲日曛⑦。蓬断草枯,凛若霜晨。鸟飞不下,兽铤亡群⑧。亭长告予曰:"此古战场也。常覆三军,往往鬼哭,天阴则闻。"伤心哉!秦欤?汉欤?将近代欤?

吾闻夫齐魏徭戍⑨,荆韩召募⑩。万里奔走,连年暴露⑪。沙草晨牧⑫,河冰夜渡。地阔天长,不知归路。寄身锋刃,腷臆谁诉⑬?秦汉而还,多事四夷⑭。中州耗斁⑮,无世无之。古称戎夏⑯,不抗王师⑰。文教失宣⑱,武臣用奇。奇兵有异于仁义,王道迂阔而莫为⑲。呜呼,噫嘻!

吾想夫北风振漠⑳,胡兵伺便㉑。主将骄敌㉒,期门受战㉓。野竖旌旗,川回组练㉔。法重心骇,威尊命贱。利镞穿骨㉕,惊沙入面㉖。主客相搏,山川震眩。声折江河,势崩

---

① 据《全唐文》,[清]董诰等编,北京:中华书局,1983年。吊:凭吊。
② 浩浩:辽阔的样子。垠(yín):边际。
③ 敻(xiòng):远。
④ 萦带:环绕。
⑤ 纠纷:杂乱交错。
⑥ 惨悴:凄惨忧愁。
⑦ 曛:形容日光昏黄。
⑧ 铤:同"铤",疾走的样子。
⑨ 齐魏:即齐国和魏国。与楚国、韩国等同列"战国七雄"。这里泛指各诸侯国。徭戍:以服劳役的方式戍守边疆。相当于义务兵制。
⑩ 荆韩:即楚国和韩国。召募:用钱物招募兵员。相当于雇佣兵制。
⑪ 暴(pù)露:指在外露宿。
⑫ 沙草:多沙的草地。
⑬ 腷(bì)臆:心情苦闷。
⑭ 四夷:指周边少数民族。
⑮ 中州:中原,指中国。耗斁(dù):损耗败坏。
⑯ 戎:指西部少数民族。这里泛指少数民族。夏:即华夏,汉族。
⑰ 王师:指中央王朝的军队。
⑱ 文教:指礼乐法度,与武力相对。失宣:宣传不利。
⑲ 王道:以仁义治天下的政治思想。迂阔:迂腐空洞,不切实际。
⑳ 振漠:吹起大漠中的黄沙。
㉑ 伺便:趁机。
㉒ 骄敌:骄傲轻敌。
㉓ 期门:军营大门。期,同"旗"。
㉔ 野竖旌旗,川回组练:荒野中竖起各种战旗,平原上环绕着全副武装的军队。组练,即组甲和被练,士兵所穿的两种战甲,这里代指士兵。
㉕ 镞(zú):箭头。
㉖ 惊沙入面:飞扬的沙粒直扑人面。

雷电。至若穷阴凝闭①,凛冽海隅②;积雪没胫,坚冰在须;鸷鸟休巢③;征马踟蹰④;缯纩无温⑤,堕指裂肤。当此苦寒,天假强胡⑥,凭陵杀气⑦,以相翦屠⑧。径截辎重⑨,横攻士卒。都尉新降⑩,将军复没。尸踣巨港之岸⑪,血满长城之窟。无贵无贱,同为枯骨,可胜言哉⑫!鼓衰兮力竭,矢尽兮弦绝。白刃交兮宝刀折,两军蹙兮生死决⑬。降矣哉,终身夷狄;战矣哉,骨暴沙砾。鸟无声兮山寂寂,夜正长兮风淅淅。魂魄结兮天沉沉,鬼神聚兮云幂幂⑭。日光寒兮草短,月色苦兮霜白。伤心惨目,有如是耶!

吾闻之:牧用赵卒,大破林胡,开地千里,遁逃匈奴⑮;汉倾天下,财殚力痡⑯。任人而已,其在多乎?周逐猃狁,北至太原,既城朔方,全师而还⑰。饮至策勋⑱,和乐且闲。穆穆棣棣⑲,君臣之间。秦起长城,竟海为关⑳,荼毒生民㉑,万里朱殷㉒。汉击匈奴,虽得阴山,枕骸遍野,功不补患㉓。

苍苍蒸民㉔,谁无父母?提携捧负,畏其不寿。谁无兄弟?如足如手。谁无夫妇?如宾如友。生也何恩,杀之何咎㉕?其存其殁,家莫闻知。人或有言,将信将疑。悁悁

---

① 穷阴凝闭:指岁暮寒冬。
② 海隅:指边塞。
③ 鸷(zhì)鸟:鹰隼之类的猛禽。
④ 踟(chí)蹰(chú):徘徊不前的样子。
⑤ 缯(zēng)纩(kuàng):指棉衣。
⑥ 假:借。
⑦ 凭陵:凭借,倚仗。杀气:指严冬的肃杀之气。
⑧ 翦(jiǎn):杀戮,消灭。
⑨ 辎(zī)重:军用物资的总称。
⑩ 都尉:这里指职位低于将军的武官。
⑪ 踣(bó):僵仆。
⑫ 可胜(shēng)言哉:(战争的惨状)哪里说得完啊!胜,尽。
⑬ 蹙(cù):接近。
⑭ 幂幂:浓密的样子。
⑮ 牧用赵卒,大破林胡,开地千里,遁逃匈奴:牧,即李牧,战国时赵国名将。林胡,匈奴部族。《史记·廉颇蔺相如列传》:"(牧)灭襜褴,破东胡,降林胡,单于奔走。其后十余岁,匈奴不敢近赵边城。"
⑯ 汉倾天下,财殚(dān)力痡(pū):倾、殚,用尽。痡,因过度劳累而生病。汉武帝曾多次大举征伐匈奴及大宛、西羌、南越,以致国力耗尽。
⑰ 周逐猃(xiǎn)狁(yǔn),北至太原,既城朔方,全师而还:猃狁,古代北方少数民族,匈奴前身。城,筑城。朔方,北方。周宣王时,猃狁南侵,宣王命尹吉甫统军抗击,逐至太原(今宁夏固原)便不再穷追。《诗经·小雅·六月》:"薄伐猃狁,至于太原"。《诗经·小雅·出车》:"天子命我,城彼朔方。"
⑱ 饮至:古代会盟或征战回来后在宗庙举行的宴饮庆典。策勋:把功勋记在简策上。即论功行赏。
⑲ 穆穆:仪态美好,举止庄重的样子。多用以形容天子。棣(dì)棣:雍容闲雅的样子。
⑳ 竟海:直到海边。
㉑ 荼(tú)毒:残害。
㉒ 殷(yān):黑红色。
㉓ 汉击匈奴,虽得阴山,枕骸遍野,功不补患:阴山,位于今内蒙古中部,原为匈奴南部屏障。枕骸,堆积的尸骸。汉武帝时被卫青、霍去病统军夺取,但汉军损失亦重。
㉔ 苍苍:形容数量繁多。蒸民:百姓。蒸,同"烝",众多。
㉕ 咎:罪过。

心目①,寤寐见之②。布奠倾觞③,哭望天涯。天地为愁,草木凄悲。吊祭不至,精魂无依。必有凶年,人其流离。呜呼,噫嘻!时耶?命耶?从古如斯。为之奈何?守在四夷④!

扬州慢⑤

[宋]姜夔

　　淳熙丙申至日⑥,予过维扬⑦,夜雪初霁⑧,荠麦弥望⑨。入其城,则四顾萧条,寒水自碧。暮色渐起,戍角悲吟⑩。予怀怆然,感慨今昔,因自度此曲。千岩老人以为有《黍离》之悲也⑪。
　　淮左名都⑫,竹西佳处⑬,解鞍少驻初程⑭。过春风十里⑮,尽荠麦青青。自胡马窥江去后⑯,废池乔木⑰,犹厌言兵。渐黄昏,清角吹寒⑱,都在空城。
　　杜郎俊赏⑲,算而今、重到须惊。纵豆蔻词工⑳,青楼梦好㉑,难赋深情。二十四桥

---

① 悁(yuān)悁:忧愁郁闷的样子。
② 寤寐:指睡梦中。
③ 布奠:陈设奠品。倾觞:把酒倒在地上(以祭奠死者)。
④ 守在四夷:《左传·昭公二十三年》:"古者天子,守在四夷。"这是说天子唯有施行仁义,宣扬教化,才能使四方少数民族心悦诚服地为中央王朝守卫疆土,以避免残酷的战争。
⑤ 据《姜白石词笺注》,[宋]姜夔著,陈书良笺注,北京:中华书局,2009年。
⑥ 淳熙丙申:即淳熙三年(1176)。淳熙,南宋孝宗年号。至日:冬至。
⑦ 维扬:即扬州(今属江苏)。
⑧ 霁(jì):指雨雪停止,天放晴。
⑨ 荠麦:荠菜和麦子。弥望:满眼。
⑩ 戍角:军营中发出的号角声。
⑪ 千岩老人:即萧德藻,南宋诗人,字东夫,自号千岩老人。姜夔是他的侄女婿,曾跟他学诗。《黍离》:《诗经》中感叹周朝覆亡的诗歌。
⑫ 淮左名都:宋代行政区设有淮南东路和淮南西路,扬州是淮南东路首府,淮南东路又称"淮左"。
⑬ 竹西:指竹西亭,位于扬州城东禅智寺旁。杜牧《题扬州禅智寺》:"谁知竹西路,歌吹是扬州。"
⑭ 初程:刚开始的旅程。
⑮ 春风十里:杜牧《赠别》:"春风十里扬州路,卷上珠帘总不如。"
⑯ 胡马窥江:指金兵入侵长江流域,洗劫扬州。
⑰ 废池:毁坏的池台。乔木:高大的树木。这里暗指劫后余生的扬州城。《孟子·梁惠王下》:"所谓故国者,非谓有乔木之谓也,有世臣之谓也。"《文选·颜延之〈还至梁城作〉》李善注引《论衡》:"观乔木,知旧都。"
⑱ 清角:声调凄清的号角声。
⑲ 杜郎:指杜牧。杜牧曾在扬州出任淮南节度使掌书记。俊赏:快意游赏。
⑳ 豆蔻词:杜牧《赠别》:"娉娉袅袅十三余,豆蔻梢头二月初。"豆蔻,一种草本植物,花未开时就显得非常丰满,常用来比喻少女。
㉑ 青楼梦:杜牧《遣怀》:"十年一觉扬州梦,赢得青楼薄幸名。"青楼,妓院。

仍在①,波心荡、冷月无声。念桥边红药②,年年知为谁生?

【阅读探究】

有人说:"死一个人是悲剧,死一百万人只是个统计数据。"结合在本书第一部分学到的墨家思想,谈谈你的看法。

【阅读训练】

唐代诗人杜甫创作过一组以"安史之乱"为背景的五言古诗,即《新安吏》《石壕吏》《潼关吏》《新婚别》《无家别》《垂老别》,合称"三吏三别",揭示了战争给人民带来的巨大不幸。熟读这六首诗,组织一场朗诵比赛。

【拓展阅读】

长平之战③

[汉]司马迁

白起者,郿人也。善用兵,事秦昭王。昭王十三年,而白起为左庶长,将而击韩之新城。是岁,穰侯相秦,举任鄙以为汉中守。其明年,白起为左更,攻韩、魏于伊阙,斩首二十四万,又虏其将公孙喜,拔五城。起迁为国尉。涉河取韩安邑以东,到干河。明年,白起为大良造。攻魏,拔之,取城小大六十一。明年,起与客卿错攻垣城,拔之。后五年,白起攻赵,拔光狼城。后七年,白起攻楚,拔鄢、邓五城。其明年,攻楚,拔郢,烧夷陵,遂东至竟陵。楚王亡去郢,东走徙陈。秦以郢为南郡。白起迁为武安君。武安君因取楚,定巫、黔中郡。昭王三十四年,白起攻魏,拔华阳,走芒卯,而虏三晋将,

---

① 二十四桥:即吴家砖桥,扬州城内的一座古桥,也叫"红药桥"。据说曾有二十四个美人在桥上吹箫。杜牧《寄扬州韩绰判官》:"二十四桥明月夜,玉人何处教吹箫?"

② 红药:即芍药,扬州繁华时期的名花。

③ 选自《史记·白起王翦列传》。据《史记(修订本)》,[汉]司马迁撰,[宋]裴骃集解,[唐]司马贞索隐,[唐]张守节正义,北京:中华书局,2013年。标题为编者所拟。

斩首十三万。与赵将贾偃战,沉其卒二万人于河中。昭王四十三年,白起攻韩陉城,拔五城,斩首五万。四十四年,白起攻南阳太行道,绝之。

四十五年,伐韩之野王。野王降秦,上党道绝。其守冯亭与民谋曰:"郑道已绝,韩必不可得为民。秦兵日进,韩不能应,不如以上党归赵。赵若受我,秦怒,必攻赵。赵被兵,必亲韩。韩、赵为一,则可以当秦。"因使人报赵。赵孝成王与平阳君、平原君计之。平阳君曰:"不如勿受。受之,祸大于所得。"平原君曰:"无故得一郡,受之便。"赵受之,因封冯亭为华阳君。

四十六年,秦攻韩缑氏、蔺,拔之。

四十七年,秦使左庶长王龁攻韩,取上党。上党民走赵。赵军长平,以按据上党民。四月,龁因攻赵。赵使廉颇将。赵军士卒犯秦斥兵,秦斥兵斩赵裨将茄。六月,陷赵军,取二鄣四尉。七月,赵军筑垒壁而守之。秦又攻其垒,取二尉,败其阵,夺西垒壁。廉颇坚壁以待秦,秦数挑战,赵兵不出。赵王数以为让。而秦相应侯又使人行千金于赵,为反间,曰:"秦之所恶,独畏马服子赵括将耳。廉颇易与,且降矣。"赵王既怒廉颇军多失亡,军数败,又反坚壁不敢战;而又闻秦反间之言,因使赵括代廉颇将,以击秦。秦闻马服子将,乃阴使武安君白起为上将军,而王龁为尉裨将,令军中有敢泄武安君将者斩。赵括至,则出兵击秦军。秦军详败而走,张二奇兵以劫之。赵军逐胜,追造秦壁,壁坚拒不得入,而秦奇兵二万五千人绝赵军后,又一军五千骑绝赵壁间。赵军分而为二,粮道绝,而秦出轻兵击之。赵战不利,因筑壁坚守,以待救至。秦王闻赵食道绝,王自之河内,赐民爵各一级,发年十五以上悉诣长平,遮绝赵救及粮食。

至九月,赵卒不得食四十六日,皆内阴相杀食。来攻秦垒,欲出。为四队,四五复之,不能出。其将军赵括出锐卒自搏战,秦军射杀赵括。括军败,卒四十万人降武安君。武安君计曰:"前秦已拔上党,上党民不乐为秦,而归赵。赵卒反复,非尽杀之,恐为乱。"乃挟诈而尽坑杀之,遗其小者二百四十人归赵。前后斩首虏四十五万人。赵人大震。

24. 生产

日出而作，日入而息。凿井而饮，耕田而食。帝力于我何有哉！
——[先秦]佚名《击壤歌》

【阅读导语】

中国古代的生产活动以农耕为主，特点是精耕细作。西周时期的主要耕具是耒耜，需人力操作、手足并用，实行两人协作的耦耕。青铜农具的使用在这一时期逐渐增多。春秋开始，人们逐步使用铁农具和畜力耕作。"铁犁牛耕"的耕种模式从黄河流域、长江流域向全国范围推广，成为中国传统农业的主要耕作方式。利用水力和风力的灌溉工具也相继出现，比如曹魏时的翻车、唐朝的筒车、明清的风力水车等。

作物方面，先秦时期的黄河流域大抵以种粟为主，长江流域则以种稻为主，大豆也一度成为北方的主要粮食之一。西汉时，小麦先在西北和西部少数民族地区种植，之后传入中原，随着灌溉与耕作技术的发展，种植面积持续增长。唐宋经济重心南移，水稻生产迅速发展。至宋代，水稻跃居粮作之首，麦的种植也进一步发展，稻、麦取代了粟、稻的传统地位而延续至今。原先在西南少数民族地区种植的高粱和棉花，宋元时期传到中原，成为重要的粮食作物和经济作物。明清时代，原产美洲大陆的玉米、甘薯、马铃薯等传入中国，并迅速传播开来。

【选文】

七月（《诗经·豳风》）①

七月流火②，九月授衣③。一之日觱发④，二之日栗烈⑤，无衣无褐⑥，何以卒岁！三之日于耜⑦，四之日举趾⑧，同我妇子⑨，馌彼南亩⑩，田畯至喜⑪。

七月流火，九月授衣。春日载阳⑫，有鸣仓庚⑬。女执懿筐⑭，遵彼微行⑮，爰求柔桑⑯。春日迟迟⑰，采蘩祁祁⑱，女心伤悲，殆及公子同归⑲！

七月流火，八月萑苇⑳。蚕月条桑㉑，取彼斧斨㉒，以伐远扬㉓，猗彼女桑㉔。七月鸣

---

① 据《诗经选》，余冠英选注，北京：中华书局，2012 年。
② 七月：指夏历（即农历）七月。周人兼用夏历和周历。流火：大火星西沉。这时暑气渐退，天气转凉。火，即大火星，心宿的第二颗星。
③ 授衣：安排缝制冬衣。
④ 一之日：指周历正月（夏历十一月）的日子。下文"二之日""三之日"等以此类推。觱(bì)发：寒风吹动的声音。形容风大。
⑤ 栗烈：即"凛冽"，形容寒气逼人。
⑥ 褐：粗布衣。
⑦ 为耜(sì)：指修理耒耜。耜，即耒耜，用来翻土的农具。
⑧ 举趾：抬足。这里指下田种地。
⑨ 妇子：妇女和儿童。
⑩ 馌(yè)：送饭。南亩：指南坡向阳的田地。
⑪ 田畯(jùn)：农官。
⑫ 春日：指夏历二月。载阳：天气转暖。载，开始。阳，温暖。
⑬ 仓庚：即黄莺，一种叫声悦耳的鸟。
⑭ 懿筐：深筐。
⑮ 遵：沿着。微行：小径，这里指桑间小道。
⑯ 爰(yuán)：语助词，无实义。柔桑：初生的桑叶。
⑰ 迟迟：舒缓。这里形容白天时间长。
⑱ 蘩(fán)：即白蒿，菊科植物，嫩叶可以喂蚕。祁祁：形容人多。这里指采蘩者众多。
⑲ 殆及公子同归：真想嫁给诸侯的儿子啊！殆，表示希望。一说怕被诸侯的儿子掳回家。
⑳ 萑(huán)苇：即芦苇。可以编制养蚕的器具。
㉑ 蚕月：养蚕之月，即夏历三月。条桑：修剪桑枝。
㉒ 斧斨(qiāng)：装柄处为圆孔的叫"斧"，方孔的叫"斨"。
㉓ 远扬：指又长又高的枝条。
㉔ 猗(yǐ)：同"掎"，攀折。女桑：嫩桑。

鵙①,八月载绩②。载玄载黄③,我朱孔阳④,为公子裳。

四月秀葽⑤,五月鸣蜩⑥。八月其获⑦,十月陨萚⑧。一之日于貉⑨,取彼狐狸,为公子裘。二之日其同⑩,载缵武功⑪,言私其豵,献豜于公⑫。

五月斯螽动股⑬,六月莎鸡振羽⑭。七月在野,八月在宇⑮,九月在户⑯,十月蟋蟀入我床下。穹窒熏鼠⑰,塞向墐户⑱,嗟我妇子⑲,曰为改岁⑳,入此室处。

六月食郁及薁㉑,七月亨葵及菽㉒。八月剥枣㉓,十月获稻,为此春酒㉔,以介眉寿㉕。七月食瓜,八月断壶㉖,九月叔苴㉗。采荼薪樗㉘,食我农夫㉙。

九月筑场圃㉚,十月纳禾稼㉛,黍稷重穋㉜,禾麻菽麦㉝。嗟我农夫!我稼既同㉞,上

---

① 鵙(jú):即伯劳,一种生性凶猛的食虫鸟。
② 绩:织麻布。
③ 载玄载黄:有的染成黑色,有的染成黄色。载,助词,表示并列。
④ 孔:很。阳:鲜艳。
⑤ 秀:草类植物结实。葽(yāo):一种药草。
⑥ 蜩(tiáo):蝉。
⑦ 其:语助词,无实义。获:收割庄稼。
⑧ 陨萚(tuò):指树叶脱落。
⑨ 于貉(mò):指猎捕野兽。貉,同"貊",一种野兽,形同狐狸。
⑩ 同:集合。
⑪ 缵(zuǎn):继续。武功:指打猎。
⑫ 言私其豵(zòng),献豜(jiān)于公:小兽归猎人私有,大兽交给公家。言,语助词,无实义。豵,一岁的小猪,这里泛指幼小的野兽。豜,三岁的猪,这里泛指较大的野兽。
⑬ 斯螽(zhōng):即蚱蜢。动股:指鸣叫。蚱蜢鸣叫时会鼓动双腿。
⑭ 莎鸡:一种昆虫,俗称"纺织娘"。振羽:振动翅膀,发出声响。
⑮ 宇:屋檐。
⑯ 户:门。
⑰ 穹(qióng)室:把墙洞全堵死。穹,穷尽。室,堵塞。熏鼠:用烟把老鼠熏死。
⑱ 塞向墐(jìn)户:把门窗糊好。向,朝北的窗户。墐,用泥涂抹。
⑲ 嗟(jiē):呼唤。
⑳ 曰:语助词,无实义。改岁:相当于过年。
㉑ 郁:即郁李,一种类似樱花的植物,果实可食用。亦称"棠棣"。薁(yù):即蘡薁,一种果实类似葡萄的植物,俗称"野葡萄"。
㉒ 亨:同"烹"。葵:即冬葵,嫩茎叶可食用,俗称"滑菜"。菽(shū):豆类。
㉓ 剥:同"扑",敲打。
㉔ 春酒:冬天开始酿造,到春天酿成的酒。枣和稻都是酿酒的原料。
㉕ 介:祈求。眉寿:老人眉间的毫毛。借指长寿。
㉖ 壶:同"瓠",葫芦。
㉗ 叔:拾。苴(jū):即苴麻,大麻的雌株。这里指苴麻籽,可食用。
㉘ 荼(tú):即苦菜,嫩苗可作蔬菜。薪樗(chū):砍下樗木当柴烧。樗,即臭椿,落叶乔木,木材粗硬。
㉙ 食(sì):提供食物给人吃。
㉚ 筑场圃:把菜园改造成打谷场。
㉛ 纳:收进谷仓。禾稼:谷物的统称。
㉜ 黍(shǔ)稷(jì):即黄米,俗称"大黄米""糜子"。糯性的叫"黍",粳性的叫"稷"。重:同"穜"(tóng),先种的晚熟的谷。穋(lù):同"稑",后种的早熟的谷。
㉝ 禾:即粟,今称"小米"。麻:即苴麻。见本篇注释"苴"条。
㉞ 同:聚拢。这里指把庄稼收拾好。

入执宫功①。昼尔于茅②,宵尔索绹③,亟其乘屋④,其始播百谷。

二之日凿冰冲冲⑤,三之日纳于凌阴⑥。四之日其蚤⑦,献羔祭韭⑧。九月肃霜⑨,十月涤场⑩,朋酒斯飨⑪,曰杀羔羊。跻彼公堂⑫,称彼兕觥⑬,万寿无疆!

论贵粟疏⑭

[汉]晁错

圣王在上而民不冻饥者,非能耕而食之、织而衣之也,为开其资财之道也。故尧、禹有九年之水,汤有七年之旱,而国亡捐瘠者⑮,以畜积多而备先具也⑯。今海内为一,土地、人民之众不避汤、禹⑰,加以亡天灾数年之水旱,而畜积未及者,何也?地有遗利,民有余力,生谷之土未尽垦,山泽之利未尽出也,游食之民未尽归农也⑱。

民贫,则奸邪生。贫生于不足,不足生于不农,不农则不地着⑲,不地着则离乡轻家,民如鸟兽。虽有高城深池、严法重刑,犹不能禁也。夫寒之于衣,不待轻暖⑳;饥之于食,不待甘旨㉑。饥寒至身,不顾廉耻。人情,一日不再食则饥,终岁不制衣则寒。夫腹饥不得食,肤寒不得衣,虽慈母不能保其子,君安能以有其民哉?明主知其然也,故务民于农桑,薄赋敛,广畜积,以实仓廪,备水旱,故民可得而有也。

民者,在上所以牧之㉒,趋利如水走下,四方亡择也。夫珠玉金银,饥不可食,寒不

---

① 上:同"尚",还。执:从事。宫功:指修筑房屋。宫,泛指房屋。功,事情,工作。
② 尔:语气词,无实义。于茅:指收割茅草。
③ 索绹(táo):搓绳子。
④ 亟(jí):急忙。乘屋:登上房顶(进行修缮)。
⑤ 冲冲:形容用力凿冰的声音。
⑥ 凌阴:指冰室。
⑦ 蚤:同"早"。
⑧ 献羔祭韭:用羔羊和韭菜祭祖。开冰时进行的仪式。
⑨ 肃霜:指霜降后万物收缩。
⑩ 涤场:打扫谷场。表示一年的农事到此结束。
⑪ 朋酒斯飨(xiǎng):即"飨朋酒"。朋酒,两樽酒。飨,用酒食招待客人。
⑫ 跻:登。公堂:指聚会场所。
⑬ 称:举。兕(sì)觥(gōng):用犀牛角做的酒器。
⑭ 选自《汉书·食货志》。据《汉书》,[汉]班固撰,[唐]颜师古注,北京:中华书局,1964年。
⑮ 亡:同"无"。捐瘠:遭遗弃而饿死。
⑯ 畜:同"蓄"。
⑰ 不避:不亚于。
⑱ 游食:四处游荡,不务正业。
⑲ 地着(zhuó):定居一地。
⑳ 轻暖:指轻软暖和的衣服。
㉑ 甘旨:指美味的食物。
㉒ 上:皇帝。牧:统治,管理。

可衣,然而众贵之者,以上用之故也。其为物,轻微易臧①,在于把握,可以周海内而亡饥寒之患。此令臣轻背其主,而民易去其乡,盗贼有所劝②,亡逃者得轻资也。粟米、布帛生于地,长于时,聚于力,非可一日成也。数石之重③,中人弗胜④,不为奸邪所利,一日弗得而饥寒至。是故明君贵五谷而贱金玉。

今农夫五口之家,其服役者不下二人,其能耕者不过百亩,百亩之收不过百石。春耕夏耘,秋获冬藏,伐薪樵,治官府,给徭役。春不得避风尘,夏不得避暑热,秋不得避阴雨,冬不得避寒冻。四时之间,亡日休息。又私自送往迎来⑤,吊死问疾⑥,养孤长幼在其中。勤苦如此,尚复被水旱之灾,急政暴赋⑦,赋敛不时,朝令而暮改。当具有者,半贾而卖⑧;亡者,取倍称之息⑨。于是有卖田宅、鬻子孙以偿责者矣⑩。而商贾,大者积贮倍息,小者坐列贩卖,操其奇赢⑪,日游都市,乘上之急,所卖必倍。故其男不耕耘,女不蚕织,衣必文采⑫,食必粱肉⑬,亡农夫之苦,有仟伯之得⑭。因其富厚,交通王侯⑮,力过吏势,以利相倾。千里游敖⑯,冠盖相望⑰,乘坚策肥⑱,履丝曳缟⑲。此商人所以兼并农人,农人所以流亡者也。

今法律贱商人,商人已富贵矣;尊农夫,农夫已贫贱矣。故俗之所贵,主之所贱也;吏之所卑,法之所尊也。上下相反,好恶乖迕⑳,而欲国富法立,不可得也。方今之务,莫若使民务农而已矣。欲民务农,在于贵粟。贵粟之道,在于使民以粟为赏罚。今募天下入粟县官㉑,得以拜爵,得以除罪。如此,富人有爵,农民有钱,粟有所渫㉒。夫能入粟以受爵,皆有余者也。取于有余以供上用,则贫民之赋可损㉓。所谓"损有余,补不足",令出而民利者也。顺于民心,所补者三:一曰主用足,二曰民赋少,三曰

---

① 臧:同"藏"。
② 劝:鼓励。
③ 石(dàn):重量单位。汉制三十斤为一钧,四钧为一石。
④ 中人:常人。弗胜:不能胜任。这里指拿不动。
⑤ 私自:自己,私人。送往迎来:指交际应酬。
⑥ 吊:哀悼。
⑦ 政:同"征"。
⑧ 贾:同"价"。
⑨ 称:相等,相当。
⑩ 鬻(yù):卖。责:同"债"。
⑪ 奇赢:盈余,利润。
⑫ 文采:指华丽的衣服。
⑬ 粱肉:指精美的饭食。粱,上等粟米。
⑭ 仟伯:同"阡陌",田间小路。借指田地。
⑮ 交通:交际往来。
⑯ 敖:同"遨"。
⑰ 冠盖相望:能看到彼此的礼帽和车盖。形容乘着车子、衣着考究的商人往来不绝。
⑱ 乘坚策肥:乘坐着坚固的车辆,鞭策着肥壮的马匹。
⑲ 履丝曳缟(gǎo):脚穿丝鞋,身披绸衣。曳,拖着。缟,一种丝制的白绢。
⑳ 乖迕(wǔ):违背。
㉑ 县官:指官府。
㉒ 渫(xiè):散出。
㉓ 损:减少。

劝农功。今令民有车骑马一匹者①,复卒三人②。车骑者,天下武备也,故为复卒。神农之教曰③:"有石城十仞、汤池百步、带甲百万④,而亡粟,弗能守也。"以是观之:粟者,王者大用,政之本务。令民入粟受爵,至五大夫以上乃复一人耳⑤,此其与骑马之功相去远矣。爵者,上之所擅⑥,出于口而亡穷;粟者,民之所种,生于地而不乏。夫得高爵与免罪,人之所甚欲也。使天下人入粟于边以受爵免罪⑦,不过三岁,塞下之粟必多矣!

夏日田园杂兴(十二绝)⑧

[宋]范成大

梅子金黄杏子肥,麦花雪白菜花稀。日长篱落无人过⑨,惟有蜻蜓蛱蝶飞。
五月江吴麦秀寒,移秧披絮尚衣单。稻根科斗行如块⑩,田水今年一尺宽。
二麦俱秋斗百钱⑪,田家唤作小丰年。饼炉饭甑无饥色⑫,接到西风熟稻天。
百沸缲汤雪涌波⑬,缲车嘈囋雨鸣蓑⑭。桑姑盆手交相贺⑮,绵茧无多丝茧多。
小妇连宵上绢机⑯,大耆催税急于飞⑰。今年幸甚蚕桑熟,留得黄丝织夏衣。
下田戽水出江流⑱,高垄翻江逆上沟⑲。地势不齐人力尽,丁男长在踏车头。
昼出耘田夜绩麻⑳,村庄儿女各当家。童孙未解供耕织㉑,也傍桑阴学种瓜。

---

① 车骑马:指战马。
② 复卒:免除兵役。
③ 神农:传说中教人农耕的上古帝王。
④ 石城:石头垒起的城墙。仞(rèn):古代长度单位。汤池:滚烫的护城河。带甲:身披铠甲的士兵。
⑤ 五大夫:汉代的一种爵位,纳粟四千石即可封赐。
⑥ 擅:专有。
⑦ 边:边疆。
⑧ 据《范石湖集》,[宋]范成大著,富寿荪标校,上海:上海古籍出版社,2006年。
⑨ 篱落:篱笆的影子。
⑩ 科斗:同"蝌蚪"。
⑪ 秋:收成。
⑫ 甑(zèng):古代蒸饭的一种瓦器。
⑬ 缲(sāo):同"缫",抽茧出丝。
⑭ 缲车:抽茧出丝的工具。嘈囋(zá):声音杂乱。
⑮ 桑姑:采桑女子。盆手:指缲丝时伸手到盆水中抽取蚕茧的丝。
⑯ 小妇:少妇。
⑰ 大耆(qí):本义为德高望重的老人,这里借指为官府催租的乡老。
⑱ 戽(hù)水:指汲水灌田。
⑲ 垄:田埂。
⑳ 绩麻:搓麻绳。
㉑ 供:从事。

槐叶初匀日气凉,葱葱鼠耳翠成双①。三公只得三株看②,闲客清阴满北窗。
黄尘行客汗如浆,少住侬家漱井香。借与门前磐石坐,柳阴亭午正风凉。
千顷芙蕖放棹嬉,花深迷路晚忘归。家人暗识船行处,时有惊忙小鸭飞。
采菱辛苦废犁鉏③,血指流丹鬼质枯④。无力买田聊种水,近来湖面亦收租。
蜩螗千万沸斜阳⑤,蛙黾无边聒夜长⑥。不把痴聋相对治,梦魂争得到藜床⑦?

【阅读探究】

"二十四节气"是中国古代订立的一种用来指导农事的补充历法,不同的节气和相应的物候现象也成为了诗人们的创作素材之一,其中最著名的莫过于杜牧的"清明时节雨纷纷,路上行人欲断魂"(《清明》)。你能把以下诗句中的节气名补写出来吗?

(1) 微雨众卉新,一雷_____始。
(2) 素衣莫起风尘叹,犹及_____可到家。
(3) 清和入序殊无暑,_____先时政有雷。
(4) _____忙忙割,农家乐启镰。
(5) 不怕南风热,能迎_____开。
(6) _____运金气,荆扬不知秋。
(7) _____无三日,新凉直万金。
(8) 玉阶生_____,夜久侵罗袜。
(9) _____一夜停,阴魄最晶荧。
(10) _____潦池浅,秋深太白明。
(11) _____江南见未曾,今年方始是严凝。
(12) 邯郸驿里逢_____,抱膝灯前影伴身。
(13) 曈曈半弄阴晴日,栗烈初迎小_____。

---

① 鼠耳:槐叶形似鼠耳。
② 三公只得三株看:据说周时于朝堂种三槐,三公面对三槐而坐。此句意谓三公之位面对三槐而设,所以只能看到三棵槐树。比喻作者为功名所累。三公,周代指太师、太傅、太保三种最高的中央官衔。
③ 犁鉏:亦作"犁锄",农具。
④ 鬼质:形容不成人样。
⑤ 蜩(tiáo)螗:蝉的别名。
⑥ 蛙黾(miǎn):蛙的叫声。
⑦ 藜床:用藜草编成的床。

【阅读训练】

《论语·微子》"子路从而后"一章中，荷蓧丈人指责子路"四体不勤，五谷不分"（见第一部分"1. 儒家"选文《〈论语〉八章》）。"五谷"是中国古代最主要的五种粮食，即本单元选文《七月》里"黍稷重穋，禾麻菽麦"两句中的"黍""稷""麻""菽""麦"。参照注释，了解这五种粮食在今天的叫法，并上网检索它们的外形特征和生长习性。

【拓展阅读】

农本①

[明]徐光启

神农氏曰炎帝，以火名官。斫木为耜，揉木为耒，耒耨之用，以教万人。始教耕，故号神农氏。

《白虎通》云：古之人民，皆食禽兽肉。至于神农，用天之时，分地之利，制耒耜，教民农作。神而化之，使民宜之，故谓之神农。

《典语》云："神农尝草别谷，烝民粒食。"后世至今赖之。农丈人一星，在斗西南，老农主稼穑也。其占与糠略同。与箕宿边杵星相近。盖人事作乎下，天象应乎上，农星其殆始于此也。

后稷名曰弃。弃为儿时，如巨人之志。其游戏，好种植麻麦。及为成人，遂好耕农。相地之宜，宜谷者稼穑之。民皆法之。帝尧闻之，举为农师。帝舜曰："弃，黎民阻饥，汝后稷，播时百谷。"《诗》曰："思文后稷，克配彼天；立我烝民，莫匪尔极。帝命率育。奄有下国，俾民稼穑。"《豳风·七月》之诗，陈王业之艰难。盖周家以农事开国，实祖于后稷。所谓配天社而祭者，皆后世仰其功德，尊之之礼，实万世不废之典也。

尝闻古之耕者用耒耜，以二耜为耦而耕，皆人力也。至春秋之间，始有牛耕，用犁。《山海经》曰："后稷之孙叔均，始作牛耕。"是也。尝考之，牛之有星，在二十八宿丑位，其来著矣。谓牛生于丑，宜以是月致祭牛宿，及令各加蔬豆养牛，以备春耕。

《汉食货志》：后稷始畎田，以二耜为耦。

《艺文志》："农九家百四十一篇。农家者流，盖出农稷之官，播百谷，劝耕桑，以足

---

① 选自《农政全书·农本·经史典故》。据《农政全书校注》，[明]徐光启撰，石声汉校注，上海：上海古籍出版社，1979年。

衣食。"

《书·洪范·八政》:"一曰食、二曰货。"

周公曰:"呜呼!君子所其无逸,先知稼穑之艰难,乃逸,则知小人之依。"

《礼·王制》:"国无九年之蓄,曰不足;无六年之蓄,曰急;无三年之蓄,曰国非其国也。三年耕,必有一年之食;九年耕;必有三年之食。以三十年之通,虽有凶旱水溢,民无菜色。"

《孝经·庶人》章:"用天之道,分地之利,谨身节用,以养父母。此庶人之孝也。"

周制"种谷,必杂五种,以备灾害。还庐树桑,菜茹有畦,瓜瓠果蓏,殖于疆场。鸡豚狗彘,毋失其时。女修蚕织,则五十可以衣帛,七十可以食肉。入者必持薪樵,轻重相分,斑白不提挈。冬,民既入,妇人同巷,相从夜绩,女工一月得四十五日。必相从者,所以省费燎火,同巧拙而合习俗也。"

《管子》:"民无所游食必农,民事农则田垦,田垦则粟多,粟多则国富。"

管仲相齐,与俗同好恶。其称曰:"仓廪实而知礼节,衣食足而知荣辱。"

《庄子》长梧封人曰:"昔予为禾稼,而卤莽种之,其实亦卤莽而报予;芸而灭裂之,其实亦灭裂而报予。来年深其耕而熟耰之,其禾繁以滋,予终年厌飧。"

李悝为魏文侯作尽地力之教,以为地方百里,提封九万顷,除山泽邑居三分去一,为田六百万亩。治田勤谨,则亩益三升;不勤,则损亦如之。地方百里之增减,辄为粟百八十万石矣。又曰:籴甚贵伤民,甚贱伤农。民伤则离散,农伤则国贫。故甚贵与甚贱,其伤一也。

《氾胜之书》:"汤有旱灾,伊尹作为区田,教民粪种,负水浇稼。"

《史记》太史公曰:"居之一岁,种之以谷;十岁,树之以木;百岁,来之以德。德者,人物之谓也。今有无秩禄之奉、爵邑之入,而乐与之比者,命曰素封。故曰陆地牧马二百蹄,牛蹄角千,千足羊,泽中千足彘,水居千石鱼陂,山居千章之材,安邑千树枣,燕秦千树栗,蜀汉江陵千树橘,淮北常山已南河济之间千树萩,陈夏千亩漆,齐鲁千亩桑麻,渭川千亩竹。及名国万家之城,带郭千亩,亩钟之田,若千亩卮茜,千畦姜韭。此其人,皆与千户侯等。"

汉文帝时,贾谊说上曰:"汉之为汉,几四十年矣。公私之积,犹可哀痛。即不幸有方二三千里之旱,国胡以相恤?卒然边境有急,数十百万之众,国胡以馈之?夫积贮者,天下之大命也。苟粟多而财有余,何为而不成?以攻则取,以守则固,以战则胜;怀敌附远,何招而不至?今驱民而归之农,使天下各食其力,末技游食之人,转而缘南亩,则蓄积足而人乐其所矣。"

张堪拜渔阳太守,开稻田八千余顷,劝民耕种,以致殷富。百姓歌曰:桑无附枝,麦穗两歧。张君为政,乐不可支。

王符曰:"一夫不耕,天下受其饥;一妇不织,天下受其寒。今举俗舍本农,趋商贾,是则一夫耕,百人食之,一妇桑,百人衣之。以一奉百,孰能供之?"

刘陶曰:"民或百年无货,不可一朝有饥。故食为至急也。"

仇览为蒲亭长,劝人生业。为制科令,至于果菜为限,鸡豚有数。农事既毕,乃令子弟群居就学,其剽轻游恣者,皆役以田桑,严设科罚。躬助丧事,振恤穷寡,期年,称大化。

唐张全义为河南尹。经黄巢之乱,继以秦宗权、孙儒残暴,居民不满百户,四境俱无耕者。全义招怀流散,劝之树艺。数年之后,都城坊曲,渐复旧制,诸县户口,率皆归复。桑麻蔚然，野无旷土。全义出，见田畴美者，辄下马与僚佐共观之。召田主，劳以酒食。有蚕麦善收者，或亲至其家，悉呼出老幼，赐以茶采、衣物。民间言张公不喜声伎，见之未尝笑，独见佳麦良茧则笑耳。有田荒秽者，则集众杖之。或诉以乏人牛，乃召其邻里，责之曰：彼诚乏人牛，何不助之？众皆谢，乃释之。由是邻里有无相助。故比户皆有蓄积，凶年不饥，遂成富庶焉。

　　李袭誉尝谓子孙曰："吾负京有田十顷，能耕之，足以食。河内千树桑，事之可以衣。能勤此，无资于人矣。"

25. 商业

"天下熙熙，皆为利来；天下攘攘，皆为利往。"
——《史记·货殖列传》

【阅读导语】

商业，是从原始部落的物品交换发展而来的。据文献记载，中国殷商时期就已出现了商业活动，商品主要是玉石等奢侈品和牲畜毛皮。当时商人使用的货币是包括铜币在内的各种贝类。西周的商业部门由国家垄断，称为"工商食官"。春秋战国时期，"余粟""余帛"出售者渐多，官府控制商业的局面逐渐被打破。各地出现了许多大商人，如隐居宋国的范蠡、郑国的弦高、孔子的弟子子贡、魏国的白圭和出生于卫国的吕不韦等。战国时，各国铸造流通的铜币种类增多，而且数量庞大。

秦建立了大一统帝国，商人往来四方，沟通有无，十分便利。货币的统一也极大地方便了商品交换。两汉时的长安、洛阳等城市形成了商业都会，每个城市都设有专供贸易的"市"。两汉还开通了陆上和海上两条"丝绸之路"，中国和中亚、西亚、东南亚以及西欧、罗马诸国的通商贸易也逐渐发展起来。

隋唐统一后，商业得以继续发展。除黄河流域的长安、洛阳外，隋唐大运河沿岸的宋州、扬州都是当时的商业大都市，东南沿海的越州、洪州也成为繁荣的商业城市。唐朝政府允许外商在境内自由贸易，胡商遍布各大都会。宋代商业进一步繁荣，生产用品和手工业产品的比重增加。京城开封和南宋行在临安等大都市，临街随处可以设肆为市，还出现了流动商贩和夜市。北宋出现的"交子"是世界上最早的纸币，进一步促进了商业的繁荣。

明清时期，不少城镇成为区域经济中心，出现了比较完备的牙行、货栈、票号、钱庄。小农经济与市场的联系日益密切，农产品商品化得到发展。当时的北京和南京是全国性的商贸城市，汇集了四面八方的特产。全国各地还涌现出许多地域性的商人群体，其中人数最多、实力最强的是徽商和晋商。

陶朱公[1]

[汉]司马迁

昔者越王句践困于会稽之上[2],乃用范蠡、计然[3]。计然曰:"知斗则修备,时用则知物[4]。二者形[5],则万货之情可得而观已。故岁在金,穰[6];水,毁[7];木,饥;火,旱。旱则资舟,水则资车[8],物之理也。六岁穰,六岁旱,十二岁一大饥。夫粜,二十病农,九十病末[9]。末病则财不出[10],农病则草不辟矣[11]。上不过八十,下不减三十,则农末俱利。平粜齐物[12],关市不乏[13],治国之道也。积著之理[14],务完物[15],无息币[16]。以物相贸,易腐败而食之货勿留[17],无敢居贵[18]。论其有余、不足[19],则知贵贱。贵上极则反贱,贱下极则反贵。贵出如粪土,贱取如珠玉[20]。财币欲其行如流水。"修之十年,国富。

---

[1] 选自《史记·货殖列传》,标题为编者所拟。据《史记(修订本)》,[汉]司马迁撰,[宋]裴骃集解,[唐]司马贞索隐,[唐]张守节正义,北京:中华书局,2013年。
[2] 句(gōu)践:春秋末年越国国君。会(kuài)稽:指会稽山,位于今浙江绍兴。参见"23.战争"选文《答苏武书》注释"昔范蠡不殉会稽之耻,曹沫不死三败之辱,卒复勾践之仇,报鲁国之羞"条。
[3] 范蠡(lǐ):春秋末年越国大夫。计然:晋国公子后裔,范蠡的老师。
[4] 知斗则修备,时用则知物:知道要打仗了,就得提前做好准备。要想及时派上用场,就得知道事物的规律。
[5] 形:显现,清楚。
[6] 穰(ráng):丰收。
[7] 毁:指庄稼歉收。
[8] 旱则资舟,水则资车:遇到旱年就囤积船只(以备涝年出售),遇到涝年就囤积车辆(以备旱年出售)。资:积蓄。
[9] 夫粜(tiào),二十病农,九十病末:粮食卖二十钱一斗,会使农民吃亏;卖九十钱一斗,会使商人吃亏。粜,卖出谷物。病,损害。末,指商人。
[10] 财不出:指资金流通不畅。
[11] 草不辟:指田地荒芜。辟,开垦。
[12] 平粜齐物:以不高也不低的价格卖出粮食,使(其他)货物的价格保持稳定。
[13] 关市不乏:市场里货物不短缺。关市:设在交通要道的市场。
[14] 著:同"贮"。
[15] 务完物:一定要让货物保持完好。
[16] 无息币:不要让资金滞留。
[17] 食:同"蚀",亏缺。
[18] 无敢居贵:不要冒险囤积,等待高价出售。
[19] 论其有余、不足,则知贵贱:研究商品过剩或短缺的情况,就会懂得物价涨跌的规律。
[20] 贵出如粪土,贱取如珠玉:货物贵到极点时,要及时卖出,视同粪土;货物贱到极点时,要及时买入,视同珠宝。

厚赂战士①,士赴矢石②,如渴得饮。遂报强吴③,观兵中国④,称号"五霸"⑤。

范蠡既雪会稽之耻,乃喟然而叹曰:"计然之策七,越用其五而得意。既已施于国,吾欲用之家。"乃乘扁舟浮于江湖,变名易姓,适齐为"鸱夷子皮"⑥,之陶为"朱公"⑦。朱公以为:陶,天下之中,诸侯四通,货物所交易也。乃治产积居,与时逐而不责于人⑧。故善治生者⑨,能择人而任时。十九年之中,三致千金,再分散与贫交,疏昆弟⑩。此所谓富好行其德者也。后年衰老而听子孙⑪,子孙修业而息之⑫,遂至巨万。故言富者皆称陶朱公。

洛阳大市⑬

[北魏]杨衒之

出西阳门外四里⑭,御道南有洛阳大市⑮,周回八里⑯。市南有皇女台,汉大将军梁冀所造⑰,犹高五丈余。景明中⑱,比丘道恒立灵仙寺于其上。台西有河阳县⑲,台东有侍中侯刚宅⑳。市西北有土山鱼池,亦冀之所造,即《汉书》所谓"采土筑山,十里九坂,以象二崤"者㉑。

市东有"通商""达货"二里,里内之人尽皆工巧㉒,屠贩为生,资财巨万。有刘宝

---

① 赂:赠送财物。
② 矢石:箭和石块。这里借指战场。古代作战,射箭抛石以打击敌人。
③ 报:报复。
④ 观兵:炫耀兵力。观,展示。中国:指中原地区。
⑤ 五霸:指齐桓公等春秋时先后称霸的五个诸侯。
⑥ 鸱(chī)夷:一种皮制的酒囊。亦作"鸱鹍"。
⑦ 陶:即陶邑,今山东定陶。
⑧ 与时逐而不责于人:紧跟时机而不苛求人力。
⑨ 治生:经营产业。
⑩ 疏:分给。昆弟:兄弟。
⑪ 听:听任,任凭。
⑫ 息:滋长。
⑬ 选自《洛阳伽蓝记·法云寺》。据《洛阳伽蓝记校释(第2版)》,[魏]杨衒之撰,周祖谟校释,北京:中华书局,2010年。标题系编者所拟。
⑭ 西阳门:洛阳正西门。
⑮ 御道:专供皇帝车驾行走的道路。
⑯ 周回:即周围。
⑰ 梁冀:东汉顺帝梁皇后之兄,拜大将军,专横跋扈,凶狠残暴,把持朝政近二十年,后为桓帝所诛。
⑱ 景明:北魏宣武帝年号(500—503)。
⑲ 河阳县:今河南孟州。
⑳ 侍中:门下省的长官。侯刚:北魏大臣,以擅长烹饪闻名。
㉑ 采土筑山,十里九坂,以象二崤(xiáo):坂,斜坡。二崤,即崤山,位于今河南洛宁,有东崤、西崤。语出《后汉书·梁冀传》。
㉒ 工巧:指匠人。

者，最为富室。州郡都会之处皆立一宅，各养马十疋①。至于盐粟贵贱、市价高下，所在一例②。舟车所通，足迹所履，莫不商贩焉。是以海内之货咸萃其庭③，产匹铜山④，家藏金穴⑤，宅宇逾制⑥，楼观出云⑦，车马服饰拟于王者。

市南有"调音""乐律"二里，里内之人丝竹讴歌⑧，天下妙伎出焉。有田僧超者，善吹笳⑨，能为《壮士歌》《项羽吟》⑩，征西将军崔延伯甚爱之⑪。正光末⑫，高平失据⑬，虎吏充斥⑭，贼帅万俟丑奴寇暴泾岐之间⑮。朝廷为之旰食⑯，诏延伯总步骑五万讨之。延伯出师于洛阳城西张方桥，即汉之夕阳亭也。时公卿祖道⑰，车骑成列。延伯危冠长剑⑱，耀武于前。僧超吹《壮士》笛曲于后，闻之者，懦夫成勇，剑客思奋。延伯胆略不群，威名早著，为国展力二十余年，攻无全城，战无横阵⑲，是以朝廷倾心送之。延伯每临阵，常令僧超为《壮士》声，甲胄之士莫不踊跃。延伯单马入阵，旁若无人，勇冠三军，威镇戎竖⑳。二年之间，献捷相继。丑奴募善射者射僧超亡，延伯悲惜哀恸，左右谓伯牙之失钟子期不能过也㉑。后延伯为流矢所中，卒于军中，于是五万之师一时溃散。

市西有"延酤""治觞"二里㉒，里内之人多酝酒为业㉓。河东人刘白堕，善能酿酒。季夏六月，时暑赫晞㉔，以罂贮酒㉕，暴于日中㉖。经一旬，其酒味不动，饮之香美，醉而

---

① 疋：同"匹"。
② 一例：一样。
③ 萃：聚集。
④ 产匹铜山：汉文帝曾把铜山赐给男宠邓通，准许他私自铸钱，邓通于是富可敌国。匹，相当。
⑤ 家藏金穴：东汉光武帝郭皇后的弟弟郭况，多次在家中接待皇帝并接受赏赐，他的家因此被称为"金穴"。
⑥ 逾制：超越规制。古代的房屋建筑的规格，按照居民身份各有定制，不准逾越。
⑦ 楼观：楼台。出云：高出云外。
⑧ 丝竹：泛指乐器。这里指演奏乐器。讴歌：唱歌。
⑨ 笳：中国古代北方民族的一种乐器，类似笛子。
⑩ 《壮士歌》：即《易水歌》。《史记·刺客列传》记载，战国末勇士荆轲出发刺杀秦王前，于易水边与燕太子丹诀别，作歌曰："风萧萧兮易水寒，壮士一去兮不复还！"于是"士皆瞋目，发尽上指冠。"《项羽吟》：即《垓下歌》，项羽被围垓下时所作之歌："力拔山兮气盖世，时不利兮骓不逝。骓不逝兮可奈何？虞兮虞兮奈若何！"
⑪ 崔延伯：北魏名将。
⑫ 正光：北魏孝明帝年号（520—524）。
⑬ 高平：北魏西部军事重镇，位于今宁夏固原。失据：失守。
⑭ 虎吏：残暴的官吏。
⑮ 万（mò）俟（qí）丑奴：北魏末年关陇起义军领袖，鲜卑族，高平镇人。寇暴：侵夺劫掠。泾（jīng）岐：泾州和岐州，治所分别位于今甘肃泾川和陕西凤翔。
⑯ 旰（gàn）食：过了用餐时间才吃饭。形容事务繁忙。
⑰ 祖道：饯行。
⑱ 危：高。
⑲ 战无横阵：对战时敌军还没来得及横排成阵（就已被击溃）。形容我方攻势凶猛。
⑳ 戎竖：对少数民族的蔑称。
㉑ 伯牙之失钟子期：见"22. 刑法"选文《报任安书》注释"盖钟子期死，伯牙终身不复鼓琴"条。
㉒ 酤（gū）：卖酒。觞（shāng）：古代酒器。
㉓ 酝（yùn）：酿酒。
㉔ 赫晞：炎热的样子。
㉕ 罂（yīng）：一种大腹小口的酒器。
㉖ 暴（pù）：同"曝"，晒。

经月不醒。京师朝贵多出郡登藩①，远相饷馈②，逾于千里。以其远至，号曰"鹤觞"，亦名"骑驴酒"。永熙年中③，南青州刺史毛鸿宾赍酒之藩④，路逢盗贼，饮之即醉，皆被擒获。因此，复名"擒奸酒"。游侠语曰："不畏张弓拔刀，唯畏白堕春醪⑤。"

市北有"慈孝""奉终"二里，里内之人以卖棺椁为业⑥，赁輀车为事⑦。有挽歌孙岩⑧，娶妻三年，妻不脱衣而卧。岩因怪之，伺其睡，阴解其衣⑨，有毛长三尺，似野狐尾。岩惧而出之⑩。妻临去，将刀截岩发而走。邻人逐之，变成一狐，追之不得。其后京邑被截发者，一百三十余人。初变为妇人，衣服靓妆⑪，行于道路。人见而悦近之，皆被截发。当时有妇人着彩衣者，人皆指为狐魅。熙平二年四月有此⑫，至秋乃止。

别有"阜财""金肆"二里⑬，富人在焉。凡此十里，多诸工商货殖之民⑭。千金比屋⑮，层楼对出，重门启扇⑯，阁道交通，迭相临望⑰。金银锦绣，奴婢缇衣⑱；五味八珍，仆隶毕口⑲。神龟年中⑳，以工商上僭㉑，议不听衣金银锦绣㉒。虽立此制，竟不施行。

【阅读探究】

在上一单元的《论贵粟疏》中，作者晁错提出了"贱商人""尊农夫"的主张。实际上，在以自然经济为主的传统社会，农业作为最重要的生产部门，为人们提供了基本的生活资料。因此，"重农抑商"是统治阶级长期奉行的基本国策。然而，生活在两千年前的司马迁却在《史记》中专为商贾立传，肯定了商业活动的价值，他说：

---

① 登藩：去自己的封地或任所。
② 饷馈：赠送。
③ 永熙：北魏孝武帝年号（532—534）。
④ 南青州：位于今山东沂水。
⑤ 春醪(láo)：指酒。
⑥ 棺椁(guǒ)：棺材。
⑦ 輀(ér)车：古代运棺材的车。
⑧ 挽歌：这里指以唱挽歌为职业的人。
⑨ 阴：偷偷地。
⑩ 出：休妻。
⑪ 靓(jìng)妆：装扮艳丽。
⑫ 熙平二年：即公元517年。熙平，北魏孝明帝年号。
⑬ 阜(fù)：盛，多。
⑭ 货殖：经商。
⑮ 千金比屋：有钱人家的屋子一栋挨着一栋。形容富人众多。比，接近。
⑯ 扇：门扇。
⑰ 迭相：互相。
⑱ 缇(tí)衣：用赤黄色绸缎做的衣服。这里泛指色彩艳丽的衣服。
⑲ 毕口：都吃得到。毕，全部。
⑳ 神龟：北魏孝明帝年号（518—519）。
㉑ 上僭(jiàn)：逾越规制。即擅自使用高于自己身份的名义、礼仪或器物。
㉒ 议：商定。不听：不允许。

夫山西饶材、竹、谷、纑、旄、玉石；山东多鱼、盐、漆、丝、声色；江南出楠、梓、姜、桂、金、锡、连、丹沙、犀、玳瑁、珠玑、齿革；龙门、碣石北多马、牛、羊、旃裘、筋角；铜、铁则千里往往山出棋置：此其大较也。皆中国人民所喜好，谣俗被服饮食、奉生送死之具也。故待农而食之，虞而出之，工而成之，商而通之。此宁有政教发征期会哉？人各任其能，竭其力，以得所欲。故物贱之征贵，贵之征贱，各劝其业，乐其事，若水之趋下，日夜无休时，不召而自来，不求而民出之。岂非道之所符，而自然之验邪？（《史记·货殖列传》）

这段话表现了司马迁怎样的经济思想？与商品经济规律有哪些相符之处？

【阅读训练】

商品的交换离不开货币。在商代，人们已经开始将贝壳当作货币使用。到了春秋战国时期，贝币退出了历史舞台，各地区因社会条件和文化差异而形成了不同的货币。秦统一中国后，以圆形方孔半两钱作为法定货币，中国古货币的形态从此固定下来，一直沿用到清末。

你能判断以下这些钱币通行的时代吗？

【拓展阅读】

钱神论（节录）①

[晋]鲁褒

有司空公子，富贵不齿，盛服而游京邑，驻驾平市里。顾见綦毋先生，班白而徒行。公子曰："嘻！子年已长矣，徒行空手，将何之乎？"先生曰："欲之贵人。"公子曰："学《诗》乎？"曰："学矣。""学《礼》乎？"曰："学矣。""学《易》乎？"曰："学矣。"公子曰："《诗》不云乎：'币帛筐篚，以将其厚意，然后忠臣嘉宾，得尽其心。'《礼》不云乎：'男赘玉帛禽鸟，女赘榛栗枣脩。'《易》不云乎：'随时之义大矣哉！'吾视子所以，观子所由，岂随世哉！虽曰已学，吾必谓之未也。"先生曰："吾将以清谈为筐篚，以机神为币帛，所谓'礼云礼云，玉帛云乎哉'者已。"

公子拊髀大笑曰："固哉！子之云也。既不知古，又不知今。当今之急，何用清谈？时易世变，古今异俗。富者荣贵，贫者贱辱。而子尚质，而子守实，无异于遗剑刻船，胶柱调瑟。贫不离于身，名誉不出乎家室，固其宜也。"

"昔神农氏没，黄帝、尧舜，教民农桑，以币帛为本。上智先觉变通之，乃掘铜山，俯视仰观，铸而为钱。故使内方象地，外员象天。大矣哉！钱之为体，有乾有坤。内则其方，外则其圆。其积如山，其流如川。动静有时，行藏有节。市井便易，不患耗折。难朽象寿，不匮象道。故能长久，为世神宝。亲爱如兄，字曰'孔方'。失之则贫弱，得之则富强。无翼而飞，无足而走。解严毅之颜，开难发之口。钱多者处前，钱少者居后。处前者为君长，在后者为臣仆。君长者丰衍而有余，臣仆者穷竭而不足。《诗》云：'哿矣富人，哀此茕独。'岂是之谓乎！"

"钱之为言泉也，百姓日用，其源不匮。无远不往，无深不至。京邑衣冠，疲劳讲肆，厌闻清淡，对之睡寐，见我家兄，莫不惊视。钱之所祐，吉无不利，何必读书，然后富贵？昔吕公欣悦于空版，汉祖克之于嬴二，文君解布裳而被锦绣，相如乘高盖而解犊鼻：官尊名显，皆钱所致。空版至虚，而况有实。嬴二虽少，以致亲密。由是论之，可谓神物。无位而尊，无势而热，排朱门而入紫闼。钱之所在，危可使安，死可使活；钱之所去，贵可使贱，生可使杀。是故忿诤辩讼，非钱不胜；孤弱幽滞，非钱不拔；怨仇嫌恨，非钱不解；令问笑谈，非钱不发。洛中朱衣，当途之士，爱我家兄，皆无已已，执我之手，抱我终始。不计优劣，不论年纪，宾客辐辏，门常如市。谚云：'钱无耳，可暗使。'岂虚也哉！又曰：'有钱可使鬼。'而况于人乎！子夏云：'死生有命，富贵在天。'吾以死生无命，富贵在钱。何以明之？钱能转祸为福，因败为成，危者得安，死者得生。性命长短，相禄贵贱，皆在乎钱，天何与焉？天有所短，钱有所长：四时行焉，百物生焉，钱不如天；达穷开塞，赈贫济乏，天不如钱。若臧武仲之智，卞庄子之勇，冉求之艺，文之以礼乐，可以为成人矣。今之成人者，何必然？唯孔方

---

① 据《全上古三代秦汉三国六朝文》，[清]严可均辑，上海：上海古籍出版社，2009年。

而已。"

"夫钱,穷者能使通达;富者,能使温暖;贫者,能使勇悍。故曰:君无财则士不来,君无赏则士不往。谚曰:'官无中人,不如归田。'虽有中人,而无家兄,何异无足而欲行,无翼而欲翔。使才如颜子,容如子张,空手掉臂,何所希望?不如早归,广修农商,舟车上下,役使孔方。凡百君子,同尘和光,上交下接,名誉益彰。"

长安古意①

[唐]卢照邻

　　长安大道连狭斜,青牛白马七香车。玉辇纵横过主第,金鞭络绎向侯家。龙衔宝盖承朝日,凤吐流苏带晚霞。百丈游丝争绕树,一群娇鸟共啼花。啼花戏蝶千门侧,碧树银台万种色。复道交窗作合欢,双阙连甍垂凤翼。梁家画阁中天起,汉帝金茎云外直。楼前相望不相知,陌上相逢讵相识?借问吹箫向紫烟,曾经学舞度芳年。得成比目何辞死?愿作鸳鸯不羡仙!比目鸳鸯真可羡,双去双来君不见。生憎帐额绣孤鸾,好取门帘帖双燕。双燕双飞绕画梁,罗帷翠被郁金香。片片行云着蝉鬓,纤纤初月上鸦黄。鸦黄粉白车中出,含娇含态情非一。妖童宝马铁连钱,娼妇盘龙金屈膝。御史府中乌夜啼,廷尉门前雀欲栖。隐隐朱城临玉道,遥遥翠幰没金堤。挟弹飞鹰杜陵北,探丸借客渭桥西。俱邀侠客芙蓉剑,共宿娼家桃李蹊。娼家日暮紫罗裙,清歌一啭口氛氲。北堂夜夜人如月,南陌朝朝骑似云。南陌北堂连北里,五剧三条控三市。弱柳轻槐拂地垂,佳气红尘暗天起。汉代金吾千骑来,翡翠屠苏鹦鹉杯。罗襦宝带为君解,燕歌赵舞为君开。别有豪华称将相,转日回天不相让。意气骄来排灌夫,专权判不容萧相。专权意气本豪雄,青虬紫燕坐春风。自言歌舞长千载,自谓骄奢凌五公。节物风光不相待,桑田碧海须臾改。昔时金阶白玉堂,即今惟见青松在。寂寂寥寥扬子居,年年岁岁一床书。独有南山桂花发,飞来飞去袭人裾。

---

① 据《卢照邻集笺注(增订本)》,[唐]卢照邻著,祝尚书笺注,上海:上海古籍出版社,2011年。